U0755973

法者，尺寸也，绳墨也，规矩也，

衡石也，斗斛也，角量也，谓之法。

本书是司法部"国家法治和法学理论研究"（18SFB2009）研究成果

行政公益诉讼
证据规则研究

Research on the Evidence Rules of
Administrative Public Interest Litigation

练育强 ◆ 主编

中国政法大学出版社

2021·北京

图书在版编目（ＣＩＰ）数据

行政公益诉讼证据规则研究/练育强主编. —北京:中国政法大学出版社,2021.3

ISBN 978-7-5620-9865-2

Ⅰ.①行… Ⅱ.①练… Ⅲ.①行政诉讼－证据－规则－研究－中国 Ⅳ.①D925.313

中国版本图书馆CIP数据核字(2021)第034031号

书　名	行政公益诉讼证据规则研究
	XINGZHENG GONGYI SUSONG ZHENGJU GUIZE YANJIU
出版者	中国政法大学出版社
地　址	北京市海淀区西土城路 25 号
邮　箱	fadapress@163.com
网　址	http://www.cuplpress.com (网络实名：中国政法大学出版社)
电　话	010-58908466(第七编辑部) 010-58908334(邮购部)
承　印	固安华明印业有限公司
开　本	720mm×960mm　1/16
印　张	26.75
字　数	397 千字
版　次	2021 年 3 月第 1 版
印　次	2021 年 3 月第 1 次印刷
定　价	95.00 元

编委会

序　言

　　2015年7月1日，最高人民检察院根据《全国人民代表大会常务委员会关于授权最高人民检察院在部分地区开展公益诉讼试点工作的决定》，在全国十三个省、自治区、直辖市开展了为期两年的检察机关提起公益诉讼的试点工作。2017年6月27日第十二届全国人民代表大会常务委员会第二十八次会议通过了《关于修改〈中华人民共和国行政诉讼法〉的决定》，在第25条中增加一款，作为第4款，明确规定人民检察院提起行政公益诉讼的职权。自试点至2020年12月31日，已有五年半的时间。客观地讲，这五年来检察公益诉讼工作取得了不少的成绩，但是也有不少的理论与实践难题没有能够解决，其中的难题之一就是检察机关的调查取证权以及在诉讼中的举证责任。

　　对此，2018年3月2日实施的《最高人民法院、最高人民检察院关于检察公益诉讼案件适用法律若干问题的解释》（以下简称《两高解释》）第6条规定，"人民检察院办理公益诉讼案件，可以向有关行政机关以及其他组织、公民调查收集证据材料；有关行政机关以及其他组织、公民应当配合；……"。这里存在着两个方面的问题：一是行政机关以及其他组织、公民，尤其是行政机关是否具有遵守《两高解释》的职责。二是如果行政机关以及其他组织、公民不配合的话，其法律责任是什么。为此，2020年6月18日上海市第十五届人民代表大会常务委员会第二十二次会议通过的《上海市人民代表大会常务委员会关于加强检察公益诉讼工作的决定》第5条第1款规定，"……对拒不履行协助调查义务或者阻扰检察机关调查核实的，检察机关可以约谈相关人员，依照本决定第七条、第十一条、第十二条、第十八条的规定，建议有关机关或者部门处理"。虽然该条在实践中对于检察机关调查权的行使具有很强的实效性，但带来的疑问是：地方性法规能规定这一内容吗？

就举证责任而言，《两高解释》第14条第2项规定提起民事公益诉讼应当提交的材料之一是"被告的行为已经损害社会公共利益的初步证明材料"，第22条第2项规定提起行政公益诉讼应当提交的材料之一是"被告违法行使职权或者不作为，致使国家利益或者社会公共利益受到侵害的证明材料"，这里的"初步证明材料"与"证明材料"区别何在？《行政诉讼法》[1]第五章"证据"中的相关规定能否直接适用于行政公益诉讼呢？对此，理论上有着不同的认识，有学者提出"《行政诉讼法》确立的行政诉讼证明责任原则及其分配规则，其制度基础是行政私益诉讼，它难以平移至行政公益诉讼之中"，"《行政诉讼法》第34条主观举证责任恒定由被告承担，在检察机关提起公益行政诉讼的案件中就失去了存在的合理性"，"从行政公益诉讼的特点和诉讼参加人的地位来说，应当以检察机关承担举证责任为原则，行政机关承担举证责任为例外"；但也有学者提出"即使是检察机关作为行政公益诉讼的原告，也不能因为其在调查取证方面拥有比一般原告更多的手段和经验而减轻甚至免除被告的举证责任"。

基于理论与实践的需要，笔者以"行政公益诉讼举证规则研究"为主题申请司法部2018年度国家法治与法学理论研究课题，并获准立项。课题的研究完全立足于法院的裁判案例，选取中国裁判文书网、北大法宝、无讼案例作为裁判文书的检索网站，以"行政公益诉讼"作为关键词，以"标题"和"全文"为范围在上述三个网站上检索，再将搜集到的全部文书进行人工二次筛选，剔除非公益诉讼的裁判文书，最后检索时间为2019年12月31日，总共搜集到行政公益诉讼的裁判文书为1343份（其中有两

---

〔1〕 为表述方便，本书中涉及的我国法律直接使用简称，省去"中华人民共和国"字样，例如《中华人民共和国行政诉讼法》简称为《行政诉讼法》，全书统一，不再赘述。

份在网站中明确说明不适宜在网上公布，分别为辽宁省1份、吉林省1份)，其中试点地区1269件，非试点地区74件。试点地区中，共有一审判决1092件，一审裁定118件，二审判决43件，二审裁定13件，再审3件。非试点地区中，共有一审判决51件，一审裁定21件，二审判决1件，二审裁定1件。[1]

　　就研究的内容而言，主要立足于四个方面的考虑：第一，举证率，即从行政公益诉讼的判决书或裁定书中分析诉讼中的各方主体，检察机关、行政机关以及第三人举证的具体情况。拟从中得出行政公益诉讼实践中的举证责任是如何分配的？有无因举证不能而导致败诉？第二，要件举证研究。根据《行政诉讼法》第25条第4款的规定，人民检察院提起行政公益诉讼需要具备四个要件：一是人民检察院"在履行职责中"中的"履行职责"的判断；二是行政机关违法行使职权或者不作为的判断；三是致使国家利益或者社会公共利益受到侵害的认定；四是检察建议发出后，行政机关不依法履行职责的界定。第三，非要件举证研究。即在上述四要件之外，检察机关在具体案件中，出于论证案件事实的需要而提出一系列证据。第四，比较视角下的分析，即针对检察机关提起民事公益诉讼、非检察机关提起民事公益诉讼，以及刑事附带民事公益诉讼中的举证进行的研究。

---

　　[1] 需要补充说明的是，本次统计时间截至2019年12月31日，包括公益诉讼试点省份和非试点省份，涉及北京、江苏、上海、湖北、云南、黑龙江等共31个省份，不包括我国台湾地区、香港特别行政区和澳门特别行政区，共计1343份行政公益诉讼判决。其中上海、宁夏、新疆、西藏、天津、广西六个省、自治区、直辖市，未能统计到行政公益诉讼案例。1343份裁判文书包括判决书和裁定书。这其中还需作出三点说明：第一，1343份裁判文书包括不同裁判文书案号相同的情况，如案号为（2017）吉0802行初19号，分别涉及"白城市洮北区人民检察院与白城市洮北区林业局不履行法定职责一审行政判决书"和"白城市洮北区人民检察院诉白城市洮北区民政局不履行法定职责一审行政判决书"两个不同的案件。第二，1343份裁判文书包括两份"不适宜在互联网公布"的案件，分别为"德惠市人民检察院诉德惠市朝阳乡人民政府行政其他一案再审审查行政裁定书"，案号为（2018）吉行抗4号；"昌图县检察院与昌图县环境保护局不履行法定职责环境公益诉讼"，案号为（2018）辽1202行初73号。第三，1343份裁判文书包括一份无实际裁判内容的文书，为"茫崖行委国土资源环境保护和林业局、茫崖行委建设和交通运输局其他行政行为一审行政判决书"，案号为（2018）青2894行初1号。相关数据仅供参考，并用于学术交流，如有不便之处，敬请见谅。

目 录

第一章　行政公益诉讼的举证率

在行政公益诉讼的司法实践中，检察机关作为原告方，需要提供证据材料来证明被诉的行政机关违法行使职权或者不作为，致使国家利益或者社会公共利益受到了侵害，以及当检察机关向行政机关发出检察建议之后仍然不依法履行职责的事实，而作为被告方的行政机关则需要提供相应的证据材料来证明其履行了职责，国家利益或者社会公共利益并没有受到侵害的事实。该章节作为本书开篇的第一章，主要介绍在生态环境与资源保护、国有土地使用权出让、国有财产保护等不同领域的行政公益诉讼实践中，检察机关和行政机关以及第三人是否进行了举证的具体情况，即所谓的举证率。该章节分为三部分，分别介绍了检察机关、行政机关以及第三人在不作为类、违法行使职权类以及混合类案件中的举证率。该章节的意义在于直观地展现行政公益诉讼中各方在实践中的举证情况，为后面章节做铺垫，丰富实践基础。

通过对所收集的判决书、裁定书加以数据分析，不难发现，一审中检察机关的举证情况分为检察机关已举证和举证不明这两类，不存在检察机关未举证的情况。此处的举证不明是指判决书、裁定书中全篇未提及举证情况，又或者是全篇虽提及了证据，但是无法判断哪些证据是检察机关提交的，哪些证据是行政机关提交的。究其原因是全国各法院的文书书写习惯不尽相同。二审中检察机关的举证情况分为检察机关已提交新的证据、未提交新的证据以及是否提交了新的证据文书中未提及这三类。检察机关在一审判决书中明确举证的比例高达98.07%，二审中提交新证据的仅有11.36%。一审裁定书中明确举证的仅占13.79%，因为大部分裁定书都是准许撤回起诉裁定，不涉及案件实质性内容，无法判断举证情况；二审、再审裁定书中检察机关均未提交新的证据。

一审中行政机关的举证情况可以分为行政机关已举证、未举证以及举证不明这三类。一审判决书中行政机关明确举证的占 87.47%，二审中行政机关提交新证据的占 15.91%。一审裁定书中明确举证的仅占 13.79%，因为大部分裁定书都是准许撤回起诉裁定，不涉及案件实质性内容，无法判断举证情况；二审裁定书中检察机关提交新证据的仅有 16.67%。

一审中第三人的举证情况可以分为第三人全部举证、部分举证、未举证以及举证不明这四类。一审判决书中第三人全部举证的占 41.11%，部分举证的占 3.89%，二审中第三人提交新证据的仅占 4%。一审、二审裁定书中第三人均未举证。

第一节　检察机关的举证率

一、不作为类案件检察机关的举证率

说明：无法判断是否为不作为类案件（或者是违法行使职权类案件、混合类案件）的行政公益诉讼裁定书，不作为本节研究对象，不计入统计数字。

笔者通过检索裁判文书数据库[1]，查找到诉行政机关不作为的判决书共 956 件，其中一审判决书 925 件，二审判决书 30 件，再审判决书 1 件；裁定书 29 件，其中一审裁定书 22 件，二审裁定书 6 件，再审裁定书 1 件。

一审判决书中检察机关的举证情况。925 件一审判决书中，明确提及检察机关进行举证的有 904 件，占比 97.73%；判决书未提及举证情况的有 3 件，判决书中虽提及证据，但不能认定是否由检察机关提交的有 18 件（此二类以下简称举证不明案件），举证不明案件合计 21 件，占比 2.27%。

二审判决书中检察机关的一审举证情况。本类二审判决书共 30 件，通过检索裁判文书数据库，可检索到对应一审判决书的二审判决书有 9 件，检察机关在一审中均已举证；检索不到的有 21 件，此类案件笔者将从二审

---

[1]　本书所指的裁判文书数据库包括中国裁判文书网、北大法宝、无讼案例等数据库。

判决书的具体内容中窥见一审的举证情况。其中，提及检察机关一审举证情况的有 6 件，均可明确检察机关在一审中已举证；未提及检察机关一审举证情况的有 15 件，属于举证不明案件。综上，检察机关一审明确举证的有 15 件，占比 50%；举证不明案件有 15 件，占比 50%。

二审判决书中检察机关的二审举证情况。二审中检察机关提交了新的证据的仅有 4 件，占比 13.33%；未提交新的证据的有 26 件，占比 86.67%。

一审裁定书中检察机关的举证情况。本类型 22 件一审裁定书中，可以明确检察机关进行举证的有 4 件，占比 18.18%，其中驳回起诉裁定书 2 件，终结诉讼 2 件。裁定书未提及进而无法明确检察机关是否举证的有 18 件，即举证不明案件 18 件，占比 81.82%。

二审裁定书中检察机关的一审举证情况（见表 1.1.1）。本类型二审裁定书共 6 件，通过检索裁判文书数据库，检索不到对应一审判决书的有 1 件，该二审裁定书未提及检察机关的举证情况，属于举证不明案件。可检索到对应一审案件的二审裁定书有 5 件，检察机关在一审中明确举证的有 3 件，举证不明案件有 2 件。综上，6 件二审裁定书中，可以明确检察机关一审时进行举证的有 3 件，占比 50%；举证不明案件有 3 件，占比 50%。

二审裁定书检察机关的二审举证情况（见表 1.1.1）。二审裁定书中无法明确检察机关二审是否提交了新的证据的，即举证不明案件有 5 件，占比 83.33%；明确未提交新的证据的 1 件，占比 16.67%。

表 1.1.1　不作为类案件二审裁定书检察机关举证情况

案号	对应一审案件	一审检察机关是否举证	二审检察机关是否提出新的证据
（2018）吉 08 行终 10 号	（2017）吉 0882 行初 10 号	不明	不明
（2019）吉 05 行终 18 号	（2019）吉 0523 行初 1 号	不明	不明
（2018）吉 01 行终 49 号	（2017）吉 0183 行初 42 号	是	不明

案号	对应一审案件	一审检察机关是否举证	二审检察机关是否提出新的证据
（2017）粤18行终85号	（2016）粤1803行初178号	是	不明
（2019）川07行终104号	（2019）川0722行初14号	是	不明
（2018）苏12行终91号	（2017）苏1202行初19号	不明	否

再审裁定书中检察机关的举证情况。本类型唯一的1件再审裁定书中，未提及检察机关的举证情况，属于举证不明案件。

（一）生态环境与资源保护类案件中检察机关的举证率

1. 全国

全国不作为案件中属于生态环境与资源保护类案件的共678件，其中一审判决书648件，二审判决书14件，再审判决书0件，一审裁定书12件，二审裁定书3件，再审裁定书1件。

一审判决书中，明确提及检察机关举证的有634件，占本类案件的97.84%；判决书中虽提及证据，但不能认定是否由检察机关提交或判决书未提及举证情况的，即举证不明案件有14件，占本类案件的2.16%。

本类二审判决书共14件，通过检索裁判文书数据库，检索不到对应一审判决书的有9件。其中，二审判决中提及检察机关一审举证情况的有3件，均明确检察机关在一审中已举证；未提及检察机关一审举证情况的，即举证不明案件有6件。可检索到对应一审判决书的有5件，检察机关在一审中均已举证。综上，14件二审判决书中，检察机关一审明确举证的有8件，占比57.14%；举证不明案件6件，占比42.86%。二审中检察机关提交了新的证据的有4件，占比28.57%；未提交新的证据的有10件，占比71.43%。

12件一审裁定书中，明确检察机关提交了证据的有3件，其中驳回起诉裁定书1件，终结诉讼2件，占比25%。裁定书未提及进而无法明确检察机关是否举证，即举证不明案件有9件，占比75%。

本类二审裁定书共 3 件，通过检索裁判文书数据库，检索不到对应一审判决书的有 1 件。该二审裁定书未提及检察机关的举证情况，属于举证不明案件。可检索到对应一审判决书的二审裁定书有 2 件，其中 1 件未提及检察机关的举证情况，属于举证不明案件；另一件可以明确检察机关在一审中已举证。综上，检察机关在一审中明确举证的有 1 件，占比 33.33%；举证不明的有 2 件，占比 66.67%。

二审裁定书中检察机关明确未提交新的证据的有 1 件（见表 1.1.2），占比 33.33%；举证不明的有 2 件，占比 66.67%。

表 1.1.2 生态环境与资源保护类案件二审裁定书检察机关举证情况

案号	对应一审案件	一审检察机关是否举证	二审检察机关是否提出新的证据
（2018）苏 12 行终 91 号	（2017）苏 1202 行初 19 号	不明	否
（2018）吉 08 行终 10 号	（2017）吉 0882 行初 10 号	不明	不明
（2018）吉 01 行终 49 号	（2017）吉 0183 行初 42 号	是	不明

本类型唯一的 1 件再审裁定书中，未提及检察机关的举证情况，属于举证不明案件。

2. 试点地区

北京市

北京市本类行政公益诉讼一审案件有 1 件[1]，检察机关已举证。

内蒙古自治区

内蒙古自治区本类行政公益诉讼一审判决书 38 件，二审判决书 0 件，再审判决书 0 件，裁定书 0 件。

38 件一审判决书[2]中，均明确提及检察机关进行了举证。

---

[1] （2017）京 0118 行初 60 号。
[2] 见附录 JC 注释 1。

吉林省

吉林省本类行政公益诉讼一审判决书 112 件,二审判决书 2 件,再审判决书 0 件,一审裁定书 2 件,二审裁定书 2 件,再审裁定书 1 件。

本类型 112 件一审判决书中,明确提及检察机关进行举证的共有 104 件,占本类案件的 92.86%。还有 8 件判决书[1]中虽提及证据,但表述较为特殊,既不能否认检察机关进行了举证,也不能明确检察机关的具体举证内容,即举证不明案件占本类案件的 7.14%。例如,"认定上述事实的证据有:水质监测报告、杨某发和金某笔录、现场照片、和龙市新元河水体综合整治工程方案、关于新元河水体综合整治的请示、当事人的陈述等"。

仅有的 2 件二审判决书[2],通过检索裁判文书数据库,可以查找到其对应的一审判决书,可以明确检察机关在一审中均已举证。其中 1 件判决书[3]提及二审中检察机关提交了新的证据材料,占比 50%;另 1 件判决书[4]检察机关在二审中未提交新的证据材料,占比 50%。

本类型一审裁定书 2 件,均为驳回起诉裁定书。其中 1 件裁定书[5]中未提及检察机关的举证情况,属于举证不明案件,占比 50%;另 1 件裁定书[6]中明确检察机关提交了证据,占比 50%。

本类型二审裁定书共 2 件,通过检索裁判文书数据库,可检索到对应的一审案件,其中 1 件裁定书[7]未提及检察机关一审举证情况,属于举证不明案件,占比 50%;另 1 件裁定书[8]明确检察机关在一审中已举证,占比 50%。二者均未提及检察机关在二审中有无提交新的证据材料。

---

[1] (2017)吉 2401 行初 92 号、(2018)吉 2401 行初 8 号、(2018)吉 2401 行初 10 号、(2018)吉 2401 行初 43 号、(2018)吉 2401 行初 136 号、(2018)吉 2401 行初 134 号、(2018)吉 2401 行初 133 号、(2018)吉 2401 行初 132 号。

[2] (2018)吉 05 行终 68 号、(2018)吉 24 行终 114 号。

[3] (2018)吉 05 行终 68 号。

[4] (2018)吉 24 行终 114 号。

[5] (2017)吉 0882 行初 10 号。

[6] (2017)吉 0183 行初 42 号。

[7] (2018)吉 08 行终 10 号。

[8] (2018)吉 01 行终 49 号。

在本类型唯一的 1 件再审裁定书〔1〕中，未提及检察机关的举证情况，属于举证不明案件。

江苏省

江苏省本类行政公益诉讼一审判决书有 16 件，二审判决书 2 件，再审判决书 0 件，一审裁定书 6 件，二审裁定书 1 件。

16 件一审判决书〔2〕中，均明确提及检察机关进行了举证。

二审判决书仅有 2 件，通过检索裁判文书数据库，其中 1 件〔3〕对应的一审判决书可以查找到，可以知晓检察机关在一审中已举证，且二审中检察机关提交了新的证据；另 1 件〔4〕因其对应的一审判决书无法查找到，该份判决书也未提及检察机关的一审举证情况，无从判断检察机关在一审中是否举证，属于举证不明案件，且检察机关在二审中未提交新的证据。

本类型一审裁定书有 6 件，均为终结诉讼裁定书，只有 1 件裁定书〔5〕明确检察机关提交了证据，占比 16.67%；其余 5 件裁定书〔6〕均未提及检察机关的举证情况，属于举证不明案件，占比 83.33%。

本类型二审裁定书仅有 1 件〔7〕，为撤销原判发回重审裁定书，无法检索到对应一审案件，二审裁定书中未提及检察机关的一审举证情况，属于举证不明案件；二审中检察机关未提交新的证据。

安徽省

安徽省本类行政公益诉讼一审案件有 49 件，二审 2 件，再审 0 件，一审裁定书 1 件，二审裁定书 0 件。

---

〔1〕　(2018) 吉行再 21 号。
〔2〕　见附录 JC 注释 2。
〔3〕　(2018) 苏 09 行终 119 号。
〔4〕　(2018) 苏 08 行终 102 号。
〔5〕　(2017) 苏 8602 行初 1979 号。
〔6〕　(2017) 姑苏行初字第 188 号、(2017) 苏 8602 行初 2055 号、(2018) 苏 1202 行初 238 号、(2018) 苏 1181 行初 123 号、(2018) 苏 0211 行初 195 号。
〔7〕　(2018) 苏 12 行终 91 号。

本类一审判决书有 49 件，明确提及检察机关进行举证的共有 48 件[1]，占本类案件的 97.96%；判决书中未提及检察机关是否举证的，即举证不明案件仅有 1 件[2]，占本类案件的 2.04%。

本类型二审判决书共有 2 件。通过检索裁判文书数据库，能够查询到对应一审案件的有 1 件[3]，可以明确检察机关在一审中已举证；另 1 件[4]无法找到对应的一审案件，故而笔者只能从二审判决书的具体内容中窥见一审的举证情况，可以明确检察机关在一审中已举证。二审中检察机关均未提交新的证据材料。

本类一审裁定书仅有 1 件[5]。该案为撤回起诉裁定书，未提及检察机关的举证情况，属于举证不明案件。

福建省

福建省本类行政公益诉讼案件中有一审判决书 16 件，二审判决书 1 件，裁定书 0 件。

16 件一审判决书[6]中，均明确提及检察机关进行了举证。

仅有的 1 件二审判决书[7]，通过检索裁判文书数据库，无法查找到其对应的一审判决书，这份判决书也未提及检察机关的一审举证情况，无从判断检察机关在一审中是否举证，属于举证不明案件。二审中检察机关未提交新的证据材料。

山东省

山东省本类行政公益诉讼一审判决书 39 件，二审判决书 1 件，再审判决书 0 件，一审裁定书 1 件，二审裁定书 0 件。

39 件一审判决书中，检察机关均明确进行了举证。

---

[1] 见附录 JC 注释 3。
[2] (2018) 皖 0422 行初 2 号。
[3] (2018) 皖 04 行终 69 号。
[4] (2019) 皖 01 行终 281 号。
[5] (2019) 皖 1623 行初 82 号。
[6] 见附录 JC 注释 4。
[7] (2018) 闽 04 行终 13 号。

二审判决书 1 件[1]，通过检索裁判文书数据库，无法查找到其对应的一审判决书，但是该判决书中提及了检察机关的一审举证情况，可以明确知晓一审中检察机关进行了举证。二审中检察机关未提交新的证据材料。

一审裁定书仅有 1 件[2]，为撤回起诉裁定书，未提及检察机关的举证情况，属于举证不明案件。

湖北省

湖北省本类行政公益诉讼有一审判决书 68 件，二审判决书 0 件，再审判决书 0 件，裁定书 0 件。68 件一审判决书中，均明确提及检察机关进行了举证。

广东省

广东省本类行政公益诉讼有一审判决书 31 件，二审判决书 2 件，再审判决书 0 件，裁定书 0 件。

31 件一审判决书中，明确提及检察机关进行举证的共有 27 件[3]，占本类案件的 87.10%，还有 4 件判决书[4]中虽提及证据，但表述较为特殊，既不能否认检察机关进行了举证，也不能明确检察机关的具体举证内容，属于举证不明案件，占本类案件的 12.90%。例如，"以上事实，有案件线索移送书、公益诉讼立案决定书、组织机构代码证、土地承包合同、林权证、调查表、巡查表、情况说明、调查报告、评估报告、现场照片、调查笔录、检察建议书、处理情况的函等证据证实，原告、被告亦当庭陈述在案"。

仅有的 2 件二审判决书[5]，通过检索裁判文书数据库，无法查找到其对应的一审判决书，这 2 件判决书也未提及检察机关的一审举证情况，

---

[1]（2019）鲁 10 行终 73 号。

[2]（2018）鲁 1603 行初 28 号。

[3] 见附录 JC 注释 5。

[4]（2017）粤 7101 行初 250 号、（2017）粤 7101 行初 252 号、（2017）粤 7101 行初 254 号、（2017）粤 7101 行初 255 号。

[5]（2017）粤 71 行终 1533 号、（2017）粤 71 行终 1534 号。

无法判断检察机关在一审中是否进行了举证，属于举证不明案件。二审中检察机关均未提交新的证据材料。

贵州省

贵州省本类行政公益诉讼一审判决书有 63 件，二审 2 件，再审 0 件，裁定书 0 件。

63 件一审判决书中，均明确检察机关进行了举证。

仅有的 2 件二审判决书〔1〕，通过检索裁判文书数据库，无法查找到其对应的一审判决书，这两份判决书也未提及检察机关的一审举证情况，无法判断一审中检察机关是否进行了举证，属于举证不明案件。二审中检察机关均提交了新的证据材料。

云南省

云南省本类行政公益诉讼一审判决书有 67 件，其他 0 件。67 件一审判决书中，均明确提及检察机关进行了举证。

陕西省

陕西省本类行政公益诉讼有一审判决书 64 件，二审判决书 1 件，再审判决书 0 件，裁定书 0 件。

64 件一审判决书中，均明确提及检察机关进行了举证。

仅有的 1 件二审判决书〔2〕，通过检索裁判文书数据库，可以查找到其对应的一审判决书，明确知晓检察机关一审中提交了证据。二审中检察机关未提交新的证据材料。

甘肃省

甘肃省本类行政公益诉讼有一审判决书 64 件，二审判决书 1 件，再审判决书 0 件，裁定书 0 件。

本类一审判决书 64 件，均明确提及检察机关进行了举证。

---

〔1〕 （2017）黔 03 行终 210 号、（2017）黔 03 行终 239 号。
〔2〕 （2018）陕 08 行终 2 号。

仅有的 1 件二审判决书〔1〕，通过检索裁判文书数据库，无法查找到其对应的一审判决书，这份判决书提及了检察机关的一审举证情况，可以明确检察机关在一审中已举证。二审中检察机关未提交新的证据材料。

3. 非试点地区

山西省

山西省本类行政公益诉讼有 6 件，其中一审判决书 5 件，二审判决书 0 件，一审裁定书 1 件，二审裁定书 0 件。

5 件一审判决书〔2〕中，均明确提及检察机关进行了举证。

仅有的 1 件一审裁定书为终结诉讼裁定书〔3〕，裁定书中明确提及检察机关已进行举证。

辽宁省

辽宁省本类行政公益诉讼仅有 1 件，为一审判决书〔4〕，明确提及检察机关进行了举证。

黑龙江省

黑龙江省只有 1 件行政公益诉讼案件〔5〕，为不作为类的一审判决书且属于生态环境与资源保护类案件。判决书中明确提及检察机关进行了举证。

江西省

江西省本类行政公益诉讼有一审判决书 4 件，二审判决书 0 件，无裁定书。4 件一审判决书〔6〕中，均明确提及检察机关进行了举证。

---

〔1〕 （2018）甘行终 366 号。

〔2〕 （2018）晋 0522 行初 79 号、（2018）晋 0522 行初 80 号、（2018）晋 0522 行初 81 号、（2018）晋 1102 行初 76 号、（2018）晋 1102 行初 77 号。

〔3〕 （2019）晋 0781 行初 174 号。

〔4〕 （2018）辽 0781 行初 35 号。

〔5〕 （2019）黑 2701 行初 5 号。

〔6〕 （2018）赣 0502 行初 10 号、（2018）赣 0803 行初 128 号、（2018）赣 1129 行初 107 号、（2018）赣 7101 行初 1461 号。

河南省

河南省本类行政公益诉讼案件有 2 件，其中一审判决书 1 件，二审判决书 0 件，一审裁定书 1 件，二审裁定书 0 件。

本类型唯一的 1 件一审判决书[1]中，明确提及检察机关进行了举证。

本类型唯一的 1 件一审裁定书[2]为撤回起诉裁定书，裁定书中未提及举证情况，检察机关举证情况不明。

四川省

四川省本类行政公益诉讼案件有 4 件，其中一审判决书 4 件，二审判决书 0 件，无裁定书。4 件一审判决书[3]中，均明确提及检察机关进行了举证。

重庆市

重庆市本类行政公益诉讼案件有 4 件[4]，均为一审判决书，明确提及检察机关进行了举证。

其他

上海市、天津市、西藏自治区、广西壮族自治区、新疆维吾尔自治区、宁夏回族自治区均无行政公益诉讼案件，湖南省、青海省、河北省、海南省、浙江省均无不作为生态环境与资源保护类案件。

（二）国有土地使用权出让类案件检察机关的举证率

1. 全国

全国不作为案件中属于国有土地使用权出让类案件的共 148 件，其中一审判决书 137 件，二审判决书 4 件，再审判决书 0 件，一审裁定书 7 件，二审裁定书 0 件，再审裁定书 0 件。

---

[1]（2018）豫 1526 行初字 57 号。

[2]（2019）豫 1326 行初 23 号。

[3]（2018）川 1603 行初 148 号、（2018）川 0303 行初 4 号、（2019）川 0321 行初 4 号、（2019）川 1702 行初 81 号。

[4]（2017）渝 0116 行初 227 号、（2018）渝 0116 行初 213 号、（2019）渝 0114 行初 25 号、（2019）渝 0112 行初 150 号。

137 件一审判决书中，明确提及检察机关举证的有 136 件，占本类案件 99.27%；判决书中虽提及证据，但不能认定是否由检察机关提交或判决书未提及举证情况，属于举证不明案件的有 1 件，占本类案件的 0.73%。

本类型二审判决书共有 4 件，通过检索裁判文书数据库，能够查找到其对应的一审判决书的有 2 件，可以明确知晓检察机关在一审中已进行了举证；另外 2 件对应的一审判决书无法检索到，故而笔者只能从二审判决书的具体内容中窥见一审的举证情况。其中，提及检察机关一审举证情况的仅有 1 件，该案件明确检察机关在一审中已举证；未提及检察机关一审举证情况的有 1 件，属于举证不明案件。综上，4 件二审判决书中，检察机关一审明确举证的有 3 件，占比 75%；举证不明案件有 1 件，占比 25%。二审中检察机关均未提交新的证据材料（见表 1.1.3）。

表 1.1.3　国有土地使用权出让类案件二审判决书检察机关举证情况

案号	对应一审案件	一审检察机关是否举证	二审检察机关是否提出新的证据
（2018）黔 06行终 19 号	（2017）黔 0624行初 44 号	不明	否
（2018）黔 04行终 60 号	（2018）黔 0402行初 48 号	是	否
（2018）黔 04行终 59 号	（2018）黔 0402行初 49 号	是	否
（2018）甘 09行终 39 号	（2018）甘 0921行初 7 号	是	否

本类型 7 件一审裁定书中，均未提及举证情况，进而无法明确检察机关是否进行了举证，属于举证不明案件。

2. 试点地区

北京市

北京市未检索到此类案件。

内蒙古自治区

内蒙古自治区本类行政公益诉讼案件有 17 件[1]，为一审判决书，均明确提及检察机关进行了举证。

吉林省

吉林省本类行政公益诉讼案件有 5 件，均为一审判决书。

5 件一审判决书中，明确提及检察机关进行举证的共有 4 件[2]，占本类案件的 80%。还有 1 件判决书[3]中虽提及证据，但表述较为特殊，既不能否认检察机关进行了举证，也不能明确检察机关的具体举证内容，属于举证不明案件，占本类案件的 20%。

江苏省

江苏省本类行政公益诉讼案件有一审判决书 1 件，二审判决书 0 件，一审裁定书 3 件，二审裁定书 0 件。

本类型唯一的 1 件案件的一审判决书[4]中，明确提及检察机关进行了举证。

本类型 3 件一审裁定书[5]中均未提及举证内容，进而无法确定检察机关是否进行了举证，属于举证不明案件。

安徽省

安徽省本类行政公益诉讼案件有 9 件[6]，为一审判决书，均明确提及检察机关进行了举证。

---

〔1〕 见附录 JC 注释 6。

〔2〕 （2017）吉 0323 行初 18 号、（2017）吉 0821 行初 7 号、（2018）吉 0581 行初 10 号、（2018）吉 0581 行初 9 号。

〔3〕 （2018）吉 2401 行初 141 号。

〔4〕 （2017）苏 0412 行初 4 号。

〔5〕 （2017）苏 0281 行初 16 号、（2017）苏 8601 行初 280 号、（2019）苏 8601 行初 765 号。

〔6〕 （2017）皖 1324 行初 24 号、（2017）皖 1502 行初字第 48 号、（2016）皖 1323 行初 69 号、（2017）皖 0291 行初 4 号、（2017）皖 1182 行初 6 号、（2018）皖 0827 行初 18 号、（2018）皖 0124 行初 62 号、（2018）皖 0826 行初 28 号、（2019）皖 1122 行初 7 号。

福建省

福建省本类行政公益诉讼案件有 3 件[1]，为一审判决书，均明确提及检察机关进行了举证。

山东省

山东省本类行政公益诉讼案件有 2 件[2]，为一审判决书，检察机关均明确进行了举证。

湖北省

湖北省本类行政公益诉讼案件有 19 件[3]，为一审判决书，均明确提及检察机关进行了举证。

广东省

广东省本类行政公益诉讼案件有 1 件，为一审判决书[4]，明确提及检察机关进行了举证。

贵州省

贵州省本类行政公益诉讼案件有一审判决书 19 件，二审判决书 3 件，无裁定书。

19 件一审判决书[5]中，检察机关均明确进行了举证。

3 件二审判决书中，通过检索裁判文书数据库，能够查找到对应的一审判决书的有 2 件[6]，可以明确知晓检察机关在一审中已进行了举证；另外 1 件[7]对应的一审判决书无法检索到，该判决书中未提及检察机关一审举证情况，属于举证不明案件。综上，3 件二审判决书中，检察机关一

---

[1] (2016) 闽 0181 行初 5 号、(2017) 闽 0429 行初 1 号、(2017) 闽 0823 行初 12 号。

[2] (2017) 鲁 0685 行初 23 号、(2018) 鲁 1722 行初 41 号。

[3] 见附录 JC 注释 7。

[4] (2016) 粤 1203 行初 220 号。

[5] 见附录 JC 注释 8。

[6] (2018) 黔 04 行终 60 号、(2018) 黔 04 行终 59 号。

[7] (2018) 黔 06 行终 19 号。

审明确举证的有 2 件,占比 66.67%;举证不明案件有 1 件,占比 33.33%。二审中检察机关均未提交新的证据材料。

云南省

云南省本类行政公益诉讼案件有一审判决书 31 件,二审判决书 0 件,一审裁定书 2 件,二审裁定书 0 件。

31 件[1]一审判决书中,均明确提及检察机关进行了举证。

2 件[2]一审裁定书中均未提及举证内容,进而无法确定检察机关是否进行了举证,属于举证不明案件。

陕西省

陕西省本类行政公益诉讼案件有 8 件[3],为一审判决书,均明确提及检察机关进行了举证。

甘肃省

甘肃省本类行政公益诉讼一审判决书有 8 件,二审判决书 1 件,无裁定书。

8 件一审判决书[4]中,均明确提及检察机关进行了举证。

本类型仅有的 1 件二审判决书,通过检索裁判文书数据库,无法查找到其对应的一审判决,该判决书[5]提及了检察机关的一审举证情况,可以明确检察机关在一审中已举证。二审中检察机关未提交新的证据材料。

3. 非试点地区

河北省

河北省本类行政公益诉讼案件只有 1 件一审判决书[6],该判决书中

---

[1] 见附录 JC 注释 9。

[2] (2016) 云 0802 行初 26 号、(2016) 云 2501 行初 18 号。

[3] (2017) 陕 0724 行初 1 号、(2017) 陕 0726 行初 5 号、(2017) 陕 0721 行初 6 号、(2017) 陕 0730 行初 1 号、(2017) 陕 0424 行初 12 号、(2017) 陕 7102 行初 978 号、(2018) 陕 7102 行初 364 号、(2018) 陕 0324 行初 13 号。

[4] (2017) 甘 1091 行初 4 号、(2017) 甘 1091 行初 6 号、(2016) 甘 0724 行初 52 号、(2017) 甘 1228 行初 1 号、(2017) 甘 1227 行初 3 号、(2017) 甘 1221 行初 1 号、(2017) 甘 7101 行初 104 号、(2018) 甘 0921 行初 7 号。

[5] (2018) 甘 09 行终 39 号。

[6] (2018) 冀 0828 行初 11 号。

明确提及检察机关进行了举证。

山西省

山西省本类行政公益诉讼案件有 7 件[1]，为一审判决书，均明确提及检察机关进行了举证。

浙江省

浙江省本类行政公益诉讼案件有 1 件[2]，为一审判决书，明确提及检察机关进行了举证。

江西省

江西省本类行政公益诉讼案件有 2 件[3]，为一审判决书，均明确提及检察机关进行了举证。

湖南省

湖南省本类行政公益诉讼案件有撤回起诉裁定书 1 件[4]，不涉及举证。

青海省

青海省本类行政公益诉讼案件有 2 件[5]，为一审判决书，均明确提及检察机关进行了举证。

重庆市

重庆市本类行政公益诉讼案件有 1 件[6]，为一审判决书，明确提及检察机关进行了举证。

---

[1]　(2018) 晋 1081 行初 10 号、(2018) 晋 0722 行初 18 号、(2018) 晋 0722 行初 19 号、(2018) 晋 0722 行初 20 号、(2018) 晋 0522 行初 78 号、(2018) 晋 0213 行初 32 号、(2018) 晋 0311 行初 48 号。

[2]　(2018) 浙 1127 行初 1 号。

[3]　(2018) 赣 1129 行初 81 号、(2019) 赣 1002 行初 39 号。

[4]　(2019) 湘 1321 行初 57 号。

[5]　(2018) 青 2801 行初 124 号、(2018) 青 2801 行初 123 号。

[6]　(2019) 渝 0116 行初 128 号。

其他

上海市、天津市、西藏自治区、广西壮族自治区、新疆维吾尔自治区、宁夏回族自治区均无行政公益诉讼案件,四川省、河南省、辽宁省、黑龙江省、海南省均无不作为国有土地使用权出让类案件。

(三)国有财产保护类案件检察机关的举证率

1. 全国

全国不作为案件中属于国有财产保护类的案件有 140 件,其中一审判决书 123 件,二审判决书 11 件,再审判决书 1 件,一审裁定书 3 件,二审裁定书 2 件,再审裁定书 0 件。

本类型 123 件一审判决书中,明确提及检察机关举证的有 117 件,占本类案件的 95.12%;判决书中虽提及证据,但不能认定是否由检察机关提交或判决书未提及举证情况的,即举证不明案件有 6 件,占本类案件的 4.88%。

本类型二审判决书共 11 件,通过检索裁判文书数据库,能够查找到对应一审判决书的有 2 件,可以明确知晓检察机关在一审中已举证;另外 9 件其对应的一审判决书无法检索到,笔者只能从二审判决书的具体内容中窥见一审的举证情况。其中,提及检察机关一审举证情况的只有 1 件,该判决书中明确检察机关在一审中已举证;未提及检察机关一审举证情况,即属于举证不明案件的有 8 件。综上,11 件二审判决书中,检察机关一审明确举证的有 3 件,占比 27.27%;举证不明案件有 8 件,占比 72.73%。二审中检察机关均未提交新的证据材料(见表 1.1.4)。

表 1.1.4 国有财产保护类案件二审判决书检察机关举证情况

案号	对应一审案件	一审检察机关是否举证	二审检察机关是否提出新的证据
(2018)黔 06行终 78 号	(2018)黔 0624行初 59 号	是	否
(2017)云 03行终 54 号	(2017)云 0328行初 22 号	是	否

案号	对应一审案件	一审检察机关 是否举证	二审检察机关 是否提出新的证据
(2018) 云 03 行终 7 号	(2017) 云 0302 行初 16 号	不明	否
(2018) 云 03 行终 8 号	(2017) 云 0302 行初 17 号	不明	否
(2018) 云 03 行终 6 号	(2017) 云 0302 行初 15 号	不明	否
(2018) 云 03 行终 9 号	(2017) 云 0302 行初 18 号	不明	否
(2018) 陕 71 行终 819 号	(2018) 陕 7102 行初 1047 号	不明	否
(2017) 粤 02 行终 153 号	(2017) 粤 0203 行初 49 号	是	否
(2017) 粤 02 行终 166 号	(2017) 粤 0203 行初 114 号	不明	否
(2017) 粤 02 行终 167 号	(2017) 粤 0203 行初 112 号	不明	否
(2019) 粤 14 行终 90 号	(2019) 粤 1481 行初 49 号	不明	否

本类型再审判决书仅有 1 件，再审中检察机关未提交新的证据。

本类型 3 件裁定书中，明确检察机关提交了证据的仅有 1 件，为驳回起诉裁定书，占比 33.33%；裁定书未提及进而无法明确检察机关是否举证，即举证不明案件有 2 件，占比 66.67%。

本类型二审裁定书共 2 件，通过检索裁判文书数据库，均可查找到其对应的一审判决书，其中 1 件可以明确检察机关进行了举证，占比 50%；另 1 件无法明确检察机关是否进行了举证，属于举证不明案件，占比 50%。这 2 件裁定书中均未提及检察机关二审是否提交了新的证据材料（见表 1.1.5）。

表 1.1.5 国有财产保护类案件二审裁定书检察机关举证情况

案号	对应一审案件	一审检察机关是否举证	二审检察机关是否提出新的证据
（2019）吉 05 行终 18 号	（2019）吉 0523 行初 1 号	不明	不明
（2019）川 07 行终 104 号	（2019）川 0722 行初 14 号	是	不明

2. 试点地区

北京市

北京市未检索到此类案件。

内蒙古自治区

内蒙古自治区本类行政公益诉讼案件有 4 件[1]，为一审判决书，均明确提及检察机关进行了举证。

吉林省

吉林省本类行政公益诉讼案件有一审判决书 16 件，一审裁定书 1 件，二审裁定书 1 件。

本类型 16 件一审判决书中，明确提及检察机关进行举证的共有 12 件[2]，占本类案件的 75%；1 件判决书[3]中未提及检察机关的举证情况，还有 3 件判决书[4]虽提及证据，但表述较为特殊，既不能否认检察机关进行了举证，也不能明确检察机关的具体举证内容，具体为："上述事实有下列证据进行佐证……"这 4 件判决书均属于举证不明案件，占本类案件的 25%。

本类型唯一的 1 件[5]一审裁定书，为不予立案裁定书，裁定书中未

---

[1] （2016）内 2921 行初 25 号、（2017）内 2528 行初 2 号、（2017）内 0102 行初 23 号、（2018）内 2921 行初 30 号。

[2] 见附录 JC 注释 10。

[3] （2018）吉 0623 行初 6 号。

[4] （2019）吉 0523 行初 6 号、（2019）吉 0523 行初 5 号、（2019）吉 0523 行初 7 号。

[5] （2019）吉 0523 行初 1 号。

提及检察机关举证情况，属于举证不明案件。

本类型二审裁定书有 1 件[1]，通过检索裁判文书数据库，能够查找到其对应的一审判决，未提及检察机关在一审中是否进行了举证，属于举证不明案件；二审中是否提交了新的证据，裁定书中未提及。

江苏省

江苏省本类行政公益诉讼案件有一审判决书 4 件，二审判决书 0 件，一审裁定书 1 件，二审裁定书 0 件。

本类型 4 件[2]一审判决书中，均明确提及检察机关进行了举证。

本类型唯一的 1 件一审裁定书[3]为终结诉讼裁定书，裁定书中未提及检察机关的举证情况，属于举证不明案件。

安徽省

安徽省本类行政公益诉讼案件有 5 件[4]，为一审判决书，均明确提及检察机关进行了举证，无特殊情形。

福建省

福建省本类行政公益诉讼案件有 2 件，为一审判决书[5]，均明确提及检察机关进行了举证。

山东省

山东省本类行政公益诉讼案件有 5 件[6]，为一审判决书，检察机关均明确进行了举证。

---

[1]　(2019) 吉 05 行终 18 号。

[2]　(2017) 苏 0411 行初 30 号、(2017) 苏 1202 行初 16 号、(2017) 苏 1291 行初 218 号、(2018) 苏 1112 行初 40 号。

[3]　(2018) 苏 1291 行初 218 号。

[4]　(2018) 皖 1721 行初 2 号、(2018) 皖 0403 行初 5 号、(2018) 皖 0102 行初 9 号、(2019) 皖 1124 行初 3 号、(2019) 皖 0323 行初 21 号。

[5]　(2017) 闽 0424 行初 1 号、(2017) 闽 0424 行初 2 号。

[6]　(2017) 鲁 1321 行初 12 号、(2017) 鲁 1321 行初 17 号、(2017) 鲁 0634 行初 4 号、(2017) 鲁 1425 行初 13 号、(2018) 鲁 1728 行初 25 号。

湖北省

湖北省本类行政公益诉讼案件有 21 件，均为一审判决书。明确提及检察机关进行举证的共有 20 件[1]，占本类案件的 95.24%；判决书中未提及举证情况的 1 件[2]，属于举证不明案件，占本类案件的 4.76%。

广东省

广东省本类行政公益诉讼案件有一审判决书 4 件，二审判决书 4 件，无裁定书。

本类型 4 件一审判决书[3]中，均明确提及检察机关进行了举证。

本类型 4 件二审判决书，通过检索裁判文书数据库，均无法查找到其对应的一审判决，故而笔者只能从二审判决书的具体内容中窥见一审的举证情况。其中，只有 1 份判决书[4]提及了检察机关的举证情况，可以明确检察机关在一审中已举证，占比 25%；另外 3 份判决书[5]均未提及检察机关的举证情况，无从判断检察机关在一审中是否进行了举证，属于举证不明案件，占比 75%。二审中检察机关均未提交新的证据材料。

贵州省

贵州省本类行政公益诉讼案件有一审判决书 19 件，二审判决书 1 件，裁定书 0 件。

本类型 19 件一审判决书[6]中，均明确提及检察机关进行了举证。

本类型唯一的 1 件二审判决书[7]，通过检索裁判文书数据库，能够查找到其对应的一审判决书，可以知晓检察机关在一审中进行了举证。二审中检察机关未提交新的证据材料。

---

〔1〕 见附录 JC 注释 11。
〔2〕 (2018) 鄂 0323 行初 14 号。
〔3〕 (2017) 粤 0203 行初 111 号、(2017) 粤 0203 行初 113 号、(2017) 粤 0203 行初 115 号、(2017) 粤 7101 行初 1518 号。
〔4〕 (2017) 粤 02 行终 153 号。
〔5〕 (2017) 粤 02 行终 166 号、(2017) 粤 02 行终 167 号、(2019) 粤 14 行终 90 号。
〔6〕 见附录 JC 注释 12。
〔7〕 (2018) 黔 06 行终 78 号。

云南省

云南省本类行政公益诉讼案件有一审判决书 14 件，二审判决书 5 件，再审判决书 0 件，裁定书 0 件。

本类型 14 件一审判决书[1]中，均明确提及检察机关进行了举证。

本类型二审判决书共 5 件，通过检索裁判文书数据库，能够查找到对应一审判决书的只有 1 件[2]，可以明确知晓检察机关在一审中已举证；另外 4 件[3]其对应的一审判决书无法检索到，判决书中也未提及检察机关一审举证情况，属于举证不明案件。综上，5 件二审判决书中，检察机关一审明确举证的有 1 件，占比 20%；举证不明案件有 4 件，占比 80%。二审中检察机关均未提交新的证据材料。

陕西省

陕西省本类行政公益诉讼案件有一审判决书 5 件，二审判决书 1 件，再审判决书 1 件，裁定书 0 件。

本类型 5 件一审判决书[4]中，均明确提及检察机关进行了举证。

本类型唯一的 1 件二审判决书[5]中，通过检索裁判文书数据库，无法查找到其对应的一审判决书，该判决书也未提及检察机关的举证情况，无法判断检察机关在一审中是否进行了举证，属于举证不明案件。二审中检察机关未提交新的证据材料。

本类型唯一的 1 件再审判决书[6]，其检察机关的举证情况同二审判决书，未提及检察机关的一审、二审的举证情况，也未提交新的证据材料。

---

〔1〕　见附录 JC 注释 13。

〔2〕　（2017）云 03 行终 54 号。

〔3〕　（2018）云 03 行终 7 号、（2018）云 03 行终 8 号、（2018）云 03 行终 6 号、（2018）云 03 行终 9 号。

〔4〕　（2017）陕 0425 行初 1 号、（2017）陕 0431 行初 3 号、（2017）陕 0426 行初字 2 号、2018 陕 7102 行初 362 号、（2018）陕 7102 行初 2479 号。

〔5〕　（2018）陕 71 行终 819 号。

〔6〕　（2017）陕 0425 行再 1 号。

甘肃省

甘肃省本类行政公益诉讼案件有 17 件，均为一审判决书，明确提及检察机关进行举证的共有 16 件[1]，占本类案件的 94.12%，还有 1 件判决书[2]中虽提及证据，但表述较为特殊，既不能否认检察机关进行了举证，也不能明确检察机关的具体举证内容，属于举证不明案件。

3. 非试点地区

辽宁省

辽宁省本类行政公益诉讼案件有 2 件[3]，为一审判决书，均明确提及检察机关进行了举证。

江西省

江西省本类行政公益诉讼案件有 2 件[4]，为一审判决书，均明确提及检察机关进行了举证。

河南省

河南省本类行政公益诉讼案件有 2 件[5]，为一审判决书，均明确提及检察机关进行了举证。

四川省

四川省本类行政公益诉讼案件有一审判决书 1 件，二审判决书 0 件，再审判决书 0 件，一审裁定书 1 件，二审裁定书 1 件。

本类型唯一的 1 件一审判决书[6]中，明确提及检察机关进行了举证。

本类型唯一的 1 件一审裁定书为驳回起诉裁定书[7]，裁定书中明确提及检察机关进行了举证。

---

[1] 见附录 JC 注释 14。
[2] (2018) 甘 1026 行初 4 号。
[3] (2018) 辽 0603 行初 168 号、(2019) 辽 0782 行初 17 号。
[4] (2018) 赣 0425 行初 56 号、(2019) 赣 0302 行初 16 号。
[5] (2018) 豫 1122 行初 23 号、(2019) 豫 1024 行初 51 号。
[6] (2019) 川 0727 行初 2 号。
[7] (2019) 川 0722 行初 14 号。

本类型唯一的 1 件二审裁定书为驳回上诉维持原判裁定书[1]，通过检索裁判文书数据库，能够查找到其对应的一审判决书，可以知晓检察机关一审提交了证据，但是未提及检察机关二审是否提交了新的证据材料。

其他

上海市、天津市、西藏自治区、广西壮族自治区、新疆维吾尔自治区、宁夏回族自治区、山西省、重庆市、河北省、湖南省、青海省、黑龙江省、海南省、浙江省未检索到此类案件。

（四）其他类型案件检察机关的举证率

说明：其他类型案件是指除生态环境与资源保护类、国有土地使用权出让类、国有财产保护类外的不作为行政公益诉讼案件。

1. 全国

全国不作为行政公益诉讼案件中属于其他类型的案件共 19 件，其中一审判决书 17 件，二审判决书 1 件，再审判决书 0 件，一审裁定书 0 件，二审裁定书 1 件。

本类型 17 件一审判决书中，均明确提及检察机关进行了举证。

本类型二审判决书仅有 1 件，通过检索裁判文书数据库，无法查找到其对应的一审判决书，但是该份判决明确提及检察机关在一审中进行了举证。二审中检察机关未提交新的证据材料（见表 1.1.6）。

表 1.1.6　其他类型案件二审判决书检察机关举证情况

案号	对应一审案件	一审检察机关是否举证	二审检察机关是否提出新的证据
（2019）晋 01 行终 113 号	（2018）晋 0105 行初 7 号	是	否

本类型二审行政公益诉讼裁定书仅有 1 件，通过检索裁判文书数据库，能够查找到其对应的一审案件，可以明确检察机关在一审中进行了举证，但是不能明确检察机关在二审中是否提交了新的证据材料（见表 1.1.7）。

---

[1]　（2019）川 07 行终 104 号。

表 1.1.7　其他类型案件二审裁定书检察机关举证情况

案号	对应一审案件	一审检察机关是否举证	二审检察机关是否提出新的证据
（2017）粤 18 行终 85 号	（2016）粤 1803 行初 178 号	是	不明

2. 试点地区

内蒙古自治区

内蒙古自治区其他类型的案件有 1 件[1]，为一审判决书，明确提及检察机关进行了举证。

安徽省

安徽省其他类型的案件有 3 件[2]，为一审判决书，均明确提及检察机关进行了举证。

湖北省

湖北省其他类型的案件有 5 件[3]，为一审判决书，均明确提及检察机关进行了举证。

广东省

广东省属于其他类型的案件有 3 件，其中一审判决书 2 件，二审判决书 0 件，一审裁定书 0 件，二审裁定书 1 件。

本类型 2 件一审判决书[4]中，均明确提及检察机关进行了举证。

本类型二审裁定书仅有 1 件[5]，通过检索裁判文书数据库，能够查找到其对应的一审案件，可以明确检察机关在一审中进行了举证，但是不能明确检察机关在二审中是否提交了新的证据材料。

---

〔1〕 （2016）内 2502 行初 37 号。

〔2〕 （2017）皖 1103 行初 9 号、（2018）皖 1321 行初 56 号、（2019）皖 1122 行初 1 号。

〔3〕 （2017）鄂 0281 行初 13 号、（2019）鄂 0324 行初 11 号、（2019）鄂 1125 行初 154 号、（2019）鄂 1087 行初 25 号、（2019）鄂 1081 行初 32 号。

〔4〕 （2016）粤 1803 行初 178 号、（2017）粤 0203 行初 72 号。

〔5〕 （2017）粤 18 行终 85 号。

贵州省

贵州省其他类型的案件有 4 件[1]，为一审判决书，均明确提及检察机关进行了举证。

其他

山东省、甘肃省、云南省、陕西省、福建省、江苏省、吉林省、北京市均未检索到此类案件。

3. 非试点地区

山西省

山西省其他类型的案件有 1 件[2]，为二审判决书，通过检索裁判文书数据库，无法查找到对应的一审判决书，但该判决书明确提及检察机关在一审中进行了举证。二审中检察机关未提交新的证据材料。

河南省

河南省其他类型的案件有 1 件[3]，为一审判决书，明确提及检察机关进行了举证。

重庆市

重庆市其他类型的案件有 1 件[4]，为一审判决书，明确提及检察机关进行了举证。

其他

上海市、天津市、西藏自治区、广西壮族自治区、新疆维吾尔自治区、宁夏回族自治区、四川省、江西省、河北省、湖南省、青海省、辽宁省、黑龙江省、海南省、浙江省均未检索到此类案件。

---

[1]（2017）黔 2702 行初 7 号、（2019）黔 2301 行初 1 号、（2019）黔 0502 行初 197 号、（2019）黔 2301 行初 47 号。
[2]（2019）晋 01 行终 113 号。
[3]（2019）豫 1525 行初 57 号。
[4]（2019）渝 0152 行初 19 号。

二、违法行使职权类案件检察机关的举证率

说明：无法判断是否为违法行使职权类案件（或者是不作为类案件、混合类案件）的行政公益诉讼裁定书，不作为本节研究对象，不计入统计数字。

笔者通过检索裁判文书数据库，查找到诉行政机关违法行使职权的判决书共207件，其中一审判决书203件，二审判决书4件，再审判决书0件；裁定书7件，其中一审裁定书7件，二审裁定书0件，再审裁定书0件。

一审判决书检察机关举证情况。本类型203件一审判决书中，明确提及检察机关进行举证的有202件，占比99.51%；判决书未提及举证情况，即举证不明案件有1件，占比0.49%。

二审判决书检察机关的一审举证情况。本类型二审判决书共4件，通过检索裁判文书数据库，能够查找到对应一审判决书的有3件，检察机关在一审中均已举证；检索不到的有1件，该判决书也未提及检察机关的一审举证情况，属于举证不明案件。综上，检察机关一审明确举证的有3件，占比75%；举证不明案件1件，占比25%。

二审判决书中检察机关的二审举证情况。二审中检察机关提交了新的证据的仅有1件，占比25%；未提交新的证据的有3件，占比75%。

一审裁定书检察机关的举证情况。本类型一审裁定书共7件，均未提及进而无法明确检察机关是否举证，属于举证不明案件。

（一）生态环境与资源保护类案件中检察机关的举证率

1. 全国

全国违法行使职权类案件中属于生态环境与资源保护类案件的共88件，其中一审判决书85件，二审判决书2件，再审判决书0件，一审裁定书1件，二审裁定书0件，再审裁定书0件。

本类型85件一审判决书中，明确提及检察机关举证的有84件，占本类案件的98.82%；判决书未提及举证情况的有1件，属于举证不明案件，占本类案件的1.18%。

本类二审判决书共2件，通过检索裁判文书数据库，无法查找到对应一审判决书的有1件，该判决书也未提及检察机关的一审举证情况，属于

举证不明案件，占比 50%；可检索到对应一审判决书的有 1 件，检察机关在一审中已举证，占比 50%。二审中检察机关均未提交新的证据（见表 1.1.8）。

表 1.1.8 生态环境与资源保护类案件二审判决书检察机关举证情况

案号	对应一审案件	一审检察机关是否举证	二审检察机关是否提出新的证据
（2017）黔 03行终 291 号	（2017）黔 0321行初 59 号	不明	否
（2019）鄂 13行终 3 号	（2018）鄂 1303行初 51 号	是	否

本类型唯一的 1 件裁定书为终结诉讼裁定书，裁定书中未提及进而无法明确检察机关是否举证，属于举证不明案件。

2. 试点地区

北京市

北京市未检索到此类案件。

内蒙古自治区

内蒙古自治区本类案件仅有 1 件[1]，为一审判决书，明确提及检察机关进行了举证。

吉林省

吉林省本类案件为 9 件，均为一审判决书，其中，明确提及检察机关进行举证的共有 8 件[2]，占本类案件的 88.89%。还有 1 件判决书[3]中未提及举证内容，进而无法确定检察机关的举证情况，属于举证不明案件，占本类案件的 11.11%。

---

〔1〕 （2016）内 0223 行初 31 号。

〔2〕 （2017）吉 0581 行初 9 号、（2017）吉 0503 行初 11 号、（2017）吉 0284 行初 23 号、（2017）吉 0284 行初 24 号、（2017）吉 0523 行初 11 号、（2017）吉 0281 行初 42 号、（2018）吉 0203 行初 1 号、（2017）吉 0721 行初 15 号。

〔3〕 最高人民检察院指导案例第 29 号。

江苏省

江苏省本类案件为 5 件，其中一审判决书 4 件，二审判决书 0 件，一审裁定书 1 件，二审裁定书 0 件。

4 件一审判决书[1]中，均明确提及检察机关进行了举证。

唯一的 1 件一审裁定书[2]，为终结诉讼裁定书，裁定书中未提及举证内容，进而无法判断检察机关的举证情况，属于举证不明案件。

安徽省

安徽省本类案件有 6 件[3]，为一审判决书，检察机关均明确进行了举证。

福建省

福建省本类案件有 14 件[4]，为一审判决书，均明确提及检察机关进行了举证。

山东省

山东省本类案件有 4 件[5]，为一审判决书，检察机关均明确进行了举证。

湖北省

湖北省本类案件有 12 件，其中一审判决书 11 件，二审判决书 1 件，无裁定书。

本类型 11 件一审判决书[6]中，均明确提及检察机关进行了举证。

---

[1] （2017）苏 0508 行初 98 号、（2017）苏 1291 行初 23 号、（2017）苏 1291 行初 22 号、（2017）苏 1291 行初 24 号。

[2] （2018）苏 1291 行初 499 号。

[3] （2017）皖 1503 行初 18 号、（2017）皖 1825 行初 1 号、（2017）皖 1823 行初 10 号、（2017）皖 0826 行初 38 号、2018 皖 0521 行初 39 号、（2017）皖 0221 行初 6 号。

[4] 见附录 JC 注释 15。

[5] （2017）鲁 1581 行初 11 号、（2018）鲁 1724 行初 27 号、（2018）鲁 1791 行初 102 号、（2015）庆行初字第 54 号。

[6] 见附录 JC 注释 16。

本类型二审判决书仅有 1 件[1]，通过检索裁判文书数据库，能够查找到对应一审判决书的有 3 件，可以明确检察机关在一审中已举证。二审中检察机关未提交新的证据材料。

广东省

广东省本类案件有 2 件[2]，为一审判决书，均明确提及检察机关进行了举证。

贵州省

贵州省本类案件有 27 件，其中一审判决书 26 件，二审判决书 1 件，无裁定书。

26 件一审判决书[3]中，检察机关均明确进行了举证。

唯一的 1 件二审判决书[4]，通过检索裁判文书数据库，无法查找到对应一审判决书，该判决书中也未提及检察机关的一审举证情况，无法判断一审中检察机关是否进行了举证，属于举证不明案件。二审中检察机关未提交新的证据材料。

云南省

云南省未检索到此类案件。

陕西省

陕西省本类案件有 3 件[5]，为一审判决书，均明确提及检察机关进行了举证。

甘肃省

甘肃省本类案件有 1 件[6]，为一审判决书，明确提及检察机关进行

---

[1]　（2019）鄂 13 行终 3 号。

[2]　（2017）粤 1203 行初 63 号、（2016）粤 1803 行初 113 号。

[3]　见附录 JC 注释 17。

[4]　（2017）黔 03 行终 291 号。

[5]　（2018）陕 7101 行初 167 号、（2018）陕 0723 行初 17 号、（2018）陕 7102 行初 2529 号。

[6]　（2017）甘 7101 行初 95 号。

了举证。

3. 非试点地区

河南省

河南省违法行使职权类行政公益诉讼案件仅有 1 件[1]，为一审判决书且属于生态环境与资源保护类案件，明确提及检察机关进行了举证。

湖南省

湖南省违法行使职权类行政公益诉讼案件仅有 1 件[2]，为一审判决书且属于生态环境与资源保护类案件，明确提及检察机关进行了举证。

海南省

海南省只有 1 件[3]行政公益诉讼案件，是违法行使职权类案件，为一审判决书且属于生态环境与资源保护类案件，明确提及检察机关进行了举证。

四川省

四川省违法行使职权类行政公益诉讼案件仅有 1 件[4]，为一审判决书且属于生态环境与资源保护类案件，明确提及检察机关进行了举证。

其他

上海市、天津市、西藏自治区、广西壮族自治区、新疆维吾尔自治区、宁夏回族自治区、山西省、重庆市、江西省、黑龙江省、辽宁省、青海省、河北省、浙江省均未检索到此类案件。

(二) 国有土地使用权出让类案件检察机关的举证率

1. 全国

全国违法行使职权类案件中属于国有土地使用权出让类案件的共 14 件，其中一审判决书 13 件，二审判决书 1 件，再审判决书 0 件，无裁定书。

---

〔1〕 (2018) 豫 1525 行初 28 号。

〔2〕 (2018) 湘 1230 行初 2 号。

〔3〕 (2019) 琼 72 行初 20 号。

〔4〕 (2017) 川 1921 行初 57 号。

本类型 13 件一审判决书中，均明确提及检察机关进行了举证。

本类型二审判决书仅有 1 件，通过检索裁判文书数据库，能够查找到对应一审判决书，可以明确检察机关在一审中已举证。二审中检察机关提交了新的证据材料（见表 1.1.9）。

表 1.1.9　国有土地使用权出让类案件二审判决书检察机关举证情况

案号	对应一审案件	一审检察机关是否举证	二审检察机关是否提出新的证据
（2018）皖 07 行终 26 号	（2017）皖 0722 行初 23 号	是	是

2. 试点地区

吉林省

吉林省本类案件有 1 件[1]，为一审判决书，明确提及检察机关进行了举证。

安徽省

安徽省本类案件有 3 件，其中一审判决书 2 件，二审判决书 1 件，无裁定书。

本类型 2 件一审判决书中[2]，均明确提及检察机关进行了举证。

仅有的 1 件二审判决书[3]，通过检索裁判文书数据库，能够查找到对应的一审判决书，能够明确检察机关在一审中已进行了举证。二审中检察机关提交了新的证据材料。

福建省

福建省本类案件有 1 件[4]，为一审判决书，明确提及检察机关进行了举证。

---

[1]　（2018）吉 0203 行初 24 号。

[2]　（2017）皖 1124 行初 11 号、（2017）皖 0722 行初 23 号。

[3]　（2018）皖 07 行终 26 号。

[4]　（2016）闽 0702 行初 107 号。

山东省

山东省本类案件有 4 件[1]，为一审判决书，检察机关均明确进行了举证。

湖北省

湖北省本类案件有 4 件[2]，为一审判决书，均明确提及检察机关进行了举证。

广东省

广东省本类案件有 1 件[3]，为一审判决书，明确提及检察机关进行了举证。

其他

13 个试点地区中，北京市、内蒙古自治区、江苏省、贵州省、云南省、陕西省、甘肃省均未检索到此类案件。

3. 非试点地区

上海市、天津市、西藏自治区、广西壮族自治区、新疆维吾尔自治区、宁夏回族自治区、山西省、重庆市、四川省、江西省、河南省、黑龙江省、辽宁省、湖南省、青海省、河北省、海南省、浙江省均未检索到此类案件。

（三）国有财产保护类案件检察机关的举证率

1. 全国

全国违法行使职权类案件中属于国有财产保护类的案件共 110 件，其中一审判决书 103 件，二审判决书 1 件，再审判决书 0 件，一审裁定书 6 件，二审裁定书 0 件，再审裁定书 0 件。

---

[1]（2016）鲁 0282 行初 155 号、（2016）鲁 0282 行初 156 号、（2016）鲁 0282 行初 157 号、（2016）鲁 0282 行初 158 号。

[2]（2017）鄂 0323 行初 1 号、（2017）鄂 1023 行初 16 号、（2017）鄂 0106 行初 80 号、（2018）鄂 1303 行初 51 号。

[3]（2017）粤 0704 行初 97 号。

本类型 103 件一审判决书中，均明确提及检察机关进行了举证。

本类二审判决书仅有 1 件，通过检索裁判文书数据库，能够查找到对应的一审判决书，可以明确检察机关在一审中已举证。二审中检察机关未提交新的证据（见表 1.1.10）。

表 1.1.10　国有财产保护类案件二审判决书检察机关举证情况

案号	对应一审案件	一审检察机关是否举证	二审检察机关是否提出新的证据
（2017）皖 01行终 580 号	（2017）皖 0103行初 77 号	是	否

本类型裁定书共有 6 件，其中 1 件为驳回起诉裁定书，2 件为撤回起诉裁定书，3 件为终结诉讼裁定书。裁定书中均未提及举证内容，进而无法明确检察机关是否举证，均属于举证不明案件。

2. 试点地区

北京市

北京市未检索到此类案件。

内蒙古自治区

内蒙古自治区未检索到此类案件。

吉林省

吉林省本类案件有 4 件[1]，为一审判决书，均明确提及检察机关进行了举证。

江苏省

江苏省本类案件有 6 件，其中一审判决书 2 件，二审判决书 0 件，一审裁定书 4 件，二审裁定书 0 件。

---

〔1〕（2017）吉 0622 行初 5 号、（2018）吉 0581 行初 19 号、（2018）吉 0323 行初 10 号、（2018）吉 0882 行初 12 号。

本类型 2 件一审判决书〔1〕中，均明确提及检察机关进行了举证。

本类型 4 件一审裁定书〔2〕中，3 件为终结诉讼裁定书，1 件为撤回起诉裁定书。裁定书中均未提及举证内容，进而无法判断检察机关的举证情况，属于举证不明案件。

安徽省

安徽省本类案件有 12 件，其中一审判决书 9 件，二审判决书 1 件，一审裁定书 2 件，二审裁定书 0 件。

9 件一审判决书中〔3〕，均明确提及检察机关进行了举证。

仅有的 1 件二审判决书〔4〕，通过检索裁判文书数据库，能够查找到对应的一审判决书，可以明确检察机关在一审中已进行了举证。二审中检察机关未提交新的证据材料。

一审裁定书仅有 2 件〔5〕，裁定书中均未提及检察机关是否进行了举证，属于举证不明案件。

福建省

福建省本类案件有 39 件〔6〕，为一审判决书，均明确提及检察机关进行了举证。

山东省

山东省本类案件有 24 件〔7〕，为一审判决书，检察机关均明确进行了举证。

---

〔1〕 （2017）苏 0925 行初 268 号、（2018）苏 1202 行初 155 号。

〔2〕 （2017）苏 0925 行初 66 号、（2017）苏 8602 行初 1930 号、（2018）苏 8602 行初 2096 号、（2018）苏 8602 行初 2097 号。

〔3〕 （2017）皖 0124 行初 22 号、（2017）皖 0323 行初 1 号、（2017）皖 0103 行初 77 号、（2019）皖 1321 行初 12 号、（2018）皖 1324 行初 8 号、（2018）皖 1881 行初 10 号、（2018）皖 0181 行初 106 号、（2018）皖 0181 行初 107 号、（2017）皖 0706 行初 13 号。

〔4〕 （2017）皖 01 行终 580 号。

〔5〕 （2016）皖 0123 行初 55 号、（2019）皖 1321 行初 11 号。

〔6〕 见附录 JC 注释 18。

〔7〕 见附录 JC 注释 19。

湖北省

湖北省本类案件有 7 件[1]，为一审判决书，均明确提及检察机关进行了举证。

广东省

广东省本类案件有 4 件[2]，为一审判决书，均明确提及检察机关进行了举证。

贵州省

贵州省本类案件有 3 件[3]，为一审判决书，检察机关均明确进行了举证。

云南省

云南省未检索到此类案件。

陕西省

陕西省本类案件有 3 件[4]，为一审判决书，均明确提及检察机关进行了举证。

甘肃省

甘肃省本类案件有 6 件[5]，为一审判决书，均明确提及检察机关进行了举证。

---

[1]（2016）鄂 0116 行初 47 号、（2017）鄂 0381 行初 16 号、（2017）鄂 1022 行初 10 号、（2017）鄂 0302 行初 42 号、（2018）鄂 0113 行初 8 号、（2018）鄂 0982 行初 7 号、（2018）鄂 0322 行初 29 号。

[2]（2017）粤 0203 行初 119 号、（2016）粤 0204 行初 48 号、（2017）粤 0203 行初 151 号、（2018）粤 1481 行初 174 号。

[3]（2017）黔 0181 行初 2 号、（2017）黔 0221 行初 41 号、（2018）黔 2301 行初 6 号。

[4]（2018）陕 7101 行初 72 号、（2018）陕 0424 行初 9 号、（2018）陕 0302 行初 51 号。

[5]（2016）甘 0981 行初 30 号、（2017）甘 0502 行初 6 号、（2017）甘 0621 行初 17 号、（2018）甘 7101 行初 61 号、（2017）甘 1226 行初 1 号、（2017）甘 0902 行初 7 号。

3. 非试点地区

江西省

江西省违法行使职权类案件仅有 1 件[1]，为一审判决书且属于国有财产保护类案件，明确提及检察机关进行了举证。

重庆市

重庆市违法行使职权类行政公益诉讼案件仅有 1 件[2]，且属于国有财产保护类案件，明确提及检察机关进行了举证。

其他

上海市、天津市、西藏自治区、广西壮族自治区、新疆维吾尔自治区、宁夏回族自治区、河南省、黑龙江省、辽宁省、湖南省、青海省、河北省、海南省、浙江省均未检索到此类案件。

（四）其他类型案件检察机关的举证率

说明：其他类型案件是指除生态环境与资源保护类、国有土地使用权出让类、国有财产保护类外的违法行使职权行政公益诉讼案件。

1. 全国

全国违法行使职权行政公益诉讼案件中属于其他类型的案件仅有 2 件，都为一审判决书，且判决书中均明确提及检察机关进行了举证。

2. 试点地区

安徽省

安徽省其他类型的案件有 2 件[3]，都是一审判决书，且判决书中均明确提及检察机关进行了举证。

其他

山东省、甘肃省、广东省、湖北省、云南省、陕西省、福建省、江苏

---

〔1〕 （2018）赣 0203 行初 16 号。
〔2〕 （2019）渝 0119 行初 29 号。
〔3〕 （2019）皖 0826 行初 19 号、（2019）皖 0826 行初 20 号。

省、吉林省、内蒙古自治区、北京市、贵州省均未检索到此类案件。

3. 非试点地区

上海市、天津市、西藏自治区、广西壮族自治区、新疆维吾尔自治区、宁夏回族自治区、山西省、重庆市、四川省、江西省、河南省、黑龙江省、辽宁省、湖南省、青海省、河北省、海南省、浙江省均未检索到此类案件。

三、混合类案件检察机关的举证率

说明：混合类案件是指既存在违法行使职权，又存在不作为的案件，多存在于多名被告的案件之中。

笔者通过检索裁判文书数据库，检索到混合类行政公益诉讼判决书共23件，其中一审判决书13件，二审判决书10件，再审判决书0件，无裁定书。

一审判决书检察机关的举证情况。本类型13件一审判决书中，均明确提及检察机关进行了举证。

二审判决书检察机关的一审举证情况。本类型二审判决书共10件，通过检索裁判文书数据库，能够检索到对应的一审判决书有8件，检察机关在一审中均已举证；检索不到的有2件，笔者只能从二审判决书的具体内容中窥见一审的举证情况，其中1件并未提及检察机关的一审举证情况，另1件提及检察机关在一审中已进行了举证。综上，检察机关一审明确举证的有9件，占全部混合类行政公益诉讼判决书的90%；举证不明案件1件，占比10%。

二审判决书检察机关的二审举证情况。二审中检察机关均未提交新的证据材料。

（一）生态环境与资源保护类案件检察机关的举证率

试点地区和非试点地区均未检索到此类案件。

（二）国有土地使用权出让类案件检察机关的举证率

试点地区和非试点地区均未检索到此类案件。

（三）国有财产保护类案件检察机关的举证率

1. 全国

全国混合类案件中属于国有财产保护类的案件有23件，其中一审判决书 13 件，二审判决书 10 件，再审判决书 0 件，无裁定书。

本类型 13 件一审判决书中，均明确提及检察机关进行了举证。

本类型二审判决书共 10 件，通过检索裁判文书数据库，能够检索到对应一审判决书的有 8 件，检察机关在一审中均已举证；检索不到的有 2 件，笔者只能从二审判决书的具体内容中窥见一审的举证情况，其中 1 件并未提及检察机关的一审举证情况，另 1 件提及检察机关在一审中已进行了举证。综上，在 10 件二审判决书中，检察机关一审明确举证的有 9 件，占比 90%；举证不明案件 1 件，占比 10%。二审中检察机关均未提交新的证据材料（见表 1.1.11）。

表 1.1.11　国有财产保护类案件二审判决书检察机关举证情况

案号	对应一审案件	一审检察机关 是否举证	二审检察机关 是否提出新的证据
（2019）甘 04 行终 20 号	（2019）甘 0421 行初 2 号	是	否
（2017）粤 02 行终 174 号	（2017）粤 0203 行初 187 号	是	否
（2017）粤 02 行终 171 号	（2017）粤 0203 行初 188 号	是	否
（2017）粤 02 行终 169 号	（2017）粤 0203 行初 118 号	不明	否
（2017）粤 02 行终 172 号	（2017）粤 0203 行初 117 号	是	否
（2017）粤 02 行终 168 号	（2017）粤 0203 行初 116 号	是	否
（2017）粤 02 行终 176 号	（2017）粤 0203 行初 191 号	是	否
（2017）粤 02 行终 170 号	（2017）粤 0203 行初 189 号	是	否
（2017）粤 02 行终 173 号	（2017）粤 0203 行初 186 号	是	否
（2017）粤 02 行终 175 号	（2017）粤 0203 行初 190 号	是	否

2. 试点地区

山东省

山东省混合类行政公益诉讼案件仅有 1 件[1]，为一审判决书且属于国有财产保护类案件，检察机关明确进行了举证。

广东省

广东省混合类行政公益诉讼案件共有 20 件，一审判决书 11 件，二审判决书 9 件，无裁定书。

本类型 11 件一审判决书[2]，均明确提及检察机关进行了举证。

本类型二审判决书共 9 件，通过检索裁判文书数据库，能够检索到对应一审判决书的有 7 件[3]，检察机关在一审中均已举证；检索不到的有 2 件，笔者只能从二审判决书的具体内容中窥见一审的举证情况，其中 1 件[4]并未提及检察机关的一审举证情况，另 1 件[5]提及检察机关在一审中已进行了举证。综上，检察机关一审明确举证的有 8 件，占比 88.89%；举证不明案件 1 件，占比 11.11%。二审中检察机关均未提交新的证据材料。

甘肃省

甘肃省混合类行政公益诉讼案件共有 2 件，一审判决书 1 件，二审判决书 1 件，无裁定书。

唯一的 1 件一审判决书[6]，明确提及检察机关进行了举证。

本类二审判决书仅有 1 件[7]，通过检索裁判文书数据库，能够检索

---

〔1〕　(2018) 鲁 0406 行初 36 号。

〔2〕　见附录 JC 注释 20。

〔3〕　(2017) 粤 02 行终 174 号、(2017) 粤 02 行终 171 号、(2017) 粤 02 行终 169 号、(2017) 粤 02 行终 176 号、(2017) 粤 02 行终 170 号、(2017) 粤 02 行终 173 号、(2017) 粤 02 行终 175 号。

〔4〕　(2017) 粤 02 行终 169 号。

〔5〕　(2017) 粤 02 行终 172 号。

〔6〕　(2019) 甘 0421 行初 2 号。

〔7〕　(2019) 甘 04 行终 20 号。

到其对应的一审判决书，能够明确检察机关在一审中已举证。二审中检察机关未提交新的证据材料。

其他

试点地区中安徽省、湖北省、云南省、陕西省、福建省、江苏省、吉林省、内蒙古自治区、北京市、贵州省均未检索到此类案件。

3. 非试点地区

非试点地区均未检索到此类案件。

（四）其他类型案件检察机关的举证率

试点地区和非试点地区均未检索到此类案件。

第二节　行政机关的举证率

一、不作为类案件行政机关的举证率

说明：无法判断是否为不作为类案件（或者是违法行使职权类案件、混合类案件）的行政公益诉讼裁定书，不作为本节研究对象，不计入统计数字。

笔者通过裁判文书数据库检索到诉行政机关不作为的判决书共 956 件，其中一审判决书 925 件，二审判决书 30 件，再审判决书 1 件；裁定书 29 件，其中一审裁定书 22 件，二审裁定书 6 件，再审裁定书 1 件。

一审判决书行政机关举证情况。925 件一审判决书中，明确提及行政机关举证的有 815 件，占比 88.11%；明确提及行政机关未举证的有 89 件，占比 9.62%；判决书未提及举证情况的有 3 件，判决书中虽提及证据，但不能认定是否由行政机关提交的有 18 件，举证不明案件合计 21 件，合计占比 2.27%。

二审判决书行政机关一审举证情况。本类二审判决书共 30 件，笔者通过检索裁判文书数据库，可检索到对应一审判决书的二审判决书有 7 件，检索不到的有 23 件。行政机关一审举证的有 12 件，未提及行政机关一审举证情况的有 18 件。

二审判决书行政机关的二审举证情况。二审中行政机关提交了新的证据的有 6 件，未提交新的证据的有 24 件。

一审裁定书行政机关举证情况。22 件不作为类一审行政公益诉讼裁定书中，明确行政机关提交了证据的有 4 件，其中驳回起诉裁定书有 2 件[1]，终结诉讼有 2 件[2]。裁定书未提及导致无法明确行政机关是否举证有 18 件，即举证不明案件有 18 件。行政机关明确未举证为 0 件。

二审裁定书行政机关举证情况（见表 1.2.1）。不作为类二审行政公益诉讼裁定书共 6 件，其中通过检索裁判文书数据库，检索不到对应一审判决书或裁定书的有 1 件[3]，仅能检索到一审判决书的案号。该二审裁定书未提及行政机关举证情况。可检索到对应一审案件的二审裁定书有 5 件，行政机关一审中明确举证的有 2 件，明确未举证的有 1 件，举证不明案件有 2 件。即 6 件二审裁定书中，可以明确行政机关一审时举证的有 2 件。

二审裁定书中行政机关提交了新的证据的有 1 件，无法明确是否提交新的证据的有 5 件，明确未提交新的证据的为 0 件。

表 1.2.1　不作为类案件二审裁定书行政机关举证情况

案号	对应一审案件	一审行政机关是否举证	二审行政机关是否提出新的证据
（2018）吉 08 行终 10 号	（2019）甘 0421 行初 2 号	不明	不明
（2019）吉 05 行终 18 号	（2019）吉 0523 行初 1 号	否	不明
（2018）吉 01 行终 49 号	（2017）吉 0183 行初 42 号	不明	不明
（2017）粤 18 行终 85 号	（2016）粤 1803 行初 178 号	是	不明
（2019）川 07 行终 104 号	（2019）川 0722 行初 14 号	是	不明

[1]　（2019）川 0722 行初 14 号、（2017）吉 0183 行初 42 号。

[2]　（2019）晋 0781 行初 174 号、（2017）苏 8602 行初 1979 号。

[3]　（2018）苏 12 行终 91 号。

续表

案号	对应一审案件	一审行政机关 是否举证	二审行政机关 是否提出新的证据
（2018）苏 12 行终 91 号	（2017）苏 1202 行初 19 号	不明	是

再审裁定书行政机关的举证情况。再审裁定书 1 件[1]，未提及举证情况。

（一）生态环境与资源保护类案件行政机关的举证率

1. 全国

全国生态环境与资源保护类案件共 678 件，其中一审判决书 648 件，二审判决书 14 件，再审判决书 0 件，一审裁定书 12 件，二审裁定书 3 件，再审裁定书 1 件。

一审判决书中，明确提及行政机关举证的有 575 件，占本类案件的 88.73%；明确提及行政机关未举证的有 59 件，占本类案件的 9.10%；举证不明案件（判决书中虽提及证据，但不能认定是否由行政机关提交或判决书未提及举证情况的）有 14 件，占本类案件的 2.16%。

本类二审判决书共 14 件，检索不到对应一审判决书的有 10 件。二审判决书内容中，提及行政机关一审举证情况的有 5 件，该 5 件均明确行政机关在一审中已举证；未提及行政机关一审举证情况的有 5 件。可检索到对应一审判决书的二审判决书有 4 件，行政机关一审中均举证。综上，14 件二审判决书中，行政机关一审明确举证的有 9 件，举证不明案件 5 件，明确未举证的 0 件。

二审判决书中行政机关提交了新的证据的有 4 件，未提交新的证据的有 10 件。

12 件一审裁定书中，明确行政机关提交了证据的有 3 件，其中驳回起诉裁定书 1 件[2]，终结诉讼 2 件[3]。举证不明案件 9 件（裁定书未提及

---

[1]（2018）吉行再 21 号。

[2]（2017）吉 0183 行初 42 号。

[3]（2019）晋 0781 行初 174 号、（2017）苏 8602 行初 1979 号。

导致无法明确行政机关是否举证），行政机关明确未举证的 0 件。

本类二审行政公益诉讼裁定书共 3 件（见表 1.2.2），均未提及行政机关一审举证情况。

二审裁定书中行政机关提交了新的证据的有 1 件，举证不明的 2 件。

表 1.2.2　生态环境与资源保护类案件二审裁定书行政机关举证情况

案号	对应一审案件	一审行政机关是否举证	二审行政机关是否提出新的证据
（2018）苏 12 行终 91 号	（2017）苏 1202 行初 19 号	不明	是
（2018）吉 08 行终 10 号	（2017）吉 0882 行初 10 号	不明	不明
（2018）吉 01 行终 49 号	（2017）吉 0183 行初 42 号	不明	不明

再审裁定书 1 件[1]，未提及举证情况。其一审为驳回起诉裁定书[2]，二审裁定书驳回上诉，维持原裁定书[3]，均未提及举证情况。

2. 试点地区

北京市

北京市本类行政公益诉讼一审判决书有 1 件[4]，行政机关已举证。

内蒙古自治区

内蒙古自治区本类行政公益诉讼有一审判决书 38 件，二审判决书 0 件，再审判决书 0 件，裁定书 0 件。

本类行政公益诉讼案件一审判决书 38 件，其中行政机关举证的 34

---

〔1〕　（2018）吉行再 21 号。

〔2〕　（2017）吉 0183 行初 42 号。

〔3〕　（2018）吉 01 行终 49 号。

〔4〕　（2017）京 0118 行初 60 号。

件[1]，未举证的 4 件[2]，举证不明的 0 件。

吉林省

吉林省本类行政公益诉讼案件有一审判决书 112 件，二审判决书 2 件，再审判决书 0 件，一审裁定书 2 件，二审裁定书 2 件，再审裁定书 1 件。

本类行政公益诉讼案件一审判决书 112 件，其中行政机关举证的 82 件[3]，未举证的 21 件[4]，举证不明的 9 件[5]。

本类行政公益诉讼案件有二审判决书 2 件，均可检索到对应一审判决书，行政机关一审中均提交证据。其中 1 件二审判决书[6]明确提及二审中行政机关提出了新的证据，另 1 件二审判决书[7]可以明确二审中行政机关未提交新的证据。

一审裁定书 2 件，均为驳回起诉裁定书。其中 1 件裁定书[8]中未提及行政机关举证情况，属于举证不明案件；另 1 件裁定书[9]中可以明确行政机关提交了证据。

本类型二审裁定书共 2 件，均可检索到对应一审判决书[10]。但既未提及行政机关一审举证情况，亦未提及行政机关二审是否提交新的证据，属于举证不明案件。

本类型再审裁定书 1 件[11]，未提及举证情况。其一审为驳回起诉裁

---

[1] 见附录 XZ 注释 1。

[2] （2017）内 0403 行初 1 号、（2017）内 0624 行初 12 号、（2017）内 2525 行初 4 号、（2018）内 0727 行初 1 号。

[3] 见附录 XZ 注释 2。

[4] 见附录 XZ 注释 3。

[5] 见附录 XZ 注释 4。

[6] （2018）吉 05 行终 68 号。

[7] （2018）吉 24 行终 114 号。

[8] （2017）吉 0882 行初 10 号。

[9] （2017）吉 0183 行初 42 号。

[10] （2018）吉 08 行终 10 号、（2018）吉 01 行终 49 号。

[11] （2018）吉行再 21 号。

定书[1]，二审裁定书为驳回上诉，维持原裁定书[2]，均未提及举证情况。

安徽省

江苏省本类行政公益诉讼案件一审判决书有 16 件，二审判决书 2 件，再审判决书 0 件，一审裁定书 6 件，二审裁定书 1 件。

本类行政公益诉讼案件一审判决书 16 件，其中行政机关举证的 13 件[3]，未举证的 3 件[4]，举证不明的 0 件。

本类行政公益诉讼二审判决书 2 件[5]，从其对应一审判决书，即（2017）苏 0924 行初 8 号、（2018）苏 0812 行初 9 号两案，可知行政机关一审已举证，二审中行政机关未提交新的证据。

本类型一审裁定书 6 件，均为终结诉讼裁定书。其中 1 件裁定书[6]中明确行政机关提交了证据；其余 5 案[7]均未提及行政机关举证情况，属于举证不明案件。

本类型二审裁定书共 1 件，为撤销原判发回重审裁定书[8]，无法检索到对应一审案件，二审裁定书中未提及行政机关一审举证情况，二审行政机关提交了新的证据。

安徽省

安徽省本类行政公益诉讼案件一审判决书有 49 件，二审判决书 2 件，再审 0 件，一审裁定书 1 件，二审裁定书 0 件。

本类行政公益诉讼案件一审判决书有 49 件，其中行政机关举证的 47

---

［1］（2017）吉 0183 行初 42 号。

［2］（2018）吉 01 行终 49 号。

［3］见附录 XZ 注释 5。

［4］（2017）苏 1291 行初 22 号、（2017）苏 1291 行初 23 号、（2017）苏 1291 行初 24 号。

［5］（2018）苏 09 行终 119 号、（2018）苏 08 行终 102 号。

［6］（2017）苏 8602 行初 1979 号。

［7］（2017）姑苏行初字第 188 号、（2017）苏 8602 行初 2055 号、（2018）苏 1202 行初 238 号、（2018）苏 1181 行初 123 号、（2018）苏 0211 行初 195 号。

［8］（2018）苏 12 行终 91 号。

件〔1〕，未举证的 1 件〔2〕，举证不明的 1 件〔3〕（判决书未提及举证情况）。

本类行政公益诉讼二审判决书 2 件，一审行政机关均举证。其中 1 件二审判决书〔4〕可以明确二审中行政机关未提出新的证据，另 1 件二审判决书〔5〕可以明确二审中行政机关作为上诉人提交了证据。

本类行政公益诉讼一审裁定书 1 件〔6〕，该案为撤回起诉裁定书，未提及行政机关举证情况，属于举证不明案件。

福建省

福建省本类行政公益诉讼案件一审判决书 16 件〔7〕，均明确提及行政机关已举证。

本类行政公益诉讼案件有二审判决书 1 件〔8〕，无法检索到对应一审判决书，二审判决书中未提及行政机关一审举证情况，行政机关二审没有提交新的证据。

山东省

山东省本类行政公益诉讼案件有一审判决书 39 件，二审判决书 1 件，再审判决书 0 件，一审裁定书 1 件，二审裁定书 0 件。

本类行政公益诉讼案件一审判决书 39 件，其中行政机关举证的 33 件〔9〕，未举证的 6 件〔10〕，举证不明的 0 件。

---

〔1〕 见附录 XZ 注释 6。
〔2〕 （2018）皖 1122 行初 1 号。
〔3〕 （2018）皖 0422 行初 2 号。
〔4〕 （2018）皖 04 行终 69 号。
〔5〕 （2019）皖 01 行终 281 号。
〔6〕 （2019）皖 1623 行初 82 号。
〔7〕 见附录 XZ 注释 7。
〔8〕 （2018）闽 04 行终 13 号。
〔9〕 见附录 XZ 注释 8。
〔10〕 （2017）鲁 0687 行初 19 号、（2017）鲁 1082 行初 25 号、（2017）鲁 1003 行初 16 号、（2018）鲁 0521 行初 4 号、（2018）鲁 0686 行初 34 号、（2018）鲁 1625 行初 53 号。

本类行政公益诉讼二审判决书1件[1]，检索不到对应一审判决书原文。该二审判决书中提及了行政机关的举证情况，可以明确知晓一审中行政机关进行了举证。该案二审中行政机关未提出新的证据。

本类行政公益诉讼一审裁定书1件[2]，该案为撤回起诉裁定书，未提及行政机关举证情况，属于举证不明案件。

湖北省

湖北省本类行政公益诉讼案件有一审判决书68件，二审判决书0件，再审判决书0件，裁定书0件。湖北省本类行政公益诉讼案件中行政机关举证的65件[3]，未举证的3件[4]，举证不明的0件。

广东省

广东省本类行政公益诉讼案件有一审判决书31件，二审判决书2件，再审判决书0件，裁定书0件。

本类行政公益诉讼案件一审判决书31件，其中明确提及行政机关举证的24件[5]，明确未举证的3件[6]，举证不明的4件[7]。

本类行政公益诉讼二审判决书2件，均无法检索到对应一审判决书，二审判决书中亦未提及行政机关一审是否举证。其中1件二审判决书[8]明确提及二审中行政机关提出了新的证据，另1件二审判决书[9]可以明确二审中行政机关未提交新的证据。

贵州省

贵州省本类行政公益诉讼案件一审判决书有63件，二审2件，再审0

---

〔1〕（2019）鲁10行终73号。

〔2〕（2018）鲁1603行初28号。

〔3〕见附录XZ注释9。

〔4〕（2017）鄂0202行初3号、（2019）鄂0205行初3号、（2019）鄂1221行初17号。

〔5〕见附录XZ注释10。

〔6〕（2016）粤1203行初218号、（2017）粤1203行初23号、（2017）粤1203行初32号。

〔7〕（2017）粤7101行初250号、（2017）粤7101行初255号、（2017）粤7101行初254号、（2017）粤7101行初252号。

〔8〕（2017）粤71行终1533号。

〔9〕（2017）粤71行终1534号。

件，裁定书0件。

本类行政公益诉讼一审判决书63件，其中行政机关举证的56件[1]，未举证的7件[2]，举证不明的0件。

本类行政公益诉讼二审判决书2件[3]，均无法检索到对应一审判决书，从二审判决书的具体内容中亦不能知悉一审行政机关是否举证。两案二审中行政机关均未提出新的证据。

云南省

云南省本类行政公益诉讼案件有一审判决书67件，其他0件。云南省本类行政公益诉讼案件一审67件，其中行政机关举证的60件，未举证的7件，举证不明的0件。

陕西省

陕西省本类行政公益诉讼案件有一审判决书64件，二审判决书1件，再审判决书0件，裁定书0件。

本类行政公益诉讼一审判决书64件，其中行政机关举证的63件，未举证的1件，举证不明的0件。

本类行政公益诉讼二审判决书1件[4]，可检索到对应一审判决书，行政机关一审中提交了证据，该案二审中行政机关未提交新的证据。

甘肃省

甘肃省本类行政公益诉讼案件有一审判决书64件，二审判决书1件，再审0件，裁定书0件。

本类行政公益诉讼案件一审判决书64件，其中行政机关举证的61件[5]，未举证的3件[6]，举证不明的0件。

---

[1] 见附录XZ注释11。
[2] 见附录XZ注释12。
[3] （2017）黔03行终210号、（2017）黔03行终239号。
[4] （2018）陕08行终2号。
[5] 见附录XZ注释13。
[6] （2017）甘7101行初93号、（2017）甘1228行初2号、（2018）甘0502行初30号。

本类行政公益诉讼二审判决书 1 件〔1〕，无法检索到对应一审判决书，二审判决书中未提及行政机关一审举证情况，但明确提及行政机关二审提交了新的证据。

3. 非试点地区

山西省

山西省本类行政公益诉讼案件有一审判决书 5 件〔2〕，行政机关均举证。一审终结诉讼裁定书 1 件〔3〕，行政机关已举证。

辽宁省

辽宁省本类行政公益诉讼案件有一审判决书 1 件〔4〕，行政机关已举证。

黑龙江省

黑龙江省本类行政公益诉讼案件有一审判决书 1 件〔5〕，明确提及行政机关已举证。

江西省

江西省本类行政公益诉讼案件有一审判决书 4 件〔6〕，行政机关均举证。

河南省

河南省本类行政公益诉讼案件有一审判决书 1 件〔7〕，明确提及行政机关已举证。撤回起诉裁定书 1 件〔8〕，未提及举证情况，行政机关举证不明。

---

〔1〕（2018）甘行终 366 号。

〔2〕（2018）晋 0522 行初 79 号、（2018）晋 0522 行初 80 号、（2018）晋 0522 行初 81 号、（2018）晋 1102 行初 76 号、（2018）晋 1102 行初 77 号。

〔3〕（2019）晋 0781 行初 174 号。

〔4〕（2018）辽 0781 行初 35 号。

〔5〕（2019）黑 2701 行初 5 号。

〔6〕（2018）赣 0502 行初 10 号、（2018）赣 0803 行初 128 号、（2018）赣 1129 行初 107 号、（2018）赣 7101 行初 1461 号。

〔7〕（2018）豫 1526 行初字 57 号。

〔8〕（2019）豫 1326 行初 23 号。

四川省

四川省本类行政公益诉讼案件有一审判决书4件〔1〕，行政机关均举证。

重庆市

重庆市本类行政公益诉讼案件有一审判决书4件〔2〕，行政机关均举证。

其他

非试点地区天津、上海、浙江、湖南、广西、海南、西藏、青海、宁夏、新疆、河北共11省、自治区、直辖市未检索到此类案件。

（二）国有土地使用权出让类案件行政机关的举证率

1. 全国

全国国有土地使用权出让类案件共148件，其中一审判决书137件，二审判决书4件，再审判决书0件，一审裁定书7件，二审裁定书0件。

一审判决书中，行政机关举证的有129件，占本类案件的94.16%；行政机关未举证的有7件，占本类案件的5.11%；举证不明案件有1件，占本类案件的0.73%。

本类二审判决书共4件（见表1.2.3），可检索到对应一审判决书原文的3件，行政机关均举证。检索不到对应一审判决书的1件。行政机关在一审中已举证的3件；未提及行政机关一审举证情况的1件。二审判决书中行政机关提交了新的证据的有0件。

表1.2.3　国有土地使用权出让类案件二审判决书行政机关举证情况

案号	对应一审案件	一审行政机关是否举证	二审行政机关是否提出新的证据
（2018）黔06行终19号	（2017）黔0624行初44号	不明	否

〔1〕　（2018）川1603行初148号、（2018）川0303行初4号、（2019）川0321行初4号、（2019）川1702行初81号。

〔2〕　（2017）渝0116行初227号、（2018）渝0116行初213号、（2019）渝0114行初25号、（2019）渝0112行初150号。

案号	对应一审案件	一审行政机关是否举证	二审行政机关是否提出新的证据
（2018）黔04行终60号	（2018）黔0402行初48号	是	否
（2018）黔04行终59号	（2018）黔0402行初49号	是	否
（2018）甘09行终39号	（2018）甘0921行初7号	是	否

7件一审裁定书，均未提及行政机关举证情况，举证不明。

2. 试点地区

北京市

北京市未检索到此类案件。

内蒙古自治区

内蒙古自治区本类行政公益诉讼案件有17件，均为一审判决书，行政机关举证的15件[1]，未举证的2件[2]，举证不明的0件。

吉林省

吉林省本类行政公益诉讼案件有5件，均为一审判决书。其中行政机关举证的3件[3]，未举证的1件[4]，举证不明的1件[5]。

江苏省

江苏省本类行政公益诉讼案件一审判决书有1件[6]，行政机关提交了证据；一审裁定书3件[7]，均举证不明。

---

〔1〕 见附录 XZ 注释 14。

〔2〕 （2017）内 0723 行初 8 号、（2017）内 0722 行初 6 号。

〔3〕 （2017）吉 0323 行初 18 号、（2018）吉 0581 行初 10 号、（2018）吉 0581 行初 9 号。

〔4〕 （2017）吉 0821 行初 7 号。

〔5〕 （2018）吉 2401 行初 141 号。

〔6〕 （2017）苏 0412 行初 4 号。

〔7〕 （2017）苏 0281 行初 16 号、（2017）苏 8601 行初 280 号、（2019）苏 8601 行初 765 号。

安徽省

安徽省本类行政公益诉讼案件有 9 件[1]，均为一审判决书，行政机关均举证。

福建省

福建省本类行政公益诉讼案件有 3 件[2]，均为一审判决书，行政机关均举证。

山东省

山东省本类行政公益诉讼案件有 2 件[3]，均为一审判决书，行政机关均举证。

湖北省

湖北省本类行政公益诉讼案件有 19 件[4]，均为一审判决书，行政机关均举证。

广东省

广东省本类行政公益诉讼案件有 1 件[5]，为一审判决书，该案行政机关未举证。

贵州省

贵州省本类行政公益诉讼案件一审判决书 19 件[6]，行政机关均举证。

本类行政公益诉讼二审判决书共 3 件，其中一审行政机关举证的 2 件[7]，举证不明的 1 件[8]。二审中行政机关未提交新的证据。

---

[1] 见附录 XZ 注释 15。
[2] (2016) 闽 0181 行初 5 号、(2017) 闽 0429 行初 1 号、(2017) 闽 0823 行初 12 号。
[3] (2017) 鲁 0685 行初 23 号、(2018) 鲁 1722 行初 41 号。
[4] 见附录 XZ 注释 16。
[5] (2016) 粤 1203 行初 220 号。
[6] 见附录 XZ 注释 17。
[7] (2018) 黔 04 行终 60 号、(2018) 黔 04 行终 59 号。
[8] (2017) 黔 0624 行初 44 号。

云南省

云南省本类行政公益诉讼案件一审判决书31件。其中行政机关举证的30件，未举证的1件[1]，举证不明的0件。

本类行政公益诉讼案件一审裁定书2件[2]，均举证不明。

陕西省

陕西省本类行政公益诉讼案件有8件[3]，均为一审判决书，行政机关均举证。

甘肃省

甘肃省本类行政公益诉讼一审判决书有8件，二审判决书1件。

本类行政公益诉讼案件一审判决书8件，其中行政机关举证的7件[4]，未举证的1件[5]，举证不明的0件。

本类行政公益诉讼二审判决书1件[6]，根据其一审判决书可知行政机关一审已举证，根据二审判决书可知二审中行政机关未提交新的证据。

3. 非试点地区

河北省

河北省本类行政公益诉讼案件一审判决书1件[7]，行政机关已举证。管辖裁定书1件[8]，不涉及举证。

山西省

山西省本类行政公益诉讼案件7件，均为一审判决书。其中，行政机

---

[1] （2017）云0923行初2号。
[2] （2016）云0802行初26号、（2016）云2501行初18号。
[3] 见附录XZ注释18。
[4] 见附录XZ注释19。
[5] （2017）甘1228行初1号。
[6] （2018）甘09行终39号。
[7] （2018）冀0828行初11号。
[8] （2019）冀01行辖15号。

关举证的 6 件[1]，未举证的 1 件[2]，举证不明的 0 件。

浙江省

浙江省本类行政公益诉讼案件 1 件[3]，为一审判决书。行政机关已举证。

江西省

江西省本类行政公益诉讼案件 2 件[4]，均为一审判决书。行政机关均举证。

湖南省

湖南省本类行政公益诉讼案件 1 件[5]，为撤回起诉裁定书，不涉及举证。

青海省

青海省本类行政公益诉讼案件 2 件[6]，均为一审判决书。行政机关均举证。

重庆市

重庆市本类行政公益诉讼案件 1 件[7]，为一审判决书。行政机关已举证。

其他

其他非试点地区：天津、上海、河南、黑龙江、辽宁、四川、广西、海南、西藏、宁夏、新疆、河北共 12 个省、自治区、直辖市均未检索到此类案件。

---

[1] 见附录 XZ 注释 20。
[2] (2018) 晋 1081 行初 10 号。
[3] (2018) 浙 1127 行初 1 号。
[4] (2018) 赣 1129 行初 81 号、(2019) 赣 1002 行初 39 号。
[5] (2019) 湘 1321 行初 57 号。
[6] (2018) 青 2801 行初 123 号、(2018) 青 2801 行初 124 号。
[7] (2019) 渝 0116 行初 128 号。

（三）国有财产保护类案件行政机关的举证率

1. 全国

全国国有财产保护类案件共 140 件，其中一审判决书 123 件，二审判决书 11 件，再审判决书 1 件，一审裁定书 3 件，二审裁定书 2 件。

一审判决书中，行政机关举证的有 95 件，占本类案件的 77.24%；未举证的有 22 件，占本类案件的 17.89%；举证不明案件有 6 件，占本类案件的 4.88%。

本类型案件二审判决书共 11 件，检索不到对应一审判决书的 9 件，从二审判决书内容可知行政机关一审举证的 1 件，未提及的 8 件；可检索到对应一审判决书的 2 件，行政机关一审均举证。行政机关一审举证的有 3 件，未提及行政机关一审举证情况的 8 件。二审判决书中行政机关提交了新的证据的有 2 件，未提交新的证据的有 9 件。

本类型案件再审判决书 1 件。再审中，被告未提交新的证据。

一审裁定书中，明确行政机关提交了证据的有 1 件，为驳回起诉裁定书；举证不明案件 2 件。

本类二审行政公益诉讼裁定书共 2 件（见表 1.2.4），均可检索到对应一审判决书。行政机关一审中明确举证的 1 件，举证不明的 1 件。该 2 件二审裁定书亦未提及行政机关是否提交新的证据。

表 1.2.4　国有财产保护类案件二审裁定书行政机关举证情况

案号	对应一审案件	一审行政机关是否举证	二审行政机关是否提出新的证据
（2019）吉 05 行终 18 号	（2019）吉 0523 行初 1 号	不明	不明
（2019）川 07 行终 104 号	（2019）川 0722 行初 14 号	是	不明

2. 试点地区

北京市

北京市未检索到此类案件。

内蒙古自治区

内蒙古自治区本类行政公益诉讼案件有 4 件[1]，均为一审判决书，行政机关均举证。

吉林省

吉林省本类行政公益诉讼案件有一审判决书 16 件，一审裁定书 1 件，二审裁定书 1 件。

一审判决书 16 件，其中行政机关举证的 6 件[2]，未举证的 6 件[3]，举证不明的 4 件[4]。

一审裁定书 1 件[5]，为不予立案裁定书，未提及行政机关举证情况，属于举证不明案件。

本类型二审裁定书 1 件[6]，对应一审裁定书为前述不予立案裁定书。无法明确行政机关一审是否举证，二审是否提交新的证据。

江苏省

江苏省本类行政公益诉讼案件有一审判决书 4 件[7]，行政机关均举证。一审终结诉讼裁定书 1 件[8]，未提及行政机关举证情况，属于举证不明案件。

安徽省

安徽省本类行政公益诉讼案件有 5 件[9]，均为一审判决书，行政机

---

[1] （2016）内 2921 行初 25 号、（2017）内 2528 行初 2 号、（2017）内 0102 行初 23 号、（2018）内 2921 行初 30 号。

[2] 见附录 XZ 注释 21。

[3] 见附录 XZ 注释 22。

[4] （2018）吉 0681 行初 9 号、（2019）吉 0523 行初 6 号、（2019）吉 0523 行初 5 号、（2019）吉 0523 行初 7 号。

[5] （2019）吉 0523 行初 1 号。

[6] （2019）吉 05 行终 18 号。

[7] （2017）苏 0411 行初 30 号、（2017）苏 1202 行初 16 号、（2017）苏 1291 行初 218 号、（2018）苏 1112 行初 40 号。

[8] （2018）苏 1291 行初 218 号。

[9] （2018）皖 1721 行初 2 号、（2018）皖 0403 行初 5 号、（2018）皖 0102 行初 9 号、（2019）皖 1124 行初 3 号、（2019）皖 0323 行初 21 号。

关均举证。

福建省

福建省本类行政公益诉讼案件有 2 件[1]，均为一审判决书，行政机关均举证。

山东省

山东省本类行政公益诉讼案件有 5 件，均为一审判决书。行政机关举证的 3 件[2]，未举证的 2 件[3]，举证不明的 0 件。

湖北省

湖北省本类行政公益诉讼案件有 21 件，均为一审判决书。行政机关举证的 17 件[4]，未举证的 3 件[5]，举证不明的 1 件[6]。

广东省

广东省本类行政公益诉讼案件有一审判决书 4 件，二审判决书 4 件，裁定书 0 件。

本类行政公益诉讼案件一审判决书 4 件，其中行政机关举证的 3 件[7]，未举证的 1 件[8]，举证不明的 0 件。

本类行政公益诉讼案件二审判决书 4 件，均无法检索到对应一审判决书。从二审判决书中可明确行政机关一审举证的 1 件[9]，未提及的 3 件[10]。二审行政机关均未提交新的证据。

---

[1]　(2017) 闽 0424 行初 1 号、(2017) 闽 0424 行初 2 号。

[2]　(2017) 鲁 1321 行初 12 号、(2017) 鲁 1425 行初 13 号、(2018) 鲁 1728 行初 25 号。

[3]　(2017) 鲁 1321 行初 17 号、(2017) 鲁 0634 行初 4 号。

[4]　见附录 XZ 注释 23。

[5]　(2018) 鄂 1023 行初 14 号、(2018) 鄂 7101 行初 125 号、(2018) 鄂 1281 行初 58 号。

[6]　(2018) 鄂 0323 行初 14 号。

[7]　(2017) 粤 0203 行初 111 号、(2017) 粤 0203 行初 113 号、(2017) 粤 0203 行初 115 号。

[8]　(2017) 粤 7101 行初 1518 号。

[9]　(2019) 粤 14 行终 90 号。

[10]　(2017) 粤 02 行终 153 号、(2017) 粤 02 行终 166 号、(2017) 粤 02 行终 167 号。

贵州省

贵州省本类行政公益诉讼案件有一审判决书 19 件，二审判决书 1 件，裁定书 0 件。

本类行政公益诉讼案件有一审判决书 19 件，行政机关举证的 18 件[1]，未举证的 1 件[2]，举证不明的 0 件。

本类行政公益诉讼二审案件 1 件[3]，可检索到对应一审判决书，行政机关一审已举证。二审中行政机关未提交新的证据。

云南省

云南省本类行政公益诉讼案件有一审判决书 14 件，二审判决书 5 件，再审判决书 0 件，裁定书 0 件。

一审判决书中，明确提及行政机关举证的有 12 件[4]，行政机关未举证的 2 件[5]，举证不明案件 0 件。

本类型案件二审判决书 5 件，可检索到对应一审案件的 1 件[6]，行政机关一审已举证；无法检索到对应一审判决书的 4 件[7]，其二审判决书亦未提及行政机关一审举证情况。

二审中行政机关提交了新的证据的 1 件，为前述（2017）云 03 行终 54 号，其余 4 件行政机关未提交新证据。

陕西省

陕西省本类行政公益诉讼案件有一审判决书 5 件，二审判决书 1 件，再审判决书 1 件，裁定书 0 件。

---

[1] 见附录 XZ 注释 24。
[2] （2017）黔 2323 行初 22 号。
[3] （2018）黔 06 行终 78 号。
[4] 见附录 XZ 注释 25。
[5] （2017）云 0328 行初 22 号、（2017）云 0924 行初 2 号。
[6] （2017）云 03 行终 54 号。
[7] （2018）云 03 行终 6 号、（2018）云 03 行终 7 号、（2018）云 03 行终 8 号、（2018）云 03 行终 9 号。

一审判决书中，明确提及行政机关举证的有 4 件〔1〕，行政机关未举证的 1 件〔2〕，举证不明案件 0 件。

本类型案件二审判决书 1 件〔3〕，无法检索到对应一审判决书，二审判决书亦未提及行政机关一审举证情况，二审中行政机关提交了新的证据。

本类型案件再审判决书 1 件〔4〕。再审中，被告未提交新的证据。

甘肃省

甘肃省本类行政公益诉讼案件 17 件，均为一审判决书。其中行政机关举证的 13 件〔5〕，未举证的 3 件〔6〕，举证不明的 1 件〔7〕。

3. 非试点地区

辽宁省

辽宁省本类行政公益诉讼案件有 2 件，均为一审判决书，其中 1 件判决书〔8〕中明确提及行政机关进行了举证，另 1 件判决书〔9〕中可以明确行政机关未举证。

江西省

江西省本类行政公益诉讼案件有 2 件〔10〕，均为一审判决书。行政机关均举证。

---

〔1〕 （2017）陕 0425 行初 1 号、（2017）陕 0426 行初字 2 号、（2018）陕 7102 行初 362 号、（2018）陕 7102 行初 2479 号。

〔2〕 （2017）陕 0431 行初 3 号。

〔3〕 （2018）陕 71 行终 819 号。

〔4〕 （2017）陕 0425 行再 1 号。

〔5〕 见附录 XZ 注释 26。

〔6〕 （2017）甘 0702 行初 5 号、（2017）甘 1202 行初字第 3 号、（2019）甘 0502 行初 1 号。

〔7〕 （2018）甘 1026 行初 4 号。

〔8〕 （2018）辽 0603 行初 168 号。

〔9〕 （2019）辽 0782 行初 17 号。

〔10〕 （2018）赣 0425 行初 56 号、（2019）赣 0302 行初 16 号。

河南省

河南省本类行政公益诉讼案件有 2 件[1]，均为一审判决书。行政机关均未举证。

四川省

四川省本类行政公益诉讼案件有一审判决书 1 件，二审判决书 0 件，再审判决书 0 件，一审裁定书 1 件，二审裁定书 1 件。

本类行政公益诉讼案件有一审判决书 1 件[2]，该案行政机关已举证。

本类型一审裁定书为驳回起诉裁定书[3]，该案行政机关已举证。

本类型二审裁定书为驳回上诉维持原判裁定书[4]。该案可检索到对应一审判决书，行政机关一审提交了证据。该裁定书未提及行政机关是否提交了新的证据。

其他

非试点地区中，黑龙江、山西、重庆、天津、上海、浙江、湖南、广西、海南、西藏、宁夏、新疆、青海、河北共 14 个省、自治区、直辖市均未检索到此类案件。

（四）其他类型案件行政机关的举证率

说明：其他类型案件是指除生态环境与资源保护类、国有土地使用权出让类、国有财产保护类外的行政公益诉讼案件。

全国其他类型案件共 19 件，其中一审判决书 17 件，二审判决书 1 件，再审判决书 0 件，一审裁定书 0 件，二审裁定书 1 件。

一审判决书中，行政机关举证的有 15 件[5]，未举证的有 2 件[6]，举证不明案件 0 件。

---

〔1〕 (2018) 豫 1122 行初 23 号、(2019) 豫 1024 行初 51 号。

〔2〕 (2019) 川 0727 行初 2 号。

〔3〕 (2019) 川 0722 行初 14 号。

〔4〕 (2019) 川 07 行终 104 号。

〔5〕 见附录 XZ 注释 27。

〔6〕 (2019) 豫 1525 行初 57 号、(2019) 黔 2301 行初 1 号。

其他类型案件二审判决书 1 件〔1〕，检索不到对应的一审判决书。二审中未提及行政机关一审举证情况，行政机关未提交新的证据。

其他类二审行政公益诉讼裁定书 1 件〔2〕，可检索到对应的一审判决书，行政机关一审中举证，该二审裁定书未提及行政机关是否提交新的证据。

二、违法行使职权类案件行政机关的举证率

说明：无法判断是否为违法行使职权类案件以及无法判断案件类型的行政公益诉讼裁定书，不作为本节研究对象，不计入统计数字。

笔者通过裁判文书数据库，检索到诉行政机关违法行使职权的判决书共 207 件，其中一审判决书 203 件，二审判决书 4 件，再审判决书 0 件；裁定书共 7 件，一审裁定书 7 件，二审裁定书 0 件，再审裁定书 0 件。

（一）生态环境与资源保护类案件行政机关的举证率

1. 全国

全国生态环境与资源保护类案件共 88 件，其中一审判决书 85 件，二审判决书 2 件，一审裁定书 1 件。

本类一审判决书中，行政机关举证的有 70 件，占本类案件的 82.35%；行政机关未举证的有 13 件，占本类案件的 15.29%；举证不明案件有 2 件，占本类案件的 2.35%。

本类二审判决书 2 件（见表 1.2.5），其中 1 件二审判决书无法查找到其对应的一审判决书，也未提及行政机关一审是否举证，但提及行政机关二审提交了新证据；另 1 件二审判决书可检索到对应的一审判决书，可知行政机关一审已举证，二审未提交新的证据。

---

〔1〕（2019）晋 01 行终 113 号。

〔2〕（2017）粤 18 行终 85 号。

表 1.2.5　生态环境与资源保护类案件二审判决书行政机关举证情况

案号	对应一审案件	一审行政机关是否举证	二审行政机关是否提出新的证据
（2017）黔 03 行终 291 号	（2017）黔 0321 行初 59 号	不明	是
（2019）鄂 13 行终 3 号	（2018）鄂 1303 行初 51 号	是	否

本类一审裁定书为终结诉讼裁定书，无法明确行政机关是否举证，属于举证不明案件。

2. 试点地区

北京市

北京市未检索到此类案件。

内蒙古自治区

内蒙古自治区本类行政公益诉讼案件有一审判决书 1 件〔1〕，其他 0 件，该案行政机关已举证。

吉林省

吉林省本类行政公益诉讼案件有一审判决书 9 件，其他 0 件。

本类行政公益诉讼案件一审判决书 9 件，其中行政机关举证的 6 件〔2〕，未举证的 3 件〔3〕，举证不明的 0 件。

江苏省

江苏省本类行政公益诉讼案件一审判决书有 4 件，一审裁定书 1 件，其他 0 件。

本类行政公益诉讼案件有一审判决书 4 件，其中行政机关举证的 1

---

〔1〕　（2016）内 0223 行初 31 号。

〔2〕　（2017）吉 0503 行初 11 号、（2017）吉 0284 行初 23 号、（2017）吉 0284 行初 24 号、（2017）吉 0523 行初 11 号、（2018）吉 0203 行初 1 号、（2017）吉 0721 行初 15 号。

〔3〕　（2017）吉 0581 行初 9 号、（2017）吉 0281 行初 42 号、最高人民检察院指导案例第 29 号。

件〔1〕，未举证的1件〔2〕，举证不明的2件〔3〕。

本类一审裁定书为终结诉讼裁定书〔4〕，无法明确行政机关是否举证，属于举证不明案件。

安徽省

安徽省本类行政公益诉讼案件有一审判决书6件〔5〕，其他0件，且行政机关均举证。

福建省

福建省本类行政公益诉讼案件有一审判决书14件〔6〕，行政机关均举证。

山东省

山东省本类行政公益诉讼案件有一审判决书4件〔7〕，其他0件，且行政机关均举证。

湖北省

湖北省本类行政公益诉讼案件有一审判决书11件，二审判决书1件，其他0件。

本类行政公益诉讼一审判决书11件〔8〕，行政机关均举证。

本类行政公益诉讼二审判决书1件〔9〕，可检索到对应的一审判决书原文，一审行政机关已举证。二审中行政机关未提交新的证据。

---

〔1〕　（2017）苏0508行初98号。

〔2〕　（2017）苏1291行初22号。

〔3〕　（2017）苏1291行初23号、（2017）苏1291行初24号。

〔4〕　（2018）苏1291行初499号。

〔5〕　见附录XZ注释28。

〔6〕　见附录XZ注释29。

〔7〕　（2017）鲁1581行初11号、（2018）鲁1724行初27号、（2018）鲁1791行初102号、（2015）庆行初字第54号。

〔8〕　见附录XZ注释30。

〔9〕　（2019）鄂13行终3号。

广东省

广东省本类行政公益诉讼案件有一审判决书 2 件，其他 0 件。其中 1 件一审判决书[1]中行政机关未举证，另 1 件一审判决书[2]中行政机关已举证。

贵州省

贵州省本类行政公益诉讼案件一审判决书有 26 件，二审 1 件，其他 0 件。

本类行政公益诉讼一审判决书 26 件，其中行政机关举证的 18 件[3]，未举证的 8 件[4]，举证不明的 0 件。

本类行政公益诉讼案件有二审判决书 1 件[5]，检索不到对应的一审判决书原文，从二审判决书的具体内容中亦不能知悉一审行政机关是否举证。二审中行政机关提交了新的证据。

云南省

云南省未检索到此类案件。

陕西省

陕西省本类行政公益诉讼案件有一审判决书 3 件[6]，其他 0 件，且行政机关均举证。

甘肃省

甘肃省本类行政公益诉讼案件有一审判决书 1 件[7]，其他 0 件，该案行政机关已举证。

---

[1] （2017）粤 1203 行初 63 号。

[2] （2016）粤 1803 行初 113 号。

[3] 见附录 XZ 注释 31。

[4] 见附录 XZ 注释 32。

[5] （2017）黔 03 行终 291 号。

[6] （2018）陕 7101 行初 167 号、（2018）陕 0723 行初 17 号、（2018）陕 7102 行初 2529 号。

[7] （2017）甘 7101 行初 95 号。

3. 非试点地区

河南省

河南省本类行政公益诉讼案件有一审判决书 1 件〔1〕，其他 0 件，该案行政机关已举证。

湖南省

湖南省本类行政公益诉讼案件有一审判决书 1 件〔2〕，其他 0 件，该案行政机关已举证。

海南省

海南省本类行政公益诉讼案件有一审判决书 1 件〔3〕，其他 0 件，该案行政机关已举证。

四川省

四川省本类行政公益诉讼案件有一审判决书 1 件〔4〕，其他 0 件，该案行政机关已举证。

其他

其他非试点地区未检索到此类案件。

（二）国有土地使用权出让类案件行政机关的举证率

1. 全国

全国国有土地使用权出让类案件共 14 件，其中一审判决书 13 件，二审判决书 1 件，再审判决书 0 件，裁定书 0 件。

一审判决书中，行政机关举证的有 12 件，行政机关未举证的有 1 件，举证不明案件 0 件。

本类二审判决书 1 件（见表 1.2.6），通过对应一审判决书可知行政机关一审已举证，二审行政机关未提交新的证据。

---

〔1〕 （2018）豫 1525 行初 28 号。
〔2〕 （2018）湘 1230 行初 2 号。
〔3〕 （2019）琼 72 行初 20 号。
〔4〕 （2017）川 1921 行初 57 号。

表 1.2.6　国有土地使用权出让类案件二审判决书行政机关举证情况

案号	对应一审案件	一审行政机关 是否举证	二审行政机关 是否提出新的证据
（2018）皖 07 行终 26 号	（2017）皖 0722 行初 23 号	是	否

2. 试点地区

吉林省

吉林省本类行政公益诉讼案件有 1 件[1]，为一审判决书。行政机关未举证。

安徽省

安徽省本类行政公益诉讼案件有一审判决书 2 件[2]，行政机关均举证。

本类行政公益诉讼二审判决书 1 件[3]，通过对应一审判决书可知行政机关一审已举证，二审行政机关未提交新的证据。

福建省

福建省本类行政公益诉讼案件有 1 件[4]，为一审判决书，行政机关已举证。

山东省

山东省本类行政公益诉讼案件有 4 件[5]，均为一审判决书，行政机关均举证。

湖北省

湖北省本类行政公益诉讼案件有 4 件[6]，均为一审判决书，行政机

---

[1]　（2018）吉 0203 行初 24 号。

[2]　（2017）皖 1124 行初 11 号、（2017）皖 0722 行初 23 号。

[3]　（2018）皖 07 行终 26 号。

[4]　（2016）闽 0702 行初 107 号。

[5]　（2016）鲁 0282 行初 155 号、（2016）鲁 0282 行初 156 号、（2016）鲁 0282 行初 157 号、（2016）鲁 0282 行初 158 号。

[6]　（2017）鄂 0323 行初 1 号、（2017）鄂 1023 行初 16 号、（2017）鄂 0106 行初 80 号、（2018）鄂 1303 行初 51 号。

关均举证。

广东省

广东省本类行政公益诉讼案件有 1 件[1]，该案行政机关已举证。

其他

其他试点地区未检索到此类案件。

3. 非试点地区

非试点地区未检索到此类案件。

（三）国有财产保护类案件行政机关的举证率

1. 全国

全国国有财产保护类案件共 110 件，其中一审判决书 103 件，二审判决书 1 件，再审判决书 0 件，一审裁定书 6 件，二审裁定书 0 件，再审裁定书 0 件。

一审判决书中，行政机关举证的有 89 件，占本类案件的 86.41%；未举证的有 10 件，占本类案件的 9.71%；举证不明案件有 4 件，占本类案件的 3.88%。

本类型案件二审判决书 1 件（见表 1.2.7），从其对应一审判决书可知行政机关一审已举证，二审未提交新的证据。

表 1.2.7　国有财产保护类案件二审判决书行政机关举证情况

案号	对应一审案件	一审行政机关 是否举证	二审行政机关 是否提出新的证据
（2017）皖 01 行终 580 号	（2017）皖 0103 行初 77 号	是	否

一审裁定书中，明确行政机关提交了证据的有 0 件，举证不明案件 6 件。

---

[1]　（2017）粤 0704 行初 97 号。

2. 试点地区

北京市

北京市未检索到此类案件。

内蒙古自治区

内蒙古自治区未检索到此类案件。

吉林省

吉林省本类行政公益诉讼案件有 4 件，均为一审判决书，行政机关举证的 1 件[1]，未举证的 3 件[2]。

江苏省

江苏省本类行政公益诉讼案件有一审判决书 2 件，行政机关举证的 1 件[3]，未举证的 1 件[4]。一审裁定书 4 件[5]，均未提及行政机关举证情况，属于举证不明案件。

安徽省

安徽省本类行政公益诉讼案件有一审判决书 9 件，二审判决书 1 件，一审裁定书 2 件，其他 0 件。

本类行政公益诉讼案件一审判决书中，行政机关举证的 7 件[6]，未举证的 1 件[7]，举证不明的 1 件[8]。

本类型案件二审判决书 1 件[9]，从其对应的一审判决书可知行政机关一审已举证，二审未提交新的证据。

---

〔1〕（2017）吉 0622 行初 5 号。

〔2〕（2018）吉 0581 行初 19 号、（2018）吉 0323 行初 10 号、（2018）吉 0882 行初 12 号。

〔3〕（2018）苏 1202 行初 155 号。

〔4〕（2017）苏 0925 行初 268 号。

〔5〕（2017）苏 0925 行初 66 号、（2017）苏 8602 行初 1930 号、（2018）苏 8602 行初 2096 号、（2018）苏 8602 行初 2097 号。

〔6〕见附录 XZ 注释 33。

〔7〕（2017）皖 0124 行初 22 号。

〔8〕（2017）皖 0103 行初 77 号。

〔9〕（2017）皖 01 行终 580 号。

本类型案件一审裁定书中，明确行政机关提交了证据的有 0 件，举证不明案件 2 件[1]。

福建省

福建省本类行政公益诉讼案件有 39 件，均为一审判决书。其中行政机关举证的 35 件，未举证的 1 件，举证不明的 3 件。

山东省

山东省本类行政公益诉讼案件有 24 件，均为一审判决书。其中行政机关举证的 22 件[2]，未举证的 2 件[3]，举证不明的 0 件。

湖北省

湖北省本类行政公益诉讼案件有 7 件[4]，均为一审判决书，行政机关均举证。

广东省

广东省本类行政公益诉讼案件有 4 件[5]，均为一审判决书，行政机关均举证。

贵州省

贵州省本类行政公益诉讼案件有 3 件[6]，均为一审判决书，行政机关均举证。

云南省

云南省未检索到此类案件。

---

[1]　(2016) 皖 0123 行初 55 号、(2019) 皖 1321 行初 11 号。

[2]　见附录 XZ 注释 34。

[3]　(2017) 鲁 1329 行初 19 号、(2017) 鲁 1426 行初 16 号。

[4]　见附录 XZ 注释 35。

[5]　(2017) 粤 0203 行初 119 号、(2016) 粤 0204 行初 48 号、(2017) 粤 0203 行初 151 号、(2018) 粤 1481 行初 174 号。

[6]　(2017) 黔 0181 行初 2 号、(2017) 黔 0221 行初 41 号、(2018) 黔 2301 行初 6 号。

陕西省

陕西省本类行政公益诉讼案件有 3 件，均为一审判决书，行政机关举证的 2 件[1]，未举证的 1 件[2]，举证不明的 0 件。

甘肃省

甘肃省本类行政公益诉讼案件有 6 件，均为一审判决书。其中行政机关举证的 5 件[3]，未举证的 1 件[4]，举证不明的 0 件。

3. 非试点地区

江西省

江西省本类行政公益诉讼案件有 1 件[5]，为一审判决书。行政机关已举证。

重庆市

重庆市本类行政公益诉讼案件有 1 件[6]，为一审判决书。行政机关已举证。

其他

其他非试点地区未检索到此类案件。

（四）其他类型案件行政机关的举证率

未检索到此类案件。

三、混合类案件行政机关的举证率

说明：无法判断是否为混合类案件以及无法判断案件类型的行政公益诉讼裁定书，不作为本节研究对象，不计入统计数字。

---

〔1〕（2018）陕 7101 行初 72 号、（2018）陕 0302 行初 51 号。

〔2〕（2018）陕 0424 行初 9 号。

〔3〕（2016）甘 0981 行初 30 号、（2017）甘 0502 行初 6 号、（2017）甘 0621 行初 17 号、（2018）甘 7101 行初 61 号、（2017）甘 1226 行初 1 号。

〔4〕（2017）甘 0902 行初 7 号。

〔5〕（2018）赣 0203 行初 16 号。

〔6〕（2019）渝 0119 行初 29 号。

笔者通过检索裁判文书数据库，检索到诉行政机关不作为的判决书共23件，其中一审判决书13件，二审判决书10件，再审判决书0件，裁定书0件。

（一）　生态环境与资源保护类案件行政机关的举证率

未检索到此类案件。

（二）　国有土地使用权出让类案件行政机关的举证率

未检索到此类案件。

（三）　国有财产保护类案件行政机关的举证率

1. 全国

国有财产保护类案件共23件，其中一审判决书13件，二审判决书10件，再审判决书0件，裁定书0件。

一审判决书中，行政机关举证的有12件，未举证的有1件，举证不明案件有0件。

本类型案件二审判决书10件，无法检索到对应一审判决书的2件，可检索到对应一审判决书的8件。从二审判决书中可知行政机关一审已举证的4件，未提及的6件，二审均未提交新的证据。

2. 试点地区

山东省

山东省本类行政公益诉讼案件有1件〔1〕，为一审判决书，行政机关已举证。

广东省

广东省本类行政公益诉讼案件有一审判决书11件〔2〕，行政机关均举证。二审判决书9件，可查找到对应一审判决书原文的7件〔3〕，无法检索到的2件〔4〕。行政机关二审中均未提交新的证据。

---

〔1〕　（2018）鲁0406行初36号。

〔2〕　见附录XZ注释36。

〔3〕　见附录XZ注释37。

〔4〕　（2017）粤02行终169号、（2017）粤02行终172号。

甘肃省

甘肃省本类行政公益诉讼案件有 2 件，一审判决书 1 件[1]，行政机关未举证。二审判决书 1 件[2]，为前述（2019）甘 0421 行初 2 号之二审判决书，行政机关二审中未提交新的证据。

其他

其他试点地区未检索到此类案件。

3. 非试点地区

非试点地区未检索到此类案件。

（四）其他类型案件行政机关的举证率

未检索到此类案件。

第三节　第三人的举证率

一、不作为类案件第三人的举证率

说明：无法判断是否为不作为类案件以及无法判断案件类型的行政公益诉讼裁定书，不作为本节研究对象，不计入统计数字。

笔者通过检索裁判文书数据库，涉及第三人的诉行政机关不作为的判决书共 128 件，其中一审判决书 116 件，二审判决书 12 件，再审判决书 0件；裁定书 4 件，其中一审裁定书 3 件，二审裁定书 1 件，再审裁定书0 件。

一审判决书中，第三人全部举证的有 42 件；第三人全部未举证的有65 件；举证不明的有 5 件；涉及多个第三人，仅部分第三人举证的有 4 件。

本类二审判决书共 12 件（见表 1.3.1），可检索到对应一审判决书的二审判决书有 3 件，检索不到的有 9 件。第三人一审提交了证据的有 1 件，

---

[1]（2019）甘 0421 行初 2 号。
[2]（2019）甘 04 行终 20 号。

未提交证据的有 3 件，举证不明的有 8 件。第三人二审提交新证据的有 1 件，未提交新证据的有 11 件。

表 1.3.1　不作为类案件二审判决书第三人举证情况

案号	对应一审案件	一审第三人是否举证	二审第三人是否提出新的证据
（2017）黔 03 行终 210 号	（2016）黔 0321 行初 166 号	不明	是
（2017）黔 03 行终 239 号	（2017）黔 0321 行初 20 号	不明	否
（2018）吉 24 行终 114 号	（2017）吉 2403 行初 12 号	否	否
（2018）甘行终 366 号	（2017）甘 09 行初 15 号	不明	否
（2018）皖 04 行终 69 号	（2018）皖 0422 行初 2 号	否	否
（2019）皖 01 行终 281 号	（2018）皖 0103 行初 159 号	否	否
（2018）苏 08 行终 102 号	（2018）苏 0812 行初 9 号	不明	否
（2018）黔 06 行终 19 号	（2017）黔 0624 行初 44 号	不明	否
（2018）黔 06 行终 78 号	（2018）黔 0624 行初 59 号	是	否
（2017）粤 02 行终 153 号	（2017）粤 0203 行初 49 号	不明	否
（2017）粤 02 行终 166 号	（2017）粤 0203 行初 114 号	不明	否
（2017）粤 02 行终 167 号	（2017）粤 0203 行初 112 号	不明	否

本类一审裁定书未提及导致无法明确第三人是否举证的 1 件；明确未举证的 2 件。

本类二审裁定书 1 件（见表 1.3.2），从其对应一审案件可知第三人一审已举证。该裁定书无法明确第三人是否提交新的证据。

表 1.3.2　不作为类案件二审裁定书第三人举证情况

案号	对应一审案件	一审第三人是否举证	二审第三人是否提出新的证据
（2017）粤18行终85号	（2016）粤1803行初178号	是	不明

（一）生态环境与资源保护类案件第三人的举证率

1. 全国

涉及第三人的生态环境与资源保护类案件共 86 件，其中一审判决书 77 件，二审判决书 7 件，一审裁定书 2 件。

一审判决书中，第三人全部举证的有 29 件；第三人全部未举证的有 41 件；举证不明的有 4 件；涉及多个第三人，仅部分第三人举证的 3 件。

本类二审判决书共 7 件（见表 1.3.3），可检索到对应一审判决书的二审判决书有 2 件，第三人未举证；检索不到的有 5 件，未提及第三人一审举证情况的 4 件，明确未举证的 1 件。本类二审中第三人提交了新的证据的有 1 件，未提交新的证据的有 6 件。

表 1.3.3　生态环境与资源保护类案件二审判决书第三人举证情况

案号	对应一审案件	一审第三人是否举证	二审第三人是否提出新的证据
（2017）黔03行终210号	（2016）黔0321行初166号	不明	是
（2017）黔03行终239号	（2017）黔0321行初20号	不明	否
（2018）吉24行终114号	（2017）吉2403行初12号	否	否
（2018）甘行终366号	（2017）甘09行初15号	不明	否
（2018）皖04行终69号	（2018）皖0422行初2号	否	否
（2019）皖01行终281号	（2018）皖0103行初159号	否	否

案号	对应一审案件	一审第三人是否举证	二审第三人是否提出新的证据
（2018）苏08行终102号	（2018）苏0812行初9号	不明	否

本类一审裁定书未提及导致无法明确第三人是否举证的1件，明确未举证的1件。

2. 试点地区

北京市

北京市未检索到此类案件。

内蒙古自治区

内蒙古自治区本类行政公益诉讼案件有一审判决书4件，其他0件。4件一审判决书[1]中，第三人举证的0件，未举证的4件。

吉林省

吉林省本类行政公益诉讼案件一审判决书有11件，二审判决书1件，其他0件。11件一审判决书中，第三人举证的5件[2]，未举证的2件[3]，举证不明的4件[4]。唯一的1件二审判决书[5]，第三人一审未举证，二审第三人未提交新的证据。

江苏省

江苏省本类行政公益诉讼案件有一审判决书9件，二审判决书1件，

---

[1]（2017）内0430行初3号、（2017）内0702行初13号、（2017）内0429行初12号、（2019）内0429行初36号。

[2]（2017）吉0502行初19号、（2017）吉7503行初10号、（2017）吉7501行初字第1号、（2017）吉0303行初13号、（2017）吉7505行初1号。

[3]（2017）吉2403行初12号、（2018）吉2403行初71号。

[4]（2018）吉2401行初136号、（2018）吉2401行初134号、（2018）吉2401行初133号、（2018）吉2401行初132号。

[5]（2018）吉24行终114号。

一审裁定书 1 件, 其他 0 件。9 件一审判决书中, 第三人举证的 1 件[1], 未举证的 8 件[2], 举证不明的 0 件。唯一的 1 件二审判决书[3], 无法明确第三人一审是否举证, 二审第三人未提交新的证据。

安徽省

安徽省本类行政公益诉讼案件有一审判决书 10 件, 二审判决书 2 件, 其他 0 件。10 件一审判决书中, 第三人举证的 2 件[4], 未举证的 8 件[5], 举证不明的 0 件。2 件二审判决书[6] 中, 第三人一审均未举证, 二审第三人未提交新的证据。

福建省

福建省未检索到此类案件。

山东省

山东省本类行政公益诉讼案件 1 件[7], 为一审判决书, 第三人未举证。

湖北省

湖北省本类行政公益诉讼案件一审判决书 7 件, 其他 0 件。其中, 第三人举证的 4 件[8], 未举证的 3 件[9]。

---

〔1〕 (2018) 苏 0812 行初 9 号。

〔2〕 (2016) 苏 0509 行初 7 号、(2016) 苏 1291 行初 330 号、(2016) 苏 1291 行初 331 号、(2016) 苏 1291 行初 334 号、(2016) 苏 1291 行初 332 号、(2016) 苏 1291 行初 333 号、(2017) 苏 1302 行初 348 号、(2019) 苏 0481 行初 100 号。

〔3〕 (2018) 苏 08 行终 102 号。

〔4〕 (2017) 皖 1125 行初 9 号、(2017) 皖 1102 行初 11 号。

〔5〕 (2017) 皖 1824 行初 18 号、(2017) 皖 1181 行初 12 号、(2017) 皖 1126 行初 4 号、(2018) 皖 1181 行初 1 号、(2018) 皖 1822 行初 18 号、(2018) 皖 0103 行初 159 号、(2019) 皖 1181 行初 3 号、(2018) 皖 0523 行初 43 号。

〔6〕 (2018) 皖 04 行终 69 号、(2019) 皖 01 行终 281 号。

〔7〕 (2018) 鲁 0522 行初 5 号。

〔8〕 (2017) 鄂 0106 行初 4 号、(2017) 鄂 0325 行初 14 号、(2017) 鄂 0502 行初 34 号、(2019) 鄂 2801 行初 61 号。

〔9〕 (2017) 鄂 0114 行初 2 号、(2017) 鄂 0324 行初 6 号、(2018) 鄂 0381 行初 48 号。

广东省

广东省本类行政公益诉讼案件有一审判决书 3 件，其他 0 件。其中，第三人举证的 1 件[1]，未举证的 2 件[2]。

贵州省

贵州省本类行政公益诉讼案件有一审判决书 7 件，二审判决书 2 件，其他 0 件。7 件一审判决书中，第三人举证的 4 件[3]，未举证的 3 件[4]，举证不明的 0 件。本类型 2 件二审判决书[5]中，第三人一审是否举证均不明，二审第三人提交新证据的 1 件[6]。

云南省

云南省未检索到此类案件。

陕西省

陕西省本类行政公益诉讼案件有 1 件[7]，为一审判决书，该案有 2 个第三人，仅有 1 个第三人举证。

甘肃省

甘肃省本类行政公益诉讼案件有一审判决书 22 件，二审判决书 1 件，其他 0 件。22 件一审判决书中，第三人举证的 12 件[8]，未举证的 8 件[9]，

---

[1]　（2017）粤 0512 行初 2 号。

[2]　（2016）粤 1803 行初 172 号、（2017）粤 0203 行初 54 号。

[3]　（2016）黔 0382 行初 2 号、（2018）黔 0626 行初 1 号、（2019）黔 0626 行初 1 号、（2019）黔 0626 行初 2 号。

[4]　（2017）黔 0522 行初 45 号、（2017）黔 0321 行初 177 号、（2018）黔 0522 行初 205 号。

[5]　（2017）黔 03 行终 210 号、（2017）黔 03 行终 239 号。

[6]　（2017）黔 03 行终 210 号。

[7]　（2018）陕 7102 行初 2528 号。

[8]　见附录 DSR 注释 1。

[9]　（2016）甘 0503 行初 19 号、（2017）甘 7101 行初 194 号、（2017）甘 0502 行初 1 号、（2017）甘 0502 行初 21 号、（2018）甘 0502 行初 1 号、（2018）甘 0502 行初 27 号、（2019）甘 0502 行初 4 号、（2019）甘 0502 行初 5 号。

部分举证的 2 件[1]。唯一的 1 件二审判决书[2]中，第三人一审是否举证不明，二审第三人未提交新的证据。

3. 非试点地区

山西省本类行政公益诉讼案件有 1 件[3]，为一审裁定书，该案第三人未举证。辽宁省本类行政公益诉讼案件有 1 件[4]，为一审判决书，该案第三人未举证。重庆市本类行政公益诉讼案件 1 件[5]，为一审判决书，该案有 4 个第三人，均未举证。除重庆、辽宁、山西外的非试点地区均未检索到此类案件。

（二）国有土地使用权出让类案件第三人的举证率

1. 全国

涉及第三人的国有土地使用权出让类案件共 18 件，其中一审判决书 16 件，二审判决书 1 件，一审裁定书 1 件。

一审判决书中，第三人全部举证的有 5 件；第三人全部未举证的有 10 件；举证不明的有 1 件；涉及多个第三人，仅部分第三人举证的 0 件。

本类二审判决书 1 件（见表 1.3.4），无法检索到对应的一审判决书，无法明确第三人一审是否举证，第三人未提交新的证据。

表 1.3.4　国有土地使用权出让类案件二审判决书第三人举证情况

案号	对应一审案件	一审第三人是否举证	二审第三人是否提出新的证据
（2018）黔 06 行终 19 号	（2017）黔 0624 行初 44 号	不明	否

本类一审裁定书 1 件，无法明确第三人是否举证。

[1]　（2016）甘 0503 行初 20 号、（2019）甘 0502 行初 20 号。

[2]　（2018）甘行终 366 号。

[3]　（2019）晋 0781 行初 174 号。

[4]　（2018）辽 0781 行初 35 号。

[5]　（2019）渝 0112 行初 150 号。

2. 试点地区

吉林省

吉林省本类行政公益诉讼案件有 1 件[1]，为一审判决书，第三人举证不明。

安徽省

安徽省本类行政公益诉讼案件有 1 件[2]，为一审判决书，第三人已举证。

湖北省

湖北省本类行政公益诉讼案件有 3 件，为一审判决书。其中 2 件一审判决书[3]中，第三人未举证；另 1 件一审判决书[4]中，第三人已举证。

贵州省

贵州省本类行政公益诉讼案件有一审判决书 4 件，二审判决书 1 件，其他 0 件。4 件一审判决书中，第三人举证的 1 件[5]，未举证的 3 件[6]，举证不明的 0 件。唯一 1 件二审判决书[7]，涉及 4 个第三人，第三人一审是否举证不明，二审第三人未提交新的证据。

云南省

云南省本类行政公益诉讼案件有 1 件[8]，为一审裁定书，第三人未举证。

陕西省

陕西省本类行政公益诉讼案件有 1 件[9]，为一审判决书，第三人未

---

[1]（2018）吉 2401 行初 141 号。
[2]（2016）皖 1323 行初 69 号。
[3]（2016）鄂 0381 行初 22 号、（2018）鄂 0114 行初 29 号。
[4]（2019）鄂 0117 行初 13 号。
[5]（2016）黔 2625 行初 41 号。
[6]（2015）仁环保初字第 1 号、（2016）黔 2601 行初 50 号、（2016）黔 0624 行初 106 号。
[7]（2018）黔 06 行终 19 号。
[8]（2016）云 0802 行初 26 号。
[9]（2018）陕 7102 行初 364 号。

举证。

甘肃省

甘肃省本类行政公益诉讼案件有 1 件[1]，为一审判决书，第三人已举证。

其他

除吉林省、安徽省、湖北省、贵州省、云南省、陕西省、甘肃省外的试点地区均未检索到此类案件。

3. 非试点地区

河北省本类行政公益诉讼案件有 1 件[2]，为一审判决书，本案涉及 2 个第三人，第三人均未举证。山西省本类行政公益诉讼案件有 3 件[3]，均为一审判决书，第三人均未举证。江西省本类行政公益诉讼案件有 1 件[4]，为一审判决书，本案涉及 1 个第三人，第三人已举证。除河北、山西、江西外的非试点地区均未检索到此类案件。

（三）国有财产保护类案件第三人的举证率

1. 全国

涉及第三人的国有财产保护类案件共 24 件，其中一审判决书 20 件，二审判决书 4 件，其他 0 件。

20 件一审判决书中，第三人全部举证的有 6 件；第三人全部未举证的有 13 件；举证不明的有 0 件；涉及多个第三人，仅部分第三人举证的 1 件。

本类二审判决书 4 件（见表 1.3.5），无法检索到对应一审案件的 3 件，可检索到对应一审案件的 1 件。第三人一审举证的 1 件，无法明确的 3 件。第三人二审均未提交新的证据。

---

[1]（2017）甘 7101 行初 104 号。

[2]（2018）冀 0828 行初 11 号。

[3]（2018）晋 0722 行初 18 号、（2018）晋 0722 行初 19 号、（2018）晋 0722 行初 20 号。

[4]（2019）赣 1002 行初 39 号。

表 1.3.5 国有土地使用权出让类案件二审判决书第三人举证情况

案号	对应一审案件	一审第三人是否举证	二审第三人是否提出新的证据
（2018）黔 06行终 78 号	（2018）黔 0624行初 59 号	是	否
（2017）粤 02行终 153 号	（2017）粤 0203行初 49 号	不明	否
（2017）粤 02行终 166 号	（2017）粤 0203行初 114 号	不明	否
（2017）粤 02行终 167 号	（2017）粤 0203行初 112 号	不明	否

2. 试点地区

江苏省

江苏省本类行政公益诉讼案件有 3 件[1]，为一审判决书。第三人均未举证。

湖北省

湖北省本类行政公益诉讼案件有 4 件，为一审判决书。其中，第三人均举证的有 1 件[2]，第三人未举证的有 3 件[3]。

广东省

广东省本类行政公益诉讼案件有一审判决书 3 件，二审判决书 3 件。3件一审判决书中，其中 2 件一审判决书[4]中第三人未举证，另 1 件一审判决书[5]中第三人已举证。3 件二审判决书[6]均无法检索到对应的一审判决书，无法明确第三人一审是否举证，第三人二审未提交新的证据。

---

[1] （2017）苏 0411 行初 30 号、（2017）苏 1202 行初 16 号、（2017）苏 1291 行初 218 号。

[2] （2017）鄂 0322 行初 1 号。

[3] （2018）鄂 1023 行初 14 号、（2018）鄂 0323 行初 14 号、（2018）鄂 0303 行初 8 号。

[4] （2017）粤 0203 行初 111 号、（2017）粤 0203 行初 113 号。

[5] （2017）粤 0203 行初 115 号。

[6] （2017）粤 02 行终 153 号、（2017）粤 02 行终 166 号、（2017）粤 02 行终 167 号。

贵州省

贵州省本类行政公益诉讼案件有一审判决书 5 件，二审判决书 1 件。5 件一审判决书中，第三人已举证的 1 件[1]，未举证的 4 件[2]。唯一的 1 件二审判决书[3]，可以检索到对应的一审判决书，第三人一审已举证，第三人二审未提交新的证据。

甘肃省

甘肃省本类行政公益诉讼案件有 3 件，为一审判决书。其中 2 件一审判决书[4]，第三人均已举证；另 1 件一审判决书[5]，涉及 2 个第三人，仅有 1 个第三人举证，为部分举证。

其他

除江苏省、湖北省、广东省、贵州省、甘肃省外的试点地区均未检索到此类案件。

3. 非试点地区

辽宁省本类行政公益诉讼案件有 1 件[6]，为一审判决书，第三人未举证。河南省本类行政公益诉讼案件有 1 件[7]，为一审判决书，第三人已举证。除河南省、辽宁省外的非试点地区均未检索到此类案件。

（四）其他类型案件第三人的举证率

其他类型案件涉及第三人的共 4 件，其中一审判决书 3 件，二审裁定书 1 件。

3 件一审判决书，其中 1 件一审判决书[8]为生态环境与资源保护和国

---

[1]（2018）黔 0624 行初 59 号。

[2]（2017）黔 0522 行初 44 号、（2018）黔 0624 行初 42 号、（2018）黔 0624 行初 63 号、（2018）黔 0624 行初 101 号。

[3]（2018）黔 06 行终 78 号。

[4]（2018）甘 7101 行初 125 号、（2018）甘 0502 行初 12 号。

[5]（2019）甘 0502 行初 1 号。

[6]（2019）辽 0782 行初 17 号。

[7]（2018）豫 1122 行初 23 号。

[8]（2016）粤 1803 行初 178 号。

有财产混合类案件，第三人已举证。1 件一审判决书[1]为生态环境与资源保护和国有土地使用权出让保护混合类案件，第三人已举证。另 1 件一审判决书[2]为食品药品安全类案件，第三人未举证。

唯一的 1 件二审裁定书[3]（见表 1.3.6），可检索到对应一审判决书，第三人一审已举证，无法明确第三人二审是否提交了新的证据。

表 1.3.6 其他类案件二审裁定书第三人举证情况

案号	对应一审案件	一审第三人是否举证	二审第三人是否提出新的证据
（2017）粤 18行终 85 号	（2016）粤 1803行初 178 号	是	不明

二、违法行使职权类案件第三人的举证率

说明：无法判断是否为违法行使职权类案件（或者是不作为类案件、混合类案件）的行政公益诉讼裁定书，不作为本节研究对象，不计入统计数字。

笔者通过检索裁判文书数据库，存在第三人的诉行政机关违法行使职权的判决书共 56 件，其中一审判决书 53 件，二审判决书 3 件，再审判决书 0 件；裁定书 2 件，其中一审裁定书 2 件，二审裁定书 0 件，再审裁定书 0 件。

一审判决书第三人举证情况。本类型 53 件一审判决书中，第三人全部举证的有 25 件，占比 47.17%；第三人未举证的有 25 件，占比 47.17%；涉及多个第三人，部分举证的有 3 件，占比 5.66%。

本类型二审判决书共 3 件，通过检索裁判文书数据库，能够检索到其对应的一审判决书的有 2 件，可以明确第三人在一审中均全部举证，占比 66.67%；检索不到的仅有 1 件，此案件笔者只能从二审判决书的具体内容

---

[1]（2017）粤 0203 行初 72 号。

[2]（2019）渝 0152 行初 19 号。

[3]（2017）粤 18 行终 85 号。

中窥见一审的举证情况，该判决书未提及第三人的举证情况，属于举证不明案件，占比 33.33%。二审中第三人均未提交新的证据材料。

一审裁定书第三人的举证情况。本类一审裁定书仅有 2 件，且裁定书中均未提及进而无法明确第三人是否进行了举证，属于举证不明案件。

（一）生态环境与资源保护类案件第三人的举证率

1. 全国

全国违法行使职权案件中存在第三人且属于生态环境与资源保护类的案件共 10 件，其中一审判决书 9 件，二审判决书 1 件，再审判决书 0 件，无裁定书。

一审判决书第三人举证情况。本类型 9 件一审判决书中，第三人全部举证的有 3 件，占比 33.33%；第三人未举证的有 6 件，占比 66.67%。

二审判决书第三人的一审举证情况。本类二审判决书共仅有 1 件，通过裁判文书数据库未检索到对应一审判决书，该二审判决书未提及第三人的举证情况，属于举证不明案件。

二审判决书第三人的二审举证情况。二审中第三人未提交新的证据材料（见表 1.3.7）。

表 1.3.7 生态环境与资源保护类案件二审判决书第三人举证情况

案号	对应一审案件	一审第三人 是否举证	二审第三人 是否提出新的证据
（2017）黔 03 行终 291 号	（2017）黔 0321 行初 59 号	不明	否

2. 试点地区

江苏省

江苏省本类行政公益诉讼案件共有 3 件[1]，为一审判决书，第三人均未进行举证。

---

[1] （2017）苏 1291 行初 23 号、（2017）苏 1291 行初 22 号、（2017）苏 1291 行初 24 号。

安徽省

安徽省本类行政公益诉讼案件仅有 1 件[1]，为一审判决书，明确提及第三人全部进行了举证。

福建省

福建省本类行政公益诉讼案件仅有 1 件[2]，为一审判决书，明确提及第三人未进行举证。

湖北省

湖北省本类行政公益诉讼案件共有 3 件，均为一审判决书。其中，仅有 1 件[3]明确提及第三人全部进行了举证，占本类案件的 33.33%；有 2 件[4]明确提及第三人未进行举证，占本类案件的 66.67%。

贵州省

贵州省本类行政公益诉讼案件共有 2 件，一审判决书 1 件，二审判决书 1 件，无裁定书。

唯一的 1 件一审判决书[5]中，第三人全部进行了举证。

本类二审判决书共仅有 1 件[6]，通过裁判文书数据库未检索到对应一审判决书，该二审判决书未提及第三人的举证情况，属于举证不明案件。二审中第三人未提交新的证据材料。

其他

除江苏省、安徽省、福建省、湖北省、贵州省外的试点地区均未检索到此类案件。

---

[1] (2017) 皖 1823 行初 10 号。
[2] (2017) 闽 0104 行初 24 号。
[3] (2016) 鄂 1022 行初 18 号。
[4] (2019) 鄂 0222 行初 60 号、(2019) 鄂 0222 行初 76 号。
[5] (2016) 黔 0321 行初 155 号。
[6] (2017) 黔 03 行终 291 号。

3. 非试点地区

非试点地区未检索到此类案件。

(二) 国有土地使用权出让类案件第三人的举证率

1. 全国

全国违法行使职权案件中存在第三人且属于国有土地使用权出让类的案件共 6 件, 其中一审判决书 5 件, 二审判决书 1 件, 再审判决书 0 件, 无裁定书。

一审判决书第三人举证情况。本类型 5 件一审判决书中, 第三人全部举证的有 3 件, 占比 60%; 第三人未举证的有 2 件, 占比 40%。

二审判决书第三人的一审举证情况。本类二审判决书仅有 1 件, 从其对应一审判决书可以明确第三人全部举证。

二审判决书第三人的二审举证情况。二审中第三人未提交新的证据材料 (见表 1.3.8)。

表 1.3.8　国有土地使用权出让类案件二审判决书第三人举证情况

案号	对应一审案件	一审第三人是否举证	二审第三人是否提出新的证据
(2018) 皖 07 行终 26 号	(2017) 皖 0722 行初 23 号	是	否

2. 试点地区

安徽省

安徽省本类行政公益诉讼案件共有 3 件, 其中一审判决书 2 件, 二审判决书 1 件, 无裁定书。

2 件一审判决书中, 第三人全部进行了举证的有 1 件[1], 占本类案件的 50%; 第三人未进行举证的有 1 件[2], 占本类案件的 50%。

本类二审判决书仅有 1 件[3], 从其对应一审判决书, 可以明确第三

[1] (2017) 皖 0722 行初 23 号。
[2] (2017) 皖 1124 行初 11 号。
[3] (2018) 皖 07 行终 26 号。

人全部举证。二审中第三人未提交新的证据材料。

湖北省

湖北省本类行政公益诉讼案件共有 2 件，均为一审判决书，其中 1 件[1]明确提及第三人全部进行了举证，占本类案件的50%；有 1 件[2]明确提及第三人未进行举证，占本类案件的50%。

广东省

广东省本类行政公益诉讼案件仅有 1 件[3]，为一审判决书，明确提及第三人全部进行了举证。

其他

除安徽省、湖北省、广东省外的试点地区均未检索到此类案件。

3. 非试点地区

非试点地区未检索到此类案件。

（三）国有财产保护类案件第三人的举证率

1. 全国

全国违法行使职权案件中存在第三人且属于国有财产保护类的案件共42 件，其中一审判决书 39 件，二审判决书 1 件，再审判决书 0 件，一审裁定书 2 件，二审裁定书 0 件。

一审判决书第三人举证情况。本类型 39 件一审判决书中，第三人全部举证的有 19 件，占比 48.72%；第三人未举证的有 17 件，占比 43.59%；部分第三人举证的有 3 件，占比 7.69%。

二审判决书第三人的一审举证情况。本类二审判决书仅有 1 件，从其对应一审判决书中可以明确全部第三人进行了举证。

二审判决书第三人的二审举证情况。二审中第三人未提交新的证据材料（见表 1.3.9）。

---

[1] （2017）鄂 0106 行初 80 号。
[2] （2017）鄂 0323 行初 1 号。
[3] （2017）粤 0704 行初 97 号。

表 1.3.9　国有财产保护类案件二审判决书第三人举证情况

案号	对应一审案件	一审第三人是否举证	二审第三人是否提出新的证据
（2017）皖 01行终 580 号	（2017）皖 0103行初 77 号	是	否

一审裁定书第三人的举证情况。本类一审裁定书仅有 2 件，且裁定书中均未提及进而无法明确第三人是否进行了举证，属于举证不明案件。

2. 试点地区

江苏省

江苏省本类行政公益诉讼案件共有 4 件，其中一审判决书 2 件，二审判决书 0 件，一审裁定书 2 件，二审裁定书 0 件。

2 件一审判决书中，第三人全部进行了举证的有 1 件[1]，占本类案件的 50%；第三人未进行举证的有 1 件[2]，占本类案件的 50%。

本类一审裁定书仅有 2 件[3]，且裁定书中均未提及进而无法明确第三人是否进行了举证，属于举证不明案件。

安徽省

安徽省本类行政公益诉讼案件共有 5 件，其中一审判决书 4 件，二审判决书 1 件，无裁定书。

4 件一审判决书中，第三人全部进行了举证的有 3 件[4]，占本类案件的 75%；第三人未进行举证的有 1 件[5]，占本类案件的 25%。

本类二审判决书仅有 1 件[6]，根据其对应一审判决书可以明确第三人全部进行了举证。二审中第三人未提交新的证据材料。

---

〔1〕（2018）苏 1202 行初 155 号。

〔2〕（2017）苏 0925 行初 268 号。

〔3〕（2017）苏 0925 行初 66 号、（2017）苏 8602 行初 1930 号。

〔4〕（2017）皖 0103 行初 77 号、（2019）皖 1321 行初 12 号、（2018）皖 1881 行初 10 号。

〔5〕（2017）皖 0124 行初 22 号。

〔6〕（2017）皖 01 行终 580 号。

福建省

福建省本类行政公益诉讼案件共有 24 件，为一审判决书。其中，第三人全部进行了举证的有 13 件[1]，占本类案件的 54.17%；第三人未进行举证的有 9 件[2]，占本类案件的 37.50%；涉及多个第三人，第三人部分举证的有 2 件[3]，占本类案件的 8.33%。

山东省

山东省本类行政公益诉讼案件共有 2 件[4]，为一审判决书，第三人均未进行举证。

湖北省

湖北省本类行政公益诉讼案件共有 4 件，为一审判决书。其中，第三人全部进行了举证的有 1 件[5]，占本类案件的 25%；第三人未进行举证的有 2 件[6]，占本类案件的 50%；涉及多个第三人，部分第三人举证的有 1 件[7]，占本类案件的 25%。

贵州省

贵州省本类行政公益诉讼案件仅有 1 件[8]，为一审判决书，第三人未进行举证。

甘肃省

甘肃省本类行政公益诉讼案件仅有 1 件[9]，为一审判决书，第三人

---

〔1〕　见附录 DSR 注释 2。

〔2〕　（2016）闽 0182 行初 1 号、（2017）闽 0124 行初 5 号、（2017）闽 0124 行初 1 号、（2017）闽 0124 行初 2 号、（2017）闽 0124 行初 3 号、（2017）闽 0824 行初 17 号、（2017）闽 0824 行初 18 号、（2017）闽 0824 行初 19 号、（2017）闽 0124 行初 6 号。

〔3〕　（2017）闽 0111 行初 16 号、（2017）闽 0111 行初 17 号。

〔4〕　（2017）鲁 0104 行初 44 号、（2017）鲁 0104 行初 45 号。

〔5〕　（2016）鄂 0116 行初 47 号。

〔6〕　（2017）鄂 0381 行初 16 号、（2018）鄂 0982 行初 7 号。

〔7〕　（2018）鄂 0322 行初 29 号。

〔8〕　（2017）黔 0181 行初 2 号。

〔9〕　（2017）甘 0502 行初 6 号。

未进行举证。

其他

除江苏省、安徽省、福建省、山东省、湖北省、贵州省、甘肃省外的试点地区均未检索到此类案件。

3. 非试点地区

重庆市

本类行政公益诉讼案件仅有 1 件〔1〕，为一审判决书，明确提及全部第三人进行了举证。除重庆市以外的非试点地区均未检索到此类案件。

（四）其他类型案件第三人的举证率

未检索到此类案件。

三、混合类案件第三人的举证率

说明：混合类案件是指既存在违法行使职权，又存在不作为的案件，多存在于数被告的案件之中。

笔者通过中国裁判文书网等途径检索到的存在第三人的诉行政机关违法行使职权又不作为的判决书共 21 件，其中一审判决书 11 件，二审判决书 10 件，再审判决书 0 件，无裁定书。

一审判决书第三人举证情况。本类型 11 件一审判决书中，第三人全部举证的有 7 件，占比 63.64%；第三人未举证的有 4 件，占比 36.36%。

二审判决书第三人的一审举证情况。本类二审判决书共 10 件，从裁判文书数据库检索到对应一审判决书的有 8 件，第三人在一审中均全部举证的有 6 件，第三人在一审中未举证的有 2 件；检索不到的有 2 件，其中 1 件判决书中未提及第三人的举证情况，属于举证不明案件，另 1 件判决书中提及第三人在一审中已举证。综上，第三人全部举证的有 7 件，占比 70%；第三人未举证的有 2 件，占比 20%；第三人举证不明的有 1 件，占比 10%。

---

〔1〕 （2019）渝 0119 行初 29 号。

二审判决书第三人的二审举证情况。二审中第三人均未提交新的证据材料（见表 1. 3. 10）。

表 1. 3. 10　混合类案件二审判决书第三人举证情况

案号	对应一审案件	一审第三人是否举证	二审第三人是否提出新的证据
（2019）甘 04 行终 20 号	（2019）甘 0421 行初 2 号	是	否
（2017）粤 02 行终 174 号	（2017）粤 0203 行初 187 号	是	否
（2017）粤 02 行终 171 号	（2017）粤 0203 行初 188 号	是	否
（2017）粤 02 行终 169 号	（2017）粤 0203 行初 118 号	不明	否
（2017）粤 02 行终 172 号	（2017）粤 0203 行初 117 号	是	否
（2017）粤 02 行终 168 号	（2017）粤 0203 行初 116 号	是	否
（2017）粤 02 行终 176 号	（2017）粤 0203 行初 191 号	是	否
（2017）粤 02 行终 170 号	（2017）粤 0203 行初 189 号	是	否
（2017）粤 02 行终 173 号	（2017）粤 0203 行初 186 号	否	否
（2017）粤 02 行终 175 号	（2017）粤 0203 行初 190 号	否	否

（一）生态环境与资源保护类案件第三人的举证率

未检索到此类案件。

（二）国有土地使用权出让类案件第三人的举证率

未检索到此类案件。

（三）国有财产保护类案件第三人的举证率

1. 全国

全国混合类案件中，存在第三人且属于国有财产保护类的案件共 21 件，其中一审判决书 11 件，二审判决书 10 件，再审判决书 0 件，无裁定书。

一审判决书第三人举证情况。本类型 11 件一审判决书中，第三人全部举证的有 7 件，占比 63.64%；第三人未举证的有 4 件，占比 36.36%。

二审判决书第三人的一审举证情况。本类型二审判决书共 10 件，通过检索裁判文书数据库，能够检索到对应一审案件的有 8 件，其中可以明确第三人在一审中全部举证的有 6 件，第三人在一审中未举证的有 2 件；检索不到的有 2 件，此案件笔者只能从二审判决书的具体内容中窥见一审的举证情况，1 件判决书中未提及第三人的举证情况，属于举证不明案件，1 件判决书中提及第三人在一审中已举证。综上，第三人全部举证的有 7 件，占比 70%；第三人未举证的有 2 件，占比 20%；第三人举证不明的有 1 件，占比 10%。

二审判决书第三人的二审举证情况。二审中第三人均未提交新的证据材料。

2. 试点地区

广东省

广东省本类行政公益诉讼案件共有 19 件，其中一审判决书 10 件，二审判决书 9 件，无裁定书。

10 件一审判决书中，第三人全部举证的有 6 件[1]，占比 60%；第三人未举证的有 4 件[2]，占比 40%。

本类型二审判决书共 9 件，通过检索裁判文书数据库，能够检索到对应一审案件的有 7 件，其中可以明确第三人在一审中全部举证的有 5 件[3]，第三人在一审中未举证的有 2 件[4]；检索不到的有 2 件，此案件

---

[1]　(2017) 粤 0203 行初 52 号、(2017) 粤 0203 行初 116 号、(2017) 粤 0203 行初 189 号、(2017) 粤 0203 行初 191 号、(2017) 粤 0203 行初 188 号、(2017) 粤 0203 行初 187 号。

[2]　(2017) 粤 0203 行初 50 号、(2017) 粤 0203 行初 51 号、(2017) 粤 0203 行初 186 号、(2017) 粤 0203 行初 190 号。

[3]　(2017) 粤 02 行终 174 号、(2017) 粤 02 行终 171 号、(2017) 粤 02 行终 168 号、(2017) 粤 02 行终 176 号、(2017) 粤 02 行终 170 号。

[4]　(2017) 粤 02 行终 173 号、(2017) 粤 02 行终 175 号。

笔者只能从二审判决书的具体内容中窥见一审的举证情况，其中 1 件判决书[1]中未提及第三人的举证情况，属于举证不明案件，另 1 件判决书[2]中提及第三人在一审中已举证。综上，第三人全部举证的有 6 件，占比 66.67%；第三人未举证的有 2 件，占比 22.22%；第三人举证不明的有 1 件，占比 11.11%。二审中第三人均未提交新的证据材料。

甘肃省

甘肃省本类行政公益诉讼案件共有 2 件，一审判决书 1 件，二审判决书 1 件，无裁定书。

唯一的 1 件一审判决书[3]中，第三人全部进行了举证。

本类型二审判决书仅有 1 件[4]，能够检索到对应的一审判决书，可以明确第三人在一审中全部举证。二审中第三人未提交新的证据材料。

其他

13 个试点地区中，除广东省和甘肃省以外的其他地区均无此类案件。

3. 非试点地区

未检索到此类案件。

（四）其他

未检索到此类案件。

本章附录

JC 注释 1：

（2016）内 2523 行初 1 号、（2016）内 2530 行初 2 号、（2016）内 0424 行初 49 号、（2016）内 0625 行初 13 号、（2016）内 2921 行初 26 号、（2016）内 0223 行初 32 号、（2016）内 0105 行初 86 号、（2016）内 0122

---

[1]　（2017）粤 02 行终 169 号。
[2]　（2017）粤 02 行终 172 号。
[3]　（2019）甘 0421 行初 2 号。
[4]　（2019）甘 04 行终 20 号。

行初 4 号、（2016）内 2529 行初 3 号、（2017）内 2527 行初 1 号、（2016）内 0627 行初 15 号、（2017）内 0403 行初 1 号、（2016）内 0623 行初 10 号、（2017）内 0624 行初 12 号、（2017）内 0782 行初 20 号、（2017）内 0430 行初 3 号、（2017）内 2525 行初 4 号、（2016）内 0207 行初 72 号、（2017）内 0721 行初 2 号、（2016）内 0207 行初 76 号、（2017）内 0702 行初 13 号、（2017）内 0425 行初 18 号、（2017）内 2523 行初 4 号、（2017）内 0727 行初 1 号、（2017）内 0429 行初 12 号、（2017）内 0124 行初 3 号、（2016）内 0123 行初第 10 号、（2017）内 0125 行初 6 号、（2017）内 0121 行初 5 号、（2017）内 0103 行初 18 号、（2017）内 0724 行初 6 号、（2017）内 0404 行初 1 号、（2018）内 0623 行初 2 号、（2018）内 0626 行初 4 号、（2018）内 0223 行初 22 号、（2018）内 0727 行初 1 号、（2018）内 0524 行初 70 号、（2019）内 0429 行初 36 号。

JC 注释 2：

（2016）苏 0509 行初 7 号、（2016）苏 1291 行初 330 号、（2016）苏 1291 行初 331 号、（2016）苏 1291 行初 334 号、（2016）苏 1291 行初 332 号、（2016）苏 1291 行初 333 号、（2017）苏 0481 行初 31 号、（2017）苏 0481 行初 76 号、（2017）苏 0924 行初 8 号、（2017）苏 0924 行初 21 号、（2017）苏 0924 行初 19 号、（2017）苏 0924 行初 20 号、（2017）苏 1302 行初 348 号、（2018）苏 0812 行初 9 号、（2017）苏 0412 行初 118 号、（2019）苏 0481 行初 100 号。

JC 注释 3：

（2016）皖 1221 行初 95 号、（2017）皖 1824 行初 18 号、（2017）皖 1523 行初 1 号、（2016）皖 0181 行初 90 号、（2017）皖 1222 行初 21 号、（2016）皖 0202 行初 66 号、（2016）皖 1504 行初 18 号、（2017）皖 0208 行初 3 号、（2017）皖 0321 行初 1 号、（2017）皖 1821 行初 6 号、（2017）皖 1122 行初 1 号、（2016）皖 1302 行初 142 号、（2017）皖 0222 行初 7 号、（2017）皖 1522 行初 19 号、（2017）皖 1125 行初 9 号、（2017）皖 1181 行初 12 号、（2017）皖 1102 行初 11 号、（2017）皖 1126 行初 4 号、（2017）皖 1802 行初 33 号、（2017）皖 1802 行初 37 号、（2017）皖 0225

行初 34 号、（2017）皖 1821 行初 7 号、（2017）皖 1621 行初 38 号、（2017）皖 0403 行初 119 号、（2018）皖 1181 行初 1 号、（2018）皖 1122 行初 1 号、（2018）皖 1024 行初 1 号、（2018）皖 1302 行初 18 号、（2018）皖 1302 行初 21 号、（2018）皖 1182 行初 11 号、（2018）皖 1822 行初 18 号、（2018）皖 0506 行初 1 号、（2018）皖 1522 行初 56 号、（2018）皖 0826 行初 26 号、（2018）皖 1282 行初 38 号、（2018）皖 1126 行初 4 号、（2018）皖 1126 行初 20 号、（2018）皖 0103 行初 159 号、（2019）皖 1181 行初 3 号、（2018）皖 0523 行初 43 号、（2019）皖 1324 行初 3 号、（2019）皖 1324 行初 4 号、（2019）皖 1302 行初 7 号、（2019）皖 1302 行初 8 号、（2019）皖 1302 行初 10 号、（2019）皖 1302 行初 9 号、（2018）皖 1322 行初 132 号、（2019）皖 1221 行初 90 号。

JC 注释 4：

（2016）闽 0702 行初 94 号、（2017）闽 0503 行初 29 号、（2016）闽 0583 行初 256 号、（2017）闽 0722 行初 1 号、（2017）闽 0426 行初 7 号、（2017）闽 0825 行初 23 号、（2017）闽 0421 行初 10 号、（2017）闽 0121 行初 5 号、（2017）闽 0121 行初 6 号、（2017）闽 0881 行初 26 号、（2017）闽 0881 行初 25 号、（2017）闽 0402 行初 15 号、（2017）闽 0103 行初 79 号、（2019）闽 0503 行初 1 号、（2018）闽 0504 行初 5 号、（2019）闽 0303 行初 1 号。

JC 注释 5：

（2016）粤 1203 行初 218 号、（2017）粤 1203 行初 23 号、（2017）粤 1203 行初 34 号、（2017）粤 1203 行初 32 号、（2016）粤 1803 行初 179 号、（2016）粤 1803 行初 176 号、（2016）粤 1803 行初 172 号、（2017）粤 1803 行初 12 号、（2017）粤 1803 行初 13 号、（2016）粤 0308 行初 2377 号、（2017）粤 0203 行初 71 号、（2017）粤 0203 行初 54 号、（2017）粤 0203 行初 150 号、（2017）粤 1803 行初 63 号、（2016）粤 0308 行初 2172 号、（2017）粤 0511 行初 1 号、（2016）粤 0308 行初 2376 号、（2016）粤 0308 行初 2375 号、（2017）粤 0514 行初 1 号、（2017）粤 0513 行初 1 号、（2017）粤 0704 行初 370 号、（2016）粤 0515 行初 5 号、（2017）粤 0512

行初 2 号、（2018）粤 0902 行初 1 号、（2018）粤 0203 行初 198 号、（2019）粤 1322 行初 133 号、（2019）粤 1803 行初 107 号。

JC 注释 6：

（2016）内 2922 行初 1 号、（2016）内 0223 行初 33 号、（2017）内 2526 行初 4 号、（2017）内 0422 行初 26 号、（2017）内 0422 行初 24 号、（2017）内 0422 行初 25 号、（2017）内 0422 行初 29 号、（2016）内 0207 行初 74 号、（2017）内 0402 行初 12 号、（2017）内 0783 行初 8 号、（2017）内 0723 行初 8 号、（2017）内 2501 行初 2 号、（2017）内 0722 行初 6 号、（2017）内 0781 行初 13 号、（2017）内 0626 行初 8 号、（2017）内 0223 行初 13 号、（2017）内 01 行初 142 号。

JC 注释 7：

（2017）鄂 0281 行初 61 号、（2017）鄂 9005 行初 1 号、（2016）鄂 0381 行初 22 号、（2017）鄂 0112 行初 1 号、（2017）鄂 0112 行初 3 号、（2017）鄂 0112 行初 2 号、（2017）鄂 0107 行初 22 号、（2017）鄂 1182 行初 20 号、（2017）鄂 1003 行初 10 号、（2017）鄂 0104 行初 32 号、（2016）鄂 1181 行初 46 号、（2017）鄂 1125 行初 69 号、（2017）鄂 0505 行初 29 号、（2017）鄂 7102 行初 2 号、（2018）鄂 0107 行初 144 号、（2018）鄂 0107 行初 145 号、（2018）鄂 0114 行初 29 号、（2019）鄂 0117 行初 13 号、（2019）鄂 0202 行初 42 号。

JC 注释 8：

（2015）仁环保行初字第 1 号、（2016）黔 2323 行初 2 号、（2016）黔 2601 行初 50 号、（2016）黔 2624 行初 42 号、（2017）黔 0382 行初第 1 号、（2017）黔 2323 行初 5 号、（2017）黔 2702 行初 8 号、（2017）黔 2702 行初 3 号、（2016）黔 2625 行初 41 号、（2016）黔 0624 行初 106 号、（2017）黔 0181 行初 12 号、（2016）黔 0181 行初 30 号、（2017）黔 2323 行初 23 号、（2017）黔 0502 行初 60 号、（2017）黔 2625 行初 19 号、（2016）黔 2601 行初 49 号、（2018）黔 0402 行初 49 号、（2018）黔 0221 行初 42 号、（2018）黔 0402 行初 48 号。

JC 注释 9：

（2017）云 3124 行初 3 号、（2017）云 2328 行初 1 号、（2017）云 2301 行初 20 号、（2017）云 2501 行初 1 号、（2017）云 2926 行初 1 号、（2016）云 0824 行初 13 号、（2016）云 0824 行初 11 号、（2016）云 0824 行初 10 号、（2016）云 0824 行初 12 号、（2017）云 0328 行初 17 号、（2017）云 0328 行初 19 号、（2017）云 0328 行初 18 号、（2017）云 0802 行初 4 号、（2017）云 2301 行初 29 号、（2017）云 0802 行初 3 号、（2017）云 7101 行初 20 号、（2017）云 0802 行初 8 号、（2017）云 0802 行初 9 号、（2017）云 0922 行初 2 号、（2017）云 7101 行初 21 号、（2017）云 7101 行初 35 号、（2017）云 2531 行初 4 号、（2017）云 7101 行初 37 号、（2017）云 2301 行初 21 号、（2017）麒行初字第 32 号、（2017）云 2529 行初 2 号、（2017）云 2529 行初 1 号、（2017）云 2529 行初 4 号、（2017）云 2529 行初 3 号、（2017）云 2529 行初 5 号、（2017）云 0923 行初 2 号。

JC 注释 10：

（2017）吉 0802 行初 19 号、（2017）吉 0221 行初 21 号、（2018）吉 0282 行初 3 号、（2018）吉 0623 行初 6 号、（2017）吉 0104 行初 114 号、（2018）吉 0821 行初 20 号、（2018）吉 0582 行初 31 号、（2018）吉 0802 行初 65 号、（2018）吉 0502 行初 79 号、（2018）吉 0282 行初 43 号、（2018）吉 0802 行初 63 号、（2018）吉 0802 行初 66 号。

JC 注释 11：

（2016）鄂 1223 行初 44 号、（2017）鄂 1081 行初 2 号、（2017）鄂 0322 行初 1 号、（2019）鄂 1181 行初 16 号、（2017）鄂 1221 行初 11 号、（2018）鄂 1224 行初 33 号、（2018）鄂 1023 行初 14 号、（2018）鄂 0502 行初 62 号、（2018）鄂 0703 行初 126 号、（2018）鄂 1221 行初 18 号、（2018）鄂 7101 行初 125 号、（2018）鄂 2828 行初 40 号、（2018）鄂 1281 行初 58 号、（2018）鄂 0303 行初 8 号、（2018）鄂 0881 行初 38 号、（2018）鄂 9006 行初 24 号、（2019）鄂 0804 行初 87 号、（2019）鄂 0222 行初 61 号、（2019）鄂 0881 行初 61 号、（2019）鄂 0881 行初 60 号。

JC 注释 12：

（2016）黔 0221 行初 171 号、（2017）黔 2323 行初 22 号、（2017）黔 2625 行初 10 号、（2017）黔 0221 行初 78 号、（2017）黔 0221 行初 88 号、（2017）黔 2601 行初 24 号、（2017）黔 0201 行初 109 号、（2017）黔 0522 行初 44 号、（2017）黔 2702 行初 12 号、（2017）黔 2601 行初 22 号、（2017）黔 2601 行初 25 号、（2017）黔 2625 行初 26 号、（2018）黔 2601 行初 9 号、（2018）黔 0624 行初 42 号、（2018）黔 0624 行初 63 号、（2018）黔 0624 行初 59 号、（2018）黔 2631 行初 36 号、（2018）黔 0624 行初 101 号、（2019）黔 2624 行初 85 号。

JC 注释 13：

（2017）云 0328 行初 20 号、（2017）云 0328 行初 22 号、（2017）云 0802 行初 7 号、（2017）云 0924 行初 2 号、（2017）云 0828 行初 12 号、（2017）云 2530 行初 1 号、（2017）云 2328 行初 18 号、（2017）云 0921 行初 25 号、（2017）云 2523 行初 2 号、（2018）云 0828 行初 14 号、（2018）云 0828 行初 15 号、（2018）云 0828 行初 16 号、（2018）云 0828 行初 17 号、（2018）云 0828 行初 18 号。

JC 注释 14：

（2016）甘 1202 行初字第 26 号、（2017）甘 0702 行初 5 号、（2017）甘 1091 行初 5 号、（2017）甘 1222 行初 4 号、（2017）甘 1227 行初 8 号、（2017）甘 1202 行初字第 3 号、（2017）甘 0902 行初 6 号、（2017）甘 09 行初 3 号、（2017）甘 1228 行初 7 号、（2018）甘 0702 行初 7 号、（2018）甘 0702 行初 5 号、（2018）甘 1227 行初 3 号、（2018）甘 7101 行初 125 号、（2018）甘 0502 行初 12 号、（2018）甘 3001 行初 10 号、（2019）甘 0502 行初 1 号。

JC 注释 15：

（2015）明行初字第 22 号、（2017）闽 0581 行初 1 号、（2017）闽 0425 行初 3 号、（2017）闽 0428 行初 2 号、（2017）闽 0505 行初 1 号、（2017）闽 0427 行初 2 号、（2017）闽 0526 行初 1 号、（2017）闽 0526 行初 2 号、（2017）闽 0426 行初 34 号、（2018）闽 0881 行初 17 号、（2018）

闽 0703 行初 36 号、（2018）闽 0703 行初 35 号、（2018）闽 0981 行初 71 号、（2017）闽 0104 行初 24 号。

JC 注释 16：

（2016）鄂 1022 行初 18 号、（2017）鄂 1087 行初 2 号、（2017）鄂 9006 行初 7 号、（2018）鄂 0703 行初 51 号、（2018）鄂 0626 行初 5 号、（2018）鄂 0324 行初 5 号、（2019）鄂 0683 行初 5 号、（2018）鄂 1087 行初 21 号、（2019）鄂 0222 行初 60 号、（2019）鄂 0222 行初 76 号、（2019）鄂 0683 行初 33 号。

JC 注释 17：

（2016）黔 0382 行初 4 号、（2016）黔 0321 行初 155 号、（2016）黔 2323 行初 3 号、（2017）黔 2702 行初 6 号、（2017）黔 2323 行初 7 号、（2017）黔 0382 行初 5 号、（2017）黔 0382 行初 3 号、（2017）黔 2323 行初 10 号、（2017）黔 2323 行初 12 号、（2017）黔 2323 行初 13 号、（2017）黔 2323 行初 14 号、（2017）黔 0181 行初 9 号、（2017）黔 2323 行初 11 号、（2016）黔 0181 行初 35 号、（2017）黔 2323 行初 17 号、（2017）黔 2323 行初 18 号、（2017）黔 2323 行初 26 号、（2017）黔 2323 行初 15 号、（2017）黔 0382 行初 7 号、（2017）黔 0181 行初 14 号、（2017）黔 0181 行初 15 号、（2017）黔 2702 行初 10 号、（2017）黔 2323 行初 30 号、（2017）黔 2323 行初 28 号、（2017）黔 2601 行初 21 号、（2018）黔 0328 行初 1 号。

JC 注释 18：

（2017）闽 0430 行初 9 号、（2016）闽 0182 行初 1 号、（2016）闽 0702 行初 97 号、（2016）闽 0702 行初 98 号、（2016）闽 0702 行初 99 号、（2016）闽 0702 行初 100 号、（2016）闽 0430 行初 28 号、（2016）闽 0430 行初 29 号、（2017）闽 0702 行初 20 号、（2017）闽 0703 行初 14 号、（2017）闽 0703 行初 15 号、（2017）闽 0803 行初 1 号、（2017）闽 0803 行初 2 号、（2017）闽 0803 行初 3 号、（2017）闽 0803 行初 4 号、（2017）闽 0111 行初 16 号、（2017）闽 0111 行初 17 号、（2017）闽 0124 行初 5 号、（2017）闽 0124 行初 1 号、（2017）闽 0124 行初 2 号、（2017）闽 0124 行初 3 号、（2017）闽 0521 行初 3 号、（2017）闽 0521 行初 4 号、

（2017）闽 0582 行初 3 号、（2017）闽 0824 行初 17 号、（2017）闽 0824 行初 18 号、（2017）闽 0824 行初 19 号、（2017）闽 0105 行初 1 号、（2017）闽 0124 行初 6 号、（2017）闽 0502 行初 178 号、（2018）闽 0302 行初 50 号、（2018）闽 0302 行初 51 号、（2018）闽 0302 行初 52 号、（2018）闽 0302 行初 53 号、（2018）闽 0302 行初 54 号、（2018）闽 0302 行初 55 号、（2018）闽 0302 行初 59 号、（2018）闽 0623 行初 45 号、（2018）闽 0702 行初 25 号。

JC 注释 19：

（2017）鲁 1302 行初 88 号、（2017）鲁 1327 行初 6 号、（2017）鲁 1329 行初 19 号、（2017）鲁 1521 行初 2 号、（2017）鲁 1523 行初 6 号、（2017）鲁 1526 行初 4 号、（2017）鲁 1426 行初 16 号、（2017）鲁 0104 行初 44 号、（2017）鲁 0104 行初 45 号、（2018）鲁 0786 行初 21 号、（2018）鲁 0103 行初 215 号、（2017）鲁 0612 行初 27 号、（2017）鲁 1603 行初 9 号、（2017）鲁 0611 行初 9 号、（2017）鲁 0611 行初 10 号、（2017）鲁 1482 行初 5 号、（2017）鲁 0681 行初 40 号、（2017）鲁 1427 行初 6 号、（2017）鲁 0213 行初 33 号、（2017）鲁 0203 行初 73 号、（2017）鲁 0705 行初 12 号、（2017）鲁 0283 行初 110 号、（2017）鲁 0214 行初 33 号、（2018）鲁 1202 行初 40 号。

JC 注释 20：

（2017）粤 0203 行初 50 号、（2017）粤 0203 行初 51 号、（2017）粤 0203 行初 52 号、（2017）粤 0203 行初 120 号、（2017）粤 0203 行初 116 号、（2017）粤 0203 行初 189 号、（2017）粤 0203 行初 186 号、（2017）粤 0203 行初 190 号、（2017）粤 0203 行初 191 号、（2017）粤 0203 行初 188 号、（2017）粤 0203 行初 187 号。

XZ 注释 1：

（2016）内 2523 行初 1 号、（2016）内 2530 行初 2 号、（2016）内 0424 行初 49 号、（2016）内 0625 行初 13 号、（2016）内 2921 行初 26 号、（2016）内 0223 行初 32 号、（2016）内 0105 行初 86 号、（2016）内 0122 行初 4 号、（2016）内 2529 行初 3 号、（2017）内 2527 行初 1 号、（2016）

内 0627 行初 15 号、（2016）内 0623 行初 10 号、（2017）内 0782 行初 20 号、（2017）内 0430 行初 3 号、（2016）内 0207 行初 72 号、（2017）内 0721 行初 2 号、（2016）内 0207 行初 76 号、（2017）内 0702 行初 13 号、（2017）内 0425 行初 18 号、（2017）内 2523 行初 4 号、（2017）内 0727 行初 1 号、（2017）内 0429 行初 12 号、（2017）内 0124 行初 3 号、（2016）内 0123 行初第 10 号、（2017）内 0125 行初 6 号、（2017）内 0121 行初 5 号、（2017）内 0103 行初 18 号、（2017）内 0724 行初 6 号、（2017）内 0404 行初 1 号、（2018）内 0623 行初 2 号、（2018）内 0626 行初 4 号、（2018）内 0223 行初 22 号、（2018）内 0524 行初 70 号、（2019）内 0429 行初 36 号。

XZ 注释 2：

（2016）吉 0523 行初 25 号、（2017）吉 0502 行初 19 号、（2017）吉 0302 行初 5 号、（2017）吉 0882 行初 2 号、（2017）吉 7503 行初 10 号、（2017）吉 0602 行初 7 号、（2017）吉 0113 行初 11 号、（2017）吉 0802 行初 19 号、（2017）吉 0322 行初 6 号、（2017）吉 7501 行初字第 1 号、（2017）吉 0122 行初 11 号、（2018）吉 7504 行初 1 号、（2017）吉 0303 行初 13 号、（2017）吉 0322 行初 7 号、（2017）吉 0204 行初 10 号、（2017）吉 0582 行初 2 号、（2017）吉 0284 行初 8 号、（2017）吉 0112 行初 5 号、（2017）吉 0211 行初 4 号、（2017）吉 2403 行初 19 号、（2017）吉 2401 行初 44 号、（2017）吉 2401 行初 52 号、（2017）吉 7502 行初 1 号、（2017）吉 7505 行初 1 号、（2017）吉 0191 行初 8 号、（2017）吉 0103 行初 21 号、（2017）吉 0122 行初 21 号、（2017）吉 0382 行初 8 号、（2017）吉 0382 行初 18 号、（2017）吉 0204 行初 27 号、（2017）吉 0822 行初 13 号、（2017）吉 0382 行初 17 号、（2017）吉 7505 行初 2 号、（2017）吉 7504 行初 2 号、（2017）吉 0194 行初 9 号、（2017）吉 0182 行初 4 号、（2017）吉 0802 行初 51 号、（2018）吉 0881 行初 1 号、（2018）吉 0204 行初 1 号、（2018）吉 0822 行初 1 号、（2018）吉 0882 行初 3 号、（2017）吉 0421 行初 11 号、（2018）吉 0282 行初 2 号、（2018）吉 7504 行初 1 号、（2017）吉 0422 行初 39 号、（2017）吉 0203 行初 19 号、

（2017）吉 2403 行初 12 号、（2018）吉 0302 行初 1 号、（2018）吉 0112 行初 1 号、（2017）吉 0104 行初 54 号、（2018）吉 0521 行初 4 号、（2018）吉 2403 行初 42 号、（2018）吉 0882 行初 8 号、（2018）吉 2403 行初 43 号、（2018）吉 2403 行初 46 号、（2018）吉 0221 行初 17 号、（2018）吉 7504 行初 4 号、（2018）吉 0881 行初 14 号、（2018）吉 0211 行初 16 号、（2018）吉 0303 行初 10 号、（2018）吉 0781 行初 19 号、（2018）吉 0323 行初 18 号、（2018）吉 0602 行初 33 号、（2018）吉 0881 行初 24 号、（2018）吉 0605 行初 15 号、（2018）吉 0382 行初 11 号、（2018）吉 0421 行初 31 号、（2018）吉 0103 行初 49 号、（2018）吉 0282 行初 5 号、（2018）吉 0722 行初 31 号、（2018）吉 0723 行初 10 号、（2018）吉 2403 行初 71 号、（2018）吉 0822 行初 40 号、（2018）吉 0702 行初 50 号、（2018）吉 0521 行初 33 号、（2018）吉 0382 行初 12 号、（2019）吉 0503 行初 6 号、（2018）吉 0402 行初 86 号、（2019）吉 7503 行初 2 号、（2019）吉 0721 行初 1 号、（2018）吉 0802 行初 24 号、（2019）吉 0323 行初 19 号。

XZ 注释 3：

（2017）吉 0621 行初 13 号、（2017）吉 0282 行初 10 号、（2017）吉 0221 行初 7 号、（2017）吉 0681 行初 1 号、（2017）吉 0202 行初 9 号、（2017）吉 0521 行初 4 号、（2017）吉 0281 行初 13 号、（2016）吉 2403 行初 13 号、（2017）吉 0605 行初 9 号、（2017）吉 0622 行初 14 号、（2017）吉 7502 行初 2 号、（2017）吉 0281 行初 41 号、（2017）吉 0524 行初 6 号、（2017）吉 0802 行初 52 号、（2017）吉 0524 行初 25 号、（2017）吉 0402 行初 59 号、（2018）吉 7501 行初 1 号、（2018）吉 0524 行初 19 号、（2018）吉 7503 行初 7 号、（2018）吉 2403 行初 69 号、（2019）吉 0781 行初 4 号。

XZ 注释 4：

（2017）吉 2401 行初 92 号、（2018）吉 2401 行初 8 号、（2018）吉 2401 行初 10 号、（2018）吉 2401 行初 9 号、（2018）吉 2401 行初 43 号、（2018）吉 2401 行初 136 号、（2018）吉 2401 行初 134 号、（2018）吉 2401 行初 133 号、（2018）吉 2401 行初 132 号。

XZ 注释 5：

（2016）苏 0509 行初 7 号、（2016）苏 1291 行初 330 号、（2016）苏 1291 行初 331 号、（2017）苏 0481 行初 31 号、（2017）苏 0481 行初 76 号、（2017）苏 0924 行初 8 号、（2017）苏 0924 行初 21 号、（2017）苏 0924 行初 19 号、（2017）苏 0924 行初 20 号、（2017）苏 1302 行初 348 号、（2018）苏 0812 行初 9 号、（2017）苏 0412 行初 118 号、（2019）苏 0481 行初 100 号。

XZ 注释 6：

（2016）皖 1221 行初 95 号、（2017）皖 1824 行初 18 号、（2017）皖 1523 行初 1 号、（2016）皖 0181 行初 90 号、（2017）皖 1222 行初 21 号、（2016）皖 0202 行初 66 号、（2016）皖 1504 行初 18 号、（2017）皖 0208 行初 3 号、（2017）皖 0321 行初 1 号、（2017）皖 1821 行初 6 号、（2017）皖 1122 行初 1 号、（2016）皖 1302 行初 142 号、（2017）皖 0222 行初 7 号、（2017）皖 1522 行初 19 号、（2017）皖 1125 行初 9 号、（2017）皖 1181 行初 12 号、（2017）皖 1102 行初 11 号、（2017）皖 1126 行初 4 号、（2017）皖 1802 行初 33 号、（2017）皖 1802 行初 37 号、（2017）皖 0225 行初 34 号、（2017）皖 1821 行初 7 号、（2017）皖 1621 行初 38 号、（2017）皖 0403 行初 119 号、（2018）皖 1181 行初 1 号、（2018）皖 1024 行初 1 号、（2018）皖 1302 行初 18 号、（2018）皖 1302 行初 21 号、（2018）皖 1182 行初 11 号、（2018）皖 1822 行初 18 号、（2018）皖 0506 行初 1 号、（2018）皖 1522 行初 56 号、（2018）皖 0826 行初 26 号、（2018）皖 1282 行初 38 号、（2018）皖 1126 行初 4 号、（2018）皖 1126 行初 20 号、（2018）皖 0103 行初 159 号、（2019）皖 1181 行初 3 号、（2018）皖 0523 行初 43 号、（2019）皖 1324 行初 3 号、（2019）皖 1324 行初 4 号、（2019）皖 1302 行初 7 号、（2019）皖 1302 行初 8 号、（2019）皖 1302 行初 10 号、（2019）皖 1302 行初 9 号、（2018）皖 1322 行初 132 号、（2019）皖 1221 行初 90 号。

XZ 注释 7：

（2016）闽 0702 行初 94 号、（2017）闽 0503 行初 29 号、（2016）闽

0583 行初 256 号、（2017）闽 0722 行初 1 号、（2017）闽 0426 行初 7 号、（2017）闽 0825 行初 23 号、（2017）闽 0421 行初 10 号、（2017）闽 0121 行初 5 号、（2017）闽 0121 行初 6 号、（2017）闽 0881 行初 26 号、（2017）闽 0881 行初 25 号、（2017）闽 0402 行初 15 号、（2017）闽 0103 行初 79 号、（2019）闽 0503 行初 1 号、（2018）闽 0504 行初 5 号、（2019）闽 0303 行初 1 号。

XZ 注释 8：

（2017）鲁 1321 行初 16 号、（2017）鲁 1522 行初 9 号、（2017）鲁 1103 行初 14 号、（2017）鲁 1524 行初 23 号、（2017）鲁 1422 行初 2 号、（2017）鲁 0811 行初 30 号、（2017）鲁 0683 行初 54 号、（2017）鲁 0683 行初 55 号、（2017）鲁 0702 行初 14 号、（2017）鲁 0785 行初 45 号、（2017）鲁 0782 行初 26 号、（2018）鲁 0522 行初 5 号、（2017）鲁 1726 行初 51 号、（2018）鲁 1121 行初 16 号、（2018）鲁 0685 行初 27 号、（2018）鲁 0683 行初 28 号、（2018）鲁 1581 行初 5 号、（2018）鲁 0785 行初 28 号、（2018）鲁 1311 行初 26 号、（2018）鲁 0687 行初 14 号、（2018）鲁 0502 行初 71 号、（2018）鲁 0302 行初 50 号、（2018）鲁 1082 行初 44 号、（2018）鲁 1522 行初 18 号、（2018）鲁 0523 行初 31 号、（2018）鲁 0602 行初 48 号、（2018）鲁 1523 行初 56 号、（2018）鲁 0305 行初 208 号、（2018）鲁 0304 行初 25 号、（2018）鲁 0828 行初 27 号、（2019）鲁 1426 行初 47 号、（2019）鲁 1426 行初 48 号、（2019）鲁 1326 行初 86 号。

XZ 注释 9：

（2017）鄂 0321 行初 6 号、（2017）鄂 0527 行初 4 号、（2017）鄂 0504 行初 1 号、（2017）鄂 0222 行初 8 号、（2017）鄂 0583 行初 4 号、（2016）鄂 1222 行初 41 号、（2017）鄂 0502 行初 1 号、（2017）鄂 0102 行初 16 号、（2016）鄂 1281 行初 30 号、（2016）鄂 0111 行初 112 号、（2017）鄂 0528 行初 1 号、（2017）鄂 1223 行初 12 号、（2017）鄂 0106 行初 4 号、（2017）鄂 0503 行初 1 号、（2016）鄂 0117 行初 27 号、（2017）鄂 0114 行初 2 号、（2017）鄂 0581 行初 12 号、（2017）鄂 0113 行初 3 号、（2017）鄂 0582 行

初 17 号、（2016）鄂 1182 行初 185 号、（2017）鄂 1182 行初 31 号、（2017）鄂 0525 行初 25 号、（2017）鄂 0191 行初 4 号、（2017）鄂 0527 行初 17 号、（2017）鄂 1181 行初 7 号、（2017）鄂 7102 行初 1 号、（2017）鄂 0583 行初 14 号、（2017）鄂 0526 行初 9 号、（2017）鄂 0205 行初 1 号、（2017）鄂 0324 行初 6 号、（2017）鄂 1181 行初 23 号、（2017）鄂 7102 行初 4 号、（2017）鄂 1202 行初 23 号、（2017）鄂 0325 行初 14 号、（2017）鄂 0202 行初 40 号、（2017）鄂 0105 行初 110 号、（2017）鄂 0204 行初 51 号、（2017）鄂 0502 行初 34 号、（2018）鄂 0684 行初 11 号、（2018）鄂 9004 行初 38 号、（2018）鄂 2823 行初 52 号、（2018）鄂 1321 行初 27 号、（2018）鄂 2801 行初 111 号、（2018）鄂 2827 行初 30 号、（2018）鄂 0607 行初 67 号、（2018）鄂 0624 行初 33 号、（2018）鄂 0325 行初 16 号、（2018）鄂 0381 行初 48 号、（2018）鄂 0591 行初 10 号、（2018）鄂 1002 行初 68 号、（2019）鄂 0683 行初 4 号、（2019）鄂 2802 行初 1 号、（2019）鄂 0684 行初 36 号、（2019）鄂 2801 行初 61 号、（2019）鄂 0804 行初 111 号、（2019）鄂 2826 行初 84 号、（2019）鄂 0881 行初 59 号、（2019）鄂 1381 行初 22 号、（2019）鄂 1381 行初 21 号、（2019）鄂 0222 行初 77 号、（2019）鄂 0804 行初 135 号、（2019）鄂 1182 行初 129 号、（2019）鄂 1087 行初 22 号、（2019）鄂 0204 行初 41 号、（2019）鄂 0204 行初 40 号。

XZ 注释 10：

（2017）粤 1203 行初 34 号、（2016）粤 1803 行初 179 号、（2016）粤 1803 行初 176 号、（2016）粤 1803 行初 172 号、（2017）粤 1803 行初 12 号、（2017）粤 1803 行初 13 号、（2016）粤 0308 行初 2377 号、（2017）粤 0203 行初 71 号、（2017）粤 0203 行初 54 号、（2017）粤 0203 行初 150 号、（2017）粤 1803 行初 63 号、（2016）粤 0308 行初 2172 号、（2017）粤 0511 行初 1 号、（2016）粤 0308 行初 2376 号、（2016）粤 0308 行初 2375 号、（2017）粤 0514 行初 1 号、（2017）粤 0513 行初 1 号、（2017）粤 0704 行初 370 号、（2016）粤 0515 行初 5 号、（2017）粤 0512 行初 2 号、（2018）粤 0902 行初 1 号、（2018）粤 0203 行初 198 号、（2019）粤

1322 行初 133 号、（2019）粤 1803 行初 107 号。

XZ 注释 11：

（2016）黔 0382 行初 2 号、（2016）黔 0382 行初 3 号、（2016）黔 0382 行初 5 号、（2016）黔 0181 行初 34 号、（2016）黔 0181 行初 37 号、（2017）黔 0181 行初 3 号、（2017）黔 0181 行初 1 号、（2017）黔 0181 行初 6 号、（2017）黔 0382 行初 2 号、（2017）黔 2702 行初 2 号、（2017）黔 2702 行初 4 号、（2017）黔 2323 行初 3 号、（2017）黔 2323 行初 4 号、（2017）黔 2323 行初 2 号、（2017）黔 0221 行初 22 号、（2017）黔 0382 行初 4 号、（2017）黔 2323 行初 1 号、（2017）黔 0382 行初 8 号、（2017）黔 2702 行初 1 号、（2017）黔 2323 行初 9 号、（2017）黔 2624 行初 20 号、（2017）黔 0181 行初 11 号、（2016）黔 2625 行初 17 号、（2017）黔 2323 行初 21 号、（2017）黔 2323 行初 20 号、（2017）黔 2323 行初 8 号、（2017）黔 0382 行初 6 号、（2017）黔 2323 行初 27 号、（2017）黔 0382 行初 9 号、（2017）黔 2323 行初 24 号、（2017）黔 0181 行初 8 号、（2017）黔 2323 行初 25 号、（2017）黔 2323 行初 29 号、（2017）黔 0522 行初 45 号、（2017）黔 2631 行初 17 号、（2017）黔 2702 行初 11 号、（2017）黔 2601 行初 23 号、（2017）黔 2601 行初 28 号、（2017）黔 2601 行初 29 号、（2017）黔 2631 行初 21 号、（2017）黔 0181 行初 18 号、（2017）黔 2625 行初 25 号、（2017）黔 0181 行初 20 号、（2017）黔 0321 行初 97 号、（2017）黔 0321 行初 177 号、（2017）黔 0321 行初 170 号、（2018）黔 0502 行初 20 号、（2018）黔 0522 行初 71 号、（2018）黔 0621 行初 1 号、（2018）黔 2301 行初 37 号、（2018）黔 0502 行初 128 号、（2018）黔 0522 行初 205 号、（2018）黔 0626 行初 1 号、（2019）黔 0626 行初 3 号、（2019）黔 0626 行初 1 号、（2019）黔 0626 行初 2 号。

XZ 注释 12：

（2017）黔 2702 行初 9 号、（2017）黔 2702 行初 5 号、（2017）黔 2323 行初 16 号、（2017）黔 2323 行初 19 号、（2017）黔 2702 行初 13 号、（2017）黔 2625 行初 27 号、（2019）黔 2631 行初 7 号。

XZ 注释 13：

（2016）甘 0502 行初 31 号、（2016）甘 1091 行初 47 号、（2017）甘 1091 行初 2 号、（2017）甘 1091 行初 3 号、（2017）甘 1224 行初 1 号、（2016）甘 0503 行初 23 号、（2017）甘 0503 行初 21 号、（2016）甘 0503 行初 22 号、（2016）甘 0503 行初 20 号、（2016）甘 0503 行初 19 号、（2017）甘 1223 行初 1 号、（2017）甘 1223 行初 2 号、（2016）甘 7101 行初第 612 号、（2016）甘 7101 行初字 624 号、（2017）甘 0702 行初 6 号、（2017）甘 7101 行初 194 号、（2017）甘 0502 行初 4 号、（2017）甘 1091 行初 23 号、（2017）甘 1222 行初 3 号、（2017）甘 0922 行初 3 号、（2017）甘 1091 行初 26 号、（2017）甘 7101 行初 61 号、（2017）甘 7101 行初 103 号、（2017）甘 7101 行初 82 号、（2017）甘 7101 行初 83 号、（2017）甘 7101 行初 81 号、（2017）甘 1222 行初 5 号、（2017）甘 1224 行初 8 号、（2017）甘 1224 行初 7 号、（2017）甘 7101 行初 94 号、（2017）甘 0921 行初 3 号、（2017）甘 0502 行初 1 号、（2017）甘 0503 行初 17 号、（2017）甘 0702 行初 7 号、（2017）甘 0702 行初 8 号、（2017）甘 0503 行初 30 号、（2017）甘 0502 行初 21 号、（2018）甘 0502 行初 1 号、（2017）甘 0102 行初 5 号、（2017）甘 1102 行初 6 号、（2017）甘 1102 行初 4 号、（2017）甘 1102 行初 7 号、（2018）甘 1102 行初 1 号、（2017）甘 1102 行初 5 号、（2017）甘 0802 行初 12 号、（2018）甘 0402 行初 1 号、（2018）甘 0802 行初 1 号、（2018）甘 0402 行初 5 号、（2019）甘 0402 行初 38 号、（2018）甘 0502 行初 28 号、（2018）甘 0502 行初 27 号、（2018）甘 0502 行初 29 号、（2018）甘 0602 行初 84 号、（2019）甘 0502 行初 4 号、（2019）甘 0502 行初 5 号、（2018）甘 0724 行初 70 号、（2019）甘 3001 行初 4 号、（2019）甘 1102 行初 7 号、（2019）甘 0502 行初 20 号、（2018）甘 0102 行初 14 号、（2018）甘 0102 行初 24 号。

XZ 注释 14：

（2016）内 2922 行初 1 号、（2016）内 0223 行初 33 号、（2017）内 2526 行初 4 号、（2017）内 0422 行初 26 号、（2017）内 0422 行初 24 号、（2017）内 0422 行初 25 号、（2017）内 0422 行初 29 号、（2016）内 0207

行初 74 号、（2017）内 0402 行初 12 号、（2017）内 0783 行初 8 号、（2017）内 2501 行初 2 号、（2017）内 0781 行初 13 号、（2017）内 0626 行初 8 号、（2017）内 0223 行初 13 号、（2017）内 01 行初 142 号。

XZ 注释 15：

（2017）皖 1324 行初 24 号、（2017）皖 1502 行初 48 号、（2016）皖 1323 行初 69 号、（2017）皖 0291 行初 4 号、（2017）皖 1182 行初 6 号、（2018）皖 0827 行初 18 号、（2018）皖 0124 行初 62 号、（2018）皖 0826 行初 28 号、（2019）皖 1122 行初 7 号。

XZ 注释 16：

（2016）鄂 0281 行初 61 号、（2017）鄂 9005 行初 1 号、（2016）鄂 0381 行初 22 号、（2017）鄂 0112 行初 1 号、（2017）鄂 0112 行初 3 号、（2017）鄂 0112 行初 2 号、（2017）鄂 0107 行初 22 号、（2017）鄂 1182 行初 20 号、（2017）鄂 1003 行初 10 号、（2017）鄂 0104 行初 32 号、（2016）鄂 1181 行初 46 号、（2017）鄂 1125 行初 69 号、（2017）鄂 0505 行初 29 号、（2017）鄂 7102 行初 2 号、（2018）鄂 0107 行初 144 号、（2018）鄂 0107 行初 145 号、（2018）鄂 0114 行初 29 号、（2019）鄂 0117 行初 13 号、（2019）鄂 0202 行初 42 号。

XZ 注释 17：

（2015）仁环保行初字第 1 号、（2016）黔 2323 行初 2 号、（2016）黔 2601 行初 50 号、（2016）黔 2624 行初 42 号、（2017）黔 0382 行初第 1 号、（2017）黔 2323 行初 5 号、（2017）黔 2702 行初 8 号、（2017）黔 2702 行初 3 号、（2016）黔 2625 行初 41 号、（2016）黔 0624 行初 106 号、（2017）黔 0181 行初 12 号、（2016）黔 0181 行初 30 号、（2017）黔 2323 行初 23 号、（2017）黔 0502 行初 60 号、（2017）黔 2625 行初 19 号、（2016）黔 2601 行初 49 号、（2018）黔 0402 行初 49 号、（2018）黔 0221 行初 42 号、（2018）黔 0402 行初 48 号。

XZ 注释 18：

（2017）陕 0724 行初 1 号、（2017）陕 0726 行初 00005 号、（2017）陕 0721 行初 6 号、（2017）陕 0730 行初 1 号、（2017）陕 0424 行初 12 号、

（2017）陕 7102 行初 978 号、（2018）陕 7102 行初 364 号、（2018）陕 0324 行初 13 号。

XZ 注释 19：

（2017）甘 1091 行初 4 号、（2017）甘 1091 行初 6 号、（2016）甘 0724 行初 52 号、（2017）甘 1227 行初 3 号、（2017）甘 1221 行初 1 号、（2017）甘 7101 行初 104 号、（2018）甘 0921 行初 7 号。

XZ 注释 20：

（2018）晋 0722 行初 18 号、（2018）晋 0722 行初 19 号、（2018）晋 0722 行初 20 号、（2018）晋 0522 行初 78 号、（2018）晋 0213 行初 32 号、（2018）晋 0311 行初 48 号。

XZ 注释 21：

（2017）吉 0221 行初 21 号、（2018）吉 0282 行初 3 号、（2017）吉 0104 行初 114 号、（2018）吉 0282 行初 43 号、（2018）吉 0802 行初 63 号、（2018）吉 0802 行初 66 号。

XZ 注释 22：

（2017）吉 0802 行初 19 号、（2018）吉 0623 行初 6 号、（2018）吉 0821 行初 20 号、（2018）吉 0582 行初 31 号、（2018）吉 0802 行初 65 号、（2018）吉 0502 行初 79 号。

XZ 注释 23：

（2016）鄂 1223 行初 44 号、（2017）鄂 1081 行初 2 号、（2017）鄂 0322 行初 1 号、（2019）鄂 1181 行初 16 号、（2017）鄂 1221 行初 11 号、（2018）鄂 1224 行初 33 号、（2018）鄂 0502 行初 62 号、（2018）鄂 0703 行初 126 号、（2018）鄂 1221 行初 18 号、（2018）鄂 2828 行初 40 号、（2018）鄂 0303 行初 8 号、（2018）鄂 0881 行初 38 号、（2018）鄂 9006 行初 24 号、（2019）鄂 0804 行初 87 号、（2019）鄂 0222 行初 61 号、（2019）鄂 0881 行初 61 号、（2019）鄂 0881 行初 60 号。

XZ 注释 24：

（2016）黔 0221 行初 171 号、（2017）黔 2625 行初 10 号、（2017）黔 0221 行初 78 号、（2017）黔 0221 行初 88 号、（2017）黔 2601 行初 24 号、

（2017）黔 0201 行初 109 号、（2017）黔 0522 行初 44 号、（2017）黔 2702 行初 12 号、（2017）黔 2601 行初 22 号、（2017）黔 2601 行初 25 号、（2017）黔 2625 行初 26 号、（2018）黔 2601 行初 9 号、（2018）黔 0624 行初 42 号、（2018）黔 0624 行初 63 号、（2018）黔 0624 行初 59 号、（2018）黔 2631 行初 36 号、（2018）黔 0624 行初 101 号、（2019）黔 2624 行初 85 号。

XZ 注释 25：

（2017）云 0328 行初 20 号、（2017）云 0802 行初 7 号、（2017）云 0828 行初 12 号、（2017）云 2530 行初 1 号、（2017）云 2328 行初 18 号、（2017）云 0921 行初 25 号、（2017）云 2523 行初 2 号、（2018）云 0828 行初 14 号、（2018）云 0828 行初 15 号、（2018）云 0828 行初 16 号、（2018）云 0828 行初 17 号、（2018）云 0828 行初 18 号。

XZ 注释 26：

（2016）甘 1202 行初字第 26 号、（2017）甘 1091 行初 5 号、（2017）甘 1222 行初 4 号、（2017）甘 1227 行初 8 号、（2017）甘 0902 行初 6 号、（2017）甘 09 行初 3 号、（2017）甘 1228 行初 7 号、（2018）甘 0702 行初 7 号、（2018）甘 0702 行初 5 号、（2018）甘 1227 行初 3 号、（2018）甘 7101 行初 125 号、（2018）甘 0502 行初 12 号、（2018）甘 3001 行初 10 号。

XZ 注释 27：

（2016）粤 1803 行初 178 号、（2017）粤 0203 行初 72 号、（2017）皖 1103 行初 9 号、（2018）皖 1321 行初 56 号、（2019）皖 1122 行初 1 号、（2019）渝 0152 行初 19 号、（2017）黔 2702 行初 7 号、（2019）黔 0502 行初 197 号、（2019）黔 2301 行初 47 号、（2017）鄂 0281 行初 13 号、（2019）鄂 0324 行初 11 号、（2019）鄂 1125 行初 154 号、（2019）鄂 1087 行初 25 号、（2019）鄂 1081 行初 32 号、（2016）内 2502 行初 37 号。

XZ 注释 28：

（2017）皖 1503 行初 18 号、（2017）皖 1825 行初 1 号、（2017）皖 1823 行初 10 号、（2017）皖 0826 行初 38 号、（2018）皖 0521 行初 39 号、（2017）皖 0221 行初 6 号。

XZ 注释 29：

（2015）明行初字第 22 号、（2017）闽 0581 行初 1 号、（2017）闽 0425 行初 3 号、（2017）闽 0428 行初 2 号、（2017）闽 0505 行初 1 号、（2017）闽 0427 行初 2 号、（2017）闽 0526 行初 1 号、（2017）闽 0526 行初 2 号、（2017）闽 0426 行初 34 号、（2018）闽 0881 行初 17 号、（2018）闽 0703 行初 36 号、（2018）闽 0703 行初 35 号、（2018）闽 0981 行初 71 号、（2017）闽 0104 行初 24 号。

XZ 注释 30：

（2016）鄂 1022 行初 18 号、（2017）鄂 1087 行初 2 号、（2017）鄂 9006 行初 7 号、（2018）鄂 0703 行初 51 号、（2018）鄂 0626 行初 5 号、（2018）鄂 0324 行初 5 号、（2019）鄂 0683 行初 5 号、（2018）鄂 1087 行初 21 号、（2019）鄂 0222 行初 60 号、（2019）鄂 0222 行初 76 号、（2019）鄂 0683 行初 33 号。

XZ 注释 31：

（2016）黔 0382 行初 4 号、（2016）黔 0321 行初 155 号、（2016）黔 2323 行初 3 号、（2017）黔 2702 行初 6 号、（2017）黔 0382 行初 3 号、（2017）黔 2323 行初 10 号、（2017）黔 2323 行初 14 号、（2016）黔 0181 行初 35 号、（2017）黔 2323 行初 17 号、（2017）黔 2323 行初 18 号、（2017）黔 2323 行初 26 号、（2017）黔 2323 行初 15 号、（2017）黔 0382 行初 7 号、（2017）黔 0181 行初 14 号、（2017）黔 0181 行初 15 号、（2017）黔 2323 行初 30 号、（2017）黔 2323 行初 28 号、（2018）黔 0328 行初 1 号。

XZ 注释 32：

（2017）黔 2323 行初 7 号、（2017）黔 0382 行初 5 号、（2017）黔 2323 行初 12 号、（2017）黔 2323 行初 13 号、（2017）黔 0181 行初 9 号、（2017）黔 2323 行初 11 号、（2017）黔 2702 行初 10 号、（2017）黔 2601 行初 21 号。

XZ 注释 33：

（2017）皖 0323 行初 1 号、（2019）皖 1321 行初 12 号、（2018）皖

1324 行初 8 号、（2018）皖 1881 行初 10 号、（2018）皖 0181 行初 106 号、（2018）皖 0181 行初 107 号、（2017）皖 0706 行初 13 号。

XZ 注释 34：

（2017）鲁 1302 行初 88 号、（2017）鲁 1327 行初 6 号、（2017）鲁 1521 行初 2 号、（2017）鲁 1523 行初 6 号、（2017）鲁 1526 行初 4 号、（2017）鲁 0104 行初 44 号、（2017）鲁 0104 行初 45 号、（2018）鲁 0786 行初 21 号、（2018）鲁 0103 行初 215 号、（2017）鲁 0612 行初 27 号、（2017）鲁 1603 行初 9 号、（2017）鲁 0611 行初 9 号、（2017）鲁 0611 行初 10 号、（2017）鲁 1482 行初 5 号、（2017）鲁 0681 行初 40 号、（2017）鲁 1427 行初 6 号、（2017）鲁 0213 行初 33 号、（2017）鲁 0203 行初 73 号、（2017）鲁 0705 行初 12 号、（2017）鲁 0283 行初 110 号、（2017）鲁 0214 行初 33 号、（2018）鲁 1202 行初 40 号。

XZ 注释 35：

（2016）鄂 0116 行初 47 号、（2017）鄂 0381 行初 16 号、（2017）鄂 1022 行初 10 号、（2017）鄂 0302 行初 42 号、（2018）鄂 0113 行初 8 号、（2018）鄂 0982 行初 7 号、（2018）鄂 0322 行初 29 号。

XZ 注释 36：

（2017）粤 0203 行初 50 号、（2017）粤 0203 行初 51 号、（2017）粤 0203 行初 52 号、（2017）粤 0203 行初 120 号、（2017）粤 0203 行初 116 号、（2017）粤 0203 行初 189 号、（2017）粤 0203 行初 186 号、（2017）粤 0203 行初 190 号、（2017）粤 0203 行初 191 号、（2017）粤 0203 行初 188 号、（2017）粤 0203 行初 187 号。

XZ 注释 37：

（2017）粤 02 行终 174 号、（2017）粤 02 行终 171 号、（2017）粤 02 行终 168 号、（2017）粤 02 行终 176 号、（2017）粤 02 行终 170 号、（2017）粤 02 行终 173 号、（2017）粤 02 行终 175 号。

DSR 注释 1：

（2016）甘 0503 行初 23 号、（2017）甘 0503 行初 21 号、（2016）甘 0503 行初 22 号、（2016）甘 7101 行初第 612 号、（2017）甘 7101 行初 103

号、（2017）甘 7101 行初 82 号、（2017）甘 7101 行初 83 号、（2017）甘 7101 行初 81 号、（2017）甘 0503 行初 30 号、（2018）甘 0502 行初 28 号、（2018）甘 0502 行初 29 号、（2018）甘 0502 行初 30 号。

DSR 注释 2：

（2016）闽 0702 行初 97 号、（2016）闽 0702 行初 98 号、（2016）闽 0702 行初 99 号、（2016）闽 0702 行初 100 号、（2017）闽 0105 行初 1 号、（2018）闽 0302 行初 50 号、（2018）闽 0302 行初 51 号、（2018）闽 0302 行初 52 号、（2018）闽 0302 行初 53 号、（2018）闽 0302 行初 54 号、（2018）闽 0302 行初 55 号、（2018）闽 0302 行初 59 号、（2018）闽 0623 行初 45 号。

第二章　行政公益诉讼要件举证研究

要件举证是指公益诉讼人对自身能够开启行政公益诉讼的构成要件进行的举证活动。依据 2017 年 6 月 27 日发布的《行政诉讼法》第 25 条，人民检察院在履行职责中发现生态环境与资源保护、食品药品安全、国有财产保护、国有土地使用权出让等领域负有监督管理职责的行政机关违法行使职权或者不作为，致使国家利益或者社会公共利益受到侵害的，应当向行政机关提出检察建议，督促其依法履行职责。行政机关不依法履行职责的，人民检察院依法向人民法院提起诉讼。人民检察院以公益诉讼人的身份提出行政公益诉讼，主要存在四个构成要件：第一，"人民检察院在履行职责中"；第二，"行政机关违法行使职权或者不作为"；第三，"致使国家利益或者社会公共利益受到侵害"；第四，"行政机关不依法履行职责"。

应当明确的是，行政公益诉讼证据规则研究的核心是行政公益诉讼法定构成要件的研究，包含人民检察院履行职责的举证，行政机关违法行使职权或者不作为的举证，国家利益或社会公共利益受到侵害的举证以及行政机关不依法履行职责的举证。没有上述要件构成的举证，则不是行政公益诉讼。因此，检视行政公益诉讼法定构成要件的举证，实际上就是客观观察行政公益诉讼存在的基础。需要承认的是，"客观"观察并不能完全避免主观因素，包括每一个构成要件探讨的方向、案例的选择评价与总结等，笔者仅能从一个相对客观的角度出发，尝试对行政公益诉讼证据规则中的要件举证进行归纳探讨。

第一节　人民检察院履行职责之举证

一、要件举证展开的问题

党的十八届四中全会通过的《中共中央关于全面推进依法治国若干重大问题的决定》首次明确提出"探索建立检察机关提起公益诉讼制度"。随后，经过检察机关提起公益诉讼的两年试点实践，《行政诉讼法》第25条增加第4款，将行政公益诉讼以法律的形式正式确定下来。然而，行政公益诉讼仍存在着理论、制度以及实践层面的诸多问题，其中较为重要但尚未受到过多关注的一点，就是人民检察院在行政公益诉讼中"履行职责"的判断问题。具体分为两点：（1）检察院提起行政公益诉讼这一行为本身的性质如何？是检察院在履行何种职责？（2）是否要求检察院必须在"履行职责过程中"发现案件线索？对上述两个问题理解的不同意味着对人民检察院角色定位的认识不同，由此会影响行政公益诉讼构成要件等制度的建设，进而可能会影响行政公益诉讼过程中各方公权力主体的关系。

针对第一个问题，法院的认识从行政公益诉讼判决书中对检察院的表述是"原告"，是"公益诉讼人"，抑或是"公益诉讼起诉人"等可见一斑。而从行政公益诉讼试点工作开始，直至2018年3月2日《两高解释》施行之前，并不存在明确检察院是以何种身份提起行政公益诉讼的法律法规依据。因此笔者认为，在该阶段，法院对检察院定位的认识会较大程度地反映在裁判文书对检察院的表述上。《两高解释》第4条明确规定，人民检察院以公益诉讼起诉人身份提起公益诉讼，依照民事诉讼法、行政诉讼法享有相应的诉讼权利，履行相应的诉讼义务，但法律、司法解释另有规定的除外。该司法解释对行政公益诉讼裁判文书的书写会产生较大影响，但在该司法解释实施以后，司法实践中仍并非所有裁判文书都把对检察院的表述统一为"公益诉讼起诉人"，这同样能说明一些问题。下文笔者会将裁判文书对检察院的表述以2018年3月2日为时间分界点进行统计分析，从而更准确地看出法院对该问题的态度。

针对第二个问题，通过梳理不难发现，检察院"履行职责"的具体表述在行政公益诉讼不同阶段的法律及相关文件中有所不同。首先，2015年《检察机关提起公益诉讼改革试点方案》采用的表述是"检察机关在履行职责中发现污染环境……"。其次，2015年12月24日发布的《人民检察院提起公益诉讼试点工作实施办法》（以下简称《人民检察院实施办法》）在"人民检察院履行职责中发现……"的表述基础上，增加了一款规定，即"人民检察院履行职责包括履行职务犯罪侦查、批准或者决定逮捕、审查起诉、控告检察、诉讼监督等职责"，这一方面限定了"履行职责"的"职责"范围，另一方面规定中的"等"字又为检察机关的职责事项留出了空间。再次，2016年3月1日起施行的《人民法院审理人民检察院提起公益诉讼案件试点工作实施办法》（以下简称《人民法院实施办法》）并未采用之前通用的表述"履行职责中发现"，而是直接规定"人民检察院认为"，这似乎意味着法院在审理检察院提起的行政公益诉讼案件时，即使案件线索并不是"检察院履行职责过程中发现"亦不影响法院依法受理，只要检察院发现了主观上认为属于行政公益诉讼受案范围的情形即可提起诉讼，这在一定程度上赋予了检察院更大的权力。最后，在2017年7月1日开始实施的《行政诉讼法》和2018年3月2日开始实施的《两高解释》中，又不约而同地恢复了"人民检察院在履行职责中发现"的简单表述。至此，虽然立法机关以及检察院和法院在行政公益诉讼案件线索这一点上似乎已达成共识。但一方面，在司法实践中对于是否要求"检察院是在履行职责过程中发现行政公益诉讼案件线索"，不同的诉讼参与主体仍然表现出不同观点；另一方面，对履行职责的"职责"范围，无论是《行政诉讼法》还是《两高解释》都未加以明确，概念的模糊直接产生的后果就是各地法院在受理行政公益诉讼案件时，根据各自的经验和理解给出不同的判断标准，甚至可能导致"同案不同判"的结果发生，进而还可能影响公权力主体之间的良好关系以及公共利益的实现。

二、要件举证的研究方向

(一) 关于"检察院"的表述

因绝大多数二审、再审的裁判文书中,关于"检察院"的表述延续了一审文书的表述,故难以看出二审和再审法院对相关问题的态度。故笔者在对各省份行政公益诉讼案件中"检察院"的表述进行统计时,去除了行政二审和再审的判决、裁定,同时也去除了法院认为不适宜在互联网公开的一审案件,以确保统计结果更为准确。

试点省份行政公益诉讼一审裁判案件总数为 737 件,其中 721 件中将检察院定位为"公益诉讼人",占比 97.83%。此外,还不乏"行政公益诉讼人""原告""公益诉讼机关""公益诉讼起诉人""原告(公益诉讼人)"的表述,而安徽省有一份判决书 [(2016)皖 0181 行初 90 号] 则直接在全文使用了"人民检察院"这一表述。

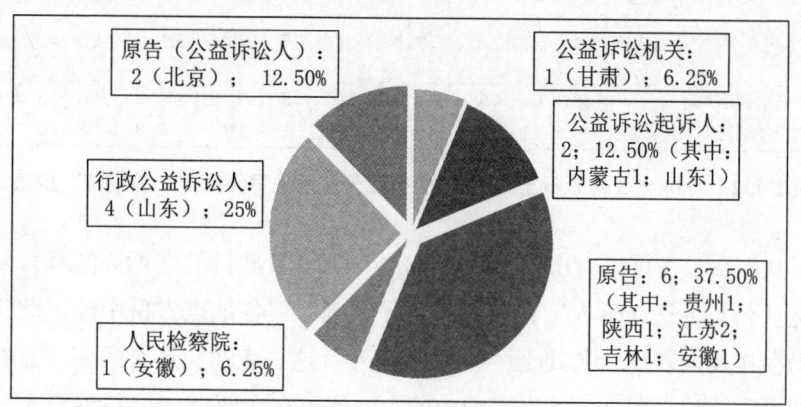

图 2.1.1 2018 年 3 月 2 日前试点省份行政公益诉讼案件关于"检察院"的表述
(除"公益诉讼人"外) (单位:件)

因非试点省份在 2018 年 3 月 2 日前无有效的行政公益诉讼一审裁判案件,故不对其多加统计和分析。

2018 年 3 月 2 日后,行政公益诉讼一审裁判案件共 525 件,其中试点省份共 457 件,非试点省份共 68 件。关于裁判文书对检察院的定位,表述有以下几种：陕西省1例"原告公益诉讼人"；山东省1例、安徽省1例、江苏省5例"行政公益诉讼起诉人"；湖南省、河南省各1例"原告"；甘肃省1例"公益诉讼原告"；江苏省2例"人民检察院"；其余均为"公益诉讼人"或"行政公益诉讼人"。

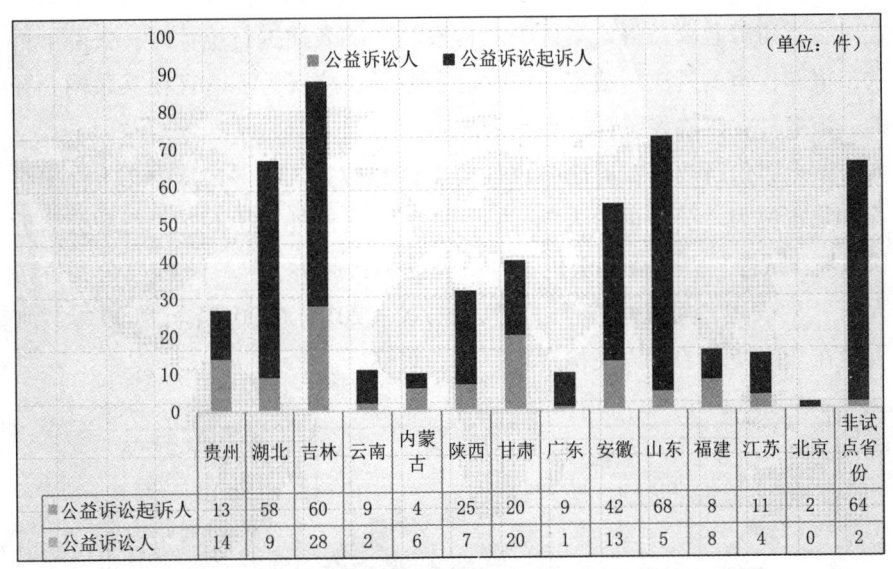

图2.1.2 2018年3月2日至2019年底行政公益诉讼案件关于"检察院"的表述

	贵州	湖北	吉林	云南	内蒙古	陕西	甘肃	广东	安徽	山东	福建	江苏	北京	非试点省份
公益诉讼起诉人	13	58	60	9	4	25	20	9	42	68	8	11	2	64
公益诉讼人	14	9	28	2	6	7	20	1	13	5	8	4	0	2

从图2.1.2可以看出，尽管2018年3月2日施行的《两高解释》对检察院"公益诉讼起诉人"的身份进行了明确，但各试点省份中除了北京市都仍存在其他表述，尤其是"公益诉讼人"这一表述，还有很多法官在裁判文书中继续采用。非试点省份中的山西省也存在两例"公益诉讼人"表述的案件。

（二）检察院在"诉称"部分对其"履行职责"的表述

通过观察检察院是否在"诉称"部分提及"履行职责"以及是否阐述、如何阐述其履行的具体职责内容，可以在一定程度上判断出检察院"在履行职责过程中"发现案件线索是否属于行政公益诉讼构成要件的观点。

　　考虑到裁定书往往表述较为简略，多不涉及诉请和举证等内容，二审、再审判决书有时也仅对新增证据进行详细说明，难以看出检察院对于"履行职责"所持的态度，故笔者在针对该问题的数据进行整理时，排除了所有的裁定书和二审、再审判决书，仅对一审判决书进行统计和分析。

　　在统计数据时，因"在工作中发现""履行工作职责"都无法证明检察院有意说明其是在履行某种具体职责时发现案件线索的，故将其都归入"仅简单表述了履行职责"这一类。该部分将分别对试点省份和非试点省份的情况进行分析。

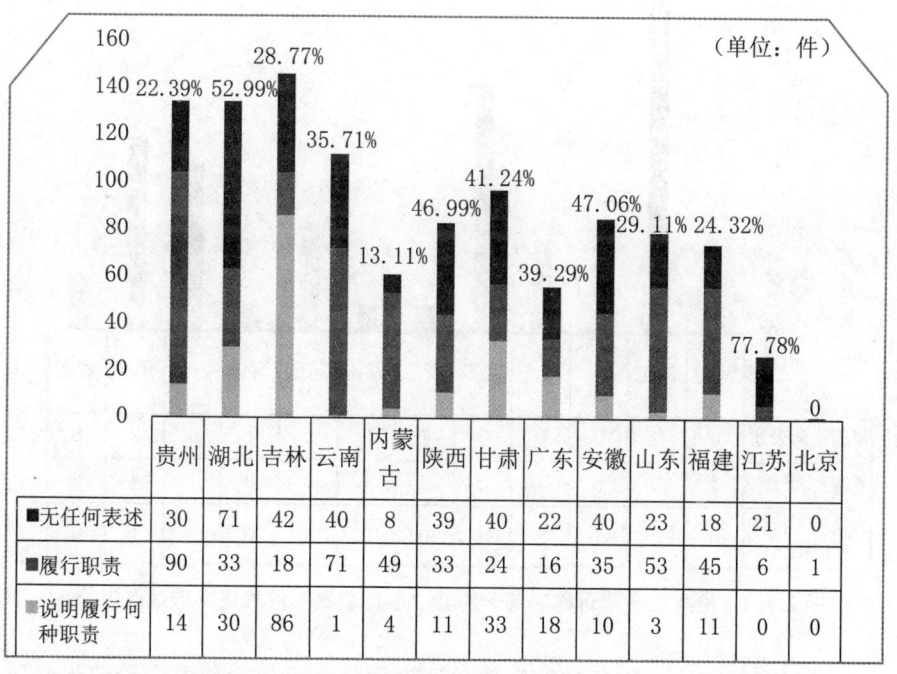

	贵州	湖北	吉林	云南	内蒙古	陕西	甘肃	广东	安徽	山东	福建	江苏	北京
■无任何表述	30	71	42	40	8	39	40	22	40	23	18	21	0
■履行职责	90	33	18	71	49	33	24	16	35	53	45	6	1
■说明履行何种职责	14	30	86	1	4	11	33	18	10	3	11	0	0

图 2.1.3　检察院在"诉称"部分对其"履行职责"的表述（试点省份）

　　从图 2.1.3 可知，在试点省份中，除北京市唯一的一个案件采用了"履行职责"的表述，江苏省不存在比"履行职责"更为具体的表述外，其余各省份均是同时存在无任何表述、仅简单表述了履行职责、详细说明了履行何种职责这三种情形。说明即使是同一省份，不同检察院对该问题的认识也不一致。

虽然只有湖北省和江苏省存在 50% 以上的案件无任何履行职责相关表述，但除内蒙古自治区和北京市外，其余试点省份均有超过 20% 的案件无相关表述。

值得注意的是，湖北省、吉林省、甘肃省和广东省，阐明了其是在履行何种职责过程中发现公益诉讼线索的案件较多，尤其是吉林省。

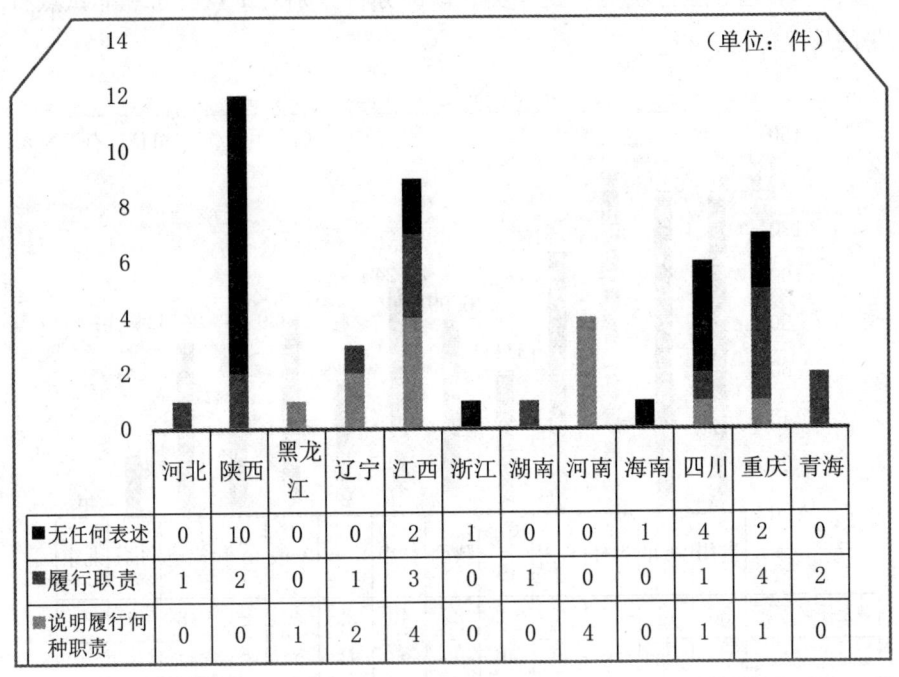

（单位：件）

	河北	陕西	黑龙江	辽宁	江西	浙江	湖南	河南	海南	四川	重庆	青海
■无任何表述	0	10	0	0	2	1	0	0	1	4	2	0
▪履行职责	1	2	0	1	3	0	1	0	0	1	4	2
▪说明履行何种职责	0	0	1	2	4	0	0	4	0	1	1	0

图 2.1.4 检察院在"诉称"部分对其"履行职责"的表述（非试点省份）

非试点省份中，因各省行政公益诉讼案件本身较少，参考价值不是很大。但可以看出，非试点省份同样存在三种情形，因此可以佐证，全国各个检察院对于"在履行职责过程中"发现案件线索是否属于行政公益诉讼构成要件之一，确实存在不同认识。

本部分，笔者对各个省份关于履行职责的不同表述分别进行了类型和数量的统计，并将试点省份和非试点省份进行了情况汇总。

如图 2.1.5 所示，截至 2019 年底，在全国 1137 件一审判决中，共有 234 个案件的检察院对其"履行职责"进行了具体表述，且类型多样。其中占比较大的为办理各种案件、专项活动、群众举报，三者合计占比超过案件总数的 50%。有 8.12% 的案件只说明其是在履行检察职责中发现的案件线索，而未说明具体为何种检察职责。另外，检察院在履行各种监督职责过程中发现公益诉讼线索的案件也非常多，共占比 25.21%，包括公益监督、行政履职（执法）监督、侦查监督、诉讼监督等，此外还包括表述较为笼统的"检察监督""法律监督"。

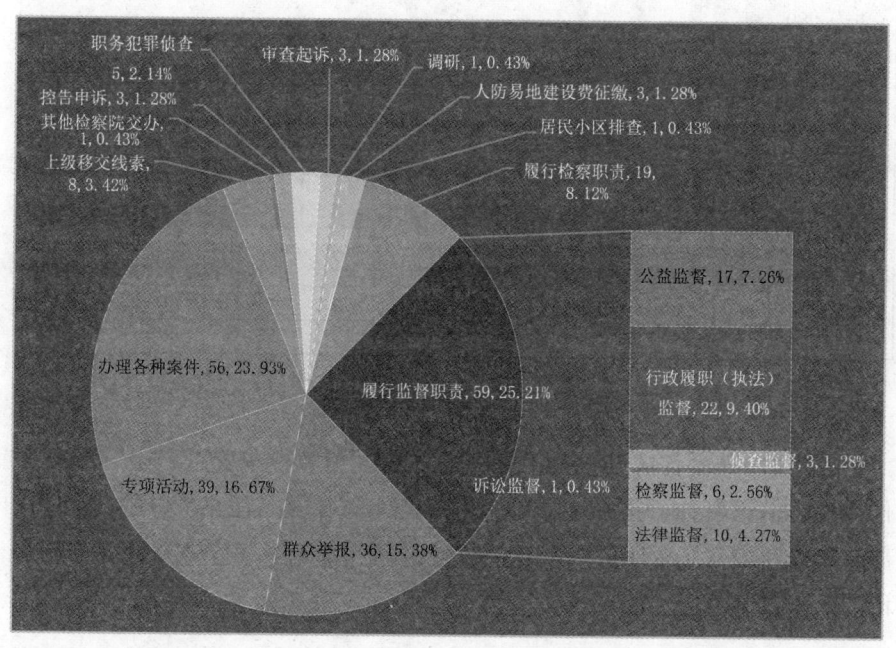

图 2.1.5　检察院对其"履行职责"的具体表述　（单位：件）

（三）检察院对其"履行职责"的举证

检察院对其是否应当"在履行职责过程中"发现案件线索的认识，除了体现在"诉称"部分，还体现在举证方面。如果检察院提供了其线索来源的证明材料，甚至明确指出"是为了证明本案来源属于检察机关在履行职责中发现"，那么可以认定，该检察院将"线索来源应是其在履行职责中发现"视为行政公益诉讼的要件之一。例如,试点省份湖北省的案件[(2018)鄂 0325 行初 16 号],非试点省份江西省的案件[(2018)赣 0803 行初 128 号]和[(2019)赣 0302 行初 16 号]。

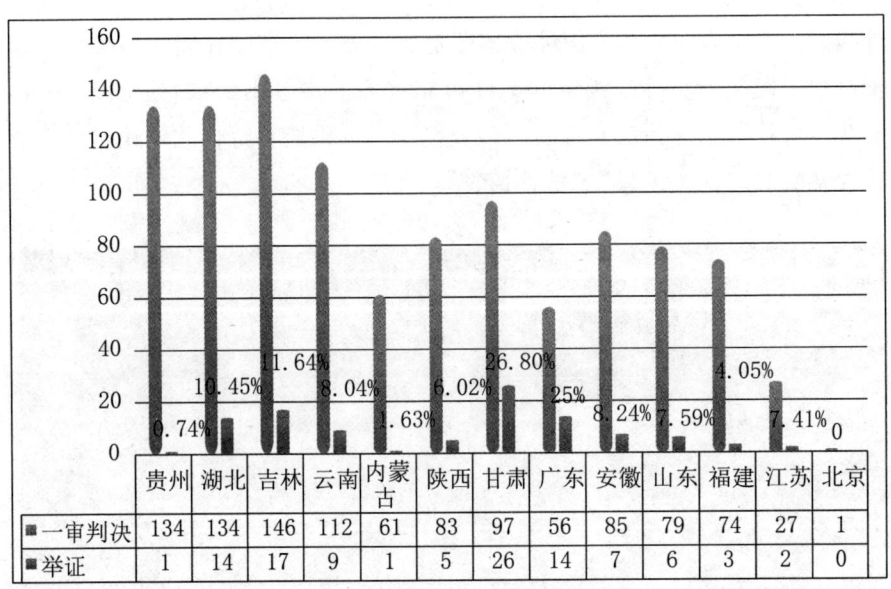

	贵州	湖北	吉林	云南	内蒙古	陕西	甘肃	广东	安徽	山东	福建	江苏	北京
■一审判决	134	134	146	112	61	83	97	56	85	79	74	27	1
■举证	1	14	17	9	1	5	26	14	7	6	3	2	0

图 2.1.6 检察院对其"履行职责"的举证(试点省份)   (单位:件)

如图 2.1.6,各试点省份就检察院对其"在履行职责过程中"发现案件线索的举证率并不高。在 1089 份一审判决书中,有 695 份的"诉称"部分都提到了"履行职责"的相关表述,但这 695 个案件中检察院进行举证的只占 15.11%。

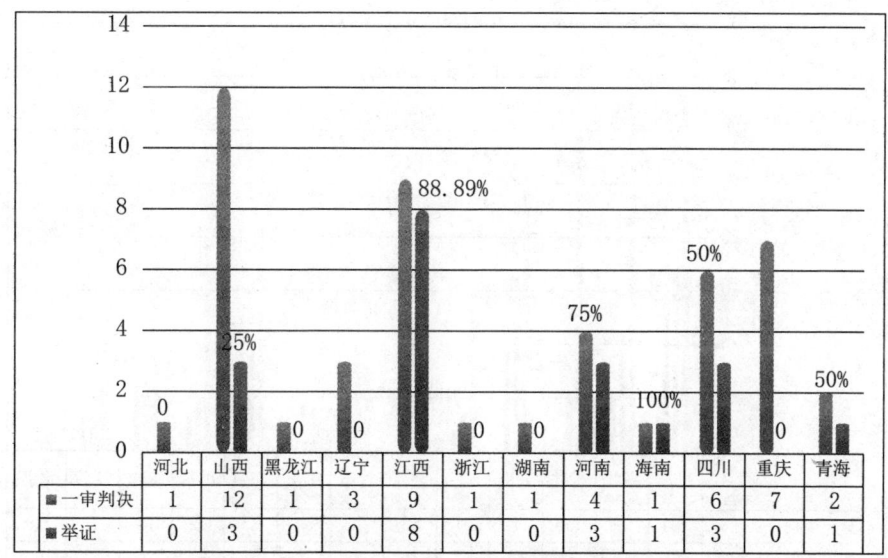

图2.1.7　检察院对其"履行职责"的举证（非试点省份）　（单位：件）

如图2.1.7，非试点省份中，共19份判决书对检察院履行职责的问题进行了举证，占非试点省份一审判决总数的39.58%，占"诉称"部分都提到"履行职责"相关表述案件的67.86%。

（四）法院对检察院"履行职责"的态度

前文通过检察院的诉称、举证两个方面分析了其对"在履行职责过程中发现案件线索"的认识情况，该部分将通过对判决书的"审理查明""本院认为"两部分中是否提及以及如何提及检察院履职情况进行统计，以洞悉检察院对该问题所持的态度。同样，分为"未提及""仅提及履行职责""提及具体履行何种职责"三类，对试点省份和非试点省份进行统计分析。

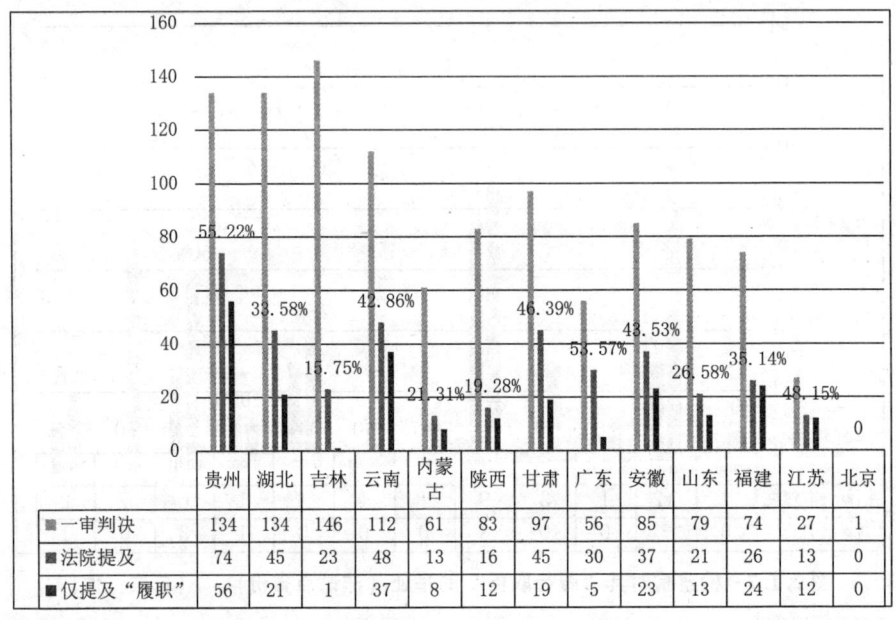

图 2.1.8　法院对检察院"履行职责"的提及情况（试点省份）　（单位：件）

	贵州	湖北	吉林	云南	内蒙古	陕西	甘肃	广东	安徽	山东	福建	江苏	北京
■一审判决	134	134	146	112	61	83	97	56	85	79	74	27	1
■法院提及	74	45	23	48	13	16	45	30	37	21	26	13	0
■仅提及"履职"	56	21	1	37	8	12	19	5	23	13	24	12	0

如图 2.1.8，在各试点省份中，在"审理查明"或"本院认为"部分，法院提及检察院是"在履行职责过程中"发现案件线索的案件共 391 件，占试点省份一审判决总数的 35.90%。其中，法院提及但是仅有"履行职责"这一简单表述的案件共 231 件。说明即使法院提及了该内容，但也没有要求一定要明确检察院到底在履行哪一种职责。并且笔者在统计过程中发现，在不少案件中，即使检察院并未提及和举证证明自己是"在履行职责过程中"发现案件线索的，法院也另外提及了相关内容。那么是否可以认为，即使这些法院认为检察院履行职责是发现案件线索的必要条件，但也无需检察院承担举证责任，只要法院能够自行查明相关事实即可。

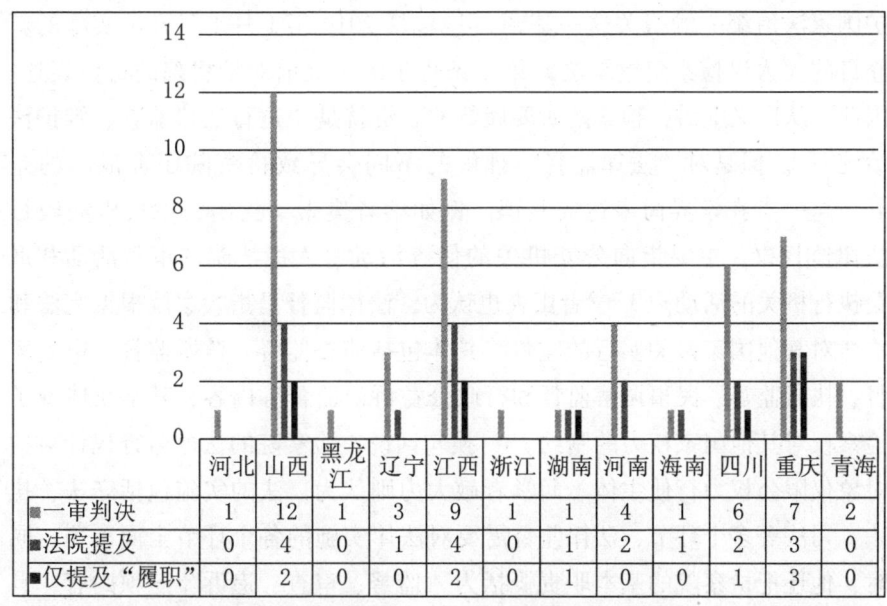

图 2.1.9　法院对检察院"履行职责"的提及情况（非试点省份）　（单位：件）

如图 2.1.9，截至 2019 年底，非试点省份共有行政公益诉讼一审判决 48 件，其中，法院在"审理查明"或"本院认为"部分提及检察院线索来源的仅 18 件，占比 37.50%。法院提及的这 18 个案件中，又有 9 件仅有"履行职责"这样的简单表述。

（五）检察院"职责"范围的界定

在分析行政公益诉讼中检察院是否必须"在履行职责过程中"发现行政机关违法行为或不作为之前，应当首先对检察院的职责范围进行明确界定，然后再根据行政公益诉讼的立法目的等因素进一步判断《行政诉讼法》第 25 条第 4 款的"履行职责"是否应做严格的文义解释或是扩大解释。

我国《宪法》第 134 条规定了检察院的性质，即国家的法律监督机关，检察院的这一性质同时得到了《人民检察院组织法》上的保障。"中华人民共和国人民检察院是国家的法律监督机关"作为 1979 年《人民检察院组织法》的第 1 条，可以说奠定了法律监督机关是实行法律监督、维护国家法治统一的机关这一基调。[1]包括 2019 年 1 月 1 日开始实施的新修订的《人民检察院组织法》第 2 条也延续了之前对检察院的定位表述。因此，从广义上讲，检察院所要履行的职责就是"进行法律监督、维护法治统一"。但是对"法律监督"理解的不同会导致检察院职责范围的差异，这一点在学界尚未达成共识。例如学者樊崇义指出，检察机关履行法律监督权，主要指向公安机关的侦查活动、人民法院的审判活动和刑罚执行机关的活动。[2]学者田夫也认为，法律监督是指检察院根据宪法和法律对其他国家机关实行的监督，具体包括侦查监督、监所监督、审判监督、执行监督、民事调解监督和行政公益诉讼监督等内容，其本质体现了检察权对其他国家权力的制约。[3]换句话说，检察院的法律监督权针对的对象仅限公权力行使主体。而学者敬大力则认为，法的实施包括守法、执法、司法等多个环节，法律监督需要对法律实施的各个环节全面覆盖。同时，他还把检察院的基本职责概括为"监督、审查、追诉"三项内容，具体而言，监督即纠正行政机关、法院的违法行为；审查即上承侦查、下接审判从而做到居中把关；追诉即提起诉讼。[4]总而言之，他将"公民、社会组织等非公权力主体是否遵守法律"也纳入检察院法律监督的范畴。笔者认为，"法律监督"顾名思义是对法律实施的监督，检察院作为国家法律监督机关，自然应当把监督职能落实到法律实施的全过程，以保证法的良好运行和法秩序的维护。当然，在"检察权""法律监督""检察监督"等概念之间的相互关系尚存有争议时，通过现有法律文本梳理检察院职责权限，无论是对检察院作用的发挥还是相关制度的实践，可能都更为有效。

《行政诉讼法》第 93 条、《民事诉讼法》第 208 条分别规定了检察院对法院审理行政、民事诉讼案件所作出的判决有权进行监督；《监察法》出台后，《刑事诉讼法》删去了检察院对贪污贿赂等案件行使侦查权的规

---

〔1〕 参见田夫："什么是法律监督机关"，载《政法论坛》2012 年第 3 期。

〔2〕 樊崇义："检察机关深化法律监督发展的四个面向"，载《中国法律评论》2017 年第 5 期。

〔3〕 参见田夫："检察院性质新解"，载《法制与社会发展》2018 年第 6 期。

〔4〕 参见敬大力："关于检察机关基本职责问题的再认识"，载《人民检察》2017 年第 11 期。

定；但仍然保留了检察院在诉讼活动法律监督中发现司法工作人员利用职权实施的侵犯公民权利、损害司法公正的犯罪的侦查权。此外，《人民检察院组织法》第 20 条至第 23 条规定了人民检察院的刑事案件侦查、审查权，审判、执行、监所监督权，公益诉讼权，最高人民检察院的死刑复核监督权以及法律具体应用解释权。2019 年新修订并实施的《检察官法》第 7 条也规定了检察官的刑事案件侦查、审查逮捕和起诉、提起公诉权，提起公益诉讼以及对所有诉讼活动进行监督的权力。综上，规定检察院职责的现有法律仍无法将行政公益诉讼中所有检察院获得案件线索的方式纳入其职责范围。那么，应当如何看待行政公益诉讼规范中"检察院履行职责"的规定，以及如何看待实践中诸多行政公益诉讼案件的线索类型，就成为行政公益诉讼必须要解决的问题。

三、统计结果综述

正如前文所述，尽管《行政诉讼法》和《两高解释》在关于行政公益诉讼的条文规定中都提及检察院"履行职责"，但该规定实质上并未对司法实践产生影响。对该表述，不同的解释方法会产生截然不同的法律效果。

那么，对"履行职责"可以做最宽泛意义上的理解吗？换句话说，可以完全不对检察院是否是"在履行职责过程中"发现案件线索进行判断吗？答案应该是否定的。如果仅是简单表述，没有任何实质含义，就意味着"履行职责"不属于行政公益诉讼的构成要件之一，检察院自然无需对此承担举证责任以及由此带来的败诉风险，也无需深究检察院基本职责到底有哪些，只要是检察院发现的案件线索，并且符合行政公益诉讼的其他构成要件，均可提起诉讼。这样看似可以最大程度上监督行政机关的行政行为，也能够最大程度地维护国家利益和社会公共利益，但是，任何权力都存在无限扩张和腐化的风险，法律监督机关也不例外。赋予检察院过大权力将因违反"功能最适当原则"而不能有效制约行政机关行使权力的任意性，相反，还可能会影响到行政权的正常行使。因为相较于检察院，行政机关无疑更具处理各项行政事务的专业性。另外，正是因为行政权是现代国家中最为庞大、复杂和最具功能的权力，所以其运行更需要受到制约，[1]这是行政公益诉讼制度设计的重要目的，也是国家法治建设的本质要求。但如果因为对一种公权力的限制而导致另一种公权力的过度扩张，行政公益诉讼作为"国家积极作为论"的产物将无法发挥其应有的效果，相反，还会造成行政权和司法权的紧张关系。综上，强调检察院"在履行职责过程中"发现案件线索应是立法者有意为之，否则直接采用《人民法院实施办法》中"认为"的表述即可。

那么，对检察院的监督权加以控制是否又意味着必须对行政公益诉讼条款中的"履行职责"做最为严格意义上的文义解释呢？答案亦是否定的。首先，严格按照前文所分析的各实体法律规范对检察院职责的明确规定进行理解，直接产生的结果就是检察院必须承担证明自己是"在履行职责过程中发现……"的证明责任。如果案件线索并非来源于检察院基本职责的相关法律规范，那么检察院就可能败诉，而出于降低"败诉率"的考量，检察院可能在开始就放弃起诉。"履行职责"过于严苛的判断标准甚至有可能影响检察建议提出的合法有效性。其次，如果采文义解释，在实践中出现了通过其他形式获取的行政公益诉讼案件线索应当如何处理？案件线索来源作为办案的前提和基础，其充足性直接影响一项诉讼制度的实效，一味地"拒之门外"显然对行政行为的监督和公共利益的维护都十分不利，也会为检察院推卸监督责任制造"合理"机会。最后，出于检察院人财物优势的考量，《行政诉讼法》将其设定为行政公益诉讼的唯一起诉主体，但同时，如果按照检察院职责相关的法律规定界定，显然将"公民、法人、其他组织"的参与排除在提供行政公益诉讼案件线索之外。这不仅会打击公众参与的积极性，而且会加重检察院的负担，同时也有碍于该制度的健康发展。[2]

在行政公益诉讼案件中，有不少案件是凭借"群众举报"的方式获得

〔1〕 参见姜涛："检察机关提起行政公益诉讼制度：一个中国问题的思考"，载《政法论坛》2015 年第 6 期。

〔2〕 参见秦前红："检察机关参与行政公益诉讼理论与实践的若干问题探讨"，载《政治与法律》2016 年第 11 期。

案件线索的。社会主体线上、线下的举报、控告，包括互联网信息平台、广播电视等媒介的信息公布，其实都是发现行政公益诉讼案件线索的重要渠道。办理由其他国家机关"移交""转办"的案件虽然没有出现在检察院职责条文中，但这也是由下级检察院受上级检察院领导、检察机关对立法机关负责的基本定位推导出的固有职责。还有根据党中央重要指示或最高人民检察院部署决定等开展的检察院专项活动，以及为了调整工作方案、提高办案质量而开展的调研活动，虽然也与法条所列的检察院职责无直接关系，但无疑也属于检察院的本职工作。

因此，对检察院履行职责的模糊理解、文义解释或无限扩大解释都存在弊端，而将其做适当的扩大解释，把某些未明文规定为检察院职责的内容纳入行政公益诉讼检察院"履行职责"的范畴，并通过司法解释的方式确定下来，不仅可以保证行政公益诉讼案件线索的充足性，也能够防止检察权的肆意扩张；既体现了检察权能够与行政权相抗衡的优势，又发挥了社会组织的专业优势、鼓舞了公众对社会公益保护的热情。具体来说，可以通过司法解释对《行政诉讼法》第 25 条第 4 款检察院"履行职责"明确界定，包括犯罪的侦查、审查起诉、审判和执行监督等专门职责，也包括接受社会公众、新闻媒体的线索提供，还包括承办由其他国家权力机关交办或转交的案件，[1] 从而既避免案件线索过于单一，又将检察权"关进制度的笼子"，更好地发挥检察院在行政公益诉讼中的监督作用。

第二节　行政机关违法行使职权或者不作为之举证

一、要件举证展开的问题

行政公益诉讼制度在两年试点实践的基础上，于 2017 年写入了《行政诉讼法》，从而以法律的形式确立下来，但该制度仍处于不断探索阶段，

---

〔1〕　参见朱全宝："检察机关提起环境行政公益诉讼：试点检视与制度完善"，载《法学杂志》2017 年第 8 期。

还存在许多亟待解决的理论与实践问题。其中，"行政机关违法行使职权或者不作为"作为检察院提出检察建议进而提起行政公益诉讼不可缺少的要件，也在理论界和实务界引发了比较热烈的讨论。与之相关的两个表述是"负有监督管理职责"和"国家利益或者社会公共利益受到侵害"，一个是行政机关行使职权的前提依据，另一个是违法行使职权或不作为的现实后果。换句话说，三个要件均满足，是提出行政公益诉讼诉前检察建议的必要不充分条件。因此，本节将对这三个要件做整体性讨论，从而分析检察院和行政机关对相关问题的不同认识。其中检察院的认识主要体现在对该三要件的举证方面，而行政机关的认识则主要从其对检察建议给出的抗辩理由可见一斑。

上述要件之所以会引发争议，主要有两个原因。第一个原因是行政公益诉讼举证责任分配的规定尚不明确。一方面，虽然行政公益诉讼制度规定在《行政诉讼法》中，但其维护国家或社会公共利益的目标明显有别于传统的行政私益诉讼，因此其能否当然地适用"举证责任倒置"的行政诉讼举证规则还存在争议，如果不能，行政公益诉讼的各个要件的举证责任又应当如何在"地位相当"的原告和被告之间分配；另一方面，虽然2018年《两高解释》明确要求检察院提起行政公益诉讼时应当提交"被告违法行使职权或者不作为，致使国家利益或者社会公共利益受到侵害的证明材料"，[1]但规定仍十分简略，司法实践中存在检察院举证部分缺少上述材料的情形，另外，"负有监管职责"作为履职的前提，理应由检察院进行举证，但规定的缺位使得司法实践中该内容的举证也具有了随意性。

引发争议的第二个原因是相关法律概念具有模糊性。《行政诉讼法》将被提起行政公益诉讼诉前检察建议的行为类型分为两种，即"违法行使职权"和"不作为"，而最早在党的十八届四中全会通过的《中共中央关于全面推进依法治国若干重大问题的决定》中的表述却是"违法行使职权"和"不行使职权"，在2016年3月1日起实施的《人民法院实施办

---

〔1〕 参见《两高解释》第22条第2项。

法》中的表述又是"违法行使职权"和"不履行法定职责"。那么"不作为"和"不行使职权""不履行法定职责"是否等同？如果不同，现行《行政诉讼法》和司法解释中"不作为"的表述是否恰当？以及对行政机关不作为或不履行法定职责（不行使职权）的判断标准是什么？这些都存在争议。在司法实践中，许多行政机关也都提出了"已依法履职"的抗辩理由。此外，从现有规定出发，"国家利益或者社会公共利益受到侵害"也是启动行政公益诉讼诉前程序的关键要件，如何界定国家或社会公共利益的范围，认定公共利益是否受损的标准又是什么，因概念和认定标准的模糊性，在司法实践中也不乏检察机关与行政机关就此产生分歧的案件。

二、要件举证的研究方向

（一）检察院举证情况

与本章第一节"人民检察院履行职责之举证"出于同样考虑，笔者在整理全国行政公益诉讼案件关于"行政机关违法行使职权或者不作为"相关数据时，只选取了互联网公开的一审判决书，并且剔除了其中因表述不明确而无法判断的案件。

该部分对试点地区和非试点地区检察院关于被告行政机关是否负有监管职责、是否存在违法行使职权或不作为的情形、是否导致国家或社会公共利益受到侵害三个问题的举证情况进行了统计。之所以要对三个问题都进行梳理，是因为从现有法律和司法解释的规定看，作为检察建议提出的前提，这三个要件缺一不可。不负有监管职责就丧失了要求行政机关履职的法律依据；国家或社会公共利益未受到侵害，也就没有所谓的"维护公益"的目标；而"负有监管职责"与"公益受侵害"并不具有直接必然的因果关系。当然，通过统计会发现，司法实践与制度安排设计似乎存在出入。

统计时，考虑到很多事实状态本身就意味着公益受到了侵害，例如非法占用农用地、违法取用地下热水、建设用地或国有土地闲置、专项补贴资金未追回、国有土地出让金未缴纳等，这些方面多涉及国家财产资源，因此，只要检察院提供了类似情形的基础事实证据，如提供无合法手续且被占用地的性质为农用地、国有土地出让金实缴收据与应交数额的差值等，就认定其对"国家利益或者社会公共利益受到侵害"进行了举证。举证的具体情况统计如图2.2.1和图2.2.2所示。

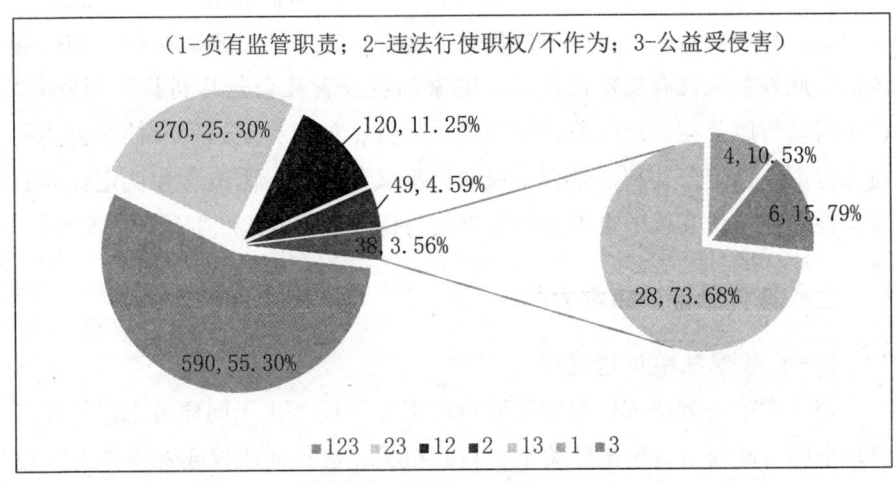

（1-负有监管职责；2-违法行使职权/不作为；3-公益受侵害）

270, 25.30%　120, 11.25%

49, 4.59%

38, 3.56%

590, 55.30%

4, 10.53%

6, 15.79%

28, 73.68%

123　23　12　2　13　1　3

图2.2.1　检察院举证情况（试点地区）　（单位：件）

截至2019年12月31日，13个试点地区共有行政公益诉讼一审判决案件共1089件，去除表述不明确的22个案件后，有效案件共计1067件。其中590个案件的检察院对"负有监管职责""违法行使职权/不作为""公益受侵害"三个要件均进行了举证，占比55.30%。在25.30%的案件中，检察院并未在举证时提供行政机关负有监管职责的依据，在11.25%的案件中，检察院未对侵害后果即公益受侵害的事实进行举证。此外，有49个案件仅对"违法行使职权/不作为"进行了举证，还存在38个案件未提及这一关键性的行为要件。未提及该行为要件的情形主要表现为检察院只举证了行政机关已作出的行政行为以及公益依然处于受侵害的事实，从而就认定行政机关未依法履行监管职责。例如湖北省阳新县的（2017）鄂0222行初8号行政判决书，阳新县人民检察院仅提供了被告阳新县水利局水政执法科执法巡查登记表和处罚案件登记表、《责令停止违法行为通知书》《责令改正违法行为通知书》、行政处罚决定书等履行相关监管职责的证据，以及拍摄的违法现场视频和照片，证明违法事实持续存在。这其实是忽略了在实践中存在一些客观因素或法定程序导致行政机关完全行使职权受到阻碍的情形。当然，对于"不作为"这一客观不存在的内容进行举证，本身就存在难度，由被告行政机关举证证明其"有所为"似乎更为合理，这同样涉及举证责任分配的问题。也有观点认为，诉前程序与诉讼程序就同一问题的举证责任应分属于不同主体，具体到行政机关的"不作为"举证，在督促程序中，应当由行政机关承担已经"作为"的证明责任；而在诉讼程序中，则应由检察机关承担有"不作为"的证明责任。[1]

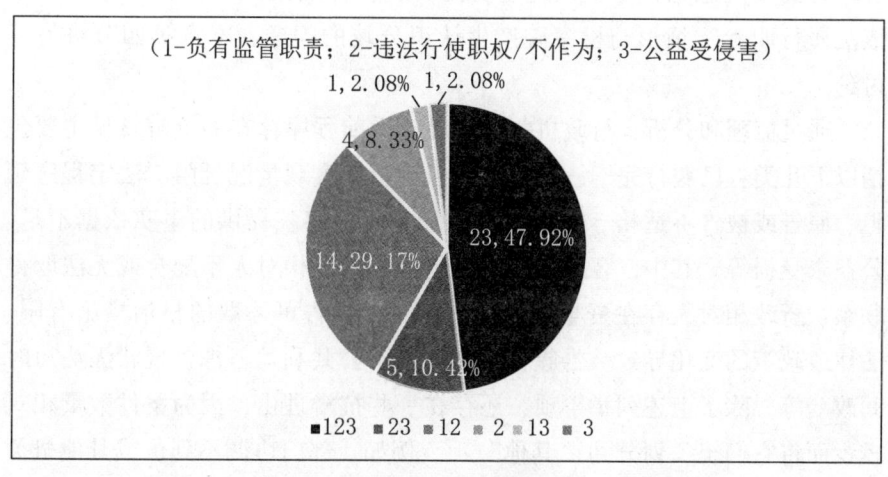

图 2.2.2　检察院举证情况（非试点地区）　（单位：件）

截至 2019 年 12 月 31 日，非试点地区共有行政公益诉讼一审案件共 48 件，且均为有效案件。在 47.92% 的案件中，检察院进行了全面的举证，但仍有 41.67% 的案件，检察院仅对三个要件中的两项进行了举证，还有超过 10% 的案件，检察院仅就"违法行使职权/不作为"或者"公益受侵害"中的一项加以举证证明。这还涉及对行政机关的定位问题。如果将行

---

〔1〕 参见章剑生："论行政公益诉讼的证明责任及其分配"，载《浙江社会科学》2020 年第 1 期。

政机关认定为公共利益的代表者,那么行政机关的违法行使职权或怠于履行职责的表现,本身就是对公共利益的侵害,自然无须重复证明这两个要件,但从《行政诉讼法》及公益诉讼司法解释的条文设计来看,这两个要件仍具有相对的独立性,不能简单地相互代替。

(二) 行政机关抗辩理由

司法实践中,作为被告的行政机关,针对检察院的监督和控告提出了不同类型的抗辩理由。基于行政公益诉讼制度"双阶构造"的程序特点,有必要根据诉前程序和诉讼程序启动要件的不同,对行政机关抗辩理由做一定区分。本部分只讨论行政机关对于行政公益诉讼诉前检察建议内容存在的不同意见,至于检察建议提出后,行政机关对是否仍存在"不依法履行职责"情形与检察院产生认识分歧的问题,本章第四节将另行讨论。

通过梳理和分析,行政机关对于启动诉前程序存在的抗辩意见主要包括以下几类:已履行完毕、一直在积极履行、客观情况延阻、法定程序延阻、原告或被告不适格、被告无法定职责、检察院提供的事实依据不足、公益未受损等。其中,客观情况延阻包括了行政相对人不配合或无法取得联系、行政相对人存在资金等方面的困难、被告可采取的整治措施有限、法律或政策的变化导致被告履行不能、出于公共利益考虑、现状无法短时间改变等。除了上述列举事项,还存在一些抗辩理由,因为案件数量相对较少而将它们统一划分到"其他"项。例如,部门协调不到位或其他机关一直未交接工作、违法行为发生在托管期间、"一事不再罚"、不属于行政公益诉讼受案范围、立案程序存在瑕疵等,还包括被告认为其虽存在疏忽或瑕疵,但尚不构成"怠于履行职责";其违反"规定"但并不违法;因案件已进入司法程序,故被告不再具有监管职责等。行政机关的抗辩也对各种理由进行了相关的说明和探讨。例如,针对行政公益诉讼(包括启动诉前程序)的时效问题,安徽省当涂县人民法院在办理县水利局未履行长江采砂监督管理法定职责一审案件中指出,行政公益诉讼虽是行政诉讼的一种,但又不同于一般的行政诉讼,它是以维护国家利益和社会公共利益为目的,因此只要国家利益和社会公共利益处于受侵害状态,就能提起行政公益诉讼。[1]再如，在生态环境与资源保护类型的案件中，存在较多"相对人的违法行为已被追究刑事责任，被告不应再对同一行为进行行政处罚"的抗辩理由。法院则认为，刑事责任和行政责任虽然均是公法上的责任，但性质不同，当刑事责任内容不能涵盖行政责任内容时，行政责任显然不能被刑事责任吸收。[2]进一步说，法律责任分为惩罚性和补救性两种类型，"一事不再罚"原则指的是对于两种法律责任都是惩罚性或补救性的责任应当竞合，不得重复评价，如行政罚款折抵刑罚罚金；但惩罚性和补救性法律责任，作为共同恢复被侵害法益的不同责任方式，目的在于尽可能恢复违法行为对社会造成的危害，这种重复评价于法于理都有足够的理由，如毁坏林地不仅要被行政处罚，还应恢复林地原状。[3]这里暂不讨论抗辩理由的合法性，先对试点和非试点地区行政公益诉讼中被告针对检察建议的抗辩理由进行梳理，具体如图2.2.3和图2.2.4所示。

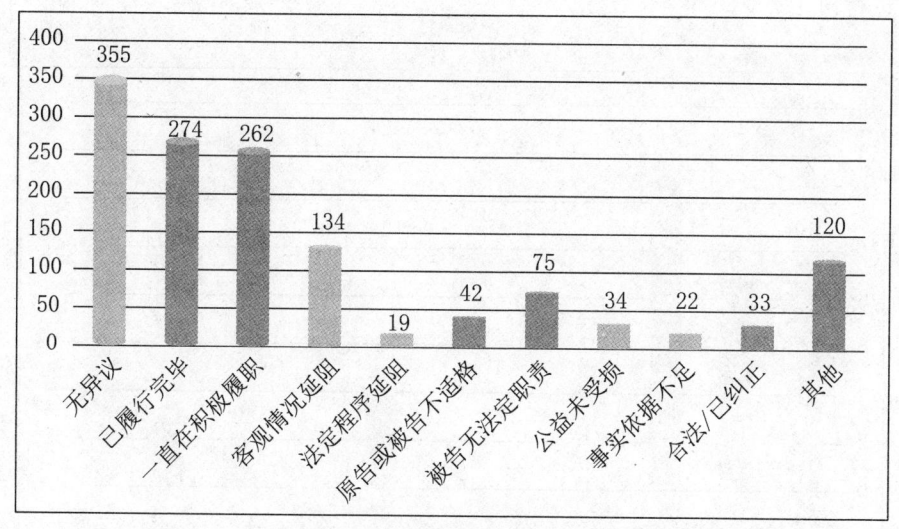

图2.2.3　行政机关抗辩理由（试点地区）　　（单位：项）

---

[1]　参见当涂县水利局依法履行法定职责一审行政判决书，（2018）皖0521行初39号。

[2]　参见重庆市渝北区人民检察院与重庆市渝北区林业局其他一审行政判决书，（2019）渝0112行初150号。

[3]　参见秭归县林业局一审行政判决书，（2017）鄂0527行初17号。

　　根据统计，截至 2019 年 12 月 31 日，在 13 个试点地区的行政公益诉讼一审判决书中，共有 1015 项抗辩理由，其中分别有 27% 和 25.81% 的理由是"已履行完毕"和"一直在积极履职"。实际在有些案件中，被告行政机关列举的事实证明了其正在积极履行职责，但其表述为"已履行职责"，这涉及对"履行职责"的不同理解，即已经积极甚至穷尽手段履职，但尚未达到理想的履职效果，能否认定其已履职完毕，履职完毕的认定标准是履职应进行的程序完备即可，还是穷尽一切直接或间接的合法手段，抑或必须要求公共利益恢复到受损害前的状态？这里为了客观展示抗辩理由的情况，均按照被告的表述加以分类而不做主观判断。另外，33 个"行政行为合法"或"已纠正/撤销违法行为"的抗辩理由是针对"违法行使职权案件"而言的，因不作为案件占行政公益诉讼案件的绝大多数，且违法行使职权案件的抗辩理由大多与不作为案件类似，故不将两类案件分开进行讨论。

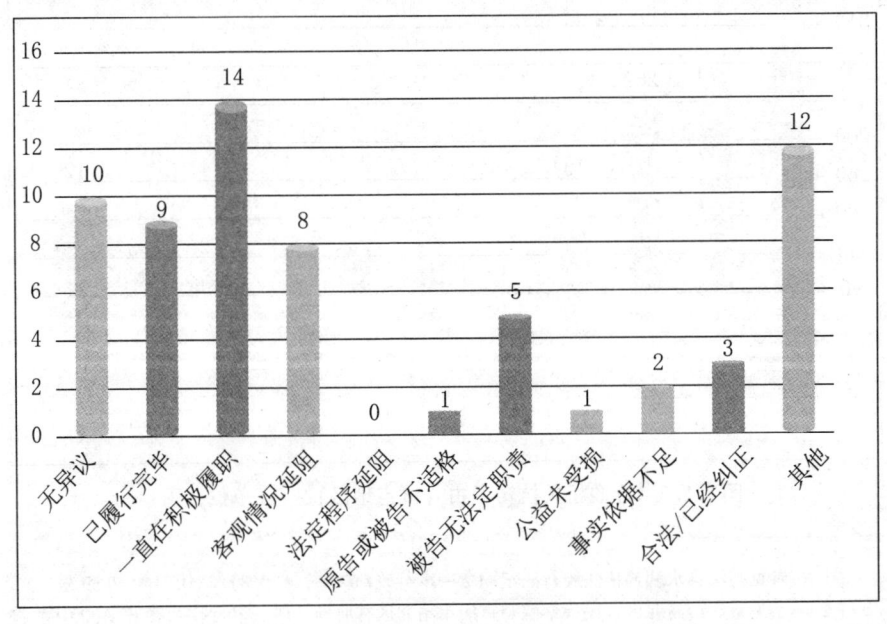

图 2.2.4　行政机关抗辩理由（非试点地区）　（单位：项）

非试点地区与试点地区情况较为类似，在 55 项抗辩理由中，共有 41.82% 的抗辩理由为"已履行完毕"或"一直在积极履职"。但在非试点省份中同样也存在行政机关对"已履行职责"认识可能不完全准确的问题。例如江西省（2018）赣 1129 行初 81 号案例，鄱阳县国土资源局通过提供多份催缴通知书，欲以证明其"已积极履行了催缴土地出让金及滞纳金的行为和法定职责"，但是多次发送催缴通知书而尚未全部收缴，到底能否认定为"已履行完毕"呢？如果以结果为判定标准，那么只要公益未被修复，又不存在导致公益得不到修复的不可抗因素，就难以排除负有监管职责的行政机关怠于履职的法律责任。

（三）行政机关举证情况

虽然行政公益诉讼的举证责任分配并不明确，但被告行政机关的举证情况对其抗辩理由能否得到法院支持起着举足轻重的作用。例如"公益未受损"这一抗辩理由，针对检察院提出的一些公益受损的事实证据，行政机关往往需以具体的数据材料来证明公益实际上并未受到损害，但实践中，被告对"公益未受损"的举证率并不高。再如"客观情况延阻"，被告必须对导致无法按时履行法定职责的客观事实进行举证。虽然在案件统计中，被告以"客观情况延阻"作为抗辩事由的情形较多，但这些事由基本难以达到"履职不能"或"履职效果受阻"的程度。例如在贵州省（2016）黔 2625 行初 41 号案件中，被告剑河国土资源局主张其已多次督催相对人缴清国有土地出让价款，只是相对人暂时出现困难造成滞缴，无主观恶意拖欠；同时考虑到相对人是该县引进的一个招商项目，地方政府和相关部门应该提供一些宽松环境和便利条件，因此在客观上产生了欠款未能及时缴清的事实。为此，被告分别提供了"剑河招商和商务局剑招商商务呈〔2014〕1 号文件复印件""延期缴纳土地出让金申请复印件"等以证明前述两点抗辩理由。值得关注的是，该案中"法院认为"部分的内容。法院对于被告抗辩理由的事实部分予以认可，充分肯定了被告为招商引资所做的大量工作，但是紧接着，县人民法院立足于法治国家、法治政府、法治社会"三位一体"建设的新要求，对被告履行职责作出了"实质违法"的法律评价。其判断依据是相对人欠缴土地出让金，国家利益仍然处于受侵害的状态。由此也可以看出，该法院更偏向于从公益维护的实效来对行政机关是否怠于履职进行法律层面的评价。且不论法院的态度如何，行政机关都有必要为其抗辩理由提供尽可能充分的证据，因为检察院虽然也具有较强的取证能力，但在履行监管职责过程中如果确实遇到具体的、突发的、阻碍性的情况，行政机关作为直接履职主体，更容易获取并固定证据，从而提高在抗辩时得到法院"依法"评价并支持的可能性。笔者对各省份行政公益诉讼中被告所提抗辩意见的举证情况进行了较为完整的梳理，如图 2.2.5 和图 2.2.6 所示。

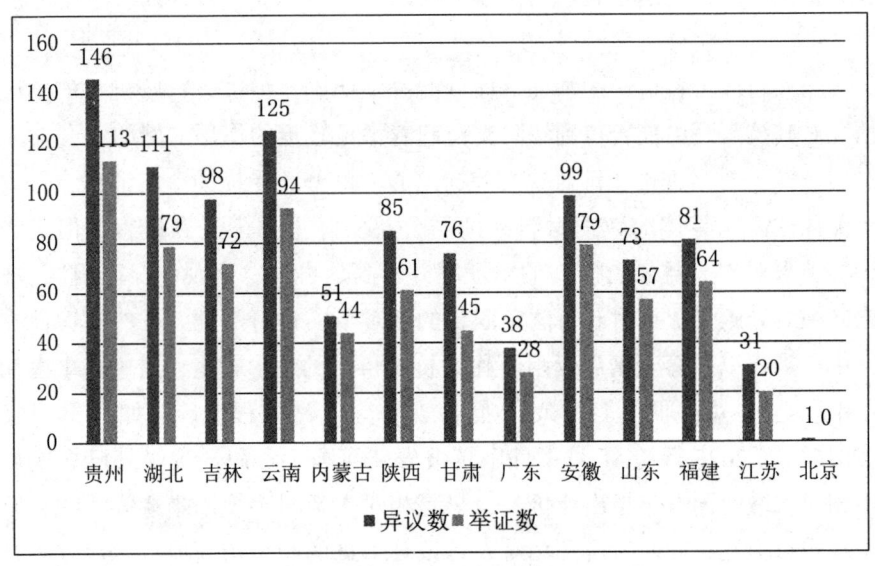

图 2.2.5　行政机关举证情况（试点地区）　　（单位：项）

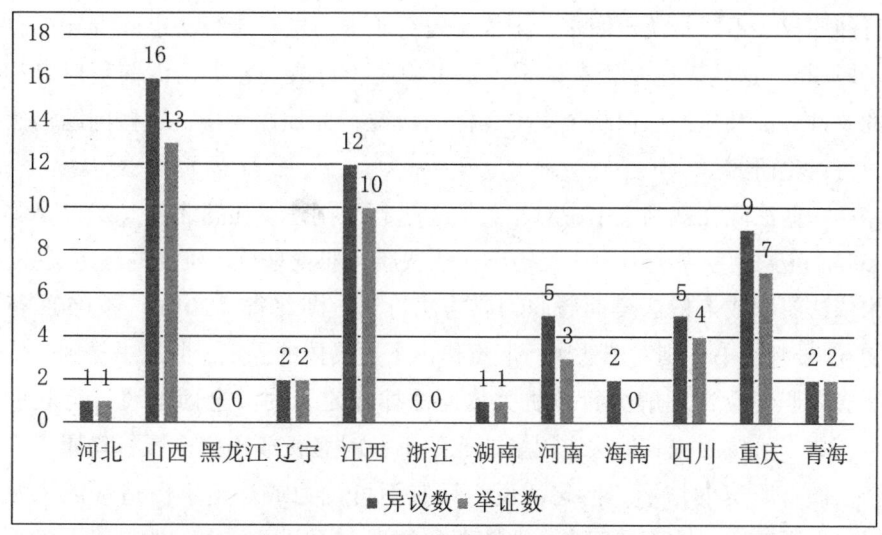

图 2.2.6 行政机关举证情况（非试点地区） （单位：项）

　　试点省份的 1015 项抗辩理由中，被告共对 756 项抗辩理由进行了举证，占抗辩理由总数的 74.48%，除甘肃、江苏、北京外，其余各省份的举证率均在 70% 以上。同样，各非试点省份的被告举证率也较高，在 55 项抗辩理由中，被告对其中的 43 项都进行了举证，占比 78.18%。由此可以看出，行政机关在大多数情况下仍会为自己的抗辩理由提供相应的事实或法律依据。但从判决结果来看，证据的有效性并不理想。这与证据的证明力以及对行政公益诉讼诉前及诉讼程序启动要件的认识都密切相关。

三、统计结果综述

　　违法行使职权的案件在行政公益诉讼案件中所占比例较低，在实践中争议较小。只要行政机关的履职行为违反了法律、行政法规、规章的规定，就可认定其行为违法，至于是否负有监管职责，以及是否导致国家或社会公共利益受到了侵害，同属于不作为案件的共性问题。相反，不作为类型的行政公益诉讼案件占绝大多数，且对于行政机关不作为的认定还存在较多争议。因此，该部分主要围绕"不作为"的争议展开讨论。

　　在行政公益诉讼相关法条和案例中，关于"不作为"的表述还包括不行使职权、不履行法定职责、未依法履行职责、怠于履行法定职责（或怠于履职）。这些表述是否有区别，是否均属于行政公益诉讼诉前程序启动的要件，以及应当如何将个案中具体的行政行为加以涵摄，这些问题仍然留待讨论研究。

一些法院在裁判文书中对相关概念进行了阐述。在湖北省（2017）鄂0583行初14号判决书中法院指出，依法履行职责是行政机关的法定义务，未依法履职或未依法全面履职均属违法行为。湖北省（2018）鄂0502行初62号判决书中则对依法履行职责作出了更具体的界定。判决书提到，依法履行职责应当理解为行政机关依照法律规定及时、全面地履行行政职责，非不可抗力或其他法定因素造成的不及时履行或不完全履行均属于未依法履行职责的情形。换句话说，只有不可抗力或法定事由造成的未及时、全面履职，才不属于未依法履职的情形。而不可抗力一般是指不可预见、不可避免并不能克服的自然灾害、政府行为或罢工等社会异常事件，因此在该案中，法院认为市人民防空办公室因认为相对人存在客观困难，在行政决定生效后，既未继续催告宇星置业公司履行义务，亦未及时申请强制执行，导致超过申请强制执行期限而无法将欠款全部追缴到位，显然不属于不可抗力或法定的缓缴理由，仍然属于怠于履行职责，依法应当确认违法。至于当事人缴纳费用存在的客观困难应由执行中的相关法律法规予以保障，行政强制法并未因此赋予无行政强制执行权的行政机关自行停止或放弃申请强制执行的权力。这也是很多案件中被告以"无法与相对人取得联系""相对人存在资金等方面的困难""行政机关执法技术经验不足"等所谓导致履职受阻的"客观情况"未能得到法院支持的重要原因。

依法履行职责还要求行政机关"全面履行职责"。此时更多的是从结果要件出发，在公益受侵害发生或未恢复的情况下反思是否是因行政机关未全面履行职责导致的。行政机关享有行政手段选择上的自由空间，但若行政机关未穷尽所有手段而导致公益受侵害仍在发生的，同样属于不作为。[1]在安龙县环境保护局环境保护行政管理（环保）一审行政判决书中，

---

〔1〕 张亮："行政公益诉讼中不作为行为的判断与诉请"，载《兰州学刊》2020年第2期。

被告虽对四家企业做了大量的监管工作，也作出过相应的处罚，但是在行政处罚后未对四家企业原煤转运货场仍存在的环境违法行为采取进一步有效措施予以制止，也没有向本级政府报告停业或关闭，致使四家企业持续违法排污，环境公共利益持续受到侵害。[1]这种作为的依据可能是法律法规，也可能是先行行政行为，例如，行政处罚或对国有土地使用权的出让等。

此外，很多案件中，检察院的诉讼请求以及法院最终的判决，采用的表述都是"（请求）确认行政机关怠于履行法定职责的行为违法"。一个问题是"怠于履职"的表述并未出现在现有的法律规范中，那么为什么公益诉讼人和法院常采用这一表述呢？怠于履行法定职责主要是指行政机关在行政执法过程中不积极履行职责，故意拖拉敷衍，消极作为或者不作为，造成国家或社会公共利益受到侵害的行为。[2]怠于履职同时强调了主客观双重要件，即行政机关在主观上存在不积极、懈怠的意思，客观上违反了行政效率原则，未履职或延迟履职，导致公益受损。因此在司法实践中，也存在很多被告抗辩称其一直在积极尽力地履行职责，并不存在消极懈怠的主观过错。但从判决结果来看，法院往往仍会从行政机关未穷尽执法手段且导致公益受损状态持续存在的角度出发，认定行政机关怠于履职。从这个层面上分析，"怠于履职"和"未依法履职"的不作为案件的判断标准基本一致。另一个问题是对于被告怠于履行职责的诉请结构和判决方式的合理性问题。"确认违法"的判决方式规定在《行政诉讼法》第 74 条、第 76 条。最高人民法院、最高人民检察院依据《行政诉讼法》的规定，在《两高解释》第 24 条和第 25 条第 1 款也分别规定了行政公益诉讼判决"确认违法"的情形。此外，《检察机关行政公益诉讼案件办案指南（试行）》（以下简称《办案指南》）对检察机关可以提出"确认行政行为违法或者无效"的情形进行了列举。总结起来，针对"不作为"案件，行政

---

〔1〕 参见安龙县环境保护局环境保护行政管理（环保）一审行政判决书，（2017）黔 2323 行初 8 号。

〔2〕 参见钟祥市人民检察院诉钟祥市人民防空办公室不履行行政征收法定职责公益诉讼一审行政判决书，（2019）鄂 0881 行初 60 号；钟祥市人民检察院诉钟祥市人民防空办公室不履行行政征收法定职责公益诉讼一审行政判决书，（2019）鄂 0881 行初 61 号。

公益诉讼请求及判决"确认违法"的情形主要包括以下几类：（1）在案件审理过程中，被告依法履行职责而使人民检察院的诉讼请求全部实现，人民检察院变更诉讼请求，原告仍请求确认原行政行为违法的，人民法院应当判决确认违法。（2）行政行为违法，但不具有可撤销内容，或者撤销会给国家利益、社会公共利益造成重大损害。（3）被告不履行或者拖延履行法定职责，判决履行没有意义的。然而，第三类情形虽也明确规定在《行政诉讼法》第74条，但司法实践中尚无以此类理由作为"确认违法"判决依据的案件，况且在行政公益诉讼中，行政机关的不履行或拖延履行法定职责既然使国家或社会公共利益受到了侵害，那么判决履行必然有利于公益的恢复，那么是否还存在前述第三类情形就值得考虑了。此外，在要求确认"不作为"违法的同时，可以一并要求行政机关采取补救措施。但需要注意的是，补救措施不同于"继续履职"，即只有在继续履职没有意义的情况下，才选择退而求其次，判决违法并采取补救措施。但在司法实践中，尽管行政机关的不作为仍具有继续履行的可能性，公益诉讼人往往还是会提出"确认违法"+"继续履职"的诉讼请求。虽然不同法院所持态度也不尽相同，但大多数法院仍与公益诉讼起诉人态度保持一致，即作出"确认违法"与"责令继续履职"两项判决。仅少数法院会认为"责令履职"本身就包含了对于行政机关不作为违法性的评价，只有在责令履职已经没有实际意义或者实际条件不能成就的情况下，才转而确认不作为违法。[1]继而在该种情况下"责令行政机关继续履职"，并"驳回公益诉讼起诉人其他（请求依法确认被告怠于履行职责的行为违法）诉讼请求"。

行政不作为概念本身，在理论界就存在争议。如果按照是否改变现有法律状态（权利义务关系）为标准进行分类，行政不作为与行政作为相对，是指行政主体维持现有法律状态，或不改变现有法律状态的具体行政行为，如拒绝某种申请。[2]那么行政不作为本身就还存在两种状态，即合

---

〔1〕 参见临泉县住房和城乡建设局环境保护行政管理（环保）一审行政判决书，（2019）皖1221行初90号。

〔2〕 参见姜明安主编：《行政法与行政诉讼法》，北京大学出版社、高等教育出版社2015年版，第193~194页。

法的不作为与违法的不作为。另一种观点认为，行政作为与行政不作为的区分，应按照是否作出实质性的程序行为而进行认定，因为实质性的程序行为就是一种积极的作为状态，无论最终在实体内容上反映出的是"为"还是"不为"，都应当认定是一种行政作为。在此基础上，还要考虑行政机关是否负有某种相应的法定义务，只有负有法定义务而又在程序上消极不为，才能认定其是"行政不作为"。[1]按照这种观点，既然有作为依据而不为，则不存在"合法"的可能性，即行政不作为只存在"违法"这一种状态。[2]以"拒绝颁发许可证或营业执照"为例，绝大多数行政机关在拒绝颁发证照前都会对相对人的申请进行一定的审查，考察其是否符合法定条件，有的还对作出的拒绝颁发行为明确说明理由或发出书面通知，[3]如果已经过审查甚至说明拒绝的理由，按照上述第二种观点，就只能认定行政机关"已为"，若拒绝颁发证照的行为不符合法律规定，则经当事人申请并由人民法院作出确认违法或撤销并重做的判决。相反，如果按照第一种观点，拒绝颁发证照的行为因未改变现有的权利义务关系，因而属于一种不作为，至于这种不作为是否合法，需要由复议机关或人民法院再做审查。

根据《行政诉讼法》第12条受案范围的规定和《最高人民法院关于适用〈中华人民共和国行政诉讼法〉的解释》第54条的规定，相对人可以就几种行政机关"不作为"的情形提起诉讼，并提交不作为存在的材料。其中依申请的行政行为，表现为"不予答复"或"拒绝履行"，而依职权的行政行为，表现为未依法履职。基于此，有学者认为拒绝履职应当属于行政不作为的案件，更何况从结果上而言，"拒绝履行"与"不予答复"等单纯的不作为具有同样的效果。[4]这种观点具有现实的合理性，同时应当强调，即使对"行政不作为"不再考虑其是否经历了程序

---

〔1〕 参见周佑勇："论行政作为与行政不作为的区别"，载《法商研究（中南政法学院学报）》1996年第5期。

〔2〕 参见梅达成："具体行政不作为的概念分析"，载《河北法学》2011年第12期。

〔3〕 吴偕林："关于不作为行政行为与不作为案件范围的思考"，载《行政法学研究》1995年第1期。

〔4〕 参见章志远："司法判决中的行政不作为"，载《法学研究》2010年第5期。

性处理，但其仍不必然具有违法性，是否违法还应当考虑是否具有法定职责、是否具有履职的现实可能性、是否已满足作为的事实要件等多方面因素。

综上，笔者认为现有行政公益诉讼制度中的"不作为"应做狭义理解，等同于"不履行法定职责"，以及司法实践中常见的"怠于履行法定职责"的表述。在存在部分行政作为（非单纯不作为）的情况下，通过公共利益有无（持续）受损的结果要件，去判断行政机关是否存在继续履职的可能性，或者说是否穷尽了可能的执法手段。但是，在目前的司法实践中，不作为案件的诉求结构以及判决方式的合理性尚存疑。

第三节　国家利益与社会公共利益之举证

一、要件举证展开的问题

分析人民检察院提起行政公益诉讼的要件举证，必须回归其开展行政公益诉讼的直接依据来源，即《行政诉讼法》第 25 条第 4 款，人民检察院在履行职责中发现生态环境与资源保护、食品药品安全、国有财产保护、国有土地使用权出让等领域负有监督管理职责的行政机关违法行使职权或者不作为，致使国家利益或者社会公共利益受到侵害的，应当向行政机关提出检察建议，督促其依法履行职责。行政机关不依法履行职责的，人民检察院依法向人民法院提起诉讼。其中核心的内容是，"致使国家利益或者社会公共利益受到侵害"。但"国家利益"和"社会公共利益"并没有具体的内容范畴，属于不确定的法律概念，需要进一步判断，二者虽然常见于法律条文、学术研究和裁判文书之中，但对于二者的具体内容、是否存在边界范畴、二者之间的关系并没有完全肯定的回答。

胡锦光和王锴教授 2005 年发表在《中国法学》中的《论我国宪法中"公共利益"的界定》一文，认为国家利益侧重于一个国家政治统治需要的满足，包括国家安全利益、外交利益、军事利益和意识形态利益等。[1]而所谓"公共利益"，是以某一共同体中多数人的利益确定本共同体的利益。但弊端在于共同利益的"主张者"容易缺位，故由法律确认或形成客观的社会公共利益成为法治社会的普遍做法。对于二者的关系，文章认为国家利益是社会公共利益的下位概念，但从马克思主义的观点来看，在多数人充当统治阶级的情况下，国家利益和社会公共利益是基本契合的，尽管如此，还是不能将国家利益和社会公共利益画等号。由此可见，"国家利益"和"社会公共利益"是两个高度理论性的概念，虽然有一般性、较为统一的认识，但在司法实践中，一方面希望立法对具体内容加以细化，另一方面要求执法者和司法者能够成为利益的"主张者"。前者需经严格的法定程序，得到大多数人的赞同和认可，但却不能完全涵盖；后者涵盖面较广，但代表性和可操作性不强，认可度存在质疑，反而容易成为执法活动和司法裁判中的"鸡肋"。

回归到行政公益诉讼中关于"国家利益"和"社会公共利益"的举证。毫无疑问，人民检察院必须对两种利益作出判断。2019年10月10日，最高人民检察院发布了26件公益诉讼典型案例，在贵州省榕江县人民检察院诉栽麻镇人民政府不依法履职一案中，[2]榕江县栽麻镇宰荡、归柳均系以侗族人口为主的少数民族村寨，两个村寨均被选入"中国传统村落"名录。但多年来村民修建住房，甚至私自占用农田、河道溪流建房，大量修建的水泥砖房取代民族传统木质瓦房，破坏村寨的风貌。榕江县人民检察院认为，这种情形损害了国家和社会公共利益，当地政府没有落实保护措施，实行正确的引导和发展，因此提起行政公益诉讼。最高人民检察院认为该案的典型意义在于保护民族传统村落。但问题在于，民族传统村落既可能因为其被纳入名录保护，属于国家利益，也可能因为其属于当地居民，受到社会公共利益的制约。对于当地居民而言，村落是其祖祖辈辈生活发展之地，最多属于村落团体的"公共利益"，为何被动地纳入名

---

〔1〕　胡锦光、王锴："论我国宪法中'公共利益'的界定"，载《中国法学》2005年第1期。
〔2〕　贵州省榕江县栽麻镇人民政府乡政府一审行政判决书，（2019）黔2631行初7号。

录中，反而成了"国家利益"。这里就牵涉行政公益诉讼中的一个重要问题，人民检察院在实践过程中，是如何判断、认定、运用甚至权衡国家利益和社会公共利益的。如果行政公益诉讼都不明确"公益"二字的含义，其存在的价值必然会受到质疑，今后发展的方向也会变得模糊。由此，笔者提出以下五个问题，在案例梳理的过程中加以考察，并进行归纳总结。

问题一，裁判文书中，人民检察院有无利益受到侵害的表述或近似表述。根据《行政诉讼法》第25条第4款的规定，"国家利益或者社会公共利益受到侵害"是检察院提起行政公益诉讼的必要前提条件。2016年《最高人民法院关于印发〈人民法院审理人民检察院提起公益诉讼案件试点工作实施办法〉的通知》和2018年《两高解释》也要求，行政公益诉讼中，检察院必须提供国家或社会公共利益受到损害的证据材料。从规范意义上讲，检察院要证明自己提起行政公益诉讼符合《行政诉讼法》的规定，形式上有无利益受到侵害的表述或近似表述非常重要。从案例分析意义来讲，检察院需要提供利益受损的相关证据材料，但以违法事实为载体的实物证据，并不能直接表达出抽象的利益受损概念。结合大量的案例分析，实践中较为普遍的操作是，通过违法事实的举证，辅之"国家利益或者社会公共利益受到损害"的表述，共同构成利益受损相关证据材料。因此，统计检察院有无利益受到侵害的表述或近似表述，作出统计的基础，一方面是从形式上分析《行政诉讼法》条文的落实程度，另一方面是间接判断国家或社会公共利益受损证据提交情况。

问题二，裁判文书中，检察院相关表述与《行政诉讼法》中"致使国家利益或者社会公共利益受到侵害"的一致性。要件举证的数据分析，不可避免地要回归举证与要件之间的关系。检察院对于"国家利益或者社会公共利益"的表述，与《行政诉讼法》中"致使国家利益或者社会公共利益受到侵害"的表述是否一致，关系到诸多方面。第一，要件本身是否得到落实，若要件举证落实效果不佳，则需要反思，是实践操作出现问题，还是要件本身与司法实践存在脱节的可能。第二，通过"一致性"的判断，间接分析司法实践中，国家和社会公共利益受到侵害的状态偏向于静态概念，还是动态概念。第三，带有一种"娱乐"性质的尝试，笔者期望透过二者一致性的判断，分析法条中的构成要件在实践过程中是否存在弹性，并进一步探讨检察院在行政公益诉讼开展过程中，自由裁量的必要性和限度。

问题三，裁判文书中，检察院相关表述产生于检察建议发出前，还是检察建议发出后。《行政诉讼法》第25条第4款的内容，从字面含义上进行解读，"致使国家利益或者社会公共利益受到损害"是一个静态概念。这里可能存在一种解读，如果国家利益或者社会公共利益已经得到维护，是否还可以提起行政公益诉讼？依据法条，该等情形是有存在的可能的。2015年《检察机关提起公益诉讼改革试点方案》表明，经过诉前程序，行政机关拒不纠正违法行为或者不履行法定职责，国家和社会公共利益仍处于受侵害状态的，检察机关可以提起行政公益诉讼。该方案表明，只有检察建议提出后，行政机关仍不纠正或者不履行，导致国家和社会公共利益仍处于受侵害状态的，检察机关才可以提起公益诉讼。这显然与《行政诉讼法》的含义存在出入。因此，通过统计检察院相关表述产生于检察建议发出前，还是检察建议发出后，综合判断利益损害与检察建议之间的关系，尝试判断检察院对于公益诉讼提起时利益条件的观点，即国家利益或社会公共利益应处于何种状态。

问题四，裁判文书中，检察院认定的"国家利益"和"社会公共利益"的具体内容是什么。前三项数据主要倾向于从形式要件，对国家利益或社会公共利益受损有一定的初步认识。第四项则从实体内容分析，在行政公益诉讼中，检察院认定的"国家利益"和"社会公共利益"的具体内容是什么，换言之，何种利益受损，检察院会将其归属于"国家利益"和"社会公共利益"。另外，也需要借助具体内容的数据分析，判断司法实践中检察院有没有区分"国家利益"和"社会公共利益"，是从内容上进行严格区分，还是带有随意性，混同"国家利益"和"社会公共利益"两个概念。

问题五，裁判文书中，检察院认定的"国家利益"和"社会公共利益"是否存在地域特征。除去纵向分析，数据分析需要一定的横向对比。

以省份、地市为分析对象，每一个省内的检察院对于"国家利益"和"社会公共利益"认定判断的共性是什么，个性是什么。例如，垃圾的堆放和处理是一个全国性问题，而涉及林木毁坏环境问题，是否更有可能发生在云南省、吉林省等地；关于草原植被的问题在内蒙古自治区的情况如何；西安市等地区的历史文物保护会不会成为公益诉讼关注点。检察院认定的"国家利益"和"社会公共利益"，因为生态环境和历史文化的不同，不可避免地存在地域特征。问题在于这种特征是否表现得十分强烈？北京市、上海市等地虽然产生林地和草原植被损害的概率，相较于云南省、内蒙古自治区等较低，但也不能完全否认发生的可能，例如北京市密云区人民检察院与北京市密云区园林绿化局林业行政强制案。[1]因此，有必要统计省份、地市，"国家利益"和"社会公共利益"的具体内容和占比情况，结合行政公益诉讼的案件数量，探讨是否存在地域特征。

二、要件举证的研究方向

（一）利益受到侵害的表述或近似表述

检察院有无利益受到侵害的表述或近似表述，并无绝对严格的标准，仅以文字标准为限，判断是否存在"受到损害""损害了""处于受侵害状态""持续受到侵害"等一系列表述。标准更加宽松一点，表述不一定带有"利益"字眼，诸如"造成国有资产损失""国有资金处于被侵害状态""致使生态环境遭到破坏"等带有明显倾向性的表述，笔者也认为其属于"利益"受到侵害的近似表述。大部分检察院的表述都是"利益"受到了损失，但也有少部分裁判表述为"利益"得到了挽回，"利益"损害消失。经统计，1101 份裁判文书存在相关表述，占比达到 81.98%，如图2.3.1 所示。

---

〔1〕 北京市密云区人民检察院与北京市密云区园林绿化局林业行政强制案件，（2017）京0118 行初 60 号。

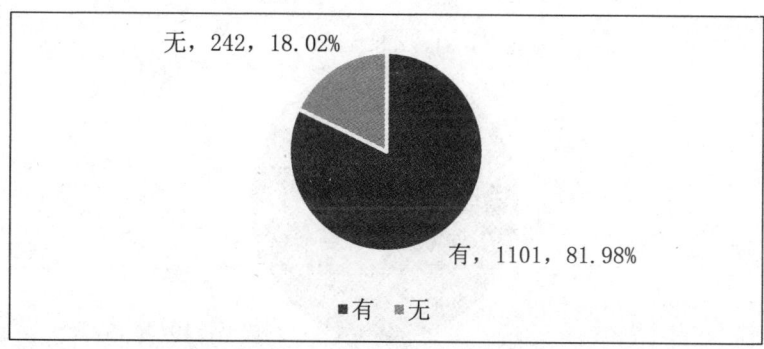

图 2.3.1　人民检察院有无利益受到侵害的表述或近似表述 （单位：份）

　　而其中没有相关表述的文书，并不完全是裁定书，如图 2.3.2 所示，116 份判决书同样没有相关表述，约占所有"没有相关表述"文书的47.93%；裁定书为 126 份，约占 52.07%。这里比较容易理解的是，裁定书涉及管辖和撤诉等多个问题，故没有相关"利益"表述可以理解。同样，如图 2.3.3 所示，并非存在相关表述的均为判决书。也有 31 份裁定书，存在关于"国家利益"或"社会公共利益"受到损害的表述，占比2.82%。这其中江苏省占了很大比例，部分江苏省的裁定书形式基本同判决书无异，唯一不同在于最后法院裁定同意"终结诉讼"，使得这部分裁定书内容充实，可获取信息较多。

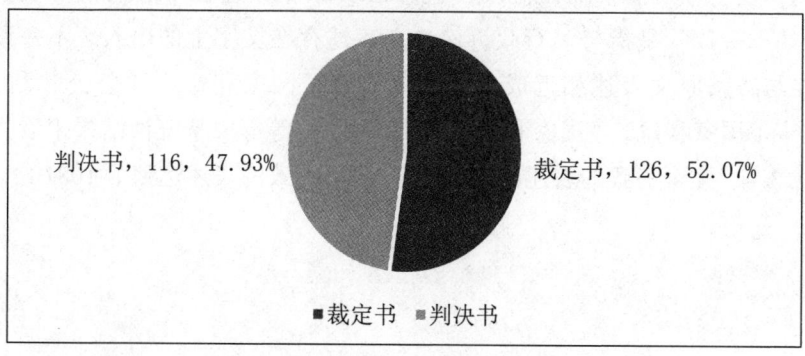

图 2.3.2　人民检察院无相关表述的文书类型 （单位：份）

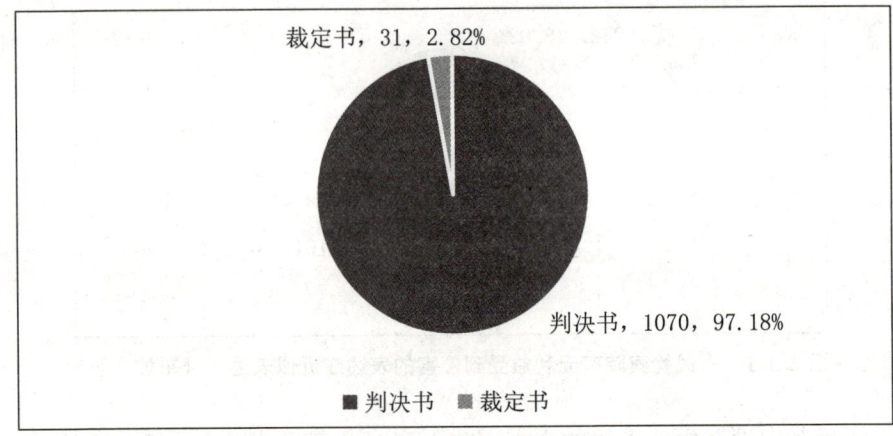

裁定书，31，2.82%

判决书，1070，97.18%

■ 判决书 ■ 裁定书

图2.3.3 人民检察院有相关表述的文书类型 （单位：份）

（二）"国家利益"或"社会公共利益"基本情况的判断

《行政诉讼法》中对于"国家利益"或"社会公共利益"的表述为"致使国家利益或者社会公共利益受到侵害的"。该项数据分析，旨在判断检察院在司法实践中的表述与《行政诉讼法》中的表述是否一致。

需要加以说明的是，无表述内容是指完全没有关于"利益"的表述，该项在前文业已说明，此处不再重复。"表述一致"是指与《行政诉讼法》表述内容完全一致，不存在任何出入，甚至是顺序上的出入。严格统计的目的，在于考察检察院在行政公益诉讼实际操作过程中的灵活程度。而"表述不一致"是指与《行政诉讼法》表述存在文字上的出入。不一致中存在与法条原文表述相近成分，如"损害了国家利益或社会公共利益""损害了国家利益""国家利益受到了损害"，等等。从统计结果来看，如图2.3.4，完全一致的表述仅有14份，而不一致的表述达到了1087份。

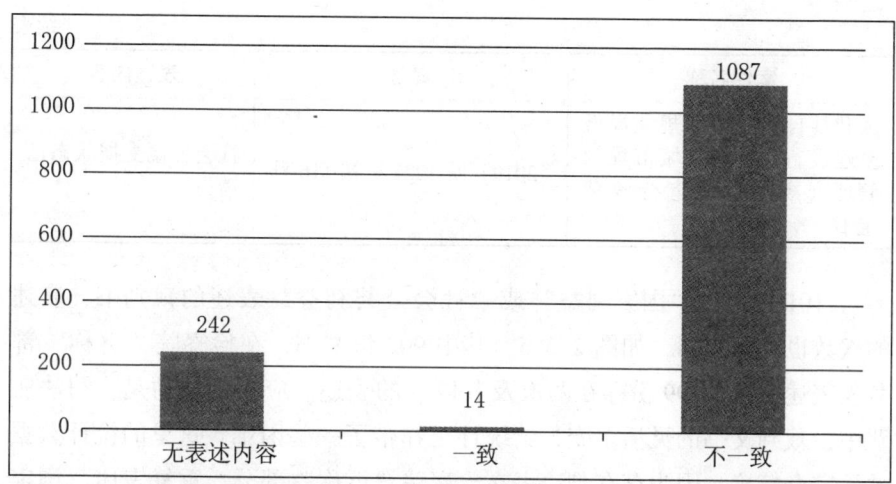

图 2.3.4　人民检察院相关表述与《行政诉讼法》中表述的一致性　（单位：份）

1087 份表述不一致的裁判文书中，包括表述为"国家利益"或"社会公共利益"未受到侵害的，共 6 份，均为裁定书，参见表 2.3.1。

表 2.3.1　"国家利益"或"社会公共利益"未受到侵害的裁定书

案件名称	案号	表述内容
阳城县财政局不履行国有财产保护职责行政公益诉讼一审行政裁定书	（2018）晋 0581 行初 14 号	社会公共利益得以挽回
公益诉讼起诉人阳城县人民检察院诉阳城县审计局不履行国有财产保护职责行政公益诉讼一审行政裁定书	（2018）晋 0581 行初 28 号	社会公共利益得以挽回
慈利县卫生健康局行政监察（监察）一审行政裁定书	（2019）湘 0811 行初 25 号	社会公共利益受到的潜在危险已经消除
慈利县卫生健康局行政监察（监察）一审行政裁定书	（2019）湘 0811 行初 26 号	社会公共利益受到的潜在危险已经消除
华容县水利局水利行政管理（水利）一审行政裁定书	（2019）湘 0611 行初 88 号	受损的社会公共利益已得到修复

续表

案件名称	案号	表述内容
太和县自然资源和规划局城乡建设行政管理：城市规划管理（规划）一审行政裁定书	（2019）皖 1222 行初 116 号	社会公益受损状态已消失

1101 份存在"国家利益"或"社会公共利益"表述的裁判书，表述的次数也各不相同，如图 2.3.5，其中 902 份文书，在检察院"诉称"部分仅表述一次，199 份存在两次及其以上的表述。应当承认的是，司法实践中，裁判文书的灵活多变，给统计工作带了一些困难。这里的统计数据并不完全精确，因为存在判决书在检察院"诉称"部分，重复表述"国家利益"或"社会公共利益"的表述，或者前文表述为"损害了国家利益或社会公共利益"，后文仅表述为"损害了社会公共利益"。笔者认为，此处情形判断为"存在两次及其以上表述"意义并不大。笔者坚持的标准是，检察院"诉称"部分，出现不同表述，方可认定为"存在两次及其以上表述"。但鉴于人工误差，如果仍然存在出入，还请见谅。

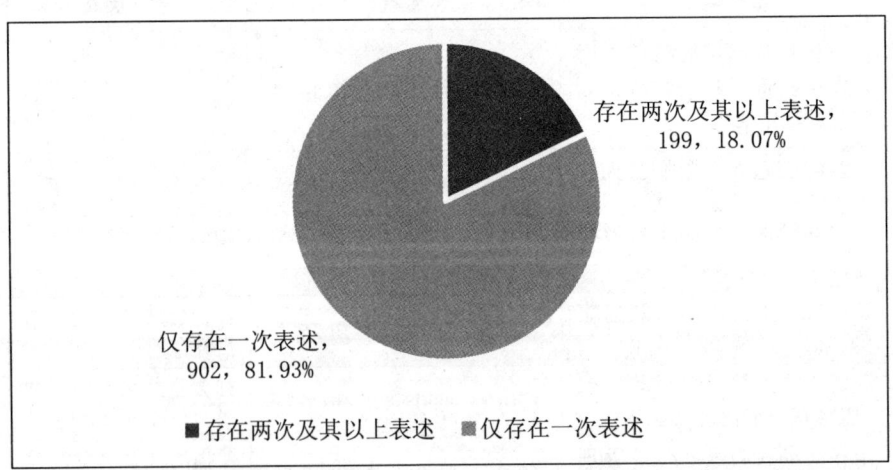

图 2.3.5　人民检察院表述"国家利益"或"社会公共利益"的次数　（单位：份）

除了一致性判断和表述次数的统计，表述的方式也值得关注。如图

2.3.6，笔者将表述的方式分为三种，即"仅存在动态表述侵害事实""仅存在静态表述侵害事实""包含静态和动态表述"。动态表述采用关键字眼的判断依据，包括"持续""状态""仍"。相对于动态表述，静态表述包括 14 个表述一致的裁判文书，关键词一般是"损害了""受到损害"。在此基础上，还存在"包括静态和动态表述"的情形，如先表述"损害了国家利益或社会公共利益"，后文再次强调，"国家利益或社会公共利益处于受侵害状态"。统计结果显示，仅存在动态表述文书的有 720 份，仅存在静态表述的文书有 223 份，包含静态和动态表述的文书有 158 份。

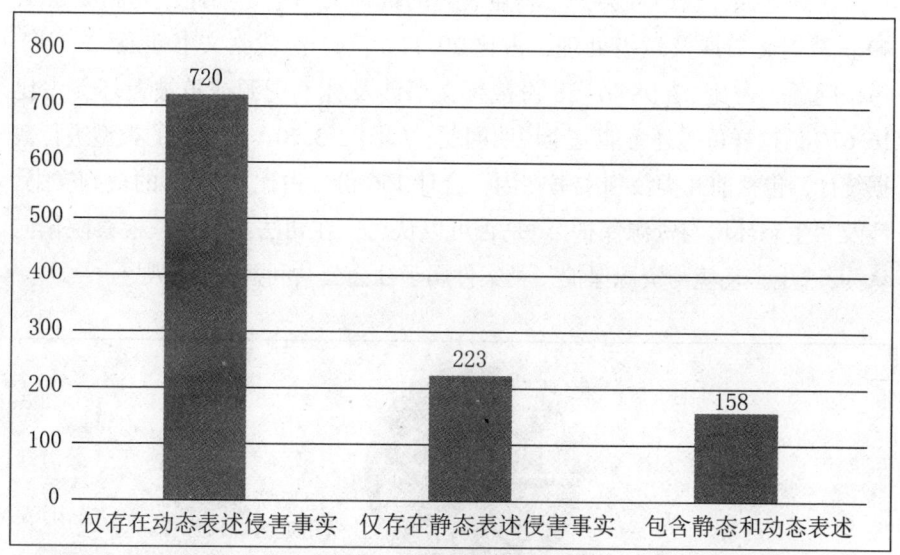

图 2.3.6　人民检察院"国家利益"或"社会公共利益"表述方式　（单位：份）

承接上文，表述方式除了动态和静态之分，还有具体内容之分。《行政诉讼法》原文表述为"致使国家利益或者社会公共利益受到侵害的"，说明"国家利益"和"社会公共利益"存在拆分的可能，因此，有必要判断司法实践中检察院的表述方式。

如图 2.3.7，仅有国家利益表述的情况共 188 件。其中 141 件是关于补贴资金的追回和费用缴纳的案件，占比 75%。实际上，从更加精确的类型化进行分析，如图 2.3.8，仅有国家利益表述的情况共 188 份，涉及国有财产保护和国有土地使用的裁判文书，占比 79.79%，这是否是一种巧合呢？更有意思的是，从具体的利益内容来看，直接带有"国"字头的利益内容表述达到 42 份，这是否说明，检察院在司法实践中，仍然有意识地区分"国家利益"和"社会公共利益"，并且是以明显的国家利益内容加以区分，如通化市二道江区人民检察院与通化市二道江区畜牧局审批行政管理违法履行职责行政判决书，[1]检察院的表述为，"违法行使职权造成国家利益受到侵害"，而所表达的利益内容是追回"国家'菜篮子'项目补贴"。

无独有偶，仅有社会公共利益表述的裁判文书也是如此，如图 2.3.9，49 份裁判文书涉及垃圾处理，占比 29.17%；47 份裁判文书涉及"三废"污染问题，占比 27.98%；28 份裁判文书涉及林木资源或植被毁坏，占比 16.67%。这样可能还不能完全说明问题，如图 2.3.10，从更大的类型进行数据统计，包括前几类裁判文书在内，合计 156 份、占比 92.86% 的裁判文书，涉及"生态环境与资源保护"。是否可以认为，在司法实践中，检察院偏向认为，"生态环境与资源保护"类案件属于社会公共利益的范畴呢？

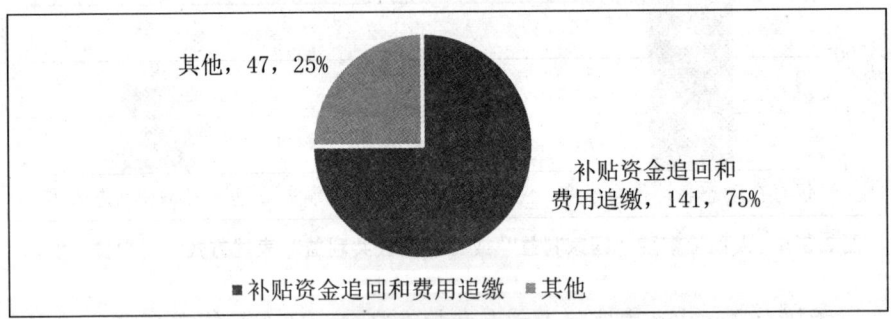

图 2.3.7 仅有国家利益表述的情况 （单位：份）

---

〔1〕 通化市二道江区人民检察院与通化市二道江区畜牧局审批行政管理违法履行职责行政判决书，（2017）吉 0503 行初 11 号。

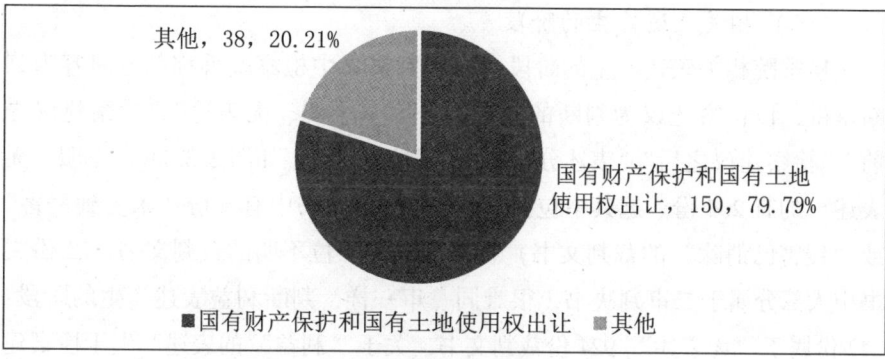

图 2.3.8 仅有国家利益表述的情况 （单位：份）

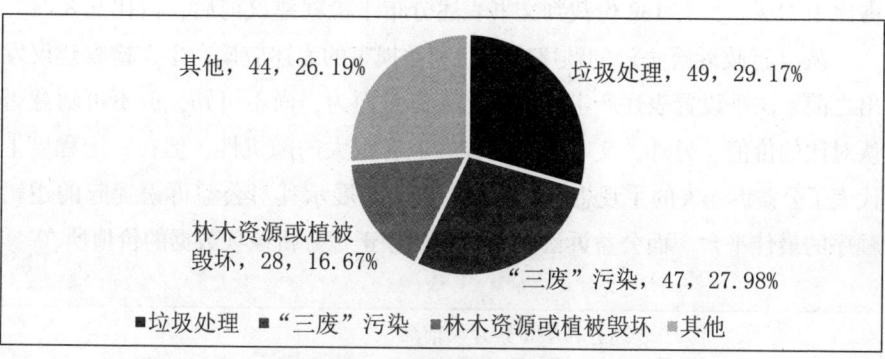

图 2.3.9 仅有社会公共利益表述的情况 （单位：份）

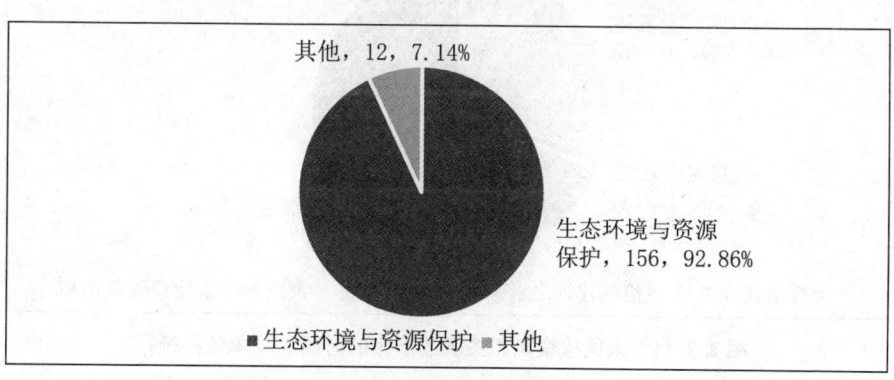

图 2.3.10 仅有社会公共利益表述的情况 （单位：份）

（三）相关表述产生的阶段

检察院相关表述产生的阶段，以裁判文书中检察院诉称部分内容为判断基础，以检察建议为判断的基准，分为"不明、无表述""检察建议之前""检察建议之后""表述分布于检察建议前后"。如图2.3.11，"不明、无表述"的有264份。这其中包括22份（22份文书中有6份"未受到侵害"或"侵害已消除"的裁判文书）存在表述但顺位不明的裁判文书，22份文书中大部分属于二审判决书，很难同一审一样，判断利益表述产生的阶段；242份属于"无表述"。924份裁判文书，关于"利益"的表述产生于检察建议发出之后，占比达68.80%，仅有23份裁判文书产生于检察建议发出之前，占比1.71%。另有132份裁判文书表述分布于检察建议前后，占比9.83%。

从《行政诉讼法》的顺序来讲，利益损害的表述应该产生在检察建议发出之前。法条设置表述产生的阶段是否有意而为，尚不可知，但不可随意否认对比的价值。另外，文字表述内容看似有很大的随机性，但在一定程度上代表了公益诉讼人的主观想法和价值判断，是展示其对公益诉讼提起的逻辑顺序的最佳平台。而公益诉讼人的逻辑顺序正是分析该项数据的价值所在。

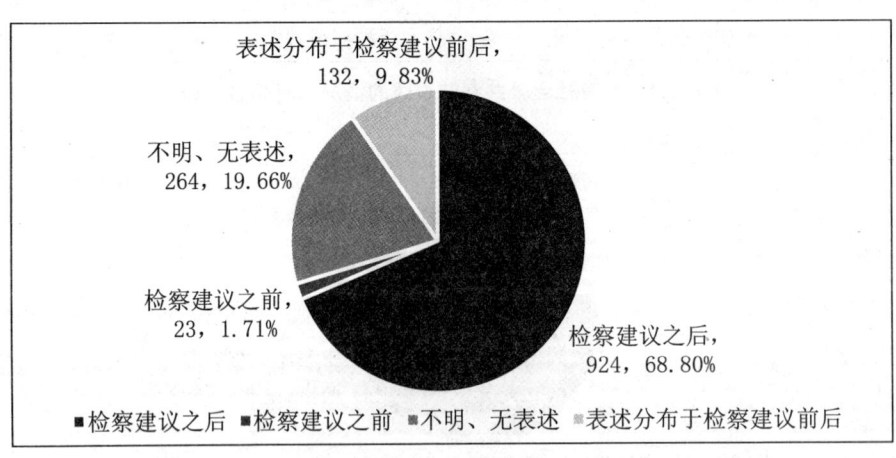

图2.3.11　人民检察院相关表述产生的时间　（单位：份）

（四）"国家利益"和"社会公共利益"的具体内容

第一，无具体内容。无具体内容是指裁判文书中没有具体体现公益诉讼的标的，或者通过裁判文书，无法判断"国家利益"或"社会公共利益"的具体内容。115 份"无具体内容"的裁判文书，包括 112 份裁定书，3 份判决书。需要说明三点，其一，115 份裁判文书没有"国家利益"或"社会公共利益"的具体内容，与 242 份无"国家利益"或"社会公共利益"表述的裁判文书并不矛盾。因为存在部分文书，没有形式上的表述，但有具体的"国家利益"或"社会公共利益"内容。其二，112 份裁定书没有具体内容的表述，并不代表所有的行政公益诉讼裁定书没有相关表述，例如，江苏省一系列裁定书都详尽表述了"国家利益"或"社会公共利益"的具体内容，无锡市惠山区水利农机局不履行法定职责一审行政裁定书的具体内容为占用河道修建厂房及附属设施、南京市文化和旅游局不履行法定职责一案一审行政裁定书则是追回违规减免的考古费用，等等。另外，德惠市人民检察院诉德惠市朝阳乡人民政府行政其他一案再审审查行政裁定书显示为"不宜在互联网公布"，属于较为特殊的裁定书。其三，3 份判决书出现"无具体内容"，可能属于技术上的问题。其中济南市章丘区人民检察院与济南市章丘区住房和城乡建设管理委员会其他一审行政判决书，实则为裁定书，但中国裁判文书网标注为"判决书"；茫崖行委国土资源环境保护和林业局、茫崖行委建设和交通运输局其他行政行为一审行政判决书本身就没有具体内容；而昌图县检察院与昌图县环境保护局不履行法定职责环境公益诉讼，裁判文书显示为"不宜在互联网公布"，同样没有具体内容。

第二，涉及垃圾处理。垃圾处理类包括露天堆放垃圾、垃圾随意倾倒、垃圾处理厂存在问题等污染周边生态环境的一系列行为，而垃圾种类既包括生活垃圾，也包括建筑垃圾等多种类垃圾。值得提示的是，垃圾处理问题涉及河南省、广东省、云南省等试点与非试点地区共计 15 个省份。

第三，涉及草原植被毁坏。草原植被毁坏是统计类别中占比最小的，并且集中在内蒙古自治区和吉林省两地，内蒙古自治区 8 份、吉林省 6 份裁判文书。值得说明的是，吉林省镇赉县人民检察院诉建平乡政府不履行法定职责公益诉讼一审行政判决书，因"国家草原禁牧补贴追回"属于国有财产的保护，并不属于草原植被毁坏，故未列入。

第四，涉及林木资源。林木资源主要包括滥伐树木、林地资源破坏和国家公益林毁坏等，共计 272 份裁判文书，为所有类别中最多的一项。同时，林业资源的公益诉讼分布也较为广泛，包括云南省、广东省、北京市、江苏省在内的试点或非试点 17 个省、直辖市，占比接近 80%，其中以吉林省和云南省较多，分别为 68 份和 40 份裁判文书。

第五，国家补贴资金追回。补贴资金种类繁杂，包括农业机械购置补贴、"菜篮子"项目补贴、扶贫基地就业补贴，等等。国家补贴资金追回往往伴随着行政机关前期违规操作发放补贴行为的发现，甚至是部分贪污受贿犯罪的现象受到制裁。但从整体分布来看，仅有 7 个省存在补贴资金追回的情况，并且集中在广东省和福建省，各有 30 件和 29 件。

第六，费用追缴。费用追缴共计 229 份裁判文书，包括追缴土地出让金、收缴人民防空地下室易地建设费、城市基础设施配套费、水资源费等，其中涉及人民防空地下室易地建设费的裁判文书最多，达 97 份；土地出让金追缴次之。

第七，非法占用土地、改变土地用途。在统计过程中，存在利益交叉情况，如非法占用林地资源，毁坏林地；占用河道修建煤厂并倾倒垃圾。事实上，此处的占用仅是手段，不是利益遭到损害的结果，因此笔者在统计过程中，并没有将其算入非法占用土地、改变土地用途一类。此外，非法占用土地、改变土地用途还包括占用农耕地、非法占用河道等，甚至还包括占用唐城墙遗址绿地（陕西省 1 例）。

第八，非法采砂类案件。作为环境和资源保护的一种情形，非法采砂类公益诉讼案件数量达到 75 件，其中又以云南省、甘肃省、陕西省、江苏省等地较为集中。但区别在于，江苏省涉及非法采砂类案件集中在泰州市，尤其是靠近长江口的高港区和泰兴市，并没有在省内多个市县大范围出现。

第九，废物、废水、废气污染。"三废"污染属于传统的环境和资源保护类型，但在行政公益诉讼中，具体内容相对复杂，不仅有固体废弃物、工业废渣、电子废料，还有粉尘、废液（包括废油、化工废液、医疗废水）等造成的生态环境污染，笔者同时将饲养场动物粪便和养殖用水随意倾倒影响周围环境也纳入"三废"的污染中。

第十，非法采矿、破坏矿产资源。矿产资源同样存在利益交叉的情况，包括占地采矿、毁林采矿等破坏地质生态环境的采矿行为。类似非法采矿的同时毁坏林地资源、破坏山体和植被的行为，笔者统一将其划分至林木资源类案件，仅将纯粹的违规或非法采矿行为纳入统计范围。例如望谟县环境保护局环境保护行政管理（环保）一审行政判决书中，金矿未按要求合理设置拦渣坝，矿产资源破坏行为；又如贵州省凯里市国土资源和规划管理局资源行政管理：土地行政管理（土地）一审行政判决书，破坏煤矿资源行为；再如晴隆县国土资源局资源行政管理：土地行政管理（土地）一审行政判决书，采矿破坏整体地质环境行为。

第十一，其他。其他案件数量相对分散，包括收缴赌资、罚款，设置英烈设施（如英雄纪念碑），非法填海，筑坝拦汊，损害堤坝，违法经营食品摊点，没有对不安全食品进行警示召回，没有保障网络餐饮食品安全和消费者的知情权，假药销售查处，娱乐游览项目影响河道行洪和堤坝安全，等等。有的利益内容，可以纳入《行政诉讼法》第 25 条第 4 款的类型划分，如查处假药等属于食品药品安全。而少部分利益内容，如设置英烈设施，并不属于该条款列举的类型划分。

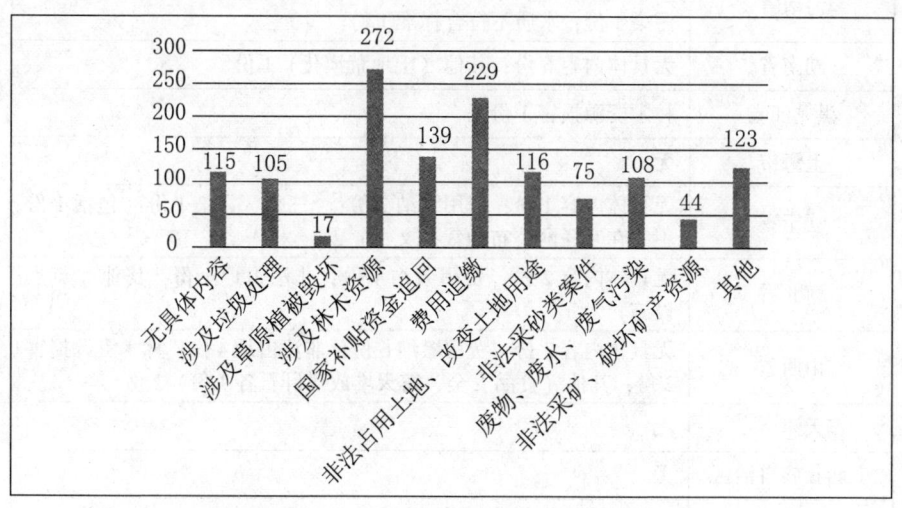

图 2.3.12　"国家利益"或"社会公共利益"具体内容　（单位：份）

（五）"国家利益"和"社会公共利益"的地域特征

前四项内容侧重于纵向分析，第五项内容是从横向判断，探寻"国家利益"和"社会公共利益"是否存在地域特征，或特定地域具有显著的利益内容。

对于非试点省份，如表2.3.2，可参考内容较少，但仅从一些个案中也能看出端倪。例如，黑龙江省唯一行政公益诉讼案例属于林木资源损害案；海南省唯一行政公益诉讼案例属于非法捕捞案；陕西省则有行政公益诉讼案例涉及煤炭资源。这些行政公益诉讼案例，都和省份的人文社会、地理环境紧密相关。并不是说海南省只有涉及海洋资源的行政公益诉讼，而是涉及海洋资源的行政公益诉讼在海南发生的可能性更大，海南省可能处理得更加专业。另外，透过数量统计也可以看出，有部分利益的损害属于全国范围内普遍存在的，例如相关费用的缴纳、"三废"污染、垃圾处理。

表2.3.2 非试点省份"国家利益"或"社会公共利益"具体内容

非试点省份	"国家利益"或"社会公共利益"具体内容
河南省	无具体内容2份；费用缴纳1份；林木资源损害1份；"三废"污染1份；水质不符合标准1份
湖南省	无具体内容6份；其他（土地荒漠化）1份
黑龙江省	林木资源损害1份
上海市	无
辽宁省	无具体内容1份；费用缴纳2份；"三废"污染1份（包括1份不宜在互联网公布的裁判文书）
河北省	无具体内容2份；费用缴纳1份；非法占地1份；其他（英烈设施）2份
山西省	无具体内容3份；费用缴纳6份；非法占地4份；林木资源损害2份；其他（食品安全、露天堆放煤矸石各1份）2份
天津市	无
广西壮族自治区	无
重庆市	垃圾处理1份；林木资源损害2份；费用缴纳1份；补贴资金追回1份；其他（水厂水质不合格、养殖场粪便排放）2份

续表

非试点省份	"国家利益"或"社会公共利益"具体内容
四川省	无具体内容 2 份；垃圾处理 1 份；费用缴纳 3 份；林木资源损害 1 份；"三废"污染 1 份；非法占用、改变土地 2 份
海南省	其他（非法捕捞）1 份
江西省	补贴资金追回 2 份；费用缴纳 3 份；非法采砂 1 份；非法采矿 1 份；"三废"污染 2 份
浙江省	费用缴纳 1 份
青海省	无具体内容 3 份；费用缴纳 2 份
宁夏回族自治区	无
新疆维吾尔自治区	无
西藏自治区	无

如表 2.3.3，13 个试点省份，内容较杂，因此笔者仅选择数量占比大或是具有显著特色的"国家利益"或"社会公共利益"内容。对于各省的具体情况，不再分述，但从整体来看，有以下几点值得总结：第一，试点省份存在"国家利益"或"社会公共利益"内容的地域特征。例如，草原破坏案件共 17 份，其中吉林省和内蒙古自治区就已经占到 14 份。又如福建省作为临海省份，存在非法用海和无证养殖案件。第二，试点省份存在单个利益损害较为突出的省份。例如，云南省和吉林省林木资源损害案件数量较多，并且分别占到本省行政公益诉讼的 32.79% 和 39.08%，二者合计占到林木资源损害案件（包括试点和非试点地区）的 39.71%。第三，存在地域特征的同时，还有部分利益损害内容在全国范围内普遍存在。例如补贴资金追回、费用追缴、"三废"污染、垃圾处理，而林木资源毁坏虽然在云南省和吉林省两地较为集中，但也属于全国范围内普遍存在的问题。

表 2.3.3 试点省份"国家利益"或"社会公共利益"具体内容

试点省份	总数	"国家利益"或"社会公共利益"具体内容（仅统计主要部分）
广东省	76 份	补贴资金追回 30 份；林木资源损害 18 份；非法占用土地 5 份
云南省	122 份	林木资源损害 40 份；费用追缴 29 份；非法采砂 15 份
吉林省	174 份	林木资源毁坏 68 份；垃圾处理 14 份；"三废"污染 8 份；草原破坏 6 份（包括 1 份不宜在互联网公布的裁判文书）
贵州省	142 份	费用追缴 35 份；垃圾处理 33 份；非法占地 21 份（包括占用林地等）
湖北省	137 份	费用追缴 27 份；林木资源毁坏 18 份；垃圾处理 14 份
安徽省	104 份	林木资源毁坏 13 份；费用追缴 13 份；补贴资金追回 10 份；食品药品 2 份
山东省	117 份	补贴资金追回 29 份；"三废"污染 20 份；费用追缴 11 份
甘肃省	105 份	费用追缴 25 份；非法采砂 18 份；垃圾处理 13 份；"三废"污染 13 份
北京市	4 份	林木资源毁坏 1 份
内蒙古自治区	66 份	林木资源毁坏 25 份；费用追缴 11 份；草原破坏 8 份
陕西省	93 份	林木资源毁坏 16 份；非法占用土地 15 份；垃圾处理 13 份；非法采砂 12 份
福建省	77 份	补贴资金追回 30 份；林木资源毁坏 10 份；非法采矿、破坏矿产资源 8 份；非法用海和无证养殖 1 份
江苏省	51 份	非法采砂 8 份；林木资源毁坏 7 份；费用追缴 6 份；追缴罚款税款 5 份

三、统计结果综述

第一，绝大部分裁判文书，存在"国家利益"或"社会公共利益"的文字表述，占比达82%，但并非存在表述的都是判决书，不存在表述的都是裁定书。可以看到的是，存在"国家利益"或"社会公共利益"文字表述的裁判文书中，占比97.18%的是判决书，2.82%是裁定书。而不存在文字表述的裁判文书中，判决书和裁定书大约各占一半。

第二，存在"国家利益"或"社会公共利益"文字表述的1101份裁判文书中，1087份文书表述与《行政诉讼法》中"致使国家利益或者社会公共利益受到侵害的"不一致，其中有6份裁定书表述为"国家利益"或"社会公共利益"未受到损害。只有14份裁判文书表述与法条完全一致。其次，902份裁判文书只表述一次"国家利益"或"社会公共利益"，199份表述两次及以上。再次，从表达方式上看，720份裁判文书仅存在动态表述，即存在类似于"持续""状态""仍"的关键词；223份裁判文书仅存在静态表述，即存在类似于"损害了""受到损害"等关键词；158份裁判文书既存在动态表述，也存在静态表述。最后，仅有"国家利益"表述的裁判文书，经统计79.79%为国有财产保护和国有土地使用权出让，其中42份文书直接以"国"字开头，占所有"国家利益"表述的裁判文书的22.34%；而仅有"社会公共利益"表述的裁判文书，经统计92.86%为生态环境与资源保护。

第三，从利益文字表述的阶段来看，在裁判文书中，检察院关于"国家利益"和"社会公共利益"的表述，有924份在检察建议发出之后产生，占比达68.80%。仅有23份，占比1.71%的裁判文书在检察建议发出之前就已经表述了"国家利益"或"社会公共利益"。还有9.83%的裁判文书，其表述分布于检察建议发出前后。

第四，检察院认定"国家利益"和"社会公共利益"的具体内容，主要包括垃圾处理、草原植被毁坏、林木资源、国家补贴资金追回、相关费用追缴、非法占用或改变土地用途、非法采砂、"三废"污染、非法采矿和其他。还存在115份无具体利益内容的裁判文书。这些利益内容中，涉及林木资源裁判文书最多，达到272份，费用追缴次之，达到229份，而最少的为草原植被毁坏，仅有17份。其他内容内，包括食品药品安全、设置英烈设施、非法填海等诸多内容，但数量占比不大。

第五，横向比较，相关利益内容在地方上表现不一。首先，存在地方特色公益事项，例如海南省和福建省等临海地区，有涉及海洋资源的行政公益诉讼；其次，存在单个利益损害较为突出的省份，例如云南省和吉林省两地，林木资源问题突出，占所有林木资源损害案件的 39.71%。又如草原破坏共 17 份，其中吉林省和内蒙古自治区就已经占到 14 份；最后，当然存在全国普遍公益诉讼事项，例如补贴资金追回、费用追缴、"三废"污染、垃圾处理等，并没有问题较为突出的省份，属于全国较为普遍存在的问题。

据此总结思考，首先，"国家利益"或"社会公共利益"从形式上来说，还是受到重视的，是一审判决书中不可或缺的部分，需要加以表述，但在部分裁定和二审裁判文书中，重视程度有所下降，裁定更侧重于程序，二审更侧重于实体内容。那么"国家利益"或"社会公共利益"的判断，是否仅具有形式价值？

其次，从表述一致性和发出阶段的分析统计上，《行政诉讼法》条文的可操作性似乎不强，检察院在司法实践中普遍倾向于当"国家利益"或"社会公共利益"动态损害存在于诉讼前，即可提起公益诉讼。这与《行政诉讼法》的文字解读存在出入。那么《行政诉讼法》中，"致使国家利益或者社会公共利益受到侵害"的表述该如何理解与适用。从法条的字面含义进行理解，能够针对过去静态存在的公益损害事实提起公益诉讼吗？

再次，事实上，司法实践中，检察院会考虑到"国家利益"和"社会公共利益"的区分，注意针对不同情形，适用不同利益表述。但对于利益损害似乎还不能综合判断，例如在辉南县人民检察院诉辉南县水利局要求依法履行法定职责一审行政裁定书中[1]，法院认为欠缴的水资源费仍未缴纳，但供水公司具有明显的公益属性，水资源费也具有公益性质，当两个具有公益属性的利益发生冲突时，不宜用司法手段加以调整，而运用政府的协调机制更有利于化解矛盾和保持社会稳定，故裁定不予立案。虽然该案后经二审，一审裁定被撤销，但一审法院考虑的内容，也应当是立法者考虑的内容。利益从来就是相对的，当"国家利益"和"社会公共利益"冲突之时，该如何选择？

---

[1] 辉南县人民检察院诉辉南县水利局要求依法履行法定职责一审行政裁定书，（2019）吉 0523 行初 1 号。

最后，"国家利益"或"社会公共利益"的地域特征不容忽视，包括地域专属利益保护，如海洋利益、草原利益；包括地域突出利益问题保护，如吉林省和云南省的林木资源毁坏。同时，利益保护还存在国家层面的普遍性问题，如何做到地方和国家之间个性、共性的协调统一，是值得进一步探讨的问题。

第四节　行政机关不依法履行职责之举证

一、要件举证展开的问题

行政公益诉讼程序的"双阶构造"，将行政公益诉讼制度的程序划分为诉前程序和诉讼程序，[1]而行政机关不依法履行职责则应细分为诉讼程序中的构成要件。对于行政机关不依法履行职责的认定，现有的实施方案、法条以及司法解释并没有明确行政机关不依法履行职责的认定标准。过去针对行政公益诉讼的文章，往往从更高的立意观察行政公益诉讼制度的运行，但最近，尤其是 2020 年初，针对行政公益诉讼各构成要件举证的文章逐步增多，典型的如 2020 年初，有四篇专门针对"行政机关不依法履行职责"的文章，[2]并且该四篇文章几乎都与实证研究紧密联系，采用了大量的案件数据统计结果。这一现象反映出的现实问题：其一，行政公益诉讼制度的运行进入深水区，尤其是 2019 年以后相关裁判案例数量的减少，更加精细化、常态化的诉讼制度被需要；其二，行政公益诉讼的理论研究与实践案例的结合更加紧密，涉及诉讼制度本身构成要件的分析逐渐成为主流；其三，行政机关不依法履行职责的认定由于缺少相应的法条、

---

〔1〕 张旭勇："行政公益诉讼中'不依法履行职责'的认定"，载《浙江社会科学》2020 年第 1 期。

〔2〕 参见张旭勇："行政公益诉讼中'不依法履行职责'的认定"，载《浙江社会科学》2020 年第 1 期；李明超："论行政公益诉讼中'不履行法定职责'的认定规则"，载《社会科学战线》2020 年第 3 期；陈德敏、谢忠洲："论行政公益诉讼中'不履行法定职责'之认定"，载《湖南师范大学社会科学学报》2020 年第 1 期；梅艳："行政公益诉讼的裁判规则——以行政机关'不依法履行职责'为视角"，载《三峡大学学报（人文社会科学版）》2020 年第 1 期。

司法解释或权威规则支撑，实践中检察院和法院的常用判断标准或判断手法，成为理论研究的重要对象。

理论中主要从法院和检察院两个主体的判断内容出发，将实践中不同的履行结果判断进行类型划分。例如，从法院视角出发，分为履职程序违法或者存在瑕疵、履职内容不合法、国家利益或者社会公共利益受损害状态未彻底消除三个层面。[1]又如，依据动态过程视角理解中国政府的行政，分为"有无职责""有无履行可能""是否已履行"三个阶段。[2]再如，依据检察机关起诉"不依法履行职责"的判断标准，一是认为行政机关对相对人的违法行为没有履行法定监管职责，没有及时作出行政处理决定；二是认为行政机关对相对人作出处理决定之后，没有依法督促履行、依法强制执行或者申请法院强制执行，共两大类。[3]

已有的研究成果从不同角度分析了司法实践中检察院和法院的常用判断标准或判断手法，但对于行政机关不依法履行职责的认定标准，尚有部分问题没能厘清或分析存在局限性。第一，通过裁判数据进行总结归纳的数据尚不具规模，例如有的文章分析时仅采用50个公益诉讼案例和发布的典型案件。[4]第二，未能充分注意到被告"不依法履行职责"的抗辩事由，比如是否存在法律原因或客观情况的阻碍，关注点往往集中在检察院和法院的认定视角。第三，一个较为特殊的问题，"不依法履行职责"的前提是存在"职责"，尽管有学者已然充分阐述了检察院"职责"的具体组成，但忽视了在文本表述上存在"具有法定职责"和"适格被告"的差异。这种差异不仅存在于检察院（公益诉讼人）的表述和举证过程中，也存在于法院的表述中，"适格被告"与"具有法定职责"之间的关系如何，

〔1〕 李明超："论行政公益诉讼中'不履行法定职责'的认定规则"，载《社会科学战线》2020年第3期。

〔2〕 陈德敏、谢忠洲："论行政公益诉讼中'不履行法定职责'之认定"，载《湖南师范大学社会科学学报》2020年第1期。

〔3〕 张旭勇："行政公益诉讼中'不依法履行职责'的认定"，载《浙江社会科学》2020年第1期。

〔4〕 梅艳："行政公益诉讼的裁判规则——以行政机关'不依法履行职责'为视角"，载《三峡大学学报（人文社会科学版）》2020年第1期。

是否只是表述上的不规范。基于上述三点问题，以及"不依法履行职责"要件中普遍存在的"不履行"的具体内涵、"依法"的内涵、"不依法履行职责"与公共利益损害之间的联系等核心问题，笔者将展开相关研究。

统计"行政机关不依法履行职责之举证"相关问题，笔者认为"举证"更应当侧重于裁判文书原文表述的总结，避免理论研究思维提前预设结论，注重检察院、行政机关双方不同的表述方式和举证内容，以及法院最终的态度和判断。以此为前提，笔者主要提出四类总结归纳的问题。

第一，不依法履行的"职责"与法定职责之间是否一致。行政机关法定职责来源的举证和论述，在前述"行政机关违法行使职权或者不作为"一章中已有涉及，这里不再赘述。本项统计主要考察两方面内容，其一，行政主体不依法履行的"职责"是属于法定职责，还是公益诉讼人臆定的职责。对此，公益诉讼人（检察机关）、行政机关和法院三方的观点各是什么。其二，附带的问题是，在公益诉讼人的表述或举证过程中，关于行政机关的"法定职责"，存在三种表述方式：具有法定职责、负有监管职责、是本案的适格主体。出于表述习惯差异的考虑，笔者认为"具有法定职责"和"负有监管职责"在某种程度上具有一致性（当然也可能存在不同的考虑，认为"监管职责"是"法定职责"的偏离状态），但"适格主体"本质上是一个纯粹诉讼法学理论，有的裁判文书中表述为"具有法定职责"，有的表述为"属于适格主体"，还有的表述为"具有法定职责，并且属于适格主体"。基于此，法定（监管）职责和适格主体表述之间的关系值得探讨。值得注意的是，可能存在一种观点，不回复检察建议同样属于不依法履行职责，该观点固然存在理论研究的价值，但在实际统计时，往往被"不依法履行职责"的问题吸收或掩盖，[1]并不适宜进行群案统计分析。

第二，检察建议发出后的履职状态（未履职/不完全履职/完全履职）。检察建议发出后，行政机关的履职状态是"不依法履行职责"的重要判断

---

〔1〕　张旭勇："行政公益诉讼中'不依法履行职责'的认定"，载《浙江社会科学》2020年第1期。

依据。区别于检察建议发出前的履职状态，对于检察院而言，建议发出前行政机关履职状态的判断是诉前程序启动的判断依据，而建议发出后的履职状态，则是诉讼程序开启的必要条件，包括完全未履职（未履职）和不完全履职。此外，检察建议发出后的履职状态，并非单纯行政公益诉讼人所关注的要素，法院和被告都在不同程度上关注检察建议发出后的履职状态。一方面，法院考察检察建议发出后的履职状态，不仅是行政公益诉讼是否成立的判断基础，还是考察法院对履职状态是否存在相对独立的判断基础。另一方面，行政机关常用履职状态，尤其是检察建议发出后的履职状态进行抗辩，由此需要分析行政机关对于检察院（公益诉讼人）该要件观点判断的认可程度、占比多少。

第三，不依法履行职责与国家、社会公共利益之间的关系。《行政诉讼法》第25条第4款规定，检察建议发出后，不依法履行职责，致使国家或社会公共利益受到损害，方才具备诉讼的条件。从规范文本上来考虑，仅仅是"不依法履行职责"，没有造成国家或社会公共利益的损害，行政公益诉讼并不成立。可以预测的是，公益诉讼人（检察院）对此没有过多疑问，否则就丧失了公益诉讼存在的基础，那么法院和行政机关对此观点持何态度，行政机关是否在认可自身未依法履行职责的前提下，以国家利益和社会公共利益未受到损害作为抗辩事由。另外，法院是否会在上述情况下给予公益诉讼人不利的裁判，同样值得相关数据上的统计。该问题属于非典型的"不依法履行职责"要件的分析总结，但却与该要件存在的价值密切相关，"不依法履行职责"是行政公益诉讼成立的必要条件还是非必要条件，关系到行政公益诉讼本质是出于"公共利益"保护需要，还是出于"法律监督"的需要。

第四，不依法履行职责是否考虑法律因素或客观规律。本次统计的核心部分是"检察建议履行的职责是否考虑法定因素或客观规律"。结合实践进行考量，对于"不依法履行职责"解构式的判断，在实践中并不常见。公益诉讼人和法院常用的判断逻辑为"是否具有法定职责——是否有过履职行为——履职效果如何（公共利益是否还处于受损状态）"。但在这套逻辑中存在一个不容忽视的抗辩事由，即法律程序和客观规律的阻碍。典型的法律程序阻碍表现为"不具有非诉执行权"，而客观规律阻碍更多地体现为"客观自然规律的影响"。有学者将其总结为"全链条式"的监督理念和自然条件的限制；[1]也有学者总结这是一种"支配型行政法律关系"和"管理型行政法律关系"的差异。[2]笔者统一从公益诉讼人、被告和法院三个主体出发，观察三个主体是否对该等情况有所考虑，特别是法院在最终裁判作出的过程中有无进行回应。

二、要件举证的研究方向

（一）不依法履行的"职责"与法定职责之间是否一致

事实上，整个行政公益诉讼中涉及行政机关"职责"的共有三个部分，分别是在相关领域"负有监督管理职责"、提出检察建议督促其依法履行职责、不依法履行职责。尽管在理论中，三者之间的关系可能存在理论价值，但在裁判实践中，以检察院为例，通常的表述逻辑为"履职中发现××违法事实/状态——××行政机关对此负有法定（监管）职责——国家或社会公共利益受到侵害——发出检察建议——不依法履职——国家或社会公共利益处于持续受侵害状态——提起行政公益诉讼"。因此，对于公益诉讼人（检察院）而言，负有监督管理职责或是法定职责，与后续检察建议的提出、不依法履行职责是一脉相承的。故从统计结果上说，抛开监管职责与法定职责可能存在的理论上的差异，对于公益诉讼人而言，如图2.4.1，1343份裁判文书中，除去143份不具有实际裁判内容的文书，剩余1200份裁判文书中，公益诉讼人均认为，行政机关不依法履行的"职责"与法定（监管）职责具有一致性，而非臆定。其中有1070份裁判文书，行政机关认可公益诉讼人所提出的法定职责。1197份裁判文书中，法院支持了公益诉讼人有关被告行政机关具有法定（监管）职责的观点，仅有3份裁定书没有予以认可，如表2.4.1。表2.4.1中3个案例是典型案例

---

〔1〕　张旭勇："行政公益诉讼中'不依法履行职责'的认定"，载《浙江社会科学》2020年第1期。

〔2〕　陈德敏、谢忠洲："论行政公益诉讼中'不履行法定职责'之认定"，载《湖南师范大学社会科学学报》2020年第1期。

的非典型判决，属于典型的"管理"和"监督"职责相分离的案件，被告行政机关只在某种程度上具有一定的职责权限。在德惠市人民检察院诉德惠市朝阳乡人民政府一案中，历经一审和二审，法院最终认为地方法规和规范性文件仅明确了朝阳乡政府的管理职责，但未明确乡政府具体履行的内容，行政机关不依法履行的"职责"与法定职责之间存在部分出入，并不是完全一致。

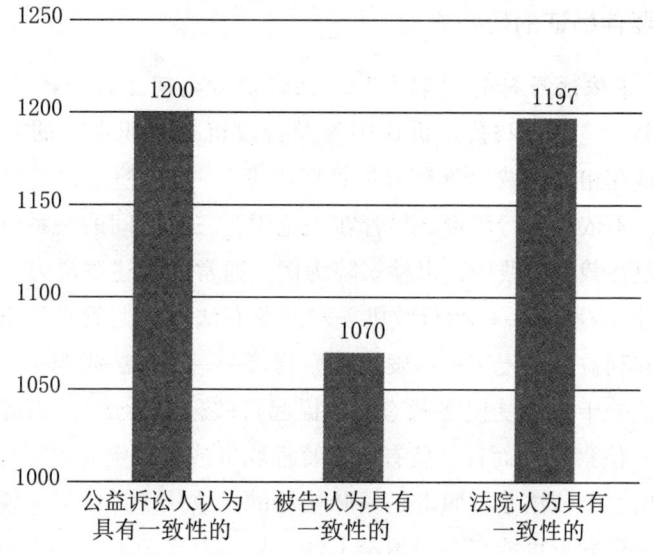

图 2.4.1　不依法履行"职责"与法定职责的一致性判断　（单位：份）

但在吉林省高级人民法院行政裁定书中可以看到，只有在行政机关不依法履行的"职责"的范围"明显"超出权限的前提下，才可以裁定驳回起诉。而泰州市环境保护局的案件是"条块管辖"中具体职权分割的问题。从裁判文书的内容来看，兴化市人民检察院似乎并不能肯定地方政府和上级主管部门之间的权限划分，故向两个行政机关都发出了检察建议，最终形成上级主管部门作为被告、地方政府成为第三人的局面。该类案件在行政公益诉讼中并不少见，泰州市中级人民法院认为没有明确证据证明被告应承担某一项职责，公益诉讼人认为其不依法履行"职责"属于事实不清。但该案发回重审后，公益诉讼人认为第三人政府在积极履职，公益

目的实现，建议终结诉讼。公益诉讼背后一定程度上也离不开政治方面的
协商，组织上的协调。

表2.4.1　法院认为不依法履行的"职责"与行政机关法定职责不一致的案例

案件名称	案号	法院表述内容
德惠市人民检察院诉德惠市朝阳乡人民政府不履行法定职责行政裁定书	（2017）吉0183行初42号、（2018）吉01行终49号	经审查本案中垃圾形成是被告德惠市朝阳乡区域的生活垃圾。且该垃圾堆放场位于德惠市朝阳乡区域松花江国堤内，属于松花江河道管理范围。被告德惠市朝阳乡人民政府只对该事项负有管理职责。其监管职责应由有关行政主管部门行使，故德惠市朝阳乡人民政府不是本案适格的被告
吉林省高级人民法院行政裁定书	（2018）吉行再21号	一审：只负有管理职责，监管职责应由其他部门行使 二审：不是制止和处罚的监督管理职责的责任主体 再审：一般情况下，对于行政机关是否具有法定职责或者给付义务，属于实体判断问题，应当采用判决方式，只有原告所请求履行的法定职责或者给付义务"明显"不属于行政机关权限范围的，才可以裁定驳回起诉
泰州市环境保护局不履行法定职责二审行政裁定书	（2018）苏12行终91号	兴化市人民检察院分别向兴化市环保局和戴南镇政府发出检察建议书后，戴南镇政府一直在进行处置案涉化工废液的工作。一审判决认定原兴化市环保局负有本案所涉化工废液代为处置职责的事实不清

不依法履行的"职责"与法定职责一致性的判断中存在的另一个问
题，是管理职责与执法权限的分离，如表2.4.2，这其中既有机构改革导
致的执法权限分离，也有法定职责分配不清晰导致的管理权限和执法权限
界定的模糊。表2.4.2与表2.4.1存在的问题在本质上是相通的，都是职
责的不完整，缺乏强制性手段的权限，如处罚、强制措施或者权力界限不

清晰（甚至还有行政机关认为自己没有行政强制执行权，而影响了公共利益的保护）。对于该类案件，公益诉讼人并不会过多解释，法院较为普遍的选择是认可公益诉讼人。笔者认为，在权力界限并不完全清晰的情况下，"扯皮"的重要性远不如公益实际的维护。

表 2.4.2　部分管理职责与执法手段分离的案例

案件名称	案号	备注
广州市荔湾区综合行政执法局资源行政管理：土地行政管理（土地）二审行政判决书	（2017）粤 71 行终 1533 号	机构改革导致的检查权和处罚权相分离。日常监管模式为：荔湾区土地行政主管部门负责国土违法行为的动态巡检，上诉人负责对土地主管部门移交的土地违法行为进行处罚
昌宁县林业局拒不履行法定职责一案行政判决书	（2018）云 0524 行初 1 号	根据省政府的授权，森林公安确实被授予一部分的林业处罚权，但是无论行政处罚权归属于昌宁县林业局抑或是昌宁县森林公安局，结合本案的实际情况，被告昌宁县林业局均负有对森林资源的全面监管职责
铜仁市国土资源局资源行政管理：土地行政管理（土地）一审行政判决书	（2016）黔 0321 行初 155 号	土地收储和出租用于弃土和砂石加工是市政府的行为，被告只是执行部门
岑巩县水务局一审行政判决书	（2019）黔 2624 行初 85 号	被告岑巩县水务局水政执法大队连人带编全部划归县综合执法局。被告不再具备行政执法职能，只具备水土保持行政审批和监督检查的职能
安义县人民检察院诉安义县国土资源局不履行矿山地质环境保护职责一审行政判决书	（2018）赣 7101 行初 1461 号	对于矿石清理环境恢复治理被告具有监管职责，对于植被恢复，应由其他行政机关进行监管

案件名称	案号	备注
福州市马尾区农业机械管理站行政其他一案一审行政判决书	（2017）闽0105行初1号	被告属于事业单位，不具有行政执法权，因此，在履行保护国有资产的义务方面有所欠缺

关于"法定职责"的表述方式，如图2.4.2所示，926份裁判文书中，检察院在其诉称中采用"具有法定（监管）职责"的表述方式，占比68.95%；84份裁判文书中，检察院采用的是"适格被告"的表述方式，占比6.25%；48份裁判文书中，检察院同时采用"法定（监管）职责"和"适格被告"的表述方式，占比3.57%。

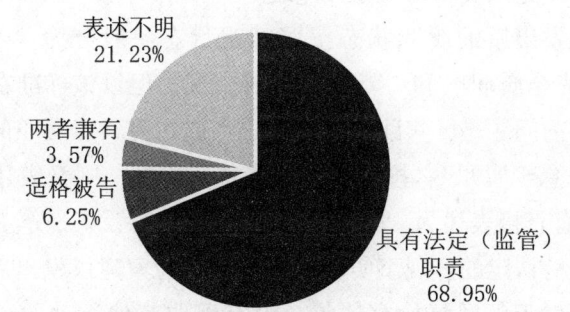

图2.4.2　检察院针对"法定职责"的表述方式　（单位：份）

如图2.4.3所示，993份裁判文书中，法院采用的是"具有法定（监管）职责"的表述方式，占比达73.94%；64份裁判文书中，法院采用的是"适格被告"的表述方式；87份裁判文书中，法院同时采用了"具有法定（监管）职责"和"适格被告"的表述方式，占比6%。仅从数据统计的结果来说，"具有法定（监管）职责"是较为常用的表述方式。"适格被告"作为一种诉讼法中常用的表达方式，在案例统计中也占据了一定的比重，并非偶然出现。其是否意味着法定职责的拥有并不等于能够成为行政公益诉讼被告？

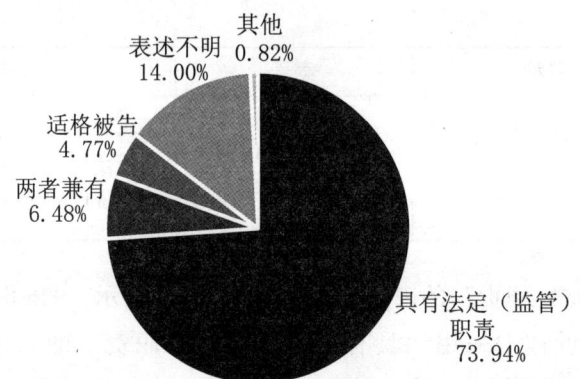

图 2.4.3　法院针对"法定职责"的表述方式　（单位：份）

（二）检察建议发出后的履职状态

检察建议发出后的履职状态按照客观状态一般分为"不完全履职""未履职""完全履职"和"不明"四种情况。但以该标准在实践中加以判断分析存在的问题是，实践中公益诉讼人或法院常以履职的主观状态进行判断，如"怠于履职"；按照客观状态进行判断，则又表述为"未能正确履职"；还有直接表述为"未能依法履行其职责"等。笔者统一按照公益诉讼人和法院认定的客观事实加以分类，即检察建议发出后，行政机关的履职状态。对于仅回复检察建议，没有采取其他行动的，将其归类至"未履职"状态。

如图 2.4.4，公益诉讼人（检察院）判断的行政机关在收到检察建议后的履职状态，其中 689 份裁判文书，行政机关在收到检察建议后，不完全履职，即存在履职行为，但履职行为客观上未能填平国家或社会公益遭受到的损害。508 份裁判文书中行政机关在收到检察建议后完全没有履职，包括仅答复公益诉讼人的检察建议，未采取实际行动的。此外，有两份裁判文书值得关注，分别是肃南裕固族自治县国土资源局其他行政行为一审行政判决书[1]、台山市国土资源局资源行政管理：土地行政管理（土地）

---

〔1〕　肃南裕固族自治县国土资源局其他行政行为一审行政判决书，（2016）甘 0724 行初 52 号。

一审行政判决书[1]。前者属于检察院认为行政机关在检察建议提出后、诉讼前已经完全履职，检察院在其诉称中表示，"并不能因此而否定其怠于履行法定职责违法事实的存在"，仍然请求法院确认其违法。而台山市国土资源局一案中，被告行政机关严格意义上是在诉讼中完全履职，从行政公益诉讼提起的法定流程上说，不存在问题。但是被告行政机关事实上在检察建议发出后，就已经基本确定公益的弥补方式，只是时间上存在部分出入。法院在最终的事实认定中，认为"即使是其完成送达《责令退还土地决定书》《注销通知书》至全部第三人的时间亦迟于宝安区检察院提起的本案起诉时间"。

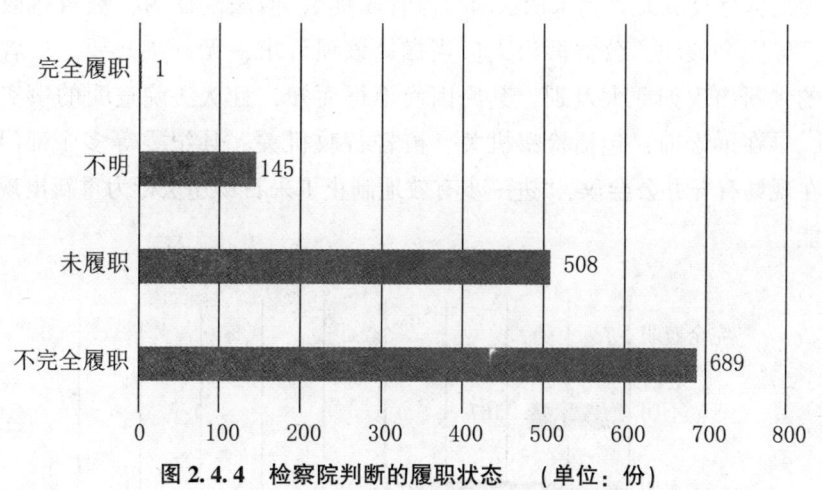

图2.4.4　检察院判断的履职状态　（单位：份）

如图2.4.5，法院判断检察建议发出后的履职状态，与检察院判断的内容存在显著的出入，其中825份裁判文书中，法院认为行政机关属于不完全履职，超过检察机关判断的数字；344份裁判文书中，法院认为行政机关在收到检察建议后未履职；7份裁判文书中，法院认为行政机关已经完全履职。例如在延吉市人民检察院与延吉市环境保护局等不履行法定职

---

〔1〕 台山市国土资源局资源行政管理：土地行政管理（土地）一审行政判决书，（2017）粤0704行初97号。

责一案中[1]，延吉市人民检察院认为被告未完全履职，但法院认为，"如果行政机关在检察建议后一个月内，主观上未能充分认识行政执法存在的问题和不足，客观上未能积极采取有效措施改正错误和依照法定程序在合理期限内履行职责，并致国家和社会公共利益仍处于受侵害状态，那么应当认定行政机关未依法履行法定职责；反之，则不应认定"。因而在该案中，虽然形式上，行政机关在接到检察建议后确实没能完成公益的弥补，但法院认为未能完成是客观原因导致的，"市检察院在提起本案行政诉讼前，已丧失本案诉的利益"。另一个典型案例是公益诉讼人子洲县人民检察院诉被告子洲县国土资源局不依法履行监管职责一案[2]，公益诉讼人认为被告行政机关"仍未依法履行监管职责"，但法院认为，被告行政机关已经完全履职，公益诉讼人应当撤销该项诉求，无判决必要。二者之间的判断出现如此大差别，其原因尚不得而知，且从法院查明的事实来看，早在诉讼前，包括检察机关、被告行政机关、县纪委等多个部门已经在现场召开办公会议，"进一步有效地制止了采石场违法行为重新出现的可能"。

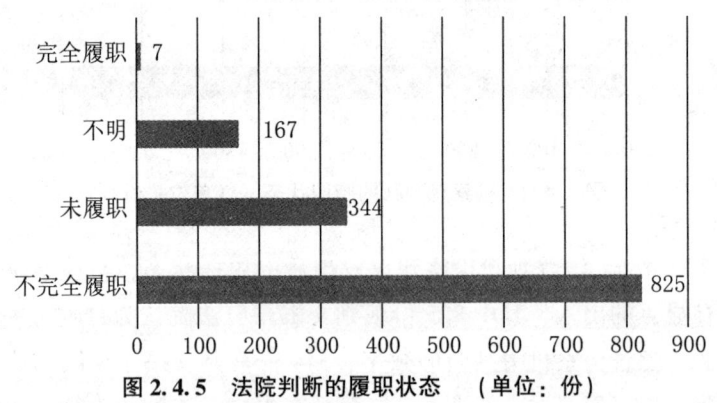

图 2.4.5　法院判断的履职状态　（单位：份）

---

　[1]　延吉市人民检察院与延吉市环境保护局等不履行法定职责一审行政判决书，（2017）吉 2403 行初 12 号。

　[2]　公益诉讼人子洲县人民检察院诉被告子洲县国土资源局不依法履行监管职责一案行政判决书，（2017）陕 0831 行初 12 号。

　　从行政机关的角度分析，检察建议发出后行政机关的履职状态，如图2.4.6。被告行政机关提出抗辩理由的裁判文书共计1129份，其中，行政机关以检察建议发出后已经完全履职（建议后已履职）作为抗辩理由的，有443份，占比达到39.24%；而以"建议后正在履职"作为抗辩理由的，有234份，占比20.73%。据此，行政机关在答辩中，以检察建议发出后的履职状态作为抗辩理由的，共计677份，占比59.96%。需要注意的是，"建议后已履职"和"建议后正在履职"与回复检察建议之间并不具有直接的关联性。在部分案例中，行政机关没有回复检察建议，包括因工作人员失误、计划完成后再回复等多种原因，但在答辩时仍然举证证明自己收到检察建议后对建议内容的完成状况。

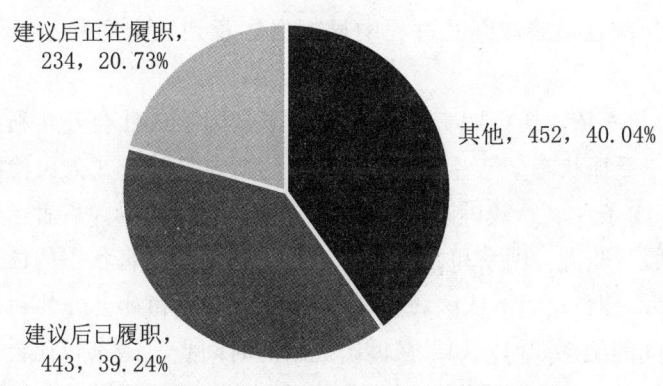

建议后正在履职，234，20.73%

其他，452，40.04%

建议后已履职，443，39.24%

■其他　■建议后已履职　■建议后正在履职

图 2.4.6　行政机关的抗辩理由　（单位：份）

（三）不依法履行职责的前提与后果考察

　　"不依法履行职责"构成要件的前提是具有履职的现实可能，并非短暂的延迟或阻碍，而"不依法履行职责"的后果应当是国家或社会公共利益受到损害或者处于受损状态。

　　对于"履职不能"的判断实际上较为严格，基于法律上的原因或者客观原因而表现出的暂时履职困难并不能算作此列。然而严格按照客观标准进行考察，从现有的裁判案例来看，似乎是将行政机关主观上的判断空间压缩到极致，所以笔者在分析总结时，也偏向于注重主观和客观的结合。如图 2.4.7 所示，检察院和法院在该类问题的判断上态度还是较为明确的，现有的裁判案例中并不存在完全不能履职的情形，但行政机关似乎对此还有所保留，存在 12 份裁判文书，被告行政机关认为自己"履职不能"。例如，在郧西县住房和城乡建设局一案中[1]，行政机关认为城市基础设施配套费征收的对象（公司）已经依法注销登记，公司法人终止，已经在事实上履行不能。又如安龙县环境保护局环境保护行政管理一案中[2]，被告安龙县环保局已经在其职责范围内履行了义务，但企业要求政府履行"三通一平"的承诺，特别是要求国土部门为其办理土地使用证，否则建设环保设施就没有前提基础，建成也是违法的。安龙县环保局作为与国土部门同级的部门，也无力解决，只能向上级政府汇报。法院在最终裁判的过程中显然也注意到这个问题，给予了很大的宽限。

另外，"不依法履行职责"的后果应当是国家或社会公共利益受到损害或者处于受损状态。笔者统计该项数据的初衷是基于《人民检察院实施办法》第 41 条和《行政诉讼法》第 25 条第 4 款的差异。后者已经删去关于不依法履行职责，国家和社会公共利益仍处于受侵害状态的情形。对于行政公益诉讼而言，"不依法履行职责"和"国家和社会公共利益受侵害状态"之间的关系如何？如果在诉讼提出的时间点，国家和社会公共利益已经不受侵害，是否还需提起行政公益诉讼？值得注意的是，笔者在前文曾统计"履职状态"的相关数据，其中"完全履职"并不等于公共利益不受损，存在案件已经履职，但出于各种因素，公益尚未恢复，如大安市人民检察院与大安市林业局不正确履行法定职责一案[3]；和龙市人民检察院诉和龙市住房和城乡建设局不履行法定职责一案[4]。如图 2.4.8，从

---

〔1〕 郧西县住房和城乡建设局一审行政判决书，（2018）鄂 0322 行初 29 号。

〔2〕 安龙县环境保护局环境保护行政管理（环保）一审行政判决书，（2017）黔 2323 行初 8 号。

〔3〕 大安市人民检察院与大安市林业局不正确履行法定职责一审行政裁定书，（2017）吉 0882 行初 10 号。

〔4〕 和龙市人民检察院诉和龙市住房和城乡建设局不履行法定职责一审行政判决书，（2017）吉 2401 行初 92 号。

检察院的角度，有 1 件公益诉讼案件，检察院在公益未受损的前提下，提出诉讼请求确认被告行政机关违法，即肃南裕固族自治县国土资源局其他行政行为一审行政判决书[1]。从被告行政机关的角度，有 34 件公益诉讼案件，行政机关认为在诉讼时公益已经不受损。而从法院的角度，存在 4 件公益诉讼案件，法院认为在诉讼时公益已不受侵害。需补充说明的是，诉讼时的公益不受侵害并不等于诉讼中改变原行为，维护公益。后者案件数量较多，属于诉讼后的补救行为。法院认为诉讼时公益已不受侵害的 4 件案件，其裁判文书的案号分别为：（2017）吉 2403 行初 12 号；（2017）鲁 0612 行初 27 号；（2016）甘 0724 行初 52 号；（2017）陕 0831 行初 12 号。

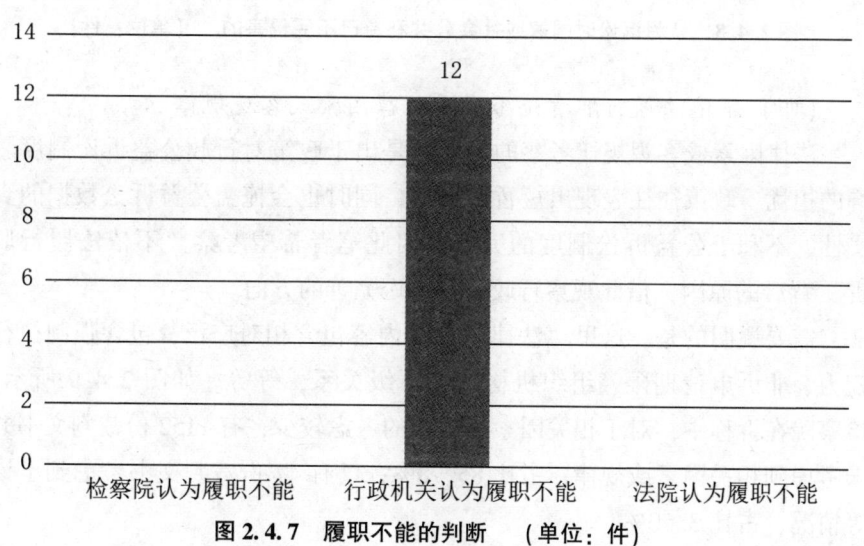

图 2.4.7　履职不能的判断　　（单位：件）

---

[1]　肃南裕固族自治县国土资源局其他行政行为一审行政判决书，（2016）甘 0724 行初 52 号。

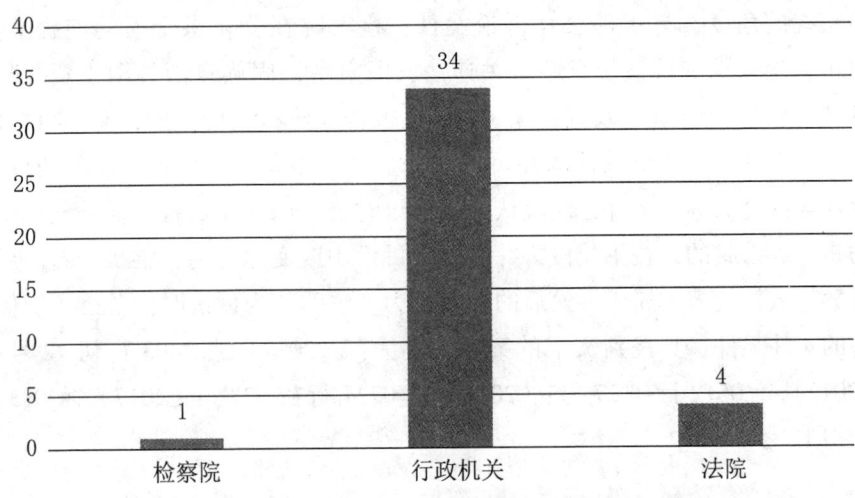

图 2.4.8　认为诉讼时国家或社会公共利益已不受侵害的　（单位：件）

（四）　不依法履行职责是否考虑法律因素或客观规律

法律因素或客观规律考察的出发点是出于政策对行政公益诉讼制度影响的担忧。政策往往表现出短暂的高效，同时也会掩盖公益诉讼数据的真实性，不利于公益诉讼制度的完善，因此笔者希望考察"不依法履行职责"背后的原因，借此观察行政公益诉讼完善的方向。

需要说明的是，这里"法律因素"内容包含相对广泛，包含强制执行权力、非诉申请期限、组织机构的上下级关系，等等。如图 2.4.9 所示，检察院在诉称中，对于相关因素或规律的考虑较少，有 1152 份裁判文书并未考虑到相关因素或规律，占比 85.78%；仅有 47 份裁判文书考虑到了该等情况，占比 3.50%。

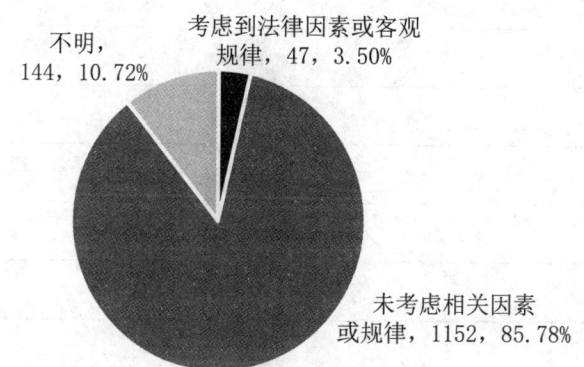

图 2.4.9 检察机关考虑法律因素或客观情况的统计 （单位：份）

对比法院裁判作出时相关情况的统计，如图 2.4.10，有 230 份裁判文书中显示，法院在裁判过程中考虑到了"不依法履行职责"背后的法律因素或客观规律，当然这其中不乏对行政机关抗辩理由的回应。在这 230 份裁判文书中，有 22 份最终认同或部分认同了"不依法履行职责"背后的法律因素或客观规律，并在裁判中采取一定的措施，或给予延缓履职，或待到条件成熟后再要求被告行政机关履职，甚至直接驳回检察机关的上诉请求。例如，在西安铁路运输检察院诉周至县财政局不履行法定职责一案二审中[1]，二审法院认为，被告行政机关的处罚决定已经送达生效，只是尚不具有可强制执行条件，"尚不符合申请法院强制执行的情况下，仍坚持诉请判令由被上诉人追回被金旭阳公司、永发合作社骗领的剩余 69.96 万元专项补助资金不具有客观操作性，缺乏事实根据，且于法相悖"。

---

〔1〕 西安铁路运输检察院诉周至县财政局不履行法定职责一案二审行政判决书，（2018）陕 71 行终 819 号。

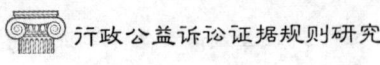

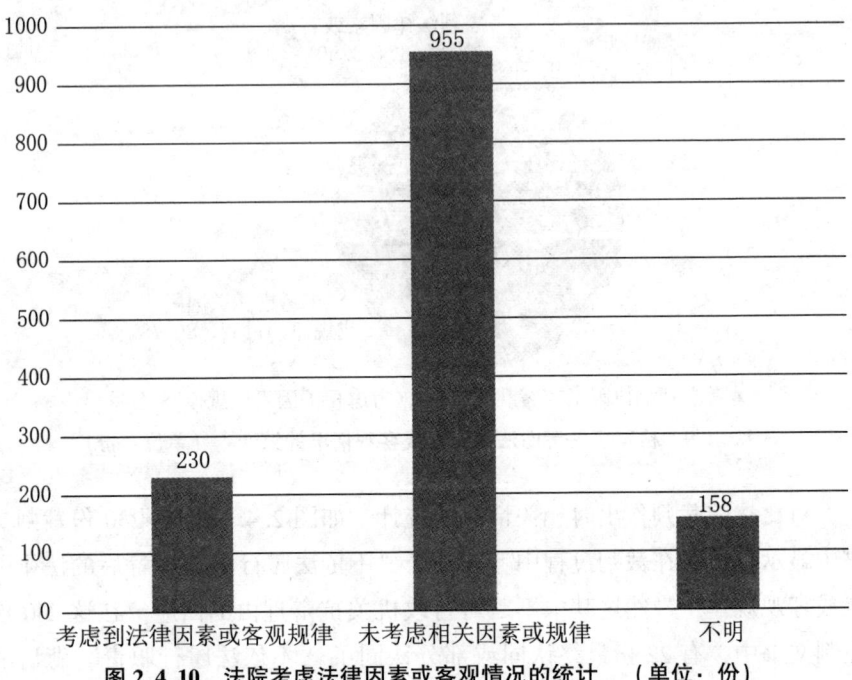

图 2.4.10　法院考虑法律因素或客观情况的统计　（单位：份）

行政机关对于这方面的抗辩自不待言，如图2.4.11，427份裁判文书都以法律因素或客观规律作为抗辩理由，占比37.82%。尽管427份裁判文书中，行政机关的抗辩理由并不完全值得采纳，最终裁决的权力在于法院，但笔者还是能看到在大量涉及环境保护类案件中，存在部分因自然条件而产生的客观情况及阻碍，例如检察机关诉请被告行政机关补种树木、恢复植被，行政机关因"不依法履行职责"而被提起行政公益诉讼。但事实上，囿于气候、环境等多种因素，生态环境的保护并不是一蹴而就的，需要等到相关条件成熟才可。如图2.4.12，经笔者统计，在客观规律抗辩中，涉及该种自然因素抗辩的有37份，占比12.54%。

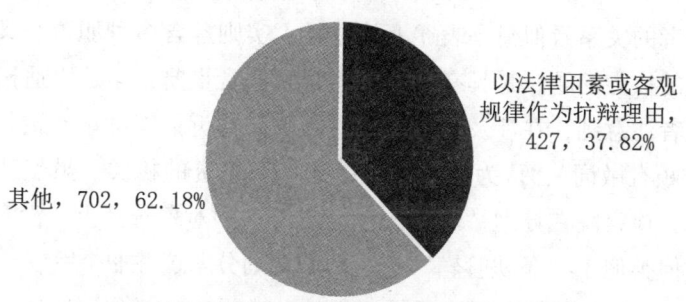

以法律因素或客观规律作为抗辩理由 ■其他

图 2.4.11　行政机关抗辩事由　（单位：份）

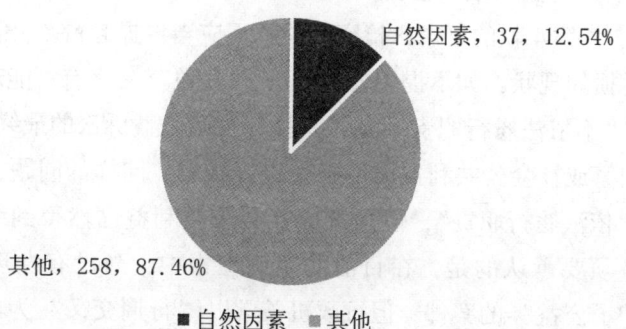

■自然因素　■其他

图 2.4.12　客观规律抗辩事由的分布　（单位：份）

三、统计结果综述

笔者认为，统计结果最终是为了发现当下行政公益诉讼制度存在的问题，基于前文过多的阐述，该章节仅作问题的提点。

第一，"不依法履行职责"与法定职责之间的关系。实践中的案例再次表明，法定职责并不如理论中表述的那么清晰可辨，尤其在机构改革的背景下，甚至在当下社会治理体系与治理能力创新的背景下，职责的变迁在所难免。加上原有职责内容的模糊，在模糊与变迁中，"不依法履行职责"的"职责"该采用一个什么样的判断标准，才能保持行政公益诉讼在解决历史遗留问题的基础上紧贴时代的背景要求。

第二，"具有法定（监管）职责"与"适格被告"的关系。承接问题一，这二者的关系看似只是表述上的差异，实则蕴含多种职责交叉前提下被告选取的核心问题。是具有法定（监管）职责重要，还是"适格"更为重要？笔者注意到，在涉及基层政府的行政公益诉讼案件中，被告行政机关往往"颇有微词"，认为自己不应当是唯一担责的机关。虽然从目前的案例来看，检察院在处理"不依法履行职责"的对象选择上，没有遇到太多难处，但类似于"条块管辖"产生的职责划分争议并非个案。

第三，"完全履职"后有无提起行政公益诉讼的必要。问题三和问题四可以说是一个问题的两个方面，都牵涉行政公益诉讼的定位问题。如果"完全履职"后，国家或社会公共利益尚处于受侵害状态，按照《行政诉讼法》第25条第4款的要求，检察机关就不应当再提起行政公益诉讼。但面对公益受损的现状，如不提起公益诉讼，"公益"二字有可能难以维系。

第四，"不依法履行职责"是否是提起行政公益诉讼的最终构成要件，是否需要国家或社会公共利益仍处于受侵害状态。同样的问题，尽管行政机关没能"依法履行职责"，但国家或社会公共利益已然得到维护，该如何处理？必须要承认的是，在目前的案例检索中，尚没有发现"依法履职，还维护了公益"的案件，但行政机关常以"行刑交叉"为由，认为公共利益在一定程度上已经得到了维护。

第五，是否依法"履职"的判断应采用何种标准。大量案例证明，目前检察机关仍采用客观标准判断行政机关是否依法履职，而这里的客观标准又分为行为标准和结果标准。二者之间是一种递进的关系，即先按照行为标准加以判断，如果完全没有采取行动，或者部分采取行动，则认为没有履职。如果完全采取了行动，则以公益结果论之。如公益还受损，则认为没有履职。但这样的判断模式是否一定是正确的？是否需要加入主观判断标准？在珲春市人民检察院诉珲春市国土资源局不履行法定职责一案中，人民法院认为，"按照行政行为合法性审查的一般原则，对被诉行政行为合法性的评判，应当遵循主、客观相统一的原则。具体到行政公益诉讼案件中，如果行政机关在检察建议后一个月内，主观上未能充分认识行政执法存在的问题和不足，客观上未能积极采取有效措施改正错误和依照法定程序在合理期限内履行职责，并致国家和社会公共利益仍处于受侵害状态，那么应当认定行政机关未依法履行法定职责；反之，则不予认定"。[1]

这一种主客观相结合的"履职"判断标准，实际上也得到了其他法院的响应，如江西省萍乡市安源区人民法院在一份行政公益诉讼判决中写道："按照行政行为合法性审查的一般原则，对被诉行政行为合法性的评判，应当遵循主、客观相统一的原则，具体到行政公益诉讼案件中，如果行政机关在检察建议后两个月内，主观上未能充分认识行政执法存在的问题和不足，客观上未能采取积极有效措施改正错误，依照法定程序在合理期限内履行职责，并致国家利益仍处于受侵害状态，那么应认定行政机关未依法履行法定职责的行为违法。反之，行政机关因调查取证、履行法定程序等非自身原因，即使在检察建议后的一段时间内侵害国家利益的行为仍然存在，也不应认定行政机关不（怠于）依法履行法定职责。故本案不宜认定被告未履行法定职责。"[2]

---

〔1〕 珲春市人民检察院诉珲春市国土资源局不履行法定职责一案二审行政判决书，（2018）吉 24 行终 104 号。

〔2〕 某某县财政局农业行政管理（农业）：其他（农业）一审行政判决书，（2019）赣 0302 行初 16 号。

第三章 行政公益诉讼的非要件举证

行政公益诉讼中检方作为原告方，需要承担主要的举证责任。而根据诉讼基本原理和行政公益诉讼的基本结构，有一部分举证内容是"必要的"，即任何一起行政公益诉讼中，检方均需提供的证据内容。当前的研究视野主要集中在对要件证据的研究上，这是由于要件证据在每一个案件中都必然存在，具有较强的确定性，且要件证据和行政公益诉讼的基本结构以及诉讼逻辑息息相关，因此在行政公益诉讼发展的早期的确具有较强的研究价值，本书也在前文中对要件举证进行了细致地介绍。既然有要件举证，相对应地也就存在非要件举证，即这部分举证内容并不在法条规定的必然逻辑中，而是检方在具体案件中，出于论证案件事实的需要而提出一系列证据。在对行政公益诉讼的研究过程中，笔者逐渐意识到了非要件举证的研究价值，因此本书单独设一章节，结合群案统计和个案分析，对非要件举证进行针对性地研究。

第一节 非要件举证的界定

一、非要件举证的价值

中国裁判文书网中公开的判决书是法院对全案的事实、依据和法理等的逻辑梳理总结。因此如果仅关注判决书的说理部分，实际上体现的是法院对个案的思考和理解。但行政公益诉讼是一个三方结构，由检方、行政主体和法院共同组成，在研究中应当尽量对三方的意见进行综合性分析。而举证部分则是将这三方意见的客观性记述，包括检方举证、行政机关质证以及法院认定，因此举证过程可以集中体现三者关注的案情事实重点。

同时，由于证据具有真实性、合法性和相关性的要求，因此该部分的研究对象相较于判决书的其他部分更接近于第一手资料。而相对于要件举证，非要件举证是检方在举证过程中可以"自由发挥"的内容，非要件举证更多地体现了检方自身对于个案的诉讼思路和细节性思考，对其进行研究可以观察检方在案件中的关注重点；同时，被告对于非要件证据的质证以及法院对于证据的认定同样也能体现各自对案情事实重点的态度。这三者之间围绕由检方提交的非要件证据，相互形成了一定的互动关系，进而可以综合性考察诉讼中三方的思考重点。

非要件举证的动态性。要件举证中的证据由诉讼基本原理和行政公益诉讼的基本结构决定，是一起行政公益诉讼中必然存在的部分，换句话说，这部分举证内容有拥有较强的稳定性，在不同的个案中，其证据形式、证据内容等均不会也不能有太大的变化。然而正如前文所言，非要件举证相对来说是检方"自由发挥"的部分，因此检方可以在法理和法律允许的范围内搜集并提交各式证据对其诉讼请求进行事实论证，而这些搜集的证据内容随着检方诉讼经验的提升会逐渐成熟，形式和证明内容也会日渐明晰，即非要件举证会在时间上呈现一个动态发展的趋势，对其进行研究能看出检方在进行诉讼过程中对于行政公益诉讼的举证变化历程，继而得出行政公益诉讼发展的趋势。例如，在非要件举证中，检方提交的对于第三人相关证据的增多在一定程度上就能得出行政公益诉讼中对原行政行为和第三人权利保护的重视程度的提升。

非要件举证的技术性。随着行政公益诉讼日趋成熟，研究也会开始进入深水区，研究也会从结构性、原则性、程序性等较为基础性内容，向细节性、技术性的内容转变。而非要件证据涉及的层面更为微观，且需要证明的事实细节也更多，涉及的案件事实范围也更广，也会衍生出更多的技术性问题，这些是从行政公益诉讼本身法条设置中无法看出来的。例如收到行政机关关于司法建议的回函证明证据就属于典型的非要件证据，而其衍生出的技术性问题就在于检察机关如何从回函中得出行政机关未改正违法行为或履行法定职责。对于这类非要件举证的研究，可以提炼出一些新的细节性、延伸性以及技术性的问题，且能看出检察院等主体对这些问题的处理思路。

二、非要件的提出

上一章着重讲述了行政公益诉讼中公益诉讼人举证的四要件，四要件的明确是有法条依据的，而与之相对应的非要件从内涵到具体的种类均不明确，需要结合判决中的实际情况，在完成数据统计的基础上进行分析和提炼。首先，非要件的含义需要结合要件的含义来理解，如果将要件理解成公益诉讼人在行政公益诉讼中应当进行举证的关键事项，那么非要件则具备一定的任意性和裁量性，缺乏要件的普遍性和必要性。其次，在此前提下，若要明确界定非要件包含哪几项，就不得不在排除四项要件举证的前提下，着力寻找公益诉讼人举证部分其他出现频率较高、相对稳定的举证事项。

三、非要件的确定及其数量分布

（一）四类非要件的确定

笔者通过检索裁判文书数据库，以 1000 多份行政公益诉讼判决书为分析样本，在进行浏览和提炼的基础上，从不具备必要性的举证事项中选择相对普遍、出现频率较高的四项作为公益诉讼人举证的非要件事项。除去检察机关履行职责、行政机关违法行使职权或不作为、国家利益或社会利益受到侵害、发出检察建议后行政机关不依法履行职责等要件事项之外，本章节按照各类举证事项的出现频次高低，确定了以下四类非要件事项，具体包括：（1）收到回函（行政机关收到检察建议书后对检察建议书的回复情况）；（2）起诉资格（公益诉讼人以授权性法律文本、上级检察机关函复等文书的形式证明自己具有起诉资格）；（3）相对人违法（公益诉讼人以刑事判决书、行政处罚决定书等文书的形式证明相对人违法）；（4）基础信息类（公益诉讼人举证提交营业执照类或身份证件等基本信息）。需要说明的是，要件与非要件本身就没有清晰的分界线，二者具有相互交融和难以分割的紧密联系。因此，即使是在本章被定义为非要件的举证事项，其最终举证目的很可能与要件的证明目的相重合。下面将对这四类非要件出现的频次进行简要的数据分析，后文将分成独立的小节对各非要件进行详细的数据分析。

（二）四类非要件的数量分布

从表 3.1.1 可见，在确定的四类非要件举证事项中，证明检察机关收到回函的行政公益诉讼判决书数量是最多的，其出现的频次堪比要件举证事项。就试点地区而言，举证数量最多的是收到回函，最少的是基础信息举证，前者的举证数量是后者的 4 倍。

表 3.1.1　四类非要件的数量分布　　（单位：件）

判决数量 非要件分类	试点	非试点	全国
收到回函	979	42	1021
起诉资格	485	8	493
相对人违法	445	10	455
基础信息类	232	5	237

通过图 3.1.1 中的数据对比不难看出，非试点地区各类举证事项的数量较少，全国的数据走向几乎是由 13 个试点省份的数据决定的，也就是说后面对各非要件具体分析的主要落脚点在试点地区。

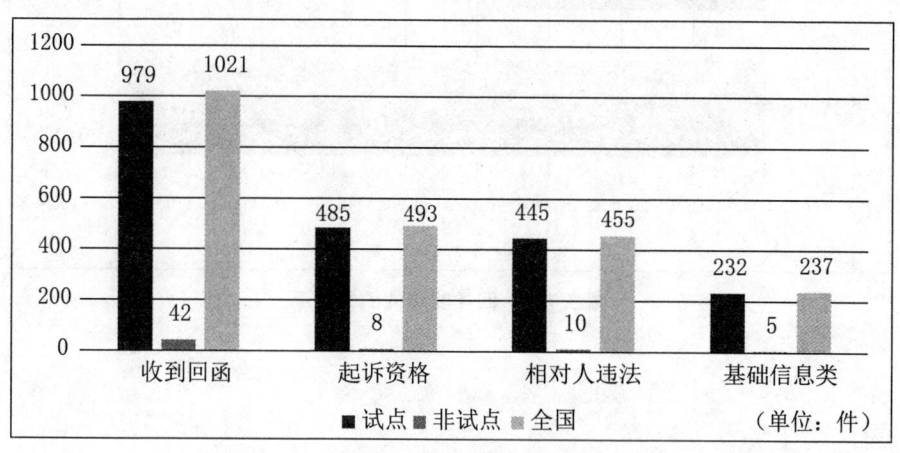

图 3.1.1　非试点地区各类举证事项的数量统计

（三）四类非要件的举证率

由于非试点省份的行政公益诉讼判决书总数较少，各类非要件事项又不具备必要性，因此关于非试点地区举证率的数据不一定具有客观性，本节主要分析各类非要件在试点省份和全国的举证率。在全国行政公益诉讼判决书总数为 1343 份、非试点省份的判决书总数仅为 78 份的基础上，由图 3.1.2 中的数据可知，关于检察机关收到回函的举证率在试点地区及全国已经超过 90%，而案件基础信息的举证率不足 20%，二者差距悬殊。此外，四类非要件在试点地区和全国的举证率相差均不足 2%。

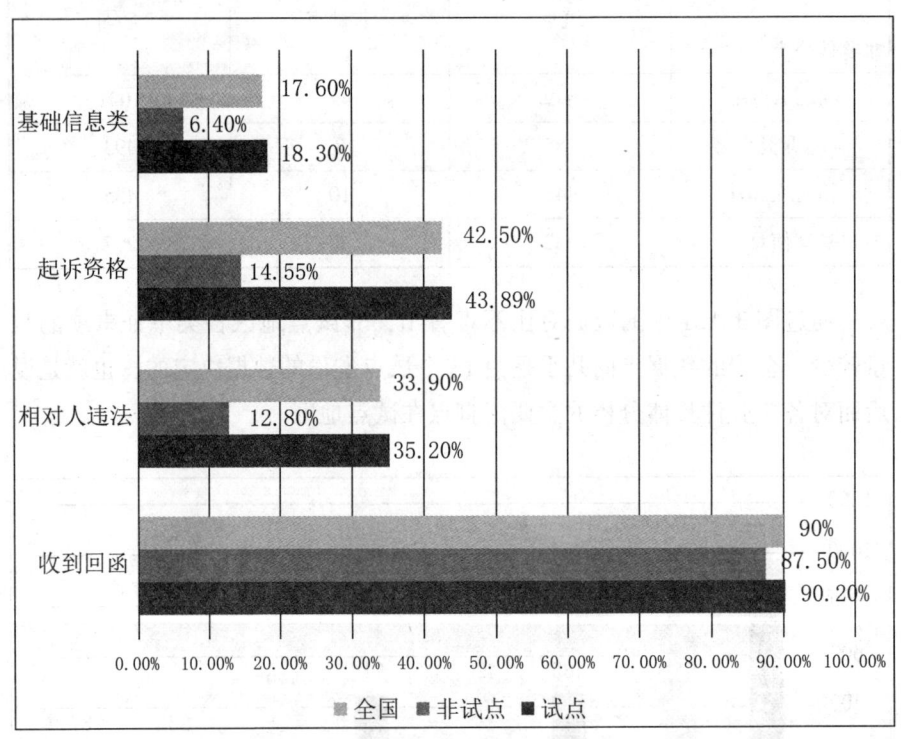

图 3.1.2 四类非要件的举证率

第二节　相对人违法之举证

作为与要件相对应的非要件，证明相对人违法在整体的公益诉讼人举证部分虽不具有不可或缺的地位，但从前文所统计的各个非要件的举证率来看，相对人违法的举证率也很高，其在非要件举证领域的存在感不容忽视。下文拟在统一相对人违法的证明标准的前提下，结合所收集的全国各省份的行政公益诉讼判决书中证明相对人违法的证据类型及数量，并从案件类型及地域分布的角度，进行横向纵向的数据比较，探寻其举证规律。

一、相对人违法的举证情况概述

（一）表述成"相对人"的原因

从 1000 多份行政公益诉讼判决书的内容来看，对于除被告行政机关以外与案件处理结果有利害关系的，或者说是实施违法行为致使公共利益受损的行为主体，在判决书中这样的对象并不具有统一的称谓，而是由各个法院根据写作习惯或历史沿袭在一定范围内自由表述。总体而言，对该类对象法院一共有四种表述方式：（1）第三人；（2）相对人；（3）违法行为人；（4）直接列明公民、法人或非法人组织。其中，在前三种具体称谓的表述方式中，表述为"第三人"的频率最高，个别省份的判决书中大概率列明第三人，如江苏省。表 3.2.1 将列出几份判决书，呈现出不同判决书中对同一类对象的不同称谓。

表 3.2.1　不同判决书中对同一对象的不同称谓

案件名称	案号	案由	内容摘录	具体表述
安徽省灵璧县人民法院行政判决书	（2016）皖1323 行初 69号	国有土地使用权出让	经庭审质证，本院对公益诉讼人及被告所举证据作如下确认：被告及第三人对公益诉讼人所举证据真实性不持异	第三人

案件名称	案号	案由	内容摘录	具体表述
			议，但认为第三人已经缴纳了全部土地出让金，被告履行了法定职责。合议庭认为，公益诉讼人所举证据具有证据的真实性、合法性、关联性	
山东省淄博市淄川区人民法院行政判决书	（2018）鲁0302行初50号	生态环境与资源保护	经审理查明，2015年1月至12月期间，违法行为人何某山、张某何淄博市××区××镇车宋村租用的车间内，使用硫酸和氢氟酸洗汽车轮毂过程中，将未经处理的酸性废液直接排入其车间西边院墙外渗坑内及车间院墙周边，造成环境污染	违法行为人
民乐县林业局不履行生态环境和资源保护行政职责一审行政判决书	（2017）甘0702行初7号	生态环境与资源保护	关于被告是否存在履职不到位的违法行为，经庭审举证、质证查实，被告在发现相对人的违法行为后，确实进行了一定的整改，并采取了一系列措施，至开庭前已经拆除了大部分的养殖房屋、场所，并种植了苗木和草，除未拆除的管理用房一栋、蓄水池一个、部分硬化道路外，其余部分的林地植被已进行了重新种植	相对人

续表

案件名称	案号	案由	内容摘录	具体表述
蕉岭县财政局一审行政判决书	（2018）粤1481行初174号	国有财产保护	本案中，蕉岭县人民检察院根据涉案生效刑事判决认定事实，发现谢某锦假借谢某生的养猪场申报领取生猪标准化规模养殖场改扩建项目中央补助资金的行为，导致补助资金被骗发放，造成国有财产损失人民币50万元	公民姓名

在存在四种称谓的前提下，本节将该类对象违法的举证定义为"相对人"违法举证，存在相应的考量。若按照出现频率高低进行选择，则表述为"第三人"违法更贴近实践判决。近年来，逐渐有学者开始关注并研究行政公益诉讼第三人制度。需要说明的是，理论和实践中第三人的外延远大于本节中特指的第三人。本书认为，根据判决书中是否包含不同类型的第三人，可以将行政公益诉讼案件区分为单一类型第三人和复合类型第三人两大类。其中单一类型的第三人是指法院判决书中只包括一种类型的第三人，对此又可细分为行政行为的相对人或者利害关系人、行政权行使主体、违法行为侵害主体等三类。值得一提的是，违法行为的侵害主体从广义上来讲也可以纳入行政行为相对人或者利害关系人范畴，但鉴于其与一般行政相对人或利害关系人具有一定的差异性，因此有必要单独列出。[1] 本节提到的第三人主要是指在举证部分被公益诉讼人依法证明侵害了国家或社会公共利益的非行政机关的普通公民、法人及其他组织，或者说就是所谓的违法行为人。由于本节主要围绕该类对象违法的几个方面展开，若表述为"违法行为人"违法则难免有重复之嫌。考虑到"第三人"的内涵外延之广、类型划分之丰富，为避免混淆及误解，本节最终选择表述较为稳

---

〔1〕 练育强："行政公益诉讼第三人制度的实证反思与理论建构"，载《行政法学研究》2019年第4期。

妥的"相对人"违法。此外，表述为"相对人"既有不少判决文书及指导案例 137 号作为支撑，又便于在行政公益诉讼的大框架下理解相应的法律关系。

（二）相对人违法的界定标准

在统计过程中，通过检索"处罚""刑事"等关键词，定位到公益诉讼人举证部分，以"行政处罚决定书"和"刑事判决书"作为证明相对人违法的主要标准。也就是说，将行政公益诉讼中的相对人违法主要分为违反行政法和刑法两部分。在违反行政法部分，个别判决书中仅存在行政处罚委托书、行政处罚意见书、行政处罚事先告知书及行政处罚立案登记表等证明文件，对于此种实际上不存在更为正式的行政处罚决定书来证明相对人违法的情形，鉴于其数量不多，考虑到行政处罚的程序性及阶段性问题，为便于绘制图表，将之归入存在行政处罚决定书的情形，而不单独作为一项证据进行统计。至于"责令停止违法行为通知书（决定书）""责令改正违法行为通知书（决定书）"，其未出现"行政处罚"字样，仅在相对人未根据通知书内容进行整改的前提下，行政机关后续才会发出行政处罚决定书，因此"责令类"文件不能简单并入行政处罚决定书。显而易见，该类通知书或决定书明确提及"违法行为"字样，对于证明相对人违法亦颇有分量，因此有必要单列出来统计。在违反刑法部分，判决书中对相对人违法的证明较为规范统一，多是提交有关相对人违法的刑事判决书，不存在多种法律文书并存的情形。总之，本节将能够证明相对人违法的书面文件分为行政处罚决定书、责令停止或改正违法行为通知书、刑事判决书三类。

此外，鉴于全文的立足点在举证上，且为了能够在较短时间内将数量庞大的判决书筛选完毕，本节所称的"违法"需同时满足以下条件才算成立：（1）在公益诉讼人举证部分提及相关违法事实；（2）提供上述三类书面文件（仅文字描述，无书面证据的未计算在内）证明相关违法事实；（3）相对人受到行政处罚或刑罚（包括已经受到或即将受到）。

二、相对人违法的数据统计及分析

(一) 公益诉讼人举证部分三类文书的数量分布

在全国的行政公益诉讼判决书总数为 1343 份，13 个试点省份的判决书总数为 1265 份的基础上，公益诉讼人举证证明了相对人违法的判决书总数为 455 份，相对人违法的全国举证率为 33.88%，试点地区举证率为 35.97%。从表 3.2.2 中的数据可以看出，证明相对人应当受到行政处罚的判决书的数量是最多的，几乎是证明相对人应当受到刑罚数量的 1.7 倍。且三类文书的举证几乎都集中在试点地区，非试点地区的数量均在个位数。

表 3.2.2　公益诉讼人举证部分三类文书数量分布　（单位：件）

	试点地区	非试点地区	全国
行政处罚决定书	260	7	267
责令停止、改正违法行为通知书	27	0	27
刑事判决书	158	3	161
证明相对人违法的判决数（三类文书数量汇总）	445	10	455

(二) 判决书中三类文书的举证率

由于非试点地区的行政公益诉讼判决书总数仅为 78 份，公益诉讼人举证部分提交行政处罚决定书和刑事判决书的数量分别为 7 份和 3 份，样本数量极为有限，因此图 3.2.1 统计出的非试点地区的行政处罚决定书和刑事判决书的举证率不具备足够的趋向性。在此前提下，试点地区行政处罚决定书的举证率为 20.55%，约是非试点地区的 2.3 倍；试点地区刑事判决书的举证率为 12.49%，约是试点地区的 3.6 倍；责令停止、改正违法行为通知书仅试点地区有 27 件，其在试点省份的举证率仅为 2.13%。尽管责令类文书的举证率极低，且在非试点地区并未发现，但该类文书的分布省份并不算少，涉及贵州省、内蒙古自治区、陕西省、甘肃省、安徽省，并非个别省份偶然存在的现象，因而进行了单独的统计分析。

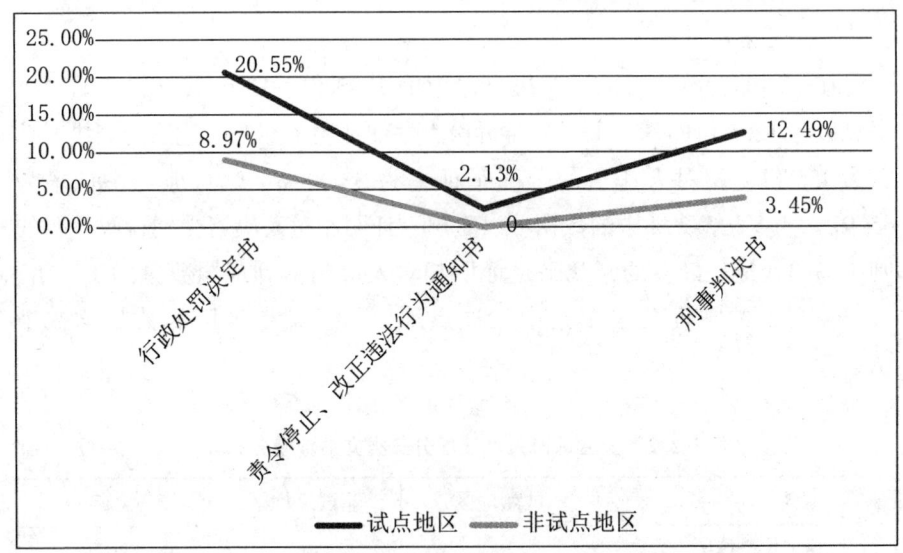

图 3.2.1　试点地区与非试点地区的三类文书的举证率

（三）试点省份三类文书的举证数量

通过图 3.2.2 数据的直观比较，不难看出就证明相对人违法而言，占比 66.67% 的试点省份，其举证提交行政处罚决定书的数量远超刑事判决书的数量，其中贵州省的行政公益诉讼判决书中甚至未曾出现过刑事判决书。反之，广东省、山东省和福建省则是刑事判决书的数量超过了行政处罚决定书，福建省更是超出了 1 倍。除贵州省之外，湖北省是两类文书数量相差最为悬殊的一个省份，公益诉讼人举证提交行政处罚决定书的数量是刑事判决书的 6 倍。在责令类文书普遍少见的情况下，云南省的数据极其显眼，该省是唯一一个责令停止、改正违法行为通知书的数量占优的省份，且 13 件案件均为生态环境与资源保护类公益诉讼。责令类文书的严肃性和正式性显然低于另外两类文书，是否能由此推断云南省的行政机关对损害环境公益类案件的包容度相对较高，相比于行政处罚，更倾向于以责令改正的方式促使违法相对人自我纠错和补救。

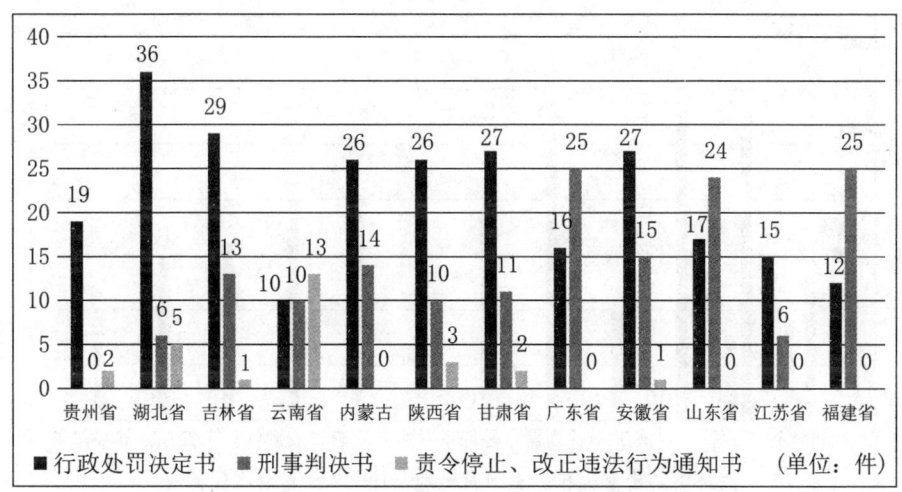

图 3.2.2　试点省份三类文书的举证量

（四）试点省份三类文书的案由分布

（1）举证提交行政处罚决定书的案由分布。由于该部分涉及的食品药品安全类行政公益诉讼数量极少，仅湖北省 1 件、安徽省 3 件。从图3.2.3 不难看出，在举证部分涉及行政处罚决定书的试点省份的行政公益诉讼判决书中，环境与资源保护类案件的数量明显远超其他类别，无一例外。其中，吉林省、云南省、内蒙古自治区、陕西省、广东省及江苏省以行政处罚决定书证明相对人违法的案件类型均为生态环境与资源保护类案件，山东省也仅有 1 件为国有财产保护类案件。该趋势与环保类案件在整个行政公益诉讼中的数量占优也是一致的，尤其是吉林省、内蒙古自治区和陕西省的环保类案件的数量本就处于绝对优势。该类行政公益诉讼中的相对人绝大多数是通过倾倒垃圾、排放污水、非法采矿、砍伐林木等行为破坏公共利益的，前述行为与骗取国有财产的行为性质相比，相对较轻。根据过罚相当的原则，除部分行为恶劣造成后果严重的以外，其他相对人更适合的显然并非刑事处罚，以行政处罚的方式下发行政处罚决定书也更符合比例原则。

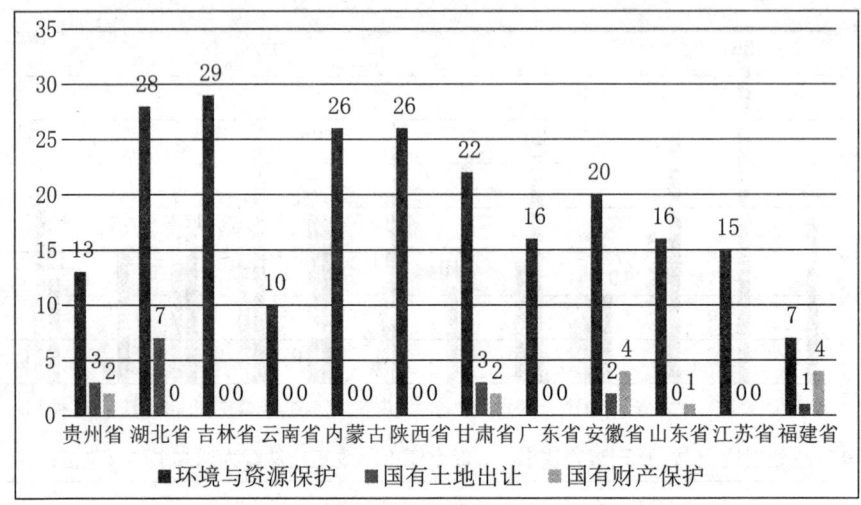

图3.2.3　举证提交行政处罚决定书的案由分布

（2）举证提交行政处罚决定书的案由分布比例。从图3.2.4的分布比例可以看出，在以行政处罚决定书证明相对人违法的判决中，环境与资源保护类的案件占绝大多数，比例高达86.50%。国有土地出让类和国有财产保护类案件的比例相差不大，均在6%上下。由于在举证提交行政处罚决定书部分涉及的食品和药品安全类案件的总数仅为4件，因此其仅占1.50%。

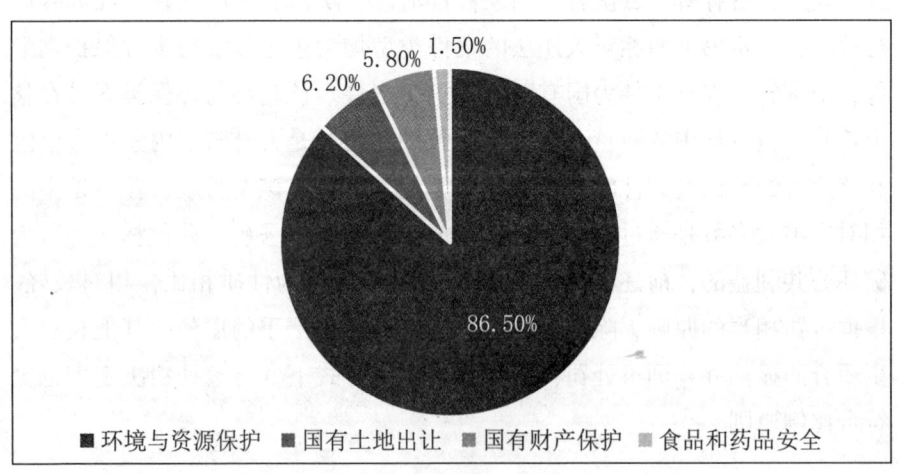

图3.2.4　试点省份举证提交行政处罚决定书的案由分布

（3）举证提交刑事判决书的案由分布。图3.2.5为试点省份所有举证提交刑事判决书的行政公益诉讼案件所涉及的案件类型统计，湖北省所有的案件类型均为环境与资源保护类，未涉及其他类别。内蒙古自治区和云南省也仅有1例涉及国有财产保护类案件。在其余试点省份中，吉林省、甘肃省、山东省及福建省涉及三类案由，且环境与资源保护类居多。另外，广东省、山东省和福建省较为特殊，国有财产保护类案件居多，尤其是福建省，举证部分以刑事判决书证明相对人违法的案件类型几乎全部属于国有财产保护类案件。值得一提的是，福建省以刑事判决书证明相对人违法的判决书数量，占了试点省份所有举证提交刑事判决书的国有财产保护类案件总数的33.82%。

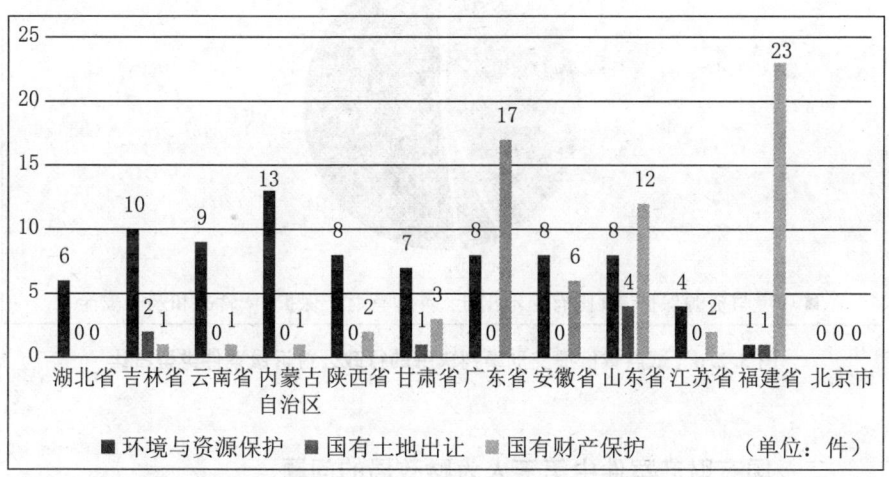

图3.2.5　试点省份举证提交刑事判决书的行政公益诉讼案件类型统计

（4）举证提交刑事判决书的案由分布比例。与举证提交行政处罚决定书的案由分布图3.2.4相比，在以刑事判决书证明第三人违法的行政公益诉讼判决书中，国有财产保护类案件所占的比例和环境与资源保护类差距不大，分别为42.40%和51.90%，差距不足10%。在环境与资源保护类案件的总体数量极具优势的前提下，国有财产保护类案件数量的逆袭主要依靠广东省和福建省。笔者在统计过程中发现，广东省所有的国有财产保护类案件均在举证部分提交了刑事判决书，且表述较为规范，单独作为一项证据列出。这种举证习惯并非偶然，广东省的 17 份行政公益诉讼判决书均由位于韶关市的区县法院作出，且提交的刑事判决书均为证明行政机关的负责人或者工作人员滥用职权、不负责任、违法行使职权，致使国有财产被他人骗取。与之相对，福建省举证提交的刑事判决书的相关判决书由分布在不同市的法院作出，相较于集中在韶关市的广东省而言，福建省的公益诉讼人在国有财产类案件中，举证证明行政机关的负责人或者工作人员受到刑罚处罚的意识较高。

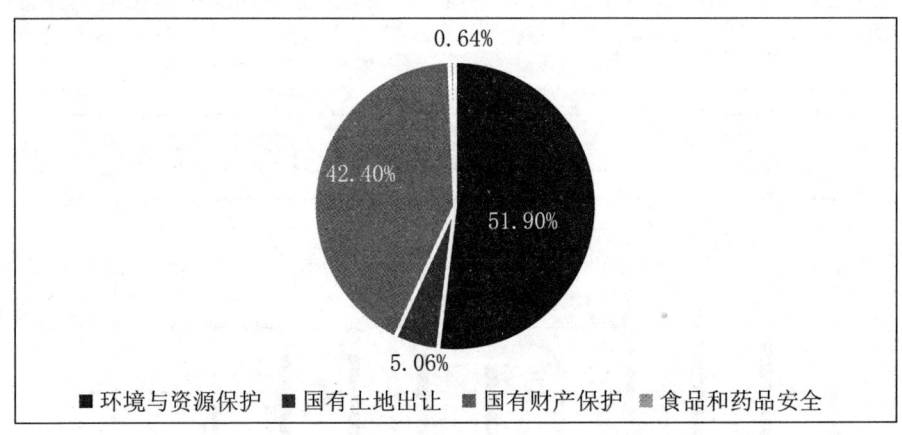

图 3.2.6　试点省份提交刑事判决书的行政公益诉讼案件类型占比

三、国有财产案件中第三人为财政局的问题

虽然本节最终以"相对人"违法命名，但是通过第一部分表述为相对人的原因可知，本节中的"相对人"，与绝大部分判决书中出现的"第三人"及所有的"违法行为人"的内涵是一致的。之所以说是绝大部分"第三人"，是因为在极少数省份，出现了不属于本节范围的第三人，即国有财产保护类案件中被列为第三人的财政局。对该类第三人进行单独分析，有助于更明晰地界定本节中"相对人"的外延。

关于行政主体能否作为第三人尚有争议，显然在国有财产类案件中将财政局作为行政公益诉讼的第三人的现象同样值得研究。在理论尚无定论的背景下，实践中不少法院已经将负有相应财政资金收付管理义务的财政局明确列为该案的第三人。财政局作为第三人与本节第三人的范围不符，且财政局作为行政机关本身也并未主动作出损害国家或社会公共利益的违法行为。财政局属于在负有协助被告行政机关收缴资金的义务下未积极作为，其与应当履行相应职责但未履行或未履行到位的被告的性质更为相似。因此，个别省份在判决书中将财政局列为第三人，证明其与案件处理结果有利害关系，未履行相应职责的情形并未计算在本节所讲的"相对人"违法当中。此处提出来，是因为该种做法颇具争议且集中在个别省份，最为典型的当属福建省，表 3.2.3 进行了简单列举。

表 3.2.3　福建省未履行相应职责的情形

判决书名称	案号	具体表述	第三人
闽清县农业机械管理站国有资产行政管理（国资）一审行政判决书	（2017）闽 0124 行初 1 号	证明第三人为行政机关，承担各项财政收支管理的责任，办理和监督县级财政的各类经济发展支出，负责农业综合开发的管理及资金安排、使用监督工作。证据 1-2 还证明闽清县财政局同本案处理结果有直接利害关系，符合《行政诉讼法》第 29 条第 1 款的规定，是本案的第三人	闽清县财政局
福州市马尾区人民检察院、福州市马尾区农业机械管理站、福州市马尾区财政局其他一审行政判决书	（2017）闽 0105 行初 1 号	财政部门负有配合农机部门收回被套取的国家补贴资金的职责。故马尾区财政局同本案处理结果有直接利害关系，符合《行政诉讼法》第 29 条第 1 款的规定，是本案的第三人	马尾区财政局

续表

判决书名称	案号	具体表述	第三人
莆田市城厢区农业机械管理站国有资产行政管理（国资）一审行政判决书	（2018）闽 0302 行初 50 号	证明第三人莆田市城厢区财政局同本案处理结果有直接利害关系，负有会同被告收回补贴资金的职责	城厢区财政局

　　针对该类案件中被明确称为"第三人"的财政局能否作为行政公益诉讼的第三人，本书的观点认为，"如果是为了监督行政机关依法行使职权，那么对于作为行政权行使主体的第三人显然必须作为第三人参与诉讼，否则很难查清行政机关的职责范围；如果立足于国家利益或者社会公共利益的维护，显然作为行政权行使主体的第三人就不必然需要作为第三人参与诉讼"。[1]行政公益诉讼与行政诉讼的主要区别之一就是诉讼目的，在为了维护国家或社会公共利益的行政公益诉讼中，单独举证证明具有协助义务的财政局为第三人的意义不大。在上表列举的三起案例中，第三人财政局均进行了辩驳，主要证明：（1）财政局本身不存在违法行为，而是被告行政机关的工作人员违法；（2）财政局无相应职责义务（被骗资金未经财政局汇出，其无权追讨）；（3）如需财政局协助追回，财政局将积极配合（公益诉讼人将财政局列为第三人缺乏法律依据）。由此可见，作为行政机关的财政局与国有财产被骗取并无直接关系，也不直接负有协助追回的义务，且财政局与被告同为行政机关，正常情况下势必会配合被告的相关工作，并不需要法院将之列为第三人，亦无需以判决形式强制财政局协助追缴款项。最为重要的是，将财政局列为行政公益诉讼的第三人，缺乏法律依据。若将财政局等负有相关非直接义务的行政机关列为第三人的情形剔除，则本节提到的行政公益诉讼中的相对人、违法行为人与第三人均指代同一类对象，内涵外延将实现一致。

---

　　〔1〕练育强："行政公益诉讼第三人制度的实证反思与理论建构"，载《行政法学研究》2019 年第 4 期。

四、环境行政公益诉讼中的相对人违法

（一）相对人违法行为是否停止问题的提出

最高人民法院于 2019 年 12 月 26 日发布了指导案例 137 号，即云南省剑川县人民检察院诉剑川县森林公安局怠于履行法定职责环境行政公益诉讼案。该案的裁判要点明确提出，"环境行政公益诉讼中，人民法院应当以相对人的违法行为是否得到有效制止，行政机关是否充分、及时、有效采取法定监管措施，以及国家利益或者社会公共利益是否得到有效保护，作为审查行政机关是否履行法定职责的标准"。行政机关是否履行法定职责一直作为检察机关应当举证的四要件之一而存在，而该裁判要点最新颖的地方在于将相对人的违法行为是否得到有效制止作为了审查行政机关是否履行法定职责的标准。毋庸置疑，提高对相对人违法行为状态的关注度，对督促行政机关依法履行职责及尽快恢复环境公益有促进作用。

本章作为独立的非要件举证存在，自然要与上一章的要件举证有所区分。在为数不少的环境行政公益诉讼判决书中，公益诉讼人会在举证部分提及相对人的违法行为仍在存续，其目的多是证明被告未依法定职责或者环境公益仍持续受损，而这两项均属于要件举证。也就是说，实践中不少检察机关在举证证明前述两要件时，已经关注到了相对人的违法行为是否停止这个要素，并作为标准之一进行佐证。为明晰与要件的界限，下文关于环境公益诉讼中相对人违法行为是否停止的统计，是通过判决书中的"法院审理查明"及"本院认为"部分的相关表述进行的。也正是因为缺乏判断相对人违法行为是否停止的统一标准，从法院梳理内容及观点阐述部分来看是否提及相对人违法行为以及判断该违法行为是否已停止，较检察机关自身的举证而言更具说服力和客观性。

（二）"法院审理查明"及"本院认为"部分关于违法行为是否停止的数据统计及分析

1. 关于违法行为是否停止的几种状态

通过对相关环境行政公益诉讼判决书中法院审理查明的案件事实及法院裁判的说理部分进行浏览分析，笔者发现不少法院对于相对人违法行为状

态的表述是有时间跨度的。本节拟以判决时为分界点，划分为判决之前（判决书中具体表述包括截至判决前、庭审前、收到检察建议后、起诉时）和判决之时（判决书中具体表述包括截至目前、判决时、调查庭审中直至本案庭审后、检察机关回访后）。具体而言，法院对相对人违法行为状态的说明方式可划分为以下五类：（1）明确说明截至判决前、庭审前、收到检察建议后，违法行为未停止；（2）仅说明截至判决前、庭审前、收到检察建议后，环境公益依然受损，尚未恢复；（3）明确说明截至目前，违法行为未停止；（4）仅说明截至目前，环境公益依然受损，尚未恢复；（5）说明环境公益已经恢复，公益诉讼人要求恢复公益的诉讼请求已然实现，此种情形仅部分法院明确说明违法行为已经停止，但是从结果可推断出相对人的违法行为必然已经停止继而才能采取补救措施，该类情形实际上代表着违法行为已经停止。

在上文详细列出的五类说明方式中，不难看出真正对相对人的违法行为状态进行了判断的仅有第 1 种（之前未停止）、第 3 种（目前未停止）和第 5 种（目前已恢复）情形，因此本节的统计重点集中包括 2 种违法行为未停止的情形和 1 种违法行为已停止的情形。下文在进行图表绘制时为使得界面更简洁，将采用简化的表述方式，不再列全。

2. 环境行政公益诉讼中相对人违法行为状态数量分布

总体看来，法院在案件事实梳理和裁判说理部分对于相对人违法行为是否已经停止的关注度并不算高，在将环境公益已恢复的判决推定为相对人的违法行为已停止的前提下，全国涉及违法行为状态的案件数量仅有295 件，其中试点地区 283 件，非试点地区 12 件。就明确表述了违法行为状态尚未停止的数据而言，提及判决前（截至判决前、庭审前、收到检察建议后、起诉时）违法行为尚未停止的判决书数量相对较多，这可能是因为不少公益起诉人已经以被告收到检察建议后违法行为仍未停止作为被告未依法履行职责的证据提出，因而法院在梳理及说明部分提及的概率较高。

表 3. 2. 4　环境行政公益诉讼中相对人违法行为状态数量分布　（单位：件）

	试点地区	非试点地区	全国
之前未停止	88	5	93

	试点地区	非试点地区	全国
目前未停止	86	4	90
目前已恢复	109	3	112
关注到相对人违法行为状态的判决总数（三类情形数量汇总）	283	12	295

3. 试点省份关于违法行为是否停止的统计

在不考虑将"目前已恢复"推定为违法行为已停止的情况下，通过前两类数据的分布数量，从图3.2.7可以看出贵州省、吉林省和甘肃省对相对人违法行为状态的关注度更高，内蒙古自治区、江苏省和福建省的关注度较低。当然，这需要考虑到各省份的环境行政公益诉讼判决书的总数。此外，贵州省、云南省、甘肃省和福建省出现了"目前未停止"的判决书数量多于"之前未停止"的判决书数量的情形。显而易见，法院在判决时能够关注到相对人违法行为的状态，表明其对违法行为状态的重要性的认识更深刻，也有更助于法院借助该状态对被告履职情况进行判断，从而进行相应的判决。

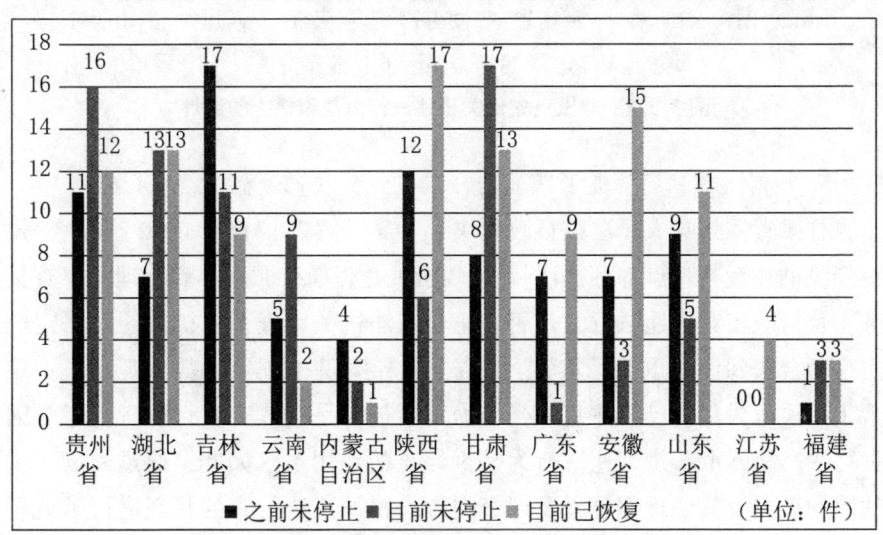

图3.2.7 试点省份关于违法行为是否停止的统计

4. 非试点省份关于违法行为是否停止的统计

非试点地区的环境公益诉讼案件总数较少，仅图 3.2.8 所示非试点省份的法院在案情梳理和裁判说理部分涉及对相对人违法行为状态的表述。严格来讲，黑龙江省和湖南省实际上并不存在明确说明相对人违法行为状态的环境行政公益诉讼判决书，仅重庆市和山西省的判决书中存在关注到目前相对人违法行为状态的情形。总体而言，重庆市和山西省对相对人违法行为状态的关注度更高。

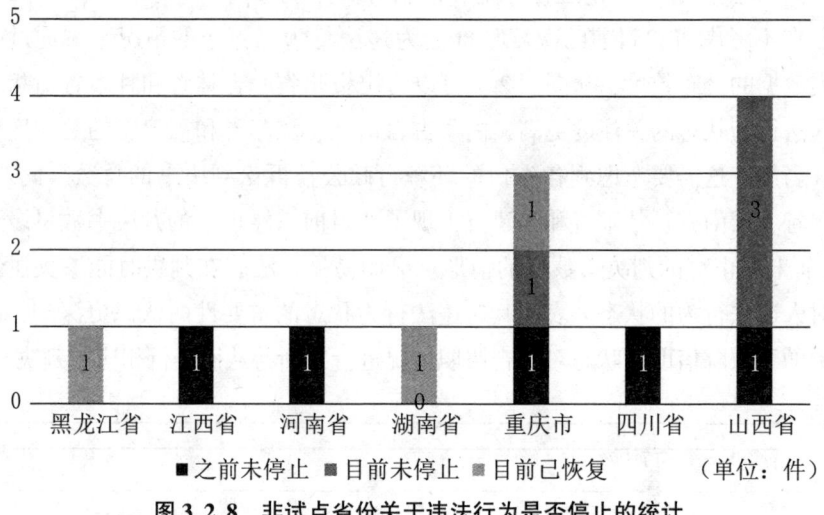

图 3.2.8　非试点省份关于违法行为是否停止的统计

5. 相对人违法行为是否停止与法院具体判决的联系

甘肃省瓜州县人民法院行政判决书，案号（2017）甘 0922 行初 3 号，该判决书在裁判观点部分提出："行政机关是否履行职责尽到合理的审查义务，及行政相对人违法行为是否停止是司法机关审查行政机关履行法定职责是否合法到位的重要标准。"再结合指导案例 137 号的裁判观点，不难看出违法行为是否已经停止应当作为判断被告是否依法履行职责的考量因素之一。实际上，辨别违法行为是否停止的作用不仅如此，通过阅读大量法院的观点及其说理部分，发现个别省份根据违法行为的状态进行了说理并依此判决，存在此种说理的判决相比之下逻辑更为严密。

对于仅说明在判决之前（判决书中具体表述包括截至判决前、庭审前、收到检察建议后、起诉时）相对人的违法行为尚未停止的情形，如甘肃省平凉市崆峒区人民法院行政判决书，案号（2018）甘0802行初1号，该判决书中写道："本案被告泾川县罗汉洞乡人民政府在接到公益诉讼人泾川县人民检察院的检察建议后，虽组织大量的相关人员对罗汉洞村西庄山上多年已形成的生活垃圾、建筑垃圾进行了清运，但未在公益诉讼人限定的期限内整治到位。故被告未积极履行监管职责，致使罗汉洞村西庄山上乱倒垃圾破坏生态现象持续存在，社会公共利益仍处于被侵害状态。由此，被告泾川县罗汉洞乡人民政府未积极履行其环境监管职责的行政行为违法。"该段说理的思路可以概括成被告在收到检察建议后未整治到位，乱倒垃圾的违法行为持续存在，环境公益持续受损，因此被告未依法履行法定职责，继而确认被告未依法履行法定职责违法。若要突出违法行为的状态与判决的关系，则可以简化成"被告收到检察建议——违法行为仍未停止——被告未依法履行法定职责——确认违法"。

对于在判决之时（判决书中具体表述包括截至目前、判决时、调查庭审中直至本案庭审后、检察机关回访后），如甘肃省天水市秦州区人民法院行政判决书，案号（2018）甘0502行初30号，该判决书中写道："公益诉讼人回访的证据和当前采砂现场的照片，证明农用地上仍堆放有砂料、未清理平整恢复种植条件，农用地使用中违法行为持续存在，被告履行监管职责仍不到位，公益诉讼人的请求有合法的事实根据。本案第三人对部分农用地的治理尚未恢复种植条件，被告需要对非法占用农用地采砂的行为继续处理，并监督采砂责任主体平整治理达到农用地种植条件要求的义务。"该段说理的思路可以概括成检察机关在回访时发现被告仍未整治到位，相对人的违法行为持续存在，环境公益仍未恢复，因此需要被告采取补救措施，继而责令被告继续履行监管职责。若要突出违法行为的状态与判决的关系，则可以简化成"检察机关回访后——违法行为仍未停止——责令被告继续履行监管职责"。

之所以会根据违法行为是否停止及环境公益受损存在的不同时间点来分别进行说理，并分别判决"确认违法"及"责令被告继续履行监管职责"，是因为这些法院事先对此进行了区分，明确了二者属于不同的争议点。不难发现，该小节所列举的判决书均出自甘肃省，也就是说甘肃省的法院更有意识地将违法行为的状态与判决说理进行联系。如榆中县林业局其他行政行为一审行政判决书，（2017）甘 7101 行初 103 号，该判决书中指出："本院认为，本案争议的焦点是：（一）被告是否依法履行法定职责？（二）被告是否应继续依法履行行政监督职责，即责令第三人立即停止违法行为？"与此同时，在未进行争议点划分的绝大多数判决书中，并不存在所谓的相对人违法行为是否停止与法院具体判决的联系。最为常见的是法院仅通过说明被告在收到检查建议后，未能有效制止违法行为或未能修复环境公益，因此确认被告未履行监管职责违法，继而责令被告继续履行监管职责。

第三节　基础信息之举证

一、基础信息举证情况概述

通过浏览 1000 多份行政公益诉讼判决书举证部分，笔者发现各类基础信息出现的频率较高，且信息的种类相对固定。实际上，举证部分涉及证明公益诉讼人起诉资格及被告身份资格的文件信息极为常见，可以说是作为个别要件举证的一部分而存在，因此本部分的基础信息不包括关于公益诉讼人及被告的各类信息。在此基础上，拟将公益诉讼人作为证据提交的基础信息划分为三大类，主要包括：（1）营业执照类；（2）身份信息类；（3）二者皆有类（同时提交了营业执照类和身份信息类的证据）。具体到判决书中的详细表述，则营业执照类信息包括公司、企业、个体工商户的营业执照、注册材料及工商登记信息等，主要是针对法人及非法人组织的基本信息；身份信息类信息包括公司负责人、个体工商户、公民的身份信息及少数专家、鉴定人的基本信息，主要是针对公民个人的基本信息；二者皆有的即同时存在，不再赘述。

（一）三类基础信息举证的数量分布

由表 3.3.1 中的数据可知，举证部分提交了基础信息的行政公益诉讼判决书总数为 238 份，主要集中在试点地区，非试点地区仅有 5 份。基础信息的全国举证率为 17.72%，试点地区举证率为 18.42%。在提交的基础信息种类中，试点地区仅提交营业执照类信息的判决书数量是仅提交身份信息类判决书数量的 2.9 倍，占据了该类判决书总数的近六成。此外，无论是在试点或非试点地区，同时提交两类基础信息的判决书数量均高于仅提交身份信息类的判决书数量。

表 3.3.1　三类基础信息举证的数量分布　　　　　（单位：份）

信息种类	试点地区	非试点地区	全国
营业执照类	134	0	134
身份信息类	46	1	47
二者皆有类	53	4	57
提交基础信息类证据的判决总数（三类情形数量汇总）	233	5	238

（二）三类基础信息的举证率

由图 3.3.1 不难看出，试点地区营业执照类基础信息的举证率超过了 10%，而非试点地区却不存在仅提交营业执照类信息的情形。对于二者皆有类，即同时提交了前两类信息的第三类信息的举证率而言，在试点地区和非试点地区的差距不大，均在 5% 上下。

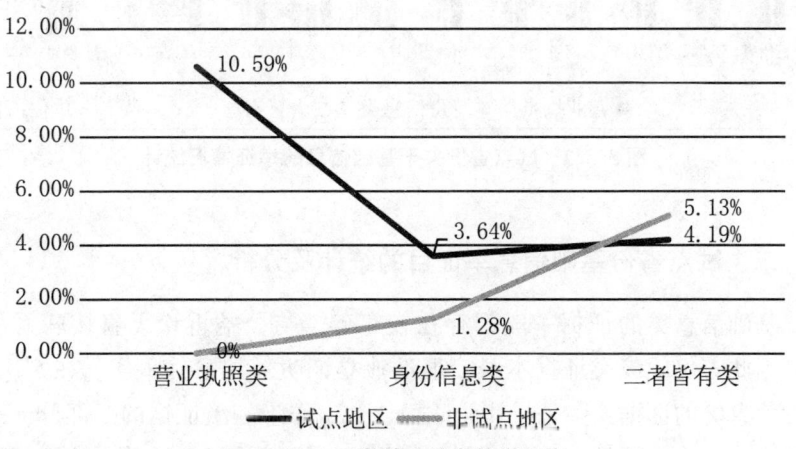

图 3.3.1　三类基础信息的举证率

（三）试点省份关于基础信息的举证情况统计

在仅提交营业执照类信息的行政公益诉讼判决书数量占判决书总数近六成的情况下，13个试点省份中有10个省份均为营业执照类信息超过其他两类，仅吉林省、江苏省和北京市由于举证提交基础信息的判决书总数最少，未呈现出该趋向。同时，吉林省和江苏省也是存在举证提交不同种类信息的判决书数量一致的省份，其中吉林省是营业执照类和身份信息类的判决书数量一致，江苏省是营业执照类和同时提交两类信息的判决书数量一致。另外，吉林省不存在同时提交两类信息的案件，山东省不存在仅提交身份信息类信息的案件，贵州省和湖北省是基础信息类举证的判决书总数最多的两个省份，云南省和安徽省次之。

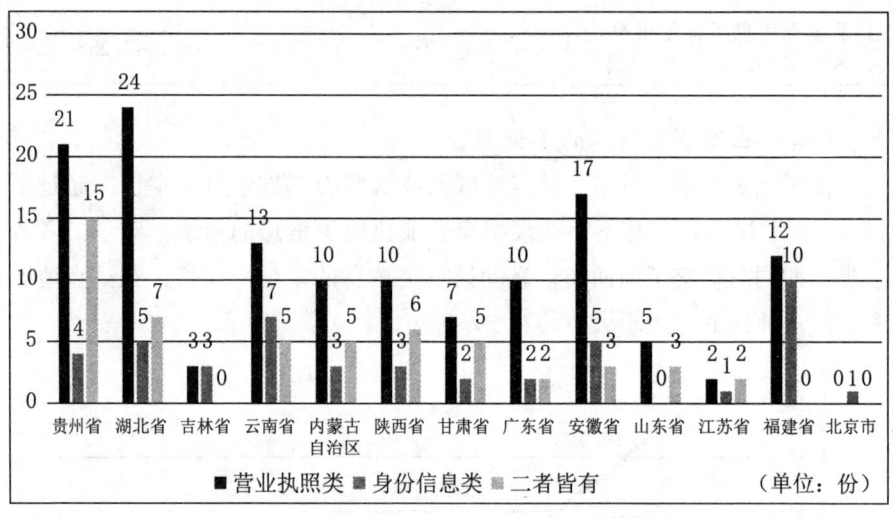

图 3.3.2　试点省份关于基础信息的举证情况统计

二、试点省份基础信息举证目的统计及分析

基础信息类的证据一般都存在较零碎、与公益诉讼无直接联系的特点，因此若仅凭该类证据本身，很难独立证明一项案件事实。在判决中，基础信息类的证据大多是与其他证据合并，作为一组证据的一部分，一起证明一项或几项案件事实。换言之，除非仅证明相对人的基本情况，若要

实现其他证明目的,基础信息类的证据都只是作为证据链中的一环而存在,必须与其他证据相结合。在此前提下,该部分所统计的基础信息类证据的举证目的,绝大多数都是由多项证据共同来证明的,将其列出是为了统计各类基础信息类的证据在为哪些证明目的"助力"。在完成了对大量判决内容的浏览和提炼后,拟将基础信息类证据的证明目的分为五大类,具体包括:(1)证明相对人(相对人的范围与上一节所述一致)基本情况;(2)证明相对人活动情况(包括相对人签署合同等案件事实、相对人不履行应尽义务及相对人存在违法行为等);(3)证明被告履职情况(包括被告未依法履行职责及被告违法行使职权等);(4)同时证明相对人活动情况及被告履职情况(一般先表述相对人的违法行为导致公共利益受到损害,而被告未依法制止并采取措施,致使公共利益持续受损,被告的不作为或作为不当违法);(5)未列明举证目的(严格来说此种情形不算证明目的中的一类,但其能从侧面大体展示举证部分仅罗列信息类证据,未明确证明目的的案件数量)。

下文拟分为三部分对基础信息类证据的举证目的进行较为全面的数据统计,包括各试点省份三类基础信息的举证目的、各试点省份基础信息类证据不同举证目所占据的比例等。由于试点省份总数及划分的证明目的的种类数较多,将其呈现在柱形图上不便于阅览和解读,因此在本节最后会专门以表格形式附上试点省份各类基础信息的证明目的。

(一)试点省份三类基础信息的证明目的统计

1. 营业执照类

由于营业执照类信息包括了公司、企业、个体工商户营业执照、注册材料、工商登记信息等各类信息,是针对相对人的最为普遍的信息,因此除未列明举证目的的情形外,证明目的为第 1 类即证明相对人基本情况的判决书数量极具优势,其中贵州省、内蒙古自治区、广东省和安徽省在数量上领先。此外,湖北省是未列明举证目的的数量最多的省份,从侧面反映该省的公益诉讼人在基础信息类举证上倾向于仅罗列信息类证据而不交代举证目的。

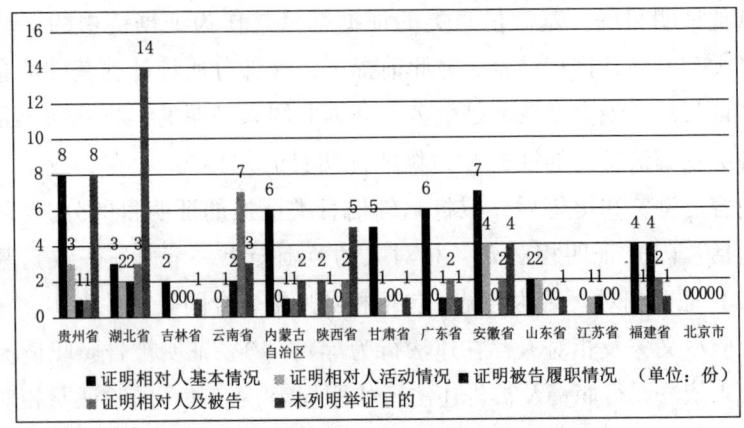

图 3.3.3　营业执照类基础信息的证明目的

2. 身份信息类

由于举证提交身份信息类举证的行政公益诉讼判决书总数最少，因此在细分 5 类举证目的的情况下，每个试点省份都存在数项举证目的为 0 的情形。仅提交身份信息类证据的判决书数量最多的省份为福建省，云南省次之。其中，福建省的 10 份判决书中有 8 份的证明目的为第 1 类即证明相对人基本情况；云南省的 7 份判决中，则是未列明举证目的的居多，仅有 2 份为证明相对人基本情况。

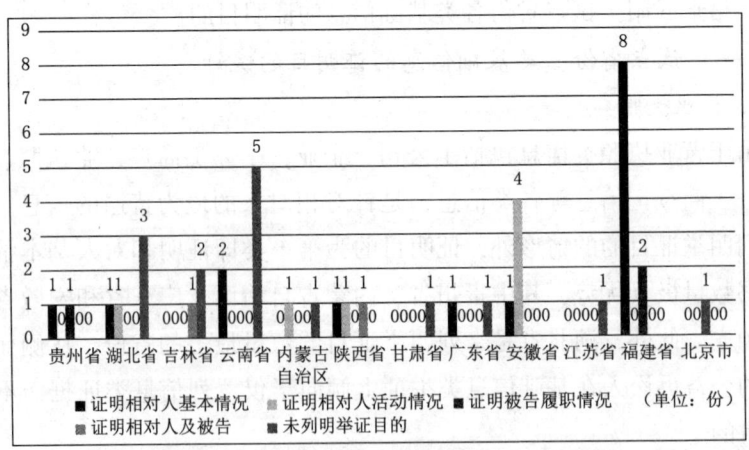

图 3.3.4　身份信息类基础信息的证明目的

3. 二者皆有类

由于吉林省和福建省不存在同时提交营业执照类和身份信息类证据的判决，因此未在图 3.3.5 中呈现。贵州省是基础信息类举证的数量大省，也是同时提交两类信息的行政公益诉讼判决书总数最多的省份，其证明目的为第 1 类即证明相对人基本情况的判决书数量最多，未列明举证目的的数量亦居多。与身份信息类举证目的的图 3.3.4 类似，在该类型基础信息的证明目的统计中，不少试点省份存在数项举证目的为 0 的情形。云南省和陕西省是证明相对人活动情况的判决书数量最多的省份，而贵州省和内蒙古自治区是仅有的两个存在证明相对人及被告情况的判决书的省份。

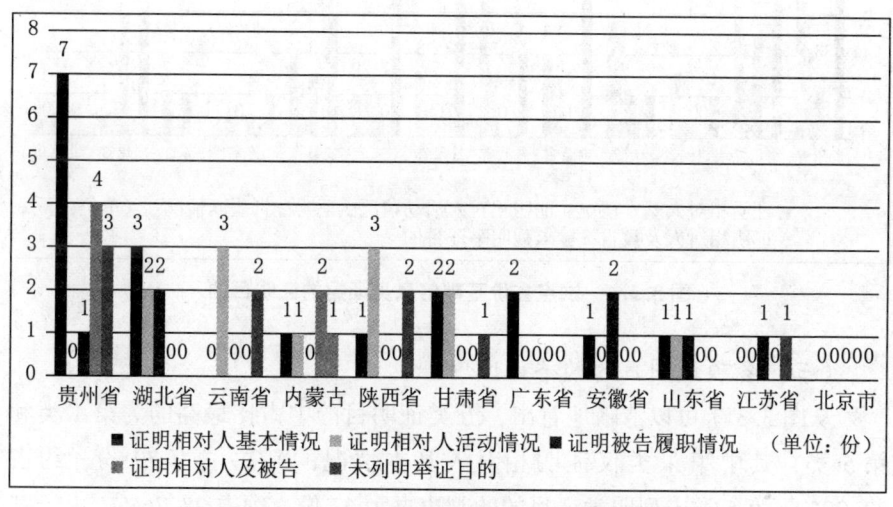

图 3.3.5　二者皆有类基础信息的证明目的

（二）试点省份基础信息类证据的证明目的统计

在第 1 类和第 5 类证明目的的总数占优的情况下，贵州省和福建省是证明相对人基本情况的行政公益诉讼判决书数量最多的省份；湖北省和贵州省是未列明举证目的的判决书数量最多的省份。吉林省、江苏省和北京市是提交基础信息类证据的判决书总数最少的省份，且存在数项举证目的为 0 的情形。由于本节的各类基础信息与被告行政机关无直接联系，所以第 3

类举证目的即证明被告履职情况的判决书数量相对较少，福建省和湖北省是证明该类目的的判决书数量最多的省份。此外，安徽省是第 2 类证明目的即证明相对人活动情况的判决书数量最多的省份，云南省是第 4 类证明目的即同时证明相对人及被告情况的判决书数量最多的省份。

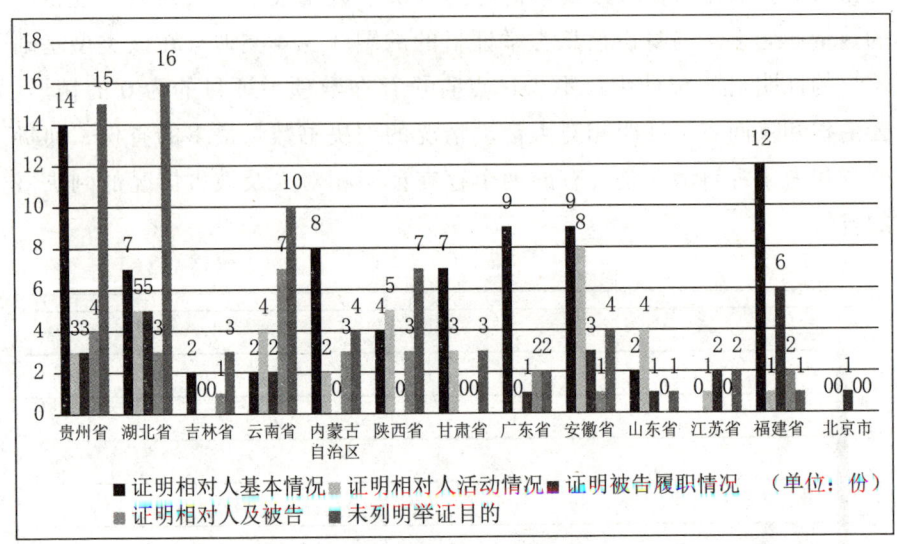

图 3.3.6　试点省份基础信息类证据的证明目的

（三）各项证明目的的举证比例

从图 3.3.7 可以清晰地看出，五类证明目的中占比最高的为第 1 类和第 5 类，其中第 1 类仅证明相对人基本情况的判决书为 79 份，约占 33.90%；第 5 类未列明举证目的的判决书为 67 份，约占 28.76%。由于基础类信息主要是针对相对人的各类信息，因此第 3 类证明目的即仅证明被告履职情况的判决书数量最少，仅占 10.03%；与之相应的是第 4 类即同时证明相对人及被告情况的判决书，其数量占总数的 12.01%。至于第 2 类举证目的，由相对人的信息证明相对人的活动及行为状态是较为常见的思路，因此该项证明目的的占比相对较高，仅次于占比最高的第 1 类和第 5 类证明目的。由于这五类证明目的中包括了未列明举证目的的情形，因此其代表的判决书数量应当与第一部分统计的试点地区提交基础信息的判决书数量 233 份相一致，但其实际上仅代表了 229 份判决书，而相差的 4 份判决书中所提交的信息则是针对专家及鉴定人的身份信息，且其证明目的并不属于以上五类，拟通过下面的附表进行呈现和说明。

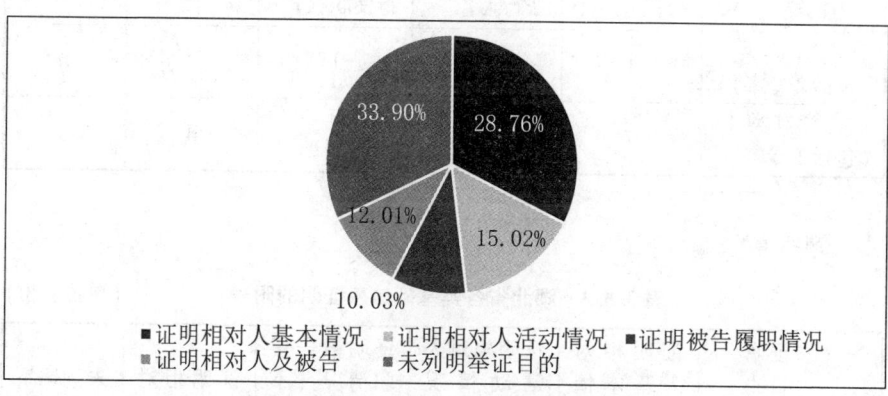

图 3.3.7　各项证明目的的举证比例

（四）试点省份各类基础信息证明目的附表

贵州省

在贵州省的 4 份提交了身份信息类证据的行政公益诉讼判决书中，有 2 份身份信息是针对专家的；在 16 份同时提交了两类身份信息的判决中，有 1 份是针对专家的。该类针对专家的身份信息包括专家身份证复印件、博士及博士后证书、高级教授证书、专家咨询委员证书等，其举证目的为证明专家资质及其出具的调研意见真实有效。

表 3.3.2　贵州省各类基础信息证明的附表　　（单位：份）

证明目的 / 信息种类	证明相对人基本情况（公司+公民）	证明相对人活动情况（不履行+违法行为）	证明被告履职情况（不履职+违法行使职权）	证明相对人及被告	未列明举证目的
营业执照类21	8	3	1	1	8

续表

证明目的 信息 种类	证明相对人基本情况（公司+公民）	证明相对人活动情况（不履行+违法行为）	证明被告履职情况（不履职+违法行使职权）	证明相对人及被告	未列明举证目的
身份信息类 4（包括 2 专家）	1	0	1	0	0
二者皆有类 16（包括 1 专家）	7	0	1	4	3

湖北省

表 3.3.3 湖北省各类基础信息证明的附表 （单位：份）

证明目的 信息 种类	证明相对人基本情况（公司+公民）	证明相对人活动情况（不履行+违法行为）	证明被告履职情况（不履职+违法行使职权）	证明相对人及被告	未列明举证目的
营业执照类 24	3	2	2	3	14
身份信息类 5	1	1	0	0	3
二者皆有类 7	3	2	2	0	0

吉林省

表 3.3.4 吉林省各类基础信息证明的附表 （单位：份）

证明目的 信息 种类	证明相对人基本情况（公司+公民）	证明相对人活动情况（不履行+违法行为）	证明被告履职情况（不履职+违法行使职权）	证明相对人及被告	未列明举证目的
营业执照类 3	2	0	0	0	1
身份信息类 3	0	0	0	1	2
二者皆有类 0	0	0	0	0	0

云南省

表 3.3.5　云南省各类基础信息证明的附表　　　　（单位：份）

证明目的 ＼ 信息种类	证明相对人基本情况（公司+公民）	证明相对人活动情况（不履行+违法行为）	证明被告履职情况（不履职+违法行使职权）	证明相对人及被告	未列明举证目的
营业执照类 13	0	1	2	7	3
身份信息类 2	2	0	0	0	0
二者皆有类 3	0	3	0	0	0

内蒙古自治区

在内蒙古自治区的 3 份提交了身份信息类证据的行政公益诉讼判决书中，有 1 份身份信息是针对鉴定师的。该项针对鉴定人的身份信息包括鉴定师和鉴定机构的资质文件等，此信息未列明举证目的。

表 3.3.6　内蒙古自治区各类基础信息证明的附表　　　　（单位：份）

证明目的 ＼ 信息种类	证明相对人基本情况（公司+公民）	证明相对人活动情况（不履行+违法行为）	证明被告履职情况（不履职+违法行使职权）	证明相对人及被告	未列明举证目的
营业执照类 10	6	0	1	1	2
身份信息类 3（包括 1 鉴定师）	0	1	0	0	1
二者皆有类 5	1	1	0	2	1

陕西省

表 3.3.7　陕西省各类基础信息证明的附表　　　　（单位：份）

证明目的／信息种类	证明相对人基本情况（公司+公民）	证明相对人活动情况（不履行+违法行为）	证明被告履职情况（不履职+违法行使职权）	证明相对人及被告	未列明举证目的
营业执照类 10	2	1	0	2	5
身份信息类 3	1	1	0	1	0
二者皆有类 6	1	3	0	0	2

甘肃省

在甘肃省的 2 份提交了身份信息类证据的行政公益诉讼判决书中，有 1 份身份信息是针对专家的。该项针对专家的身份信息包括专家资质证明和身份证明等，此信息未列明举证目的。

表 3.3.8　甘肃省各类基础信息证明的附表　　　　（单位：份）

证明目的／信息种类	证明相对人基本情况（公司+公民）	证明相对人活动情况（不履行+违法行为）	证明被告履职情况（不履职+违法行使职权）	证明相对人及被告	未列明举证目的
营业执照类 7	5	1	0	0	1
身份信息类 2（包括 1 专家）	0	0	0	0	1
二者皆有类 5	2	2	0	0	1

广东省

表 3.3.9　广东省各类基础信息证明的附表　　　　（单位：份）

信息种类 ＼ 证明目的	证明相对人基本情况（公司+公民）	证明相对人活动情况（不履行+违法行为）	证明被告履职情况（不履职+违法行使职权）	证明相对人及被告	未列明举证目的
营业执照类 10	6	0	1	2	1
身份信息类 2	1	0	0	0	1
二者皆有类 2	2	0	0	0	0

安徽省

表 3.3.10　安徽省各类基础信息证明的附表　　　　（单位：份）

信息种类 ＼ 证明目的	证明相对人基本情况（公司+公民）	证明相对人活动情况（不履行+违法行为）	证明被告履职情况（不履职+违法行使职权）	证明相对人及被告	未列明举证目的
营业执照类 17	7	4	0	2	4
身份信息类 5	1	4	0	0	0
二者皆有类 3	1	0	2	0	0

山东省

表 3.3.11　山东省各类基础信息证明的附表　　　　（单位：份）

信息种类 ＼ 证明目的	证明相对人基本情况（公司+公民）	证明相对人活动情况（不履行+违法行为）	证明被告履职情况（不履职+违法行使职权）	证明相对人及被告	未列明举证目的
营业执照类 5	2	2	0	0	1
身份信息类 0	0	0	0	0	0
二者皆有类 3	1	1	1	0	0

江苏省

表3.3.12 江苏省各类基础信息证明的附表　　　　（单位：份）

信息种类＼证明目的	证明相对人基本情况（公司+公民）	证明相对人活动情况（不履行+违法行为）	证明被告履职情况（不履职+违法行使职权）	证明相对人及被告	未列明举证目的
营业执照类2	0	1	1	0	0
身份信息类1	0	0	0	0	1
二者皆有类2	0	0	1	0	1

福建省

表3.3.13 福建省各类基础信息证明的附表　　　　（单位：份）

信息种类＼证明目的	证明相对人基本情况（公司+公民）	证明相对人活动情况（不履行+违法行为）	证明被告履职情况（不履职+违法行使职权）	证明相对人及被告	未列明举证目的
营业执照类12	4	1	4	2	1
身份信息类10	8	0	2	0	0
二者皆有类0	0	0	0	0	0

第四节　检察建议书回函之举证

一、围绕"检察建议书回函"非要件举证展开的问题

《行政诉讼法》第25条规定了人民检察院在发现国家利益、社会公共利益受损时，应当向行政机关发出检察建议书。检察机关的检察建议书是在一定范围内，针对特定行业、系统或相关单位所存在的机制、制度、管理等方面的问题，以检察机关的名义提出堵塞漏洞、消除隐患、改进管理的建议或对策，是一种准司法文书，其首要特征是建议性，并不具有责令

有关部门或单位执行的强制力。但作为一项柔性的、程序性的权力，检察建议书一方面容易在检察机关的检察监督权与有关部门的行政权之间寻找到平衡，另一方面更容易被行政机关接受执行，效率更高。[1]在行政公益诉讼活动中，往往都会涉及审判机关、行政机关、民事主体、鉴定机构等多方社会力量，如一味地采用诉讼程序解决问题，势必会加重司法负担，也容易造成一定公共资源的浪费。因此法律设定了诉前程序措施，将大部分能够通过其他救济途径解决的案件在审判活动开启前化解。而对于行政公益诉讼案件，《行政诉讼法》并未进行细致的规定，仅构建了一个总体性的制度框架，对检察建议书的规定也非常抽象宽泛。

此后，司法解释对行政公益诉讼案件中的检察建议进行了进一步的诠释与补充，即 2018 年 3 月 2 日《两高解释》第 21 条第 2 款，行政机关应当在收到检察建议书之日起两个月内依法履行职责，并书面回复人民检察院。出现国家利益或者社会公共利益损害继续扩大等紧急情形的，行政机关应当在十五日内书面回复。该条规定对行政机关回复检察建议书的期限进行了限定，有效防止了行政机关懈怠履职的现象。与此同时，根据具体案件紧急情况的不同，规定了不同的回复期间，既督促了行政机关的履职，亦保证了检察院对不同案件处理的灵活性。随后，最高人民检察院发布的《办案指南》《人民检察院检察建议工作规定》（以下简称《工作规定》）也对此作出了类似规定，要求行政机关在规定期间内书面回复检察院的检察建议书。

目前对于是否进入诉讼阶段，我国采取实质性审查方式，即当行政机关在接到检察建议书后仍不依法履行职责，致使国家利益或社会公共利益仍处于受侵害的状态，诉前程序时效届满后便进入行政公益诉讼阶段。[2]然而，作为诉前程序的对应活动，检察建议书的回复仍缺乏相关的规定与约束。仅在司法解释与《办案指南》等规定上对回复期限进行规定，对于回复的内容、格式、性质以及回复所带来的法律后果并未明文规定，对此在实践中回复的性质如何，未履行回复又会导致何种法律后果并不清晰。

---

〔1〕　郭林将："论检察建议对环境监管权的监督——基于浙江省环境检察建议的梳理与研究"，载《云南大学学报（法学版）》2013 年第 3 期。
〔2〕　姬艾佟："行政公益诉讼诉前检察建议的完善"，载《中国检察官》2019 年第 20 期。

2015 年 7 月 1 日，全国人大常委会授权最高人民检察院在贵州、湖北、北京等 13 个省（区、市）就生态环境和资源保护、国有资产保护、国有土地使用权出让、食品药品安全等领域开展为期两年的提起公益诉讼试点。对此，相较于非试点地区，试点地区检察院在行使监督职权上的技术与经验相比，可能更有经验，内容上更加丰富。目前对于检察建议书回函的规定仍处于探索阶段，有些制度仍不完善。故下文将通过分析全国行政公益诉讼判决书中涉及检察建议书回函的相关内容，统计并分析检察建议书回函制度中的异同，从而发现回函制度的不足之处，并提出一些自己的设想。

同前文介绍，截至 2019 年 12 月 31 日，笔者通过检索裁判文书数据库共收集了 1343 份行政公益诉讼案件的裁判文书。其中一审判决书 1134 份，二审判决书和裁定书 45 份，裁定书 64 份。由于裁定书涉及的大多数是程序上的问题，基本不包含举证内容，将其排除。45 份二审案件内容上不涉及举证问题，且在一审判决中已计算次数，也不重复计算。因此本区块仅统计与分析试点与非试点地区行政公益诉讼一审判决书内容共计 1134 份一审判决书。其中试点地区 1086 份一审判决书，非试点地区 48 份一审判决书，但是并非所有判决书中都载有检察建议书的回复情况，经梳理，共有 1115 份一审判决书有相关情况，其中试点地区 1069 份，非试点地区 43 份。

二、检察建议书回复情况概述

检察建议书回复不仅能看出地方行政机关是否依法履行职责，也能看出地方行政机关对行政公益诉讼的重视程度。从判决书中可见行政机关对检察院发出的检察建议进行了回复，采用的回复文件通常以某某"回函""复函""回复"命名，但在部分地区也会以"反馈"或者以某某案件的"情况汇报""处理汇报"作为回函的文件名称。但其包含的内容大体相同，根据不同的案件类型，总体包括以下几个部分：（1）存在问题的调查情况。（2）根据检察建议书的建议采取的措施。（3）采取措施的落实情况。（4）追究相关人员的责任。（5）是否达到检察建议的要求。（6）是否接受检察建议等。除此之外，也存在行政机关根据检察建议书中的建议，将向法院强制执行第三人财产的申请书副本交给区检察院作为"依法处理"的"及时书面回复"。[1]

（一）整体回复情况分析

通过分析行政公益诉讼一审判决发现，公益诉讼起诉人（检察院）往往会出具被告行政机关对其发出的检察建议回函，来证明其已经履行完诉前程序且被告未按照检察建议履行法定职责。也存在部分案件，检察院并未提交收到检察建议书回函的证据材料，但在原被告陈述或法庭调查中提及已收回函。更有甚者，对检察院的检察建议书未予重视，逾期回复或直至审判时也未进行回复。在统计回复情形分类上，按照是否回复进行区分，分为已回复与未回复两类。在此基础上，根据回复行为中存在的瑕疵细分为正常回复、逾期回复、回复未证明三种类型。

具体回复情况如表 3.4.1 和图 3.4.1 所示。

表 3.4.1　全国检察建议书整体回复情况表

	已回复	回复未证明	逾期回复
全国	1021/90.04%	52/4.59%	42/3.7%
试点地区	979/90.15%	49/4.51%	40/3.68%
非试点地区	42/87.50%	3/6.25%	2/4.17%

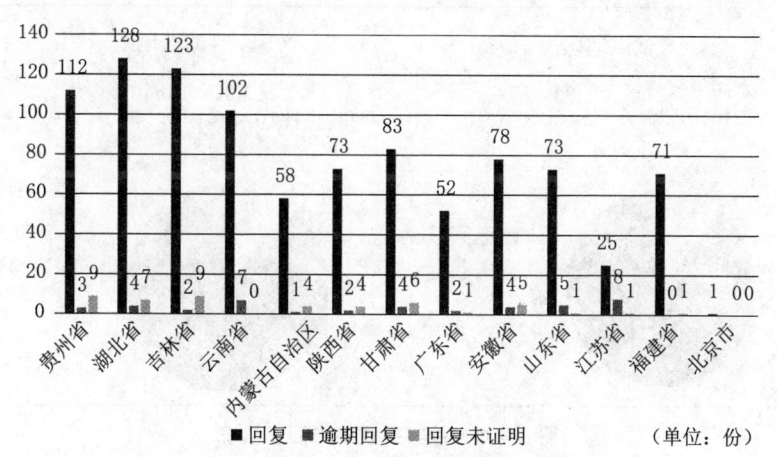

（单位：份）

图 3.4.1　试点地区检察建议书回复整体情况

---

[1]　（2017）苏 0411 行初 30 号。

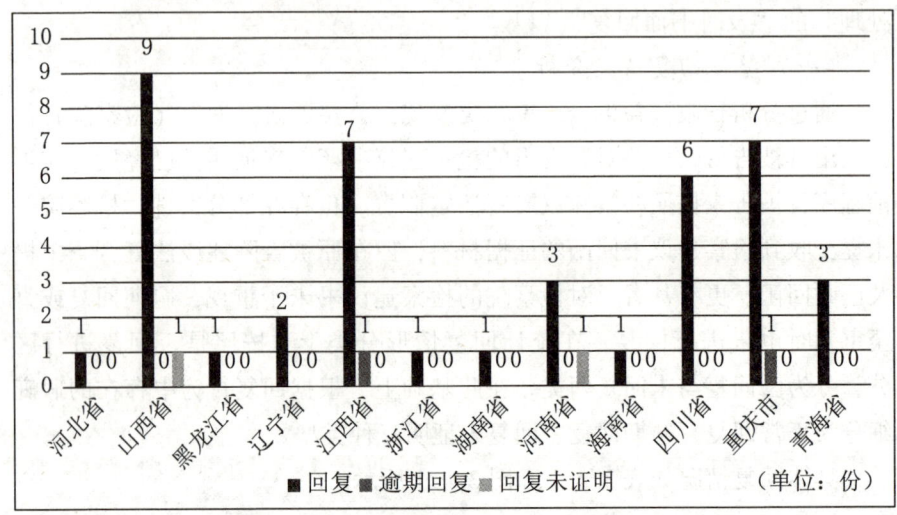

图 3.4.2　非试点地区检察建议书回复整体情况

（二）检察建议书未回复情况分析

从图 3.4.3 可见，无论是全国还是试点、非试点地区，行政机关对检察建议书的回函率都保持在 90%左右。

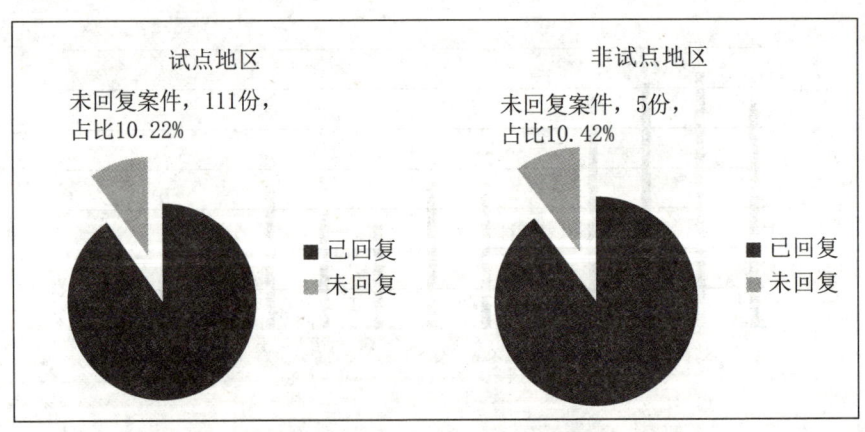

图 3.4.3　检察建议书未回复情况

根据《两高解释》《工作规定》《办案指南》明文规定，对检察院发出的建议书，被告应当在收到检察建议书的一定期限内书面回复，并且都以"应当"字眼表明乃强制性规定，可见仍存在部分地区行政机关对公益诉讼不重视。根据以上数据显示，试点地区与非试点地区对检察建议书回复方面均未足够重视，试点地区未起到很好的带头指引作用。

从全国检察建议书未回复的案件类型来看，其中涉及生态环境与资源保护案件 74 份，食品药品安全案件 2 份，国有财产保护案件 29 份，国有土地使用权出让案件 11 份。可见在行政公益诉讼案件中，生态环境与资源保护案件未回复的问题最为严重，占据了未回复案件总数的 63.79%。这一方面是由于全国行政公益诉讼案件中，涉及生态环境与资源保护案件的数量最为庞大，导致该类案件相较于其他案件类型基数更大。另一方面从图 3.4.4 可见，74 份涉及未回复检察建议书的生态环境与资源保护案件中，最为突出也最为主要的案由为垃圾堆放引发的问题与非法占用土地问题，各有 20 份与 36 份案件。

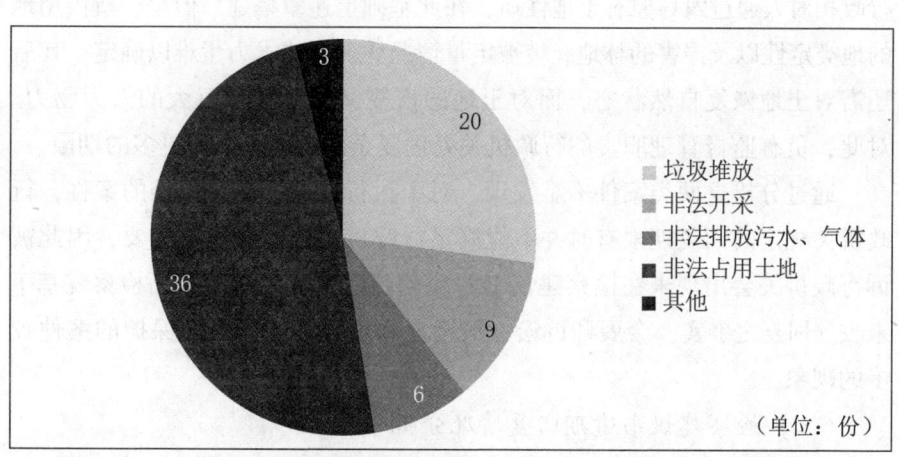

（单位：份）

图 3.4.4 涉及未回复检察建议书的生态环境与资源保护案件的主要案由

垃圾堆放问题主要是指由于大量建筑垃圾及生活垃圾，占用了耕地、林地、采矿用地等，严重破坏了环境资源，并且倾倒的垃圾未经任何无害化处理，也未采取防渗等污染防治措施，对周边的环境带来了安全隐患。《环境保护法》第 6 条第 2 款规定："地方各级人民政府应当对本行政区域的环境质量负责。"第 37 条规定："地方各级人民政府应当采取措施，组织对生活废弃物的分类处置、回收利用。"因此地方政府作为辖区内环境质量问题的管理机关，负责完善垃圾堆放的管理工作，对因垃圾堆放产生的问题采取补救措施，完善垃圾堆放的环保治理工作，确保达到环保要求。而地方政府日常事务繁重，难免无法顾及所在辖区内的全部垃圾堆放问题。另外，垃圾站的维护和环境资源的保护往往会涉及经费、技术等方面，还要同其他相关单位进行协调，因此沟通与处理需要一定期间。在部分判决书中也能发现，对待垃圾站处理时间，法院也会考到该案件的处理难度，在判决被告政府在处理垃圾问题上存在违法的情况下，也会多给被告政府一定期限完善相关工作。但对于检察建议书的回复问题，被告行政机关仍难以免责，对于此类案件，在无法在规定期限内处理完毕并且进行回复的情况下，也应当在规定期限内回复检察院，而不能以此为借口，逃脱责任。而另一类非法占用土地案件中，往往会导致土地性质发生变化，违法的行政相对人通过毁坏原有土地性质，在此基础上违章搭建。但是，所占用地的地类定性以及损害的林地、植被定量情况凭现有技术力量难以确定，其后还需对土地恢复自然状态，而对土地的恢复又需要耗费巨大的人力物力。对此，负有监督管理职责的行政机关处理复杂的案件就需要更多的期限。

通过分析这两类案件不难发现，对于执行复杂、补救困难的案件，行政机关规定的回复期限有时并不能满足行政机关履行职责的需要，因此被诉行政机关会出现未在检察建议书回复期限内回复的现象，而检察院基于未收到回复之事实，会展开诉讼，最终导致出现环境与资源保护的案件较多的现象。

（三）检察建议书逾期回复情况分析

逾期回复是指被告行政机关对检察建议未在规定期限内回复的情形。截至2019年底共发生42起逾期回复案件，逾期回复案件占案件总量的3.70%，其中试点地区40起，非试点地区2起。具体分布见表3.4.2。

通过数据分布发现，13个试点地区除北京市与福建省外都存在零星的逾期事件，其中云南省、江苏省分别发生7起、6起，两省数量占据大多数。而非试点地区可能由于案件数量较少，也仅仅发生2起。可见对于检察建议书逾期事件，在全国大部分省市都有发生。

表 3.4.2　全国检察建议书逾期回复情况　　　　　　　（单位：起）

试点地区	贵州省	湖北省	吉林省	云南省	内蒙古自治区	陕西省	甘肃省	广东省	安徽省	江苏省	山东省
案件数量	3	4	2	7	1	2	4	2	4	6	5

非试点地区	江西省	重庆市
数量	1	1

　　从案件具体类型来看，在 42 起检察建议书逾期回复案件中，24 起案件属于相对人非法占用土地，主要为行政相对人改变土地用途或非法开采泥沙、林木导致自然资源的损耗，致使国家利益和社会公共利益受损。6起为未采取防渗等污染防治措施而引发的垃圾堆放案件。5 起为行政机关收缴费用案件。4 起涉及行政相对人违法排放污水。2 起涉及危险废物处置问题。1 起涉及食品安全类型为生活饮用水安全隐患。由此可见，检察建议书逾期回复案件主要发生在非法占用土地和垃圾堆放引发的案件上，占据了总数的 71.43%。

　　综上，未予回复案件与逾期回复案件中，都面临着同样的问题，即面对复杂案件，当检察院规定的回复期限不足以对补救措施履行完毕时，行政机关往往选择推迟回复检察建议书或暂不回复检察建议书。

三、行政机关未依法回复之原因与后果考察

（一）行政机关对未依法回复的原因分析

　　在行政公益诉讼过程中，大部分被诉行政机关仅对收到检察建议书后已积极采取措施履行完法定职责进行辩解，以此希望对抗检察院对其未履行法定职责的指控，却很少对未依法回复检察建议书这一行为进行辩解。通过分析法律条文可以发现，合法的回复行为需要同时具备回复的实效性与时效性，即在规定的时限内向人民检察院作出有效的补救措施报告。在实务中，未依法回复和不回复两种案件类型，具体如表 3.4.3 所示。

表3.4.3　行政机关对未依法回复行为说明的案件数量　（单位：份）

项目 原因	案件数	行政机关对未依法回 复予以说明案件数
未依法回复案件	158	34
未回复案件	116	28
逾期回复案件	42	6

从表3.4.3可见，全国未依法回复检察建议书之一审判决书共158份，其中未回复检察建议书116份，逾期回复检察建议书42份。两类案件的辩解率都不高，因此下文将两类案件合并分析。由此可见行政机关对检察建议书的回复行为并未足够重视，仅有20%多的案件，行政机关对未依法回复的原因进行解释，其中大多数的辩解仅为口头上的，采用证据进行佐证的案件寥寥无几。相对而言，检察院对与检察建议书的回复期限持有十分重视的态度。在每一份涉及检察建议书逾期回复或未回复的判决书中都能够看到，检察院对检察建议书中限定被告的履职期限，以及收到回复的时间进行论述与举证，从而提出被诉行政机关是否超过规定期限或直至审判未收到回复，以此证明行政机关的懈怠履职。

作者将相关的34份案件判决中，被诉行政机关对检察建议书未依法回复的具体辩解，整理如表3.4.4所示。

表3.4.4　未依法回复检察建议书的原因

原因	案件数（份）
案件复杂、案件性质不能在短期内办结，案件仍在处理当中，准备整改到位后进行回复	14
履行了相应管理职责，但在此过程中，由于工作疏忽，进行了书面回复，但未向公益诉讼起诉人进行送达	11
辩解如期回复，但法院根据当事人陈述和经审查确认的证据，认定未回复	5
涉及业务部门开展工作的情况和专业问题，不会写所以没有写	1

原因	案件数（份）
因不懂应依照什么法律履行什么职责，无实质内容可对检察建议作出答复	1
找不到行政相对人	1
检察院要求被告暂停对检察建议书的执行	1

通过以上数据可以发现，未依法回复检察建议书的原因基本集中在案件困难、难以如期回复、工作疏忽以及对已回复的辩解上。针对困难复杂案件，被诉行政机关在收到检察建议书后，对涉案事实展开调查。一旦调查的案件事实较为复杂，例如涉及人员较多，形成时间久远，对于已经确定的责任主体查找困难，未达到修复生态环境的条件等原因，会导致无法对事故进行处理。而一旦负有监督管理职责的行政机关认为检察机关给予的回复期限并不充足时就会抱有侥幸心理，对检察建议书暂不回复或不予回复。然而正是因为此种行为，导致检察机关判断行政机关仍然怠于履职，不得不采取诉讼形式保护社会公共利益。而疏忽大意引发的诉讼，主要是归责于相关工作人员的疏忽大意，也体现出工作人员对回复行为的不重视，未及时确认。

除了此处34份判决书中，被诉行政机关针对未依法回复检察建议书的原因进行了辩解，其他大部分判决中行政机关都会对正在履行职责，未怠于履职进行论证。虽然该辩解在描述上并未针对回复行为，但也反映出案件的处理时间较长，检察院是在行政机关处理案件期间提起的诉讼。可见大部分未依法回复案件，都是由于缺乏跟检察院的有效沟通导致的，需引起行政机关的重视。

（二）未依法回复检察建议书之法律后果

就目前法律规定来看，《两高解释》对于行政公益诉讼中的检察建议书回复行为进行了进一步规定，规定了行政机关在法定期间内回复检察院之义务。但其他法律规范文件并没有规定行政机关免除回复义务之事项，可见行政机关对于回复检察建议书的行为属于强制性规定，不存在免责事由，一旦未履行回复之义务，就够成违法行为。

在行政审判实务中，被诉行政机关往往认为已整改完毕仅仅未回复不存在行政不作为，从而提出检察院的诉讼请求缺乏事实和法律依据，请求法院驳回原告诉讼请求，而法院的态度则是支持原告的诉求。以山东省（2018）鲁1625行初53号案件为例，本案中虽然涉案受污染的土壤已经修复到位，但被告在收到博兴县人民检察院的检察建议书后两个月内没有依法履行职责且没有书面向博兴县人民检察院回复，违反了《两高解释》第21条第2款规定。因此，法院对博兴县人民检察院在诉讼过程中的请求予以支持，判决确认被告博兴县环境保护局在诉讼过程中未在法定期限内全面履行监管职责的行为违法。而在吉林省（2017）吉2401行初92号这一判决中，被诉行政机关在诉讼前已对违法排放城镇污水的行为进行有效监管，采取了补救措施。在诉讼过程中，公益诉讼人和龙检察院经法院释明撤回了判令被告和龙市住房和城乡建设局依法履行职责、对新元河全段城镇污水集中处理的诉讼请求。但基于被告对检察机关作出回复未能在法定的一个月期限内依法及时回复，违反法律规定，在判决的第二项中，单独为未回复检察建议书的行为进行定性，判决确认和龙市住房和城乡建设局在接到检察建议后未依法及时回复的行为违法。可见即使被告行政机关已履行完毕法定职责，但逾期回复仍可能会引起检察院提起诉讼，最终败诉。

对于一些特殊情形，行政机关主观上有整改意愿，但由于治理难度条件等客观原因限制，导致行政机关确实不能在法定的检察建议回复期内整改完毕的，也应当在回复文件中载明明确可行的方案和目标等。检察机关应对方案的可行性进行审查，若方案切实可行，则可暂不提起行政公益诉讼；如在合理期限内仍未整改到位，国家利益或社会公共利益持续处于受侵害状态的，则应当提起行政公益诉讼。因此行政机关并不能以"不会写回复函""因未能达到检察建议要求才不回函""相对人不配合"等作为不回函的借口，阻却检察院依法提起行政公益诉讼。

四、检察建议书回复之完善

（一）对检察建议书回复行为予以重视

检察建议书是检察院在调查核实事实后，对行政机关作出的具备合法性、可操作性的建议与要求。检察建议发出后，通过询问、走访、不定期会商、召开联席会议等多种方式，及时了解被建议单位的整改落实情况。而检察建议回函是行政机关根据检察建议所采取的整改措施，往往包含了行政机关自行调查的情况汇报，是行政机关违法履职和未履职最直观的证据，也是判断行政机关整改情况是否与检察建议要求相吻合的证据。作为检察院判断是否提起诉讼的依据，包含了许多重要信息。全国截至 2019 年底 1022 份已回复案件中，仍存在 52 份案例对被告的回复情况未提交证据。例如江苏省（2016）苏 1291 行初 330 号案件中，整篇判决书与证据材料未提及检察建议书内容与回复情况，该情形可能会导致法院无法最为直观地判断案件事实，需从其他证据相互印证了解事实，加重了法院的工作负担。可见部分检察院忽视了检察建议书与回函的重要性，因此对地方检察院的公益诉讼活动仍需督促学习，鼓励地方检察院互相借鉴，以优秀行政公益诉讼案件为样，形成一套完备的行政公益诉讼诉前程序、调查程序、诉讼程序。

在安徽省（2016）皖 1221 行初 95 号案件中，临泉县人民检察院谈到庙岔镇政府收到检察建议书却未在规定期限内书面回复的这一行为，认为这是对检察建议的无视，更是对其所辖区域环境工作的不作为、不履职。由此可见，在检察院如此重视检察建议书的背景下，行政机关还需加强培养。

（二）进一步细化回复期限

《工作规定》第 19 条规定："人民检察院提出检察建议，除另有规定外，应当要求被建议单位自收到检察建议书之日起两个月以内作出相应处理，并书面回复人民检察院。因情况紧急需要被建议单位尽快处理的，可以根据实际情况确定相应的回复期限。"对于期限"两个月"的理解理应包含回复期限，也包含处理期限。从立法者的角度来看，没有必要给行政机关规定如此之长的期限。在实践过程中，行政机关容易错误地认为两个月为回复期限，在临近期限截止时才回复检察机关收到回函。若存在整改措施不具体或者履职行为不当也没有预留时间予以补正。因此，应当将法定履职期限理解为包含了回复期限和处理期限，行政机关收到检察建议后应当在回复期限内对违法行为予以调查确认，提出合理可行的整改措施，检察机关予以评查并提出建议，同时跟进督促行政机关进行整改处理。对于无法在此期限内堵塞漏洞、消除隐患、改进管理的，应当将出现的问题与延期的理由，以及预计完成的日期在回复期限内回复检察院，形成有效的沟通，及时处理好漏洞，保护社会公共利益。

根据《工作规定》的要求，检察院需在检察建议书中规定两个月的回复期限或根据事态紧急程度规定相应的期限，但通过分析数据发现，在实践中，给予的回复期限通常为一个月或两个月。至于出现国家利益或者社会公共利益损害继续扩大等紧急情形，规定 15 日回复期的案件在各地区尚未检索到。但截至 2019 年底，共计 1134 份的一审行政公益诉讼案件中，有 731 份涉及环境保护问题。环境损害案件往往具有涉及面积广、可恢复性差、救援难的特征，一旦不能及时处理就会导致环境长时间地受到侵害。例如垃圾处理问题，垃圾堆场存量大、种类多、堆放久，紧邻社区农田、养殖场所、交通要道，严重损害当地的生态环境，对于群众的生存健康造成紧迫的危险状态。因此应当积极鼓励检察院对环境保护案件规定更少的回复期间，不能一味地规定两个月期限而不考虑实际侵害后果。此外，检察院对于环境案件的督促工作，不能仅仅等待行政机关的自我纠错，直到检察建议期限已过，再去采取措施，往往会错过最佳的治理时间。在发出检察建议书后，应该采取多种沟通途径，督促行政机关尽快依法履职，防止污染进一步扩大、社会公共利益持续处于受侵害状态。

对诉前程序回复期限的要求，既不能过长，也不能过短：过长不利于对公共利益的保护，过短则可能导致行政机关履职仓促，纠错不彻底。检察机关可根据案情难易程度和缓急情况，充分调查论证，合理设定一个时间段和所能达到的预期效果。行政机关对于受限于自然原因、法定程序等确需延长履职期限的，可提前向检察机关说明情况，并将具体履职内容、处理方案、后续处理进程等情况及时与检察机关沟通。

第五节　起诉资格之举证

一、起诉资格举证情况之概述

由于检察机关提起行政公益诉讼的直接法律依据只有《行政诉讼法》第 25 条第 4 款百余字的规定，并且对于各司法实务部门来说行政公益诉讼是其过去从未涉猎过的业务领域，因此检察机关在提起诉讼时难免对于自身起诉资格和各流程环节的合法性如切如磋、如琢如磨，力求在高度概括性与原则性的条文之下让一切工作框定在自身裁量权范围之内，不超出法律条文所意涵的边界。若检察机关起诉的程序和举证因合法性问题而无法通过法院的司法审查，就更遑论后续对实质性问题的审查，检察机关提起行政公益诉讼的目的可能就无法完全实现。

也就是说，起诉资格的合法性问题是法院对每个案件进行司法审查的第一道大门，因此检察机关对于该问题较为重视，常常专门进行举证来证明自身作为公益诉讼起诉人的适格身份，以确保自己牢牢握有开启法院对该起案件进行审理的大门钥匙。

需要说明的是，本章聚焦于非要件举证，因此本节内容只关注检察机关对起诉资格的形式合法性事项的举证，即对检察机关起诉时的身份本身是否适格的举证，而不去分析检察机关对涉及要件举证的实质合法性事项的举证，即对检察机关是否已履行了诉前程序的举证。在这个意义上，本节关注的可谓是狭义的起诉资格。在上述起诉资格举证事项限定于形式合法性的界限内，从笔者对裁判文书数据库中 1343 份行政公益诉讼裁判文书的检索与分析来看，检察机关对于自身具备起诉主体资格的举证以如下二者为主：一是授权性法律文本，包括法律、全国人大常委会的决定、司法解释、检察院内部工作文件等；二是上级检察机关同意其起诉之批复或指定其管辖之函。

二、数据统计及分析

(一)起诉资格事项举证数量概述

1. 总举证数量

由于二审重在适用法律之审查,裁定重在程序问题,它们的裁判文书没有对举证情况进行详细列举,缺少研究对象,因此笔者仅以一审判决书为研究对象。笔者对裁判文书数据库中 1343 份行政公益诉讼裁判文书去除二审裁判文书和裁定书后的 1160 份一审判决书进行了全文检索,并将检索结果列于表 3.5.1。

表 3.5.1　1160 份一审判决书中关于起诉资格事项举证数量统计

	举证份数(份)	总份数(份)	举证率
全国	493	1160	42.50%
试点地区	485	1105	43.89%
非试点地区	8	55	14.55%

表 3.5.1 显示,在这 1160 份一审判决书中,检察机关专门就自身起诉资格问题进行了举证的共计有 493 份,举证率为 42.50%。其中试点地区占了 485 份,是试点地区一审判决书总数 1105 份的 43.89%;非试点地区占了 8 份,是非试点地区一审判决书总数 55 份的 14.55%。其中,非试点地区总共只有 9 份一审判决书专门进行了起诉资格的举证,星罗棋布于 7 个省、自治区,举证率也远远低于试点地区。结合判决书的内容来看,试点省份相对于非试点省份,检察机关从搜集证据、撰写起诉文书,到答辩、举证这一系列过程,体现出的行为模式较为成熟,形成了定型化的举证模式。试点省份更加注重对不属于法定要件的事项的合法性进行举证,并且往往单独列出一组证据专门用以证明自身具备起诉资格,该案件已经符合相关司法解释所规定的其他条件。可见试点省份起诉前的准备工作更加充分、周至,其举证更加细致、全面。

2. 逐省举证数量

鉴于非试点地区专门举证证明自身起诉资格的案件数量很少，不具有统计学上的分析价值，故本处仅对试点地区 13 个省、自治区、直辖市的举证数量进行统计分析，其数量列于表 3.5.2。

表 3.5.2 试点地区 13 个省份举证数量统计

省份	举证份数（份）	总份数（份）	举证比例
贵州省	96	134	71.64%
云南省	76	112	67.86%
福建省	46	75	61.33%
陕西省	50	90	55.56%
山东省	40	79	50.63%
江苏省	11	27	40.74%
安徽省	35	86	40.70%
内蒙古自治区	25	66	37.88%
湖北省	40	135	29.63%
甘肃省	26	97	26.80%
广东省	15	56	26.79%
吉林省	25	147	17.01%
北京市	0	1	0
合计	485	1105	43.89%

由表 3.5.2 之统计数据来看，对于起诉资格之举证比例地域差异很大。贵州省、云南省之起诉资格举证比例较高，均超过三分之二，甘肃省、广东省起诉资格举证比例较低，约为四分之一，吉林省之举证资格举证比例甚至不足五分之一。

3. 逐年举证数量

以每份裁判文书的判决日期为准，笔者将 493 份进行了起诉资格举证的一审判决书按年份进行了整理划分，列于表 3.5.3。

表 3.5.3　每年进行起诉资格举证的判决书占当年总数的比例（2015—2019 年）

判决年份（年）	起诉资格举证份数（份）	当年判决书总份数（份）	占当年总数比例
2015	1	1	100.00%
2016	10	20	50.00%
2017	343	692	49.57%
2018	95	292	32.53%
2019	44	155	28.39%
合计	493	1160	42.50%

由表 3.5.3 之数据统计来看，自 2015 年《全国人民代表大会常务委员会关于授权最高人民检察院在部分地区开展公益诉讼试点工作的决定》颁布实施后，每年进行起诉资格举证的判决书份数占当年全部判决书份数的比例是逐年下降的。

这主要是因为，行政公益诉讼作为一种新类型的诉讼，检察机关在初期须经历"探索——总结——提升"之阶段。在这个过程中，检察机关必然要先谨慎地对各种非要件的事项尽量多举证，以确保法院不会以各种理由降低其胜诉的可能性或者在判决时削减其诉讼请求。待检察机关对行政公益诉讼过程中的争点重心和法院之审查重点有一定的归纳总结后，检察机关便可有的放矢，减少不必要的非要件举证，以提高工作效率、节约司法资源。

另一个重要原因是，在试点前后，行政公益诉讼的提起主体是否应包括检察机关，是否应单一地限制于检察机关，还是应多元地使公民、社会团体、社会组织都能成为提起主体等问题在学界素有争论，学者们时常针锋相对地展开辩论。[1]并且试点初期检察机关作为行政公益诉讼唯一提起主体的法源依据只有《全国人民代表大会常务委员会关于授权最高人民检察院在部分地区开展公益诉讼试点工作的决定》以及全国人民最高检察院

---

〔1〕　练育强："争论与共识：中国行政公益诉讼本土化探索"，载《政治与法律》2019 年第 7 期。

根据该决定作出的司法解释和内部工作文件。因此检察机关不得不进行专门的举证，以补强自身具有起诉资格的事实，避免在审判过程中被告以检察机关起诉资格合法性问题作为争点展开攻击。及至 2017 年《行政诉讼法》的修改在法律位阶上正式确立检察机关作为行政公益诉讼唯一提起主体的法律地位后，其起诉资格合法性问题便不再如此富有争议，检察机关对起诉资格的举证比例便开始大幅下降。

（二）授权性法律文本之举证

《行政诉讼法》第 25 条在 2017 年修改之前并未赋予检察机关以行政公益诉讼之提起主体资格。除 2015 年施行的《全国人民代表大会常务委员会关于授权最高人民检察院在部分地区开展公益诉讼试点工作的决定》外，宪法和其他法律也没有对检察机关作为行政公益诉讼的唯一提起主体特别地留有解释空间。因此即使在《行政诉讼法》修改后，学界也对该种起诉主体资格一元化的规定多有争议，已如前文所述。为了回应此种质疑，化解起诉资格的合法性危机，许多检察机关在举证证明自身具有起诉资格时，倾向于出具具有权威性的授权性法律文本，以证明其起诉资格是得到了法律授权的。

在进行了授权性法律文本举证的判决书中，笔者进一步进行了逐份文本分析，发现被举证的法律文本形式主要有三种：一是试点授权性法律文本，出现于试点地区的判决书中，包括 2015 年 7 月 1 日施行的《全国人民代表大会常务委员会关于授权最高人民检察院在部分地区开展公益诉讼试点工作的决定》和最高人民检察院、省级人民检察院乃至市级人民检察院根据该决定授权所发布具体执行试点工作的司法解释，例如在陕西省宝鸡市金台区公益诉讼人陇县人民检察院诉被告陇县住房和城乡建设局确认未依法履行法定监管职责行为违法一案[1]中，检察院先举证了《全国人民代表大会常务委员会关于授权最高人民检察院在部分地区开展公益诉讼试点工作的决定》，然后举证了最高人民检察院发布的《关于印发〈检察机关提起公益诉讼改革试点方案〉的通知》和《人民检察院实施办法》，又

---

〔1〕（2017）陕 0303 行初 12 号。

举证了陕西省人民检察院《关于印发〈陕西省检察机关提起公益诉讼试点工作实施方案〉的通知》，还举证了宝鸡市人民检察院《关于印发〈宝鸡市检察机关提起公益诉讼试点工作实施方案〉的通知》；二是在 2017 年 7 月 1 日《行政诉讼法》修改后，直接举证第 25 条第 4 款作为其起诉资格的直接授权规范；三是在 2018 年 3 月 2 日《两高解释》施行后，直接举证该司法解释，以第 4 条〔1〕对检察院具有公益诉讼起诉人身份的直接规定作为依据。笔者在后文中也会对这三种文本形式具体展开统计分析。

1. 总举证数量

（1）逐年举证数量。笔者按判决年份进行了统计，并计算出每年进行了授权性法律文本的举证的判决书数量占当年进行了起诉资格举证的判决书数量的比例，列于表 3.5.4。

表 3.5.4　每年进行授权性法律文本举证的判决书份数占当年起诉资格举证份数的比例（2015—2019 年）

判决年份（年）	授权性法律文本举证份数（份）	起诉资格举证份数（份）	比例
2015	1	1	100.00%
2016	9	10	90.00%
2017	275	343	80.17%
2018	82	95	86.32%
2019	41	44	93.18%
合计	408	493	82.76%

由表 3.5.4 之统计数据，对比表 3.5.3 可见，尽管每年起诉资格举证份数占当年判决书总份数的比例是逐年下降的，但是每年授权性法律文本举证份数占起诉资格举证份数之比例都很高，并没有出现下降趋势。这一方面反映出检察机关一直都比较重视从根源上赋予自身起诉资格合法性的

---

〔1〕《两高解释》第 4 条规定，人民检察院以公益诉讼起诉人身份提起公益诉讼，依照民事诉讼法、行政诉讼法享有相应的诉讼权利，履行相应的诉讼义务，但法律、司法解释另有规定的除外。

权威法律文件的举证，另一方面也反映出授权性法律文本是证明自身具有起诉资格的一种较佳的证据形式，其举证难度小，搜证时间短、成本低，并且在实践中得到了法院的认可，屡试不爽，成为检察机关愿意优先采用的一种证据形式。

（2）逐省举证数量。在493份检察机关专门就自身起诉资格问题进行了举证的判决书中，鉴于非试点地区所占份数很少，不具有统计学上的分析价值，故本处仅对试点地区13个省、自治区、直辖市的485份判决书进行统计分析。笔者对其中进行了授权性法律文本举证的判决书进行了检索与统计，并以各省、自治区、直辖市起诉资格举证份数为基数，计算出了各省、自治区、直辖市的授权性法律文本举证率，列于表3.5.5。

表3.5.5　13个试点省份授权性法律文本举证的判决书份数占起诉资格举证份数的比例

省份	授权性法律文本举证份数（份）	起诉资格举证份数（份）	举证比例
江苏省	11	11	100.00%
安徽省	34	35	97.14%
湖北省	38	40	95.00%
广东省	14	15	93.33%
山东省	37	40	92.50%
福建省	42	46	91.30%
内蒙古自治区	22	25	88.00%
陕西省	41	50	82.00%
贵州省	77	96	80.21%
吉林省	18	25	72.00%
云南省	52	76	68.42%
甘肃省	15	26	57.69%
北京市	0	0	0
合计	401	485	82.68%

由表3.5.5之统计数据可见，在485份进行了起诉资格举证的判决书中，有401份进行了授权性法律文本的举证，占82.68%，比例较高，反映

出检察机关对权威性法律文本的重视与依赖。其中江苏省、安徽省、湖北省、广东省、山东省、福建省、内蒙古自治区 7 个省、自治区仅有极个别的判决书未进行授权性法律文本的举证，举证比例非常高。而吉林省、云南省、甘肃省的举证比例相对较低，授权性法律文本举证不是该三省证明起诉资格的必备举证形式。

2. 试点授权型法律文本举证数量

经统计，共有 268 份判决书中进行了试点授权性法律文本的举证，占进行了授权性法律文本举证判决书总份数 408 份的 65.69%。具体又可分为表 3.5.6 中的几种法律文本，每份判决书均举证了其中的至少一种。

表 3.5.6 试点授权性法律文本的举证比例

法律名称	举证份数	所占比例
《全国人民代表大会常务委员会关于授权最高人民检察院在部分地区开展公益诉讼试点工作的决定》	219	81.72%
最高人民检察院《检察机关提起公益诉讼试点方案》	182	67.91%
最高人民检察院《人民检察院实施办法》	166	61.94%
最高人民检察院《关于严格公益诉讼案件审批加强报备相关工作的通知》[1]	35	13.06%
省级检察院发布之检察机关提起公益诉讼试点之工作文件	65	24.25%
市级检察院发布之检察机关提起公益诉讼试点之工作文件	16	5.97%

由表 3.5.6 之统计数据可见，在试点阶段，作为唯一处于法律位阶的《全国人民代表大会常务委员会关于授权最高人民检察院在部分地区开展公益诉讼试点工作的决定》是被绝大多数检察院作为起诉资格合法性的来源进行举证的，所占比例很高。而最高人民检察院出台的解释性、执行性的司法解释和内部工作文件则因其位阶较低，所引用者比例较低。至于省

---

〔1〕 笔者对该文件经任何检索途径均未能寻得其蛛丝马迹，无法进行查证。这 35 份判决书中显示其系由最高人民检察院于 2016 年 10 月 19 日在"高检民〔2016〕18 号"文件中发布。

级和市级检察院出台的内部工作文件，因其难谓具有外部性的法律效力，引用其进行举证者更是寥寥无几。

3. 《行政诉讼法》第 25 条第 4 款举证数量

经统计，共有 149 份判决书中进行了《行政诉讼法》第 25 条第 4 款的举证，占进行了授权性法律文本举证判决书总份数 408 份的 36.52%。其中出现最早的是一份 2017 年 7 月 4 日进行宣判的判决书，系于该次修改实施后第三日作出。[1]鉴于该第 4 款之增设系于 2017 年 7 月 1 日为之，是对前一阶段整整二年的试点工作经验的立法化，故笔者结合试点授权性法律文本举证数量进行了时空分析，试图反映该二种举证类型此消彼长的增减状况，如图 3.5.1 所示。

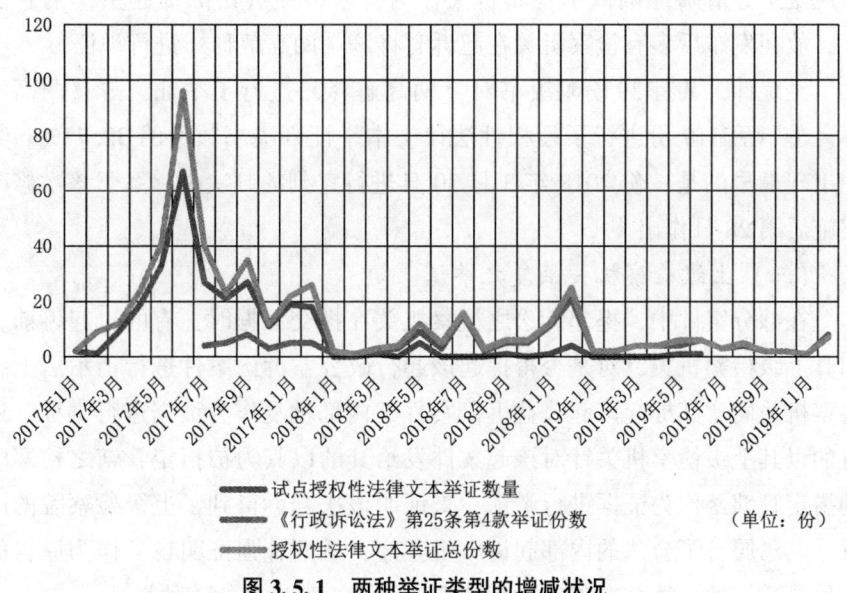

试点授权性法律文本举证数量
《行政诉讼法》第25条第4款举证份数　　　　　　　（单位：份）
授权性法律文本举证总份数

图 3.5.1　两种举证类型的增减状况

由图 3.5.1 可见，在《行政诉讼法》修改后初期，对第 25 条第 4 款进行举证的判决书份数并没有立即增长，在 2017 年之后则数量开始增长，占总份数之比例也较高，增减趋势与总份数之数量变化高度协同。相反，在

---

〔1〕 该案件为日照市环境保护局岚山分局一案，案号：（2017）鲁 1103 行初 14 号。

《行政诉讼法》修改前和修改后初期，试点授权性法律文本的举证数量较大，占总份数之比例也较高，其增减趋势与授权性法律文本举证总份数的数量变化高度协同。但随着《行政诉讼法》的修改，在 2017 年之后，其数量开始下降，在 2019 年 6 月之后其数量彻底归于零。

4.《两高解释》举证数量

特别地，2018 年 3 月 2 日发布的《两高解释》。这是首次由最高人民法院、最高人民检察院联合发布司法解释对行政公益诉讼进行规定，是对《行政诉讼法》修改八个月以来行政公益诉讼领域各种问题一次承上启下的解释、规定。该法第 4 条直接明文规定了检察院具有公益诉讼起诉人的身份，依《行政诉讼法》享有相应的诉讼权利，履行相应的诉讼义务。可以说是十分清晰地确认了检察机关作为行政公益诉讼的提起主体的合法性，故在发布后多有检察机关在起诉时将该《两高解释》进行举证。

经统计，共有 39 份判决书对《两高解释》进行了举证，占《两高解释》施行后 119 份进行了授权性法律文本举证判决书数量的 32.77%。其中出现最早的是一份 2018 年 3 月 30 日进行宣判的判决书，系于该次修改实施后第 28 日作出。[1]

（三）上级检察机关函复之举证

在部分案件中，提起诉讼之检察机关在提交证据时，有的以起诉前曾向其上级检察机关针对是否得提起该起行政公益诉讼案件进行请示后上级检察机关同意其提起该起公益诉讼案件的内部批复作为证据进行举证，还有的以其上级检察机关针对该起案件发给其的以其为被指定管辖之检察院的指定管辖函作为证据进行举证，来证明该次起诉得到了上级检察院的同意，其已履行了合法的内部起诉审批程序，从而补强证明自己作为原告的身份是适格的。法院在审理过程中亦认可了检察机关的该种举证。

例如，在湖北省十堰市郧西县住房和城乡建设局一案[2]的举证中，郧西县人民检察院提交了十堰市人民检察院同意郧西县人民检察院对郧西县

---

〔1〕 该案件为利津县人民检察院诉被告利津县环境保护局环境公益诉讼一案，案号：(2018) 鲁 0522 行初 5 号。

〔2〕 (2018) 鄂 0322 行初 29 号。

住房和城乡建设局提起行政公益诉讼的"十检发行字〔2018〕4 号"批复，以证明其"提起行政公益诉讼符合相关规定"。又如，在贵州省凯里市麻江县人民防空办公室一案〔1〕中，麻江县人民检察院提交了贵州省人民检察院所函《关于〈提请批准麻江县人民检察院拟对麻江县国土资源局提起行政公益诉讼案件的请示〉的批复》复印件，以证明"公益诉讼人主体资格合法"。

1. 分类举证数量

如上文所述，上级检察机关函复之举证可以进一步划分为两种形式：一是上级检察机关同意本检察机关提起诉讼之批复，即批复的举证；二是上级检察机关指定本检察机关管辖之函，即函的举证。这两种形式之举证数量及其与函复举证总份数 256 份之比例列于表 3.5.7。

表 3.5.7　举证数量及其函复举证总份数的比例

类型	举证份数（份）	占函复举证份数比例
批复	239	93.36%
函	30	11.72%
二者兼有之	13	5.08%

由表 3.5.7 之统计数据可见，对批复进行举证的占了绝大多数，亦有少量同时举证了批复和函，其举证思路不可谓不严谨。

进一步地，笔者发现在对函的举证过程中，各省一共出现了三种不同名称的函的举证，列于表 3.5.8。

表 3.5.8　不同名称的函的举证统计

函的名称	份数（份）	占函的举证总份数比例
指定管辖函	9	30.00%
指定管辖决定书	7	23.33%
指定管辖通知书	14	46.67%

〔1〕 （2017）黔 2601 行初 24 号。

2. 逐年举证数量

笔者按判决年份进行了统计，并计算出每年进行了上级检察机关函复之举证的判决书数量占当年进行了起诉资格举证的判决书数量的比例，列于表3.5.9。

表3.5.9　函复之举证数量占起诉资格举证数量的比例

判决年份	函复举证份数（份）	起诉资格举证份数（份）	举证比例
2015	0	1	0.00%
2016	7	10	70.00%
2017	185	343	53.94%
2018	46	95	48.42%
2019	18	44	40.91%
合计	256	493	51.93%

由表3.5.9之统计数据可见，上级检察机关函复举证份数占起诉资格举证份数之比例是逐年递减的。这种增减趋势与表3.5.4中授权性法律文本举证份数占起诉资格举证份数之比例逐年大体持平的变化趋势显有差异。其原因在于，作为上级检察机关函复举证依据的《人民检察院实施办法》仅为试点性法规，随着行政公益诉讼实务的演进、庭上双方争点重心的日益明晰、《行政诉讼法》修正和《两高解释》施行后的公益诉讼法制化等，相关规定已不如原初时具有适用的价值。

3. 逐省举证数量

在493份检察机关专门就自身起诉资格问题进行了举证的判决书中，鉴于非试点地区所占份数很少，不具有统计学上的分析价值，故本处仅对试点地区13个省、自治区、直辖市的485份判决书进行统计分析。笔者对其中进行了授权性法律文本举证的判决书进行了检索与统计，并以各省、自治区、直辖市起诉资格举证份数为基数，计算出了各省、自治区、直辖市的授权性法律文本举证率，列于表3.5.10。

表 3.5.10　13 个试点省份的授权性法律文本举证率

省份	函复举证份数（份）	起诉资格举证份数（份）	举证比例
福建省	36	46	78.26%
陕西省	34	50	68.00%
贵州省	65	96	67.71%
甘肃省	14	26	53.85%
内蒙古自治区	12	25	48.00%
广东省	7	15	46.67%
湖北省	16	40	40.00%
江苏省	4	11	36.36%
山东省	14	40	35.00%
安徽省	12	35	34.29%
吉林省	6	25	24.00%
云南省	14	76	18.42%
北京市	0	0	0
合计	234	485	48.25%

　　由表 3.5.10 之统计数据可见，在 485 份进行了起诉资格举证的判决书中，有 234 份进行了上级检察机关函复的举证，占比 48.25%，约为一半。其中福建省的举证比例最高，约为五分之四。陕西省、贵州省的举证比例也较高，均超过三分之二。吉林省、云南省的举证比例则较低，均不足三分之一。

　　4. 举证依据之分析

　　该种上级检察机关针对个案的内部函复作为一种书证由检察院进行举证，以前在行政诉讼中是不存在的，是在行政公益诉讼中开始出现的。那么检察机关何以需要进行该种举证，其法律依据为何？若起诉的检察机关无法证明其得到了上级检察院的函复同意，是否就意味着其不具有起诉资格？法院是否会因检察机关对同意起诉函复的举证不能而认为该检察院对于该案件不具有起诉资格？

这些问题需要分成两个阶段进行讨论。第一阶段系试点阶段，从 2015 年 7 月 1 日《全国人民代表大会常务委员会关于授权最高人民检察院在部分地区开展公益诉讼试点工作的决定》实施至 2017 年 7 月 1 日《行政诉讼法》第 25 条的修改。第二阶段系正式法制化阶段，从 2017 年 7 月 1 日《行政诉讼法》修改至今。

在第一阶段，全国人大常委会直接以"决定"的形式授权最高人民检察院可以不受相关法律的拘束，开展公益诉讼试点工作。该阶段工作适用之法规为检察机关根据该"决定"授权而自行发布实施之司法解释和内部工作文件，以及未被这些司法解释和内部工作文件暂停适用的原相关法律法规、司法解释等。在这个阶段，出于"试点"本身所要求的灵活性、授权的概括性、相关用语的不确定性，检察机关以各种方式探索试点工作的权力实际上相当大，此阶段的行政公益诉讼程序也高度依赖于其自行发布实施的相关司法解释和内部工作文件。

那么在此阶段其起诉资格的合法性是否需要专门举证证明？2015 年 12 月 24 日施行之《人民检察院实施办法》第 45 条第 1 项规定，人民检察院提起行政公益诉讼，应当对其起诉符合法定条件承担举证责任。根据该规定，检察院需要对其起诉为"符合法定条件"进行举证。

何法课予检察院需得到其上级检察机关之函复方能称之为符合法定条件、具有起诉资格的义务？最高人民检察院发布之司法解释《人民检察院实施办法》第 53 条第 1 款规定，地方各级人民检察院拟决定向人民法院提起公益诉讼的，应当层报最高人民检察院审查批准。根据此规定，某检察院在满足所有前置性条件后必须层报并得到其所有上级检察院的审查批准方得而起诉。由此，对上级检察院同意起诉的函复进行举证成为检察院证明其起诉系"符合法定条件"的一种方式。若起诉的检察机关无法证明其得到了上级检察院的批复同意，就意味着其不具有起诉资格。法院可以因检察机关对同意起诉函复的举证不能而认为该检察院不是该案件的适格提起主体，不具有起诉资格，从而驳回起诉。

在第二阶段，《行政诉讼法》第 49 条第 1 项规定，若要提起诉讼，原告应当是符合本法第25条规定的公民、法人或者其他组织。复根据同法第25条第4款之规定，人民检察院于满足该款所定之前置性条件时得依法向人民法院提起诉讼。此处，虽然第25条第1款系封闭式规定作为相对人或利害关系人的公民、法人或者其他组织有权提起诉讼，并在第2款和第3款中对第1款作了扩张性解释和补充性规定以扩大原告范围，但其实并未留予检察院作为原告的解释空间，因为第2款、第3款仍将起诉主体限定于公民、法人和其他组织。但既然立法机关增加了第4款之规定，依合宪性解释之精神，应认检察院为公法人，系法人之一种，亦属有权提起诉讼。当然，在2017年10月1日《民法总则》施行后，直接按照该法第97条[1]之规定认检察机关为机关法人即可。若假定检察院于某案件中已满足《行政诉讼法》第25条第4款规定之所有前置性条件，那么该检察院是否符合法定条件而能拥有诉讼权能将取决于该检察院是否符合第4款最后一句后段之"依法"向人民法院提起诉讼之规定。亦即，当满足了实体要件后，该检察院之起诉程序应当为"依法"，才能最终确定地有起诉资格。

其所依之"法"可以为何种渊源？应当认为，检察院作为司法机关之一种，该处所指之"法"至少应当：依据权力分立原则，包括同级立法机关所通过之法律或地方性法规；依据检察一体原则，包括最高人民检察院发布之司法解释。对于法律，若根据《行政诉讼法》第49条第1款第1项[2]之规定，原告应当是符合该法第25条规定的公民、法人或其他组织才能提起诉讼。此处所生一问题便是，第25条要求起诉程序系"依法"才有起诉资格，若所依之法包括第49条第1款第1项，第49条第1款第1项却又规定原告需符合第25条的规定才能提起诉讼，如此一往复，在逻辑上陷入死循环。究竟在满足何种条件时该检察机关才符合起诉资格，是否

---

〔1〕《民法总则》第97条：有独立经费的机关和承担行政职能的法定机构从成立之日起，具有机关法人资格，可以从事为履行职能所需要的民事活动。

〔2〕《行政诉讼法》第49条：提起诉讼应当符合下列条件：（1）原告是符合本法第25条规定的公民、法人或者其他组织；（2）有明确的被告；（3）有具体的诉讼请求和事实根据；（4）属于人民法院受案范围和受诉人民法院管辖。

需要上级检察机关之函复，从《行政诉讼法》内无法得出解答。因此仍需聚焦于检察机关发布之司法解释和内部工作文件之规定。在行政公益诉讼领域，与第一阶段相比，最高人民检察院发布之司法解释和内部工作文件仅增加了 2018 年 3 月 2 日实施的《两高解释》，但该司法解释在起诉资格及其证明问题上仅仅是重申需"依法"起诉，需符合《行政诉讼法》第25 条和第 49 条之规定，没有新的建树。因此仍需追踪至第一阶段之规定，这也导致第一阶段中对于起诉资格及其举证之规定实际上继续沿用至第二阶段，并没有发生实质变化。

此处客观存在的问题是，《全国人民代表大会常务委员会关于授权最高人民检察院在部分地区开展公益诉讼试点工作的决定》中明确规定试点期限为二年，这意味着全国人民代表大会对最高人民检察院的该项授权的效力期限为二年，即至 2017 年 7 月 1 日。最高人民检察院根据该授权就行政公益诉讼所发布之司法解释和内部工作文件之效力期限也应当仅至 2017年 7 月 1 日。但现实是，所有的试点性法规仍继续得到沿用，最高人民检察院或全国人民代表大会也从未宣布废止这些法规的效力。从上文中的统计数据中也可以看出，检察机关在第二阶段仍继续沿用授权性法规，以函复举证，只是其比例逐渐降低，说明试点性法规对起诉资格举证的相关规定在第二阶段已显过时，与司法实务之需求有一定差距，不再受检察机关重视。笔者认为，在试点阶段之所以规定检察机关之起诉需层报最高人民检察院批准并且需要在起诉时进行举证，是因为试点之授权概括且广泛，而且省级检察院乃至市级检察院纷纷对试点工作流程进行解释和内部规定，但这些解释和内部规定在缺乏上级位阶法规进行解释说明和规制的前提下，行政机关和法院都需要参考这些解释和内部规定来规范自己的工作以避免出现不符合规定而被起诉或被监督的情形。在这种情况下，内部规定具有了外部性，各级检察院如同获得了临时立法权，并且这种权力会直接影响到行政机关、检察院、法院三者间原本平衡的权力分立与制约，就如同打开了一扇未知的大门。因此，试点阶段借由最高人民检察院对下级检察院的领导地位，对下级检察院在试点过程中的工作进行领导与监督，并要求下级检察院在对每个案件起诉时都要举证证明该起案件已经经过上级检察院的领导与监督，如此能够有效防止下级检察院错用、滥用试点权力。

　　但在今天，检察机关提起行政公益诉讼的理论与实践早已臻于成熟，《行政诉讼法》的修正和《两高解释》的施行也让相关争议搁置下来，让行政公益诉讼制度化、定型化。检察机关是否还有必要对在起诉前取得上级检察机关同意其起诉之函复并在起诉时进行举证以证明自己有起诉资格，今天已值得商榷。有权机关需检讨在正式法制化阶段是否应当将特定历史条件下的试点性法规进行清理、立法化，以服膺立法秩序、遵从效力位阶、契合现实需求。

第四章 比较视角下的行政公益诉讼举证分析

前三章对行政公益诉讼的举证情况和举证要件进行了较为详实的实证分析。就民事公益诉讼而言，其建构在民事诉讼制度之下，根据民事侵权归责原则和民事举证规则来明确举证责任的承担。在刑事附带民事公益诉讼中，行为人在构成污染环境罪、失火罪、盗伐林木罪等破坏环境资源保护罪，以及生产销售假药罪等生产销售伪劣商品罪的同时，不仅要承担刑事责任，还要承担民事上的侵权责任。在行政公益诉讼中，检察机关的证明责任在于举证证明其在履行职责中发现行政机关违法行使职权或不作为致使国家或社会公共利益受损的事实，这其中既包括要件举证，也包括非要件举证。上述几种不同领域的公益诉讼都对社会公共利益受损事实进行了举证，但在举证的侧重点以及举证的内容、方式上又存在差别。基于不同的诉讼构造、证据规则，本章对民事公益诉讼、刑事附带民事公益诉讼的举证情况进行全面的统计梳理，对不同主体的举证内容进行归纳分析，呈现出民事公益诉讼、刑事附带民事公益诉讼与行政公益诉讼在举证实践上的不同面向。

当前，学界对于举证责任概念的认识毫无疑问是基于罗森贝克的"规范说"而建立起来的，即举证责任概念应当包含主观的举证责任和客观的举证责任双重含义。[1]其中，客观的举证责任构成了整个举证责任概念体系的核心。客观的举证责任（又称结果的举证责任）是指在案件事实"真伪不明时"，法官应当将败诉的不利后果交予诉讼哪一方承担的责任。相

---

[1] 参见章剑生："论行政公益诉讼的证明责任及其分配"，载《浙江社会科学》2020 年第 1 期；朱新力："行政诉讼客观证明责任的分配研究"，载《中国法学》2005 年第 2 期；李汉昌、刘田玉："统一的诉讼举证责任"，载《法学研究》2005 年第 2 期；陈刚："证明责任概念辨析"，载《现代法学杂志》1997 年第 2 期。

较作为客观的举证责任概念，主观的举证责任（又称行为的举证责任），则是指对于案件事实的证明应当交予哪一方当事人承担的责任。[1]在罗式的观点下，基于人类认识能力及水平的有限性，案件事实往往有可能出现一种真伪不明的状态，但是在此种情形下，法官又不得拒绝裁判。因而，客观的举证责任就具有了指引法官在该种状态下应当如何裁判的功能。而主观的举证责任是指诉讼双方针对自己提出的主张积极地提出证据加以证明，以期避免不利于己的诉讼后果的出现。

通说意义上，主客观举证责任之间还存在着辩证关系。[2]即基于罗森贝克的规范说理论，"当事人的主观的证明责任，只在以辩论原则为基础上的诉讼——如我们现代的民事诉讼——中发挥作用"；"只有当主观的证明责任和客观的证明责任同时存在时，也就是说只有在适用辩论原则的诉讼中，才可能出现这两种证明责任的关系问题。如果认为客观的证明责任是主要的，且它决定主观证明责任的范围，那么，两者的关系问题也就解决了。因为，如果借助于确认责任规则可知道什么必须予以肯定，才能使原告或被告胜诉"。也就是说，只有在适用"辩论原则"的诉讼中，才存在着主观的举证责任。也只有在适用"辩论原则"的诉讼中，原被告双方才必须就自己的主张负担举出证据加以证明的责任，当诉讼一方无法就其主张举证或者法官认为诉讼某一方的举证并不充分时，法官就可以依据客观的举证责任规则进行裁判。因而，可以肯定的是"辩论原则"是"规范说"的一个适用前提。

第一节　检察机关提起民事公益诉讼举证实践

一、民事公益诉讼中举证责任分配

从实质上说，举证责任分配就是按照怎样的规则来进行分配的问题，

---

〔1〕　参见［德］莱奥·罗森贝克：《证明责任论》，庄敬华译，中国法制出版社 2002 年版，第 1~45 页。

〔2〕　在罗森贝克看来，在"辩论原则"之下，主客观的举证责任范围一致，都是就"有利于己之构成要件"而承担主客观的举证责任。

妥善解决好举证责任分配问题，是实现司法公平公正的内在需要，司法以追求公平公正为导向，而举证责任分配问题，关乎着诉讼当事人权益的实现。由于争议事实真伪不明，无法在法官内心中形成确信，尚达不到自由心证状态，而举证责任作为解决争议的技术性手段，有利于保障当事人诉权的实现。必须认识到，针对民事原告方诉求被告方的相关证明责任程序进程，只有公正的分配才能统摄整体民事证据的"攻击与防御"角色。民事诉讼一般遵循"谁主张谁举证"的诉讼规则，以举证责任倒置（或称举证责任反转）为特殊情况，一般需由立法加以明确。

2019年10月14日最高人民法院审判委员会通过了《最高人民法院关于修改〈关于民事诉讼证据的若干规定〉的决定》，通过加强事前的约束和事后处罚来规制当事人的诉讼行为。先前的证据规则中详细规定了部分民事案件的举证责任分配，比如关于高度危险作业、环境污染等案件，其中，与公益诉讼关联性最大的便是环境污染案件，通常情形下，我们可以参照此规定，在其他类型的公益诉讼中进行适用。

根据笔者的梳理，关于法官在举证责任分配时如何裁量的学说，学界有多种说法，均具有其合理性，却无法应用于全部的民事案件。就民事公益诉讼领域来看，"危险领域控制说"能够较为全面地反映在公益诉讼过程中各方主体的诉讼状态。该学说认为，若损害原因系一方当事人所掌控的危险领域，且其否认产生损害的原因出自其本身，那么由有能力控制危险领域的主体承担侵权行为发生的举证责任，这是由于受害人并没有对危险发生领域的控制力，其掌握证据难度较大，属无证据状态。在"郴州市人民检察院与创盛公司、黄某、曹某有、曹某威、王某新、王某福环境污染责任纠纷案"中，法院经过审理认为，根据2009年通过的《侵权责任法》第65条关于"因污染环境造成损害的，污染者应当承担侵权责任"以及第66条关于"因污染环境发生纠纷，污染者应当就法律规定的不承担责任或者减轻责任的情形及其行为与损害之间不存在因果关系承担举证责任"的规定，污染环境造成损害的，应由污染者承担侵权责任，且适用无过错责任原则和举证责任倒置原则。创盛公司、黄某、曹某有、曹某威、王某新、王某福均未就法律上规定的不承担责任或者减轻责任的情形及其行为与损害之间不存在因果关系提交证据予以证明。相反，湖南省环境保护科学研究院、环境保护部华南环境科学研究所作出的评估报告均认定污染物排放行为与环境损害存在直接关系。因此，应认定创盛公司、黄某、曹某有、曹某威、王某新、王某福的侵权行为与环境损害的后果存在直接的因果关系。同样，在"聊城市人民检察院与被告盛源公司、杨某照、邵某印土壤污染责任纠纷一案"中，法院经审理认为，根据 2009 年通过的《侵权责任法》第 66 条关于"因污染环境发生纠纷，污染者应当就法律规定的不承担责任或减轻责任的情形及其行为与损害之间不存在因果关系承担举证责任"的规定，罗某、侯某良将盛源公司生产中产生的废酸交由杨某照处理的行为属于执行工作任务的范围，盛源公司不能举证证明其员工行为与损害后果之间不存在因果关系或存在减免责任的情形，故公益诉讼人要求盛源公司作为用人单位与被告杨某照、邵某印承担赔偿责任的请求于法有据，应予支持。

所以，根据该学说，在民事公益诉讼中，举证责任的分配不能一概而论，要对主体即国家机关和有关组织进行区分。对于检察机关提起的公益诉讼，其举证责任的分配与一般私益诉讼相同，对于法律规定的有关组织提起的诉讼，要综合考虑该主体的证据收集能力以及证据调查的成本等问题，对于某些特殊类型的要件事实，通过举证责任倒置的方法来推动诉讼的有序进行，这是因为公共利益的侵犯主体相较于一般公民个体和组织而言，有更为强大的对公共利益场域的控制力，而侵权人在国家机关面前，则处于弱势地位。此外，对于不同起诉主体，在进行举证责任分配时，要根据实际情况，具体地进行分配。当起诉人中既有检察机关又有有关组织时，若对于某一要件事实由有关组织举证时，宜采用举证责任倒置的方式，若该要件事实的证明由检察机关和组织共同证明，或者仅由检察机关证明时，就按照一般的民事诉讼规定的"谁主张谁举证"规则进行分配。

二、检察机关提起民事公益诉讼的基本概况

(一) 检察机关提起民事公益诉讼的数量

2017 年修正的《民事诉讼法》增加了第 55 条第 2 款，赋予检察机关提起民事公益诉讼的权利。检察机关提起民事公益诉讼的案件数量日益增多，成为提起民事公益诉讼的主力，积极主动地发挥着维护国家和社会公共利益的职能。笔者通过检索裁判文书数据库，经过筛选整理后得出全国检察机关提起民事公益诉讼的案件数量共为 277 件，其中试点地区共有 198 件，非试点地区共有 79 件。湖北省有 1 份判决书为管辖民事裁定书，无法判断提起民事公益诉讼的主体，未将其计入全国检察机关提起民事公益诉讼的案件总数量。

图 4.1.1 为试点地区各省份检察机关提起民事公益诉讼案件的数量情况。

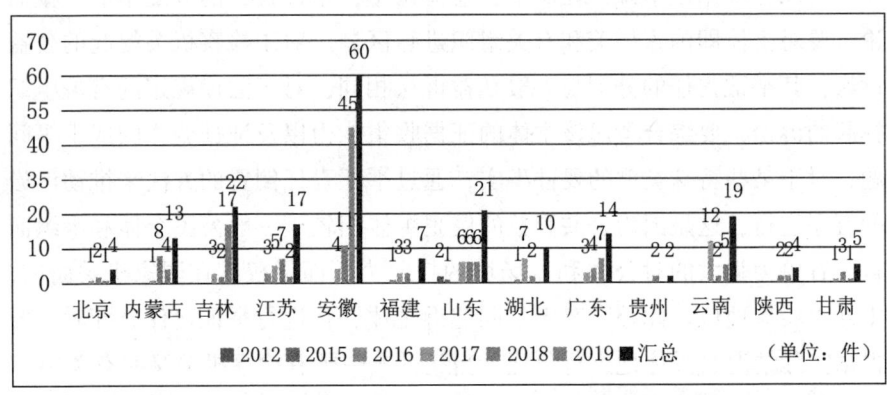

图 4.1.1 试点地区检察机关提起民事公益诉讼的案件数量

图 4.1.2 为非试点地区各省份检察机关提起民事公益诉讼案件的数量情况。

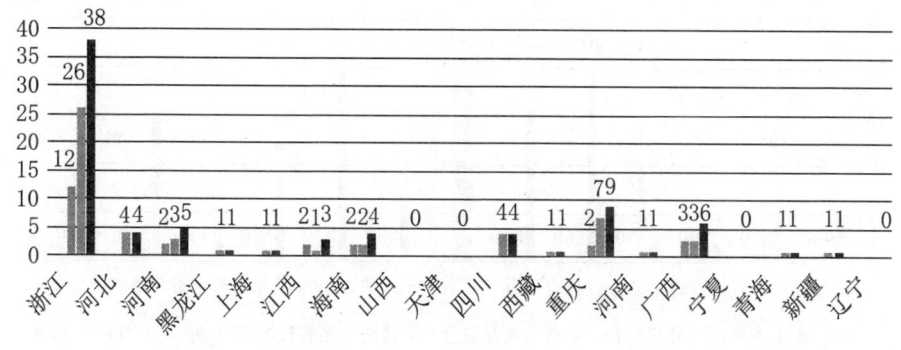

图 4.1.2　非试点地区检察机关提起民事公益诉讼的案件数量

（二）检察机关提起民事公益诉讼案件类型分布

全国检察机关提起民事公益诉讼案件中，生态环境与资源保护类案件共有 194 件，食品药品安全领域的消费者权益保护类案件共有 53 件，其他类（侵犯烈士名誉权、肖像权）案件共有 12 件。无法判断案件类型的有 18 件，其中安徽省有 17 件[1]裁定管辖的案件，浙江省有 1 件[2]裁定撤诉的案件。

图 4.1.3 为试点地区检察机关提起民事公益诉讼案件类型分布情况。

---

〔1〕 （2018）皖 04 民初 76 号、（2018）皖 03 民初 79 号、（2018）皖 03 民初 101 号、（2018）皖 03 民初 116 号、（2018）皖 04 民初 117 号、（2018）皖 04 民初 118 号、（2018）皖 03 民初 117 号、（2019）皖 03 民初 12 号、（2019）皖 03 民初 14 号、（2019）皖 03 民初 46 号、（2019）皖 03 民初 57 号、（2019）皖 04 民初 69 号、（2019）皖 03 民初 131 号、（2019）皖 03 民初 158 号、（2019）皖 04 民初 159 号、（2019）皖 03 民初 160 号、（2019）皖 03 民初 161 号。

〔2〕 绍兴市新昌县人民检察院与俞某丽侵权责任纠纷一案一审民事裁定书，（2019）浙 06 民初 764 号。

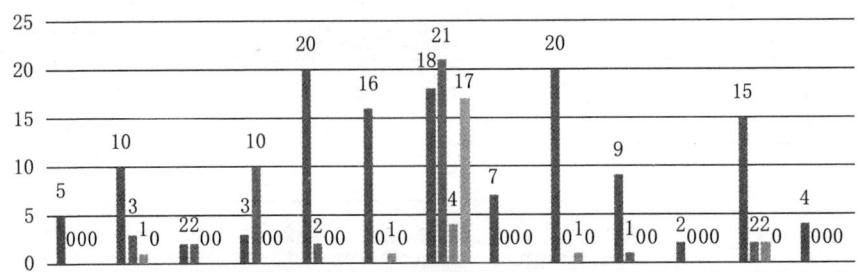

图 4.1.3 试点地区检察机关提起民事公益诉讼案件类型分布

图 4.1.4 为非试点地区检察机关提起民事公益诉讼案件类型分布情况。

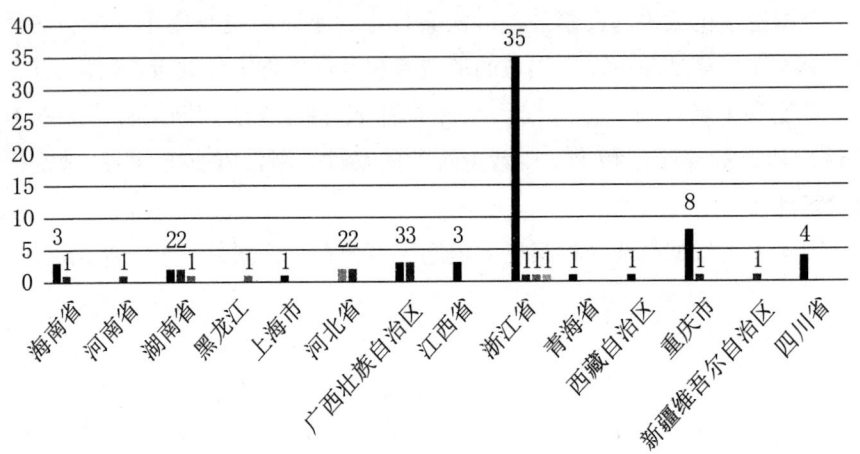

图 4.1.4 非试点地区检察机关提起民事公益诉讼案件类型分布

三、检察机关提起民事公益诉讼案件举证内容分析

《民事诉讼法》第 55 条第 2 款规定："人民检察院在履行职责中发现破坏生态环境和资源保护、食品药品安全领域侵害众多消费者合法权益等损害社会公共利益的行为，在没有前款规定的机关和组织或者前款规定的

机关和组织不提起诉讼的情况下，可以向人民法院提起诉讼。前款规定的机关或者组织提起诉讼的，人民检察院可以支持起诉。"对其进行规范分析后，可以发现：（1）人民检察院能够对破坏生态环境与资源保护以及食品药品安全领域侵害众多消费者合法权益等损害社会公共利益的行为提起诉讼。（2）人民检察院提起民事公益诉讼以没有前款法律规定的机关和组织或者前款规定的机关和组织不提起诉讼为前提。

在环境民事公益诉讼中，检察机关承担证明污染者的环境污染行为以及损害事实的证明责任，主要围绕主体资格、违法行为人的基本情况、实施的违法行为以及损害社会公共利益的事实进行举证。因环境侵权实行的是举证责任倒置原则，被告若想免责则要证明被告的行为与环境损害后果之间不存在因果关系。在侵害消费者权益的民事公益诉讼案件中，检察机关主要围绕违法行为人的基本情况、实施的违法行为、侵害不特定消费者合法权益的事实、违法行为与社会公共利益受到侵害之间的因果关系以及违法行为人的过错来进行举证。在英雄烈士合法权益纠纷案件中，检察机关主要围绕原告适格、违法行为，损害社会公共利益三个方面进行举证。如此针对公益起诉人举证情况从主体资格、违法事实、赔偿数额三大方面进行分析，另外本节还针对被告举证情况、涉及第三人的案件进行系统分析。

（一）公益诉讼起诉人举证情况分析

全国检察机关提起民事公益诉讼案件的判决书数量有189份。因裁定案件、民事调解案件中举证的相关内容基本没有，故针对这部分的分析以189份民事公益诉讼判决书作为研究对象。

1. 主体资格方面举证情况

在民事公益诉讼中，根据《民事诉讼法》第55条的规定，可以得出：检察机关提起民事公益诉讼是以没有"法律规定的机关和有关组织"提起诉讼为前提要件。2018年3月2日发布的《两高解释》第14条第3项也明确规定："人民检察院提起民事公益诉讼应当提交……（三）检察机关已经履行公告程序的证明材料。"换句话说，在民事公益诉讼中检察机关被列为最后一顺位的公益诉讼人。在提起诉讼之前检察机关必须履行诉前程序。在 189 份民事公益诉讼判决书中，因各地区法院书写判决书的习惯不同，有 11 件案件在判决书中没有列明证据证明履行诉前程序。其中包括 5 件二审案件，对一审主体资格认定事实情况没有说明。

表 4.1.1　一审判决书中没有提供证据证明履行诉前程序的案件

省份	案号	时间	说明
吉林省	（2017）吉 02 民初 32 号	2017.06.12	
江苏省	（2015）常环公民初字第 1 号	2016.04.14	
湖北省	（2017）鄂 1024 民初 58 号	2017.07.03	
上海市			判决书简略
青海省	（2019）青 02 民初 5 号	2019.04.17	因青海省海东市人民检察院已履行诉前公告程序，法院立案后未再次进行公告
江西省	（2017）赣 10 民初 142 号	2018.02.06	

上述一审判决书中对诉前程序未举证说明。分析后发现上述案例裁判时间皆在 2018 年 3 月 2 日前。因适用 2015 年发布的《人民检察院实施办法》第 17 条的规定，人民检察院提起民事公益诉讼应当提交下列材料：（1）民事公益诉讼起诉书；（2）被告的行为已经损害社会公共利益的初步证明材料。法律没有明确规定将履行诉前程序作为原告适格的证明条件，由此可能导致各地检察院在进行举证时存在差异。

将上述案件排除后，对余下的 178 份判决书进行整理分析后可以发现，检察机关都履行了诉前程序。基于不同案件类型以及本行政区域内有无法律规定的有关机关或组织，检察机关举证情况不同。

表 4.1.2　检察机关举证情况统计

案件类型	有法律规定的有关机关或组织不提起诉讼	没有法律规定的机关或组织（烈士家属）
生态环境与资源保护	1. ××检察院向有关机关或组织发出的检察建议书； 2. ××检察院送达回证； 3. 有关机关或组织的回函	相关行政部门出具的《证明》或者《检察日报》上的公告或者民政局出具的《关于目前烟台市缺乏环境公益诉讼适格主体的说明》
消费者权益保护	1. ××人民检察院向有关机关或组织发出的《检察建议书》； 2.《检察日报》刊登的公告； 3. 有关机关或组织的回函	《检察日报》刊登的公告

　　检察机关提起诉讼是否以英雄烈士近亲属不起诉或者以英雄烈士没有近亲属作为前置条件？《英雄烈士保护法》第 25 条第 2 款规定："英雄烈士没有近亲属或者近亲属不提起诉讼的，检察机关依法对侵害英雄烈士的姓名、肖像、名誉、荣誉，损害社会公共利益的行为向人民法院提起诉讼。"有观点认为检察机关应当依法启动诉前公告程序，也有观点认为当侵害英雄烈士人格利益的行为造成严重的公共利益损害后果，须经检察机关采用公益诉讼提出针对性的请求才能挽回时，检察机关有权不受私益诉讼的限制而主动提起英烈保护民事公益诉讼。[1]针对该问题，从实证角度，在 12 件相关案件中，检察机关都履行了诉前公告程序，以英雄烈士近亲属不起诉或者以英雄烈士没有近亲属作为前置要件提起诉讼。

---

　　〔1〕 邵世星："五方面把握英烈保护公益诉讼法律适用"，载《检察日报》2018 年 5 月 23 日，第 3 版。

表 4.1.3　检察机关履行诉前公告程序统计

案件类型	有近亲属且近亲属不提起诉讼的	没有近亲属
其他（烈士肖像权、烈士名誉权）	1. 公安局出具的关系证明一份； 2. ××人民检察院向烈士近亲属发送的函一份； 3. 声明一份，证明不予追究； 4. 被告的户籍资料或者仅提供在检察院发布的公告	1.《检察日报》公告信息； 2. 被告的户籍资料

在山东省烟台市人民检察院与徐某名誉权公益诉讼一案[1]中，在法院认定的事实中提到检察机关征求了烈士近亲属的意见，具体提交的证据情况没有说明。

英烈保护民事公益诉讼中采用"诉前程序+提起诉讼"的模式符合《民事诉讼法》第55条规定的程序理念。检察机关提起对英烈保护的案件适宜采取诉前公告程序，只不过针对的主体是英雄烈士近亲属。此外，英雄烈士的名誉和荣誉等不仅属于英雄烈士本人及其近亲属，更是社会正义的重要组成内容，承载着社会主义核心价值观，具有社会公益性质。虽然英雄烈士近亲属提起诉讼所保护的法益属于私人利益，但是由于公益保护的扩张性，近亲属可以主张侵害人向社会承担恢复名誉、赔礼道歉、消除影响的责任。在通过此扩张性的保护能够补救受损害的社会公共利益的情况下，检察机关也没必要基于社会公共利益受损再另行提起诉讼。

综上，检察机关提起民事公益诉讼案件中，在主体资格方面检察机关皆对诉前程序进行了举证，针对不起诉或者没有相关机关和组织，或者英雄烈士没有近亲属的情形，在证据的提供上呈现类型化。

2. 违法事实方面举证情况

根据不同的案件类型，违法事实的举证内容不同。违法事实方面的举证包括证明违法行为人实施违法行为和损害社会公共利益的事实。

---

[1]　（2018）鲁 06 民初 211 号。

食品药品安全领域民事公益诉讼案件。在食品药品安全领域民事公益诉讼案件中，检察机关审查重点包括食品药品安全领域侵害众多消费者合法权益等社会公共利益受到侵害的事实，此类事实既可以是具体的侵害事实，也可以是重大侵害危险。主要通过提交涉刑案件材料包括：被告人的供述和辩解、利害关系人的询问笔录、刑事判决书及生效证明等证明被告实施生产销售伪劣食品药品的行为；证明食品需经严格检疫的规范性文件、食品药品安全标准、产品质量安全监督检测所出具的检验报告等；证明涉案药品对人体健康有危害的药品检测报告、专家咨询意见、鉴定报告等。

从判决中可以看出法院认为生产销售伪劣食品药品的行为，因销售对象系众多不特定的消费者，由此侵害了众多消费者合法权益，损害了社会公共利益。而对于损害到多少消费者的合法权益构成损害社会公共利益没有明确实质的判断标准，目前有地方检察院提出在食品药品安全领域，侵害众多消费者合法权益并造成实然损害的，应当以 10 人以上作为基准调查收集证据。[1]

生态环境与资源保护类判决案件。对违法事实的举证概括如下：行政机关对侵权行为人及其他证人所作询问笔录、行政机关作出的现场勘验及辨认笔录、公益起诉人所作的现场勘查笔录、照片、视频等；行政机关对侵权行为人作出的《行政处罚决定书》《责令改正违法行为决定书》等文书；证明污染物种类和浓度的环保监测报告、环境调查技术报告等；破坏生态环境，造成大气、水、土壤污染，或者造成资源损失的相关鉴定报告等；土地利用现状图、土地利用总规划图等；行政机关出具的修复生态的方案等；涉刑案件材料，主要包括立案决定书、侦查机关询问笔录、案件移送手续、公安机关立案决定书、法院判决等。在实施污染环境行为构成犯罪的案件中，检察院通过提交生效的刑事判决书证明被告实施的行为是严重的违法行为，并且认定被告实施的污染环境行为与所造成的环境污染损害后果之间存在因果关系。

---

〔1〕 "食品药品安全领域民事公益诉讼案件重点问题"，载四川省绵阳高新技术产业开发区人民检察院官方网站，http://www.mianyanggx.jcy.gov.cn/jwzn/gyss/201807/t20180703_ 2265031. shtml，最后访问日期：2020 年 7 月 28 日。

此外，有 11 件案件中检察机关对于侵权行为与损害后果之间存在法律上的因果关系进行了举证。

表 4.1.4　检察机关对于侵权行为与损害后果之间存在法律上的因果关系举证

案件名称	检察机关为证明因果关系提供的相关证据
广东省广州市人民检察院与张某山、邝某尧水污染责任纠纷一审民事判决书（2016）粤 01 民初 107 号	协议书、委托书、从化区鳌头镇政府出具的证明、中塘村收据凭证、城管部门执法记录、环保部门调查情况说明、监测结果、现场勘查笔录、评估报告等
北京市人民检察院第三分院与赵某赞环境污染责任纠纷一审民事判决书（2017）京 03 民初 177 号	轻工业环境保护研究所出具的《通州区于家务乡前伏村电镀厂污染土壤应急调查报告》
白城市人民检察院环境与王某学环境污染责任纠纷一审民事判决书（2019）吉 08 民初 12 号	吉林某司法鉴定中心出具的司法鉴定意见书
许某惠、许某仙一审民事判决书（2015）常环公民初字第 1 号	《东方村洗桶厂地块场地环境调查阶段实际采样点位图》、澳实分析检测（上海）有限公司出具的检测报告、江苏常环环境科技有限公司制作的《地块内土壤中检出的污染物浓度范围》表、《地块内地下水中检出的污染物浓度范围》表、《东方村洗桶厂地块 2 号污水池检出污染物浓度》表，污水池附近地下水污染数据，以及地下水中污染物种类与残渣、污水池底部沉积物、污水池里的废水检出的污染物种类
绩溪县板桥水力发电总站水污染责任纠纷一审民事判决书（2018）皖 1825 民初 544 号	专家意见与安徽省环境科学研究院编制的《旌德县白沙河上游污染事件环境损害鉴定评估报告》分析了隐塘水库排污行为与环境损害的因果关系
某贸易有限公司、张某杰环境污染责任纠纷一审民事判决书（2016）皖 1204 民初 2959 号	《阜阳某贸易有限公司涉嫌环境污染事件环境损害鉴定评估意见书》

续表

案件名称	检察机关为证明因果关系提供的相关证据
聊城市人民检察院与被告盛源公司、杨某照、邵某印土壤污染责任纠纷一案（2016）鲁 15 民初 351 号	1. 莘县环境保护局出具的《证明》1 份、莘县朝城镇邵庄村民委员会出具的《证明》1 份；2. 山东省环境保护环境研究设计院环境风险与污染损害鉴定评估中心出具的《莘县邵某印等人污染环境案环境损害检验报告》第 33 页
郴州市人民检察院与创盛公司、黄某、曹某有、曹某威、王某新、王某福环境污染责任纠纷一审民事判决书（2018）湘 10 民初 3 号	宜章县环保局立案材料，拟证明被告侵权行为与环境损害的后果具有因果关系
钟某、李某波环境污染责任纠纷一审民事判决书（2018）冀 06 民初 310 号	证据 1-5、易县公安局交通警察大队道路交通事故现场勘查笔录及事故现场照片、易县环境保护局提供的事故现场照片、易县环境保护局［2018］易环查（扣）001 号查封（扣押）决定书、保定市人民政府关于易县柴油罐车翻车柴油流入拒马河应急处置有关情况的报告、山西省环境污染损害司法鉴定中心晋环司鉴［2018］鉴字第 087 号司法鉴定意见书。证据 6、易县环境保护局关于 112 国道易县小盘石路段柴油车翻车致生态环境污染有关情况
姜某武侵权责任纠纷一审民事判决书（2019）浙 08 民初 505 号	姜某武污染环境案生态损害鉴定评估报告、浙江省增值税普通发票
谭某波环境污染责任纠纷一审民事判决书（2019）渝 01 民初 6 号	《鉴定评估报告》

在这些案件中，法院的基本态度是：根据《民法典》第 1230 条规定，"因污染环境、破坏生态发生纠纷，行为人应当就法律规定的不承担责任或者减轻责任的情形及其行为与损害之间不存在因果关系承担举证责任"。法律规定的环境污染责任纠纷中实行因果关系的举证倒置原则。因为环境侵权行为的构成要件，除因果关系这一核心要件之外，还有侵权行为和损害事实这两个构成要件的举证责任并未倒置。原告负有证明污染者存在污

染行为、损害事实的发生及与污染者有关联等。被告基于原告的举证负责对因果关系进行举证证明。

其他类案件。其他类案件包括侵害烈士名誉权、侵害烈士肖像权的案件，共 12 件。侵害烈士名誉权的案件共有 7 件，7 件皆是违法行为人在微信群、微博等媒体上对烈士进行辱骂的案件。侵害烈士肖像权的案件共有 5 件。

在 12 份判决书中公益起诉人的诉讼请求皆为要求被告在主流媒体上公开赔礼道歉、消除影响，因此检察机关在举证上主要着重于主体资格和违法事实上。针对违法事实部分，检察院的举证内容分为三部分：被告人户籍资料+烈士身份证明材料+侵害事实相关材料。

在侵害烈士肖像权的案件中，检察院提交的证据主要是身份证明及营业执照复印件、行政处罚告知书、行政处罚决定书、非税收入专用收据、被告经营场所照片证明侵害事实。在侵害烈士名誉权的案件中检察院通过提交被告人的辨认笔录及询问笔录、证人证言、微信聊天记录截图、行政处罚决定书等证明被告在微信群或者朋友圈实施了发表不当言论的违法行为，同时造成了不良社会影响。

检察机关对英雄烈士纠纷案件提起诉讼以存在对公共利益损害为前提。实施不当使用伟人肖像进行经营或者在一定范围内发表侮辱烈士言论等违法行为时，不仅侵害烈士的肖像权或名誉权，同时损害了社会公共利益。在 7 件侵害烈士名誉权的案件中，裁判文书都持有一致观点，烈士的人格利益不仅是个人权益的重要内容，同时是全社会全民族的精神遗产，在侵害烈士的个人名誉的同时损害了社会公共利益。而对于"在多大范围内发表不当言论"损害社会公共利益没有统一的标准，如在陶某平名誉权纠纷一审民事判决书中，陶某平在 362 名微信群里发表侮辱英烈的言论。[1]在唐某成名誉权纠纷一审民事判决书中，唐某成在 57 人的微信群里发表不当言论，后其不当言论被群内成员传播，转发至另一 216 人的微信群，造成

---

〔1〕 陶某平名誉权纠纷一审民事判决书，(2019) 浙 11 民初 81 号。

不良影响。[1]在曾某华名誉权纠纷一审民事判决书中，曾某华在500人的微信群中发表侮辱英雄的不当言论。[2]在王某龙名誉权纠纷一审民事判决书中，被告王某龙在其微信朋友圈发布孔祥磊烈士忠骨回归故里的一段视频，并配发"短命鬼回家了"的文字内容。王某龙的微信好友有600余人，造成了较为恶劣的社会影响。[3]在熊某源名誉权纠纷一审民事判决书中，被告熊某源在其朋友圈跟帖评论侮辱烈士的语言，其微信好友有100余人。[4]在曾某名誉权纠纷一审民事判决书中，被告曾某在131人的微信群里发表侮辱性言论，歪曲烈士谢勇英勇牺牲的事实。[5]在徐某名誉权纠纷一审民事判决书中，徐某发布侮辱烈士的微博，认可其他网友用微博转发上述微博截图，该网友微博被转发了1000多次，评论666条。[6]根据实证分析可以初步得出：发表侮辱烈士的不当言论，传播范围在百人以上构成损害了社会公共利益。

3. 赔偿数额方面举证情况

生态环境与资源保护领域的民事公益诉讼案件中，经过整理概括，确认生态环境损害赔偿的具体数额主要依据修复方案中对生态环境修复费用的确定、鉴定意见或者专家意见以及为出具鉴定意见支出的鉴定费、咨询费。如钟某、李某波环境污染责任纠纷一审案件[7]中，对生态环境污染赔偿数额的证据如下："证据1. 山西省环境污染损害司法鉴定中心晋环司鉴［2018］鉴字第087号司法鉴定意见书证实：应急处置费用，造成生态环境损害所需要的生态环境治理修复费用金额。证据2. 山西省环境污染损害司法鉴定中心出具的鉴定费发票两张证实：鉴定费用12万元。"

造成生态环境破坏的案件通常需要采取鉴定、评估的方式来确定受损情况以及生态修复费用。从举证实践上来看，鉴定结论、评估意见书起着

---

〔1〕　唐某成名誉权纠纷一审民事判决书（2019）湘07民初82号。

〔2〕　曾某华名誉权纠纷一审民事判决书（2019）粤20民初104号。

〔3〕　王某龙名誉权纠纷一审民事判决书（2019）云25民初181号。

〔4〕　熊某源名誉权纠纷一审民事判决书（2019）云25民初182号。

〔5〕　曾某名誉权纠纷一审民事判决书（2018）苏08民公初1号。

〔6〕　徐某名誉权纠纷依审民事判决书（2018）鲁06民初211号。

〔7〕　河北省保定市钟某、李某波环境污染责任纠纷一审民事判决书，（2018）冀06民初310号。

不可或缺的作用。但这方面的花费巨大，检察机关自身难以维系高昂的鉴定评估费用。《司法部办公厅关于进一步做好环境损害司法鉴定管理有关工作的通知》提出，环境公益诉讼中的环境损害司法鉴定，可先鉴定后收费。鼓励引导环境损害司法鉴定机构在不预先收取鉴定费的情况下，能够及时受理检察机关委托的环境公益诉讼案件，依法依规出具鉴定意见，为检察机关进行环境公益诉讼提供支持。

针对检察机关提交的鉴定费用相关证据，有被告提出异议认为鉴定费用过高。《最高人民法院关于审理环境民事公益诉讼案件适用法律若干问题的解释》（以下简称《环境民事公益诉解释》）第 22 条规定："原告请求被告承担以下费用的，人民法院可以依法予以支持：（一）生态环境损害调查、鉴定评估等费用；（二）清除污染以及防止损害的发生和扩大所支出的合理费用；（三）合理的律师费以及为诉讼支出的其他合理费用。"鉴定费用一般由人民法院判决的败诉方承担，但环境资源类的鉴定费用可能较高，同时再加上环境修复费用，在被告经济困难确实没有履行能力时该如何处理，是否可以考虑采用自愿劳务代偿的方式，在应当承担的赔偿数额范围内予以抵扣。

食品药品安全领域民事公益诉讼案件，针对赔偿数额举证证明的内容多是销售价款 10 倍赔偿金。根据《消费者权益保护法》第 55 条规定，只要经营者存在"欺诈行为"或者明知商品或服务"存在缺陷"而销售的，消费者就可以主张惩罚性赔偿。而公益起诉人与被告的争议点多在消费金额的确定上。对食品药品安全领域民事公益诉讼的判决书进行分析，销售价款的多少大多通过立案决定书、刑事判决书、被告人的供述、证人证言、公安局的检查笔录、提取笔录、现场勘验笔录；行政机关的现场笔录、证明材料等；调查相关食品销售价格的复函、利润表、该市行业协会的调查结果、检验报告等加以证明。

（二）被告举证情况分析

民事公益诉讼中被告提交证据的案件较少，下文对被告举证案件数量、案件类型和被告举证内容三方面进行全面分析。

1. 被告举证案件数量及类型

经过统计整理分析，在 189 份判决书中经过筛选，被告提交证据的案件数量共有 34 件。被告提交证据的案件数占提起民事公益诉讼的判决数量的百分比为 17.99%。图 4.1.5 是各省份被告举证案件数量情况。

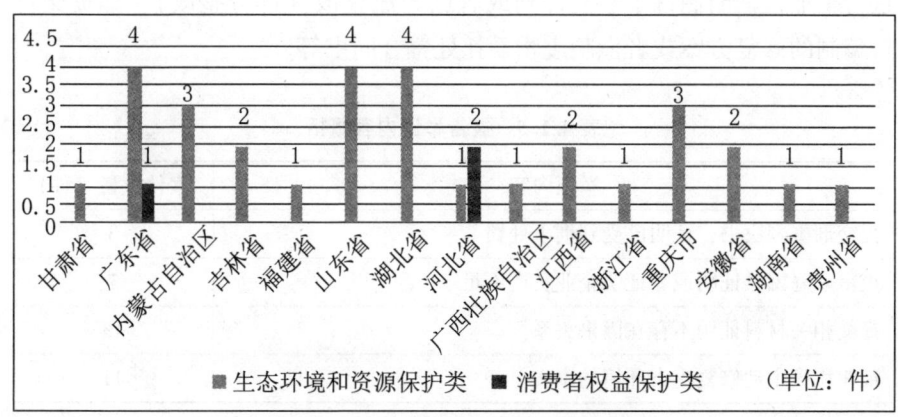

图 4.1.5　各省份被告举证案件数量

被告举证的案件类型分布上，31 件是属于生态环境与资源保护类型的案件，占 91.18%，3 件是食品药品安全领域消费者权益保护的案件，占 8.82%。

2. 被告举证内容分析

《民法典》第 1230 条规定，环境污染责任纠纷中实行因果关系的举证倒置原则。我国环境民事公益诉讼中实行举证责任倒置，被告要想免于承担侵权责任则要举证证明环境污染行为与损害事实之间不存在因果关系。《最高人民法院关于审理环境侵权责任纠纷案件适用法律若干问题的解释》第 7 条规定，污染者举证证明下列情形之一的，人民法院应当认定其污染行为与损害之间不存在因果关系：（1）排放的污染物的行为没有造成该损害可能的；（2）排放的可造成该损害的污染物未到达该损害发生地的；（3）该损害于排放污染物行为实施之前已经发生的；（4）其他可以认定污染行为与损害之间不存在因果关系的情形。

经过对案件的整理分析，实践中被告举证的内容主要分为四类：一是提交刑事判决书，证明已受到刑事处罚；二是出示家庭困难证明或者证明企业资产不足，请求法院减轻处罚，通常出具村民委员会提供的家庭困难证明；三是提交相关证明材料证明被告的行为与社会公共利益受到侵害之间不存在因果关系，即具有免责事由，如多个被告中其中一被告提交相关证据证明其并非违法行为实施主体；四是对积极主动修复生态环境的事实进行举证，证明制订了修复计划或者已完成整改（部分整改）。如提交自行编制的修复方案或者危险废物委托处置合同书等。

表 4.1.5　被告举证内容概括

举证内容	案件数量（件）
提交刑事判决书，证明已受到刑事处罚	3
出示家庭困难证明或者证明企业资产不足	7
提交相关材料证明不存在因果关系	13
证明积极主动修复生态环境的事实	11

（三）第三人举证情况分析

经过统计分析，第三人举证的案件仅有1件，案件数量少，将其作为特殊案例进行分析。在甘肃省庆阳市人民检察院与被告赵某山侵权纠纷公益诉讼一案[1]中，华池县国土资源局、华池县水土保持管理局、华池县林业局作为第三人参加诉讼，举证内容如下："华池县水国土资源局提交的证据有：华池县城王峁子安置区沟坡生态恢复治理方案、送达回证及催告书各一份。为证明其单位履职到位，被告未按方案进行整改。"行政机关作为第三人提交的证据用以证明其单位已经履职到位，不存在不依法履职的情形。

（四）小结

综合对检察机关、被告、第三人的举证情况的分析，在检察机关提起的民事公益诉讼案件中，检察机关可以提起诉讼的三类案件，一是破坏环境与资源保护类案件，二是食品药品安全领域侵害众多消费者合法权益的

---

〔1〕　庆阳市人民检察院与被告赵某山侵权纠纷公益诉讼一案，（2017）甘10民初36号。

案件，三是英雄烈士保护类案件。在案件类型上，检察机关对生态环境与资源保护类案件和消费者权益保护类案件既可以提起行政公益诉讼，也可以提起民事公益诉讼。换句话说，针对同一案件事实，可能会出现民事公益诉讼和行政公益诉讼的交叉。因此对"两诉"的关系，应通过构建衔接机制在避免重复的情况下形成"互补"关系。[1]

在举证上，诉前程序是检察机关提起公益诉讼的必经程序，也明确规定了公告的履行方式。检察机关在起诉时须提交履行公告的证明材料，这一诉前程序的规定，明确了检察机关是提起民事公益诉讼最后一顺位的起诉主体。检察机关作为公益诉讼人可以行使一定的公权力调查取证，相对于一般的民事诉讼原告，具有较强的举证能力。但是民事公益诉讼需要证明侵害社会公共利益的事实、造成了社会公共利益受损的事实。这些证据收集困难，且违法事实和赔偿数额常通过鉴定报告书、评估报告书来证明，此类证据又面临着鉴定程序复杂且时间长、鉴定成本高等问题，因此有必要采取有效措施减轻检察机关举证上的经济问题。

被告举证的案件皆是生态环境与资源保护类案件，在此类案件中被告举证的目的是减轻或者免除处罚，总体上分为两大类：一是通过提交证据证明被告行为与损害事实之间不存在因果关系；二是通过提交家庭困难证明或者已积极进行整改等相关证据来证明。由被告承担因果关系的举证责任仍是现行做法。行政机关作为第三人提交的证据用以证明其单位已经履职到位。

第二节　非检察机关提起民事公益诉讼举证实践

一、非检察机关提起民事公益诉讼概况

（一）非检察机关提起民事公益诉讼的数量

笔者通过检索裁判文书数据库，全国非检察机关提起民事公益诉讼的

---

〔1〕 巩固："检察公益'两诉'衔接机制探析——以'检察公益诉讼解释'的完善为切入"，载《浙江工商大学学报》2018 年第 5 期。

数量共为 121 件，其中一审判决有 49 件，二审判决有 20 件，裁定数量有 44 件，再审案件 1 件，民事调解案件有 7 件。其中，行政机关作为原告提起的民事公益诉讼案件有 13 件，法律规定的有关组织提起的民事公益诉讼案件有 108 件。图 4.2.1 为各省份非检察机关提起民事公益诉讼的数量情况。

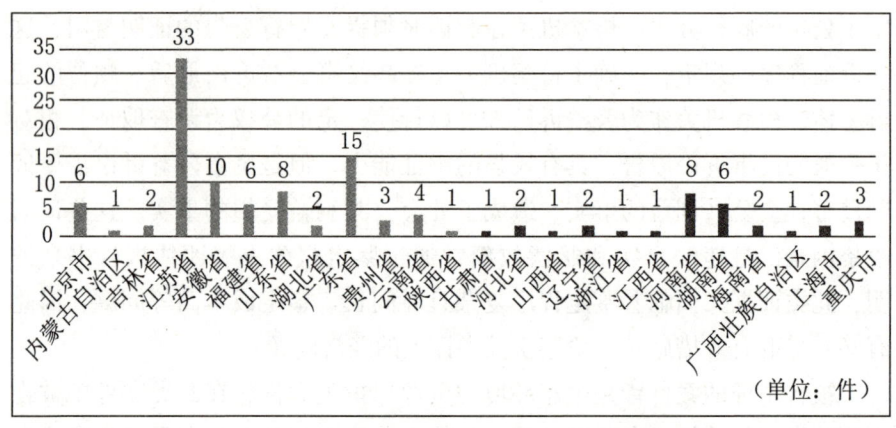

（单位：件）

图 4.2.1　非检察机关提起民事公益诉讼的数量

（二）非检察机关提起民事公益诉讼案件类型分布

全国非检察机关提起民事公益诉讼案件中，生态环境与资源保护类案件共有 107 件，消费者权益保护类案件共有 11 件，仅根据裁定书无法判断案件类型的共有 3 件，其中江苏省有 1 件[1]裁定撤回起诉的案件，贵州省有 2 件[2]案件类型不明的案件。图 4.2.2 为各省非检察机关提起民事公益诉讼案件类型分布情况。

---

〔1〕 江苏省消费者协会与南京水务集团有限公司侵权责任纠纷一审民事裁定书，（2016）苏 01 民初 2034 号。

〔2〕 中国生物多样性保护与绿色发展基金会、中国铝业股份有限公司二审民事裁定书，（2018）黔 01 民终 868 号；贵阳公众环境教育中心与贵阳市建设投资控股有限公司、通号建设集团贵州工程有限公司（原贵州建工集团第九建筑工程有限责任公司）一审民事裁定书，（2019）黔 01 民初 779 号。

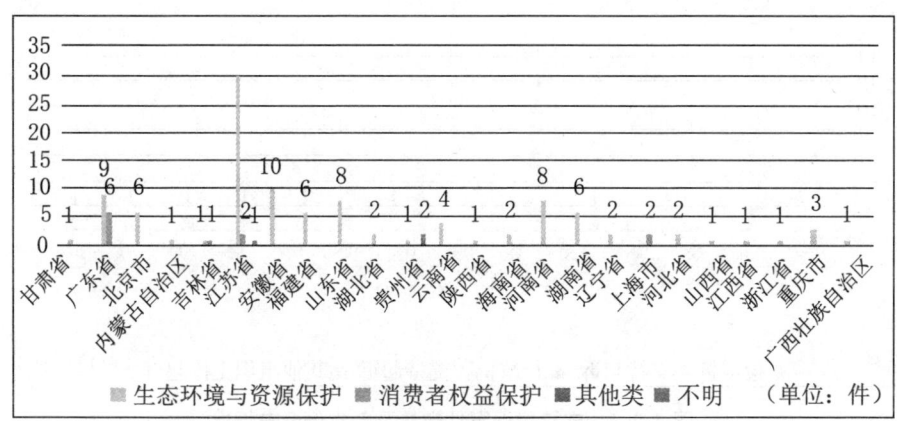

图 4.2.2　非检察机关提起民事公益诉讼案件类型分布

（三）支持起诉的情况

《环境民事公益诉讼解释》第 11 条规定："检察机关、负有环境资源保护监督管理职责的部门及其他机关、社会组织、企业事业单位依据民事诉讼法第十五条的规定，可以通过提供法律咨询、提交书面意见、协助调查取证等方式支持社会组织依法提起环境民事公益诉讼。"非检察机关提起民事公益诉讼的案件中，没有支持起诉的案件有 86 件，检察机关支持起诉的案件有 35 件，其中广东省环境保护基金会与余某发、夏某林水污染责任纠纷一审案件[1]中，支持起诉人有广州市番禺区人民检察院与广州市番禺区环境保护局。北京市朝阳区自然之友环境研究所、福建省绿家园环境友好中心与谢某锦、倪某香等侵权责任纠纷一案[2]中，支持起诉人为福建省南平市人民检察院与中国政法大学环境资源法研究和服务中心。行政机关支持起诉的案件有 4 件，其他组织支持起诉的案件有 5 件。图 4.2.3 为支持起诉案件数量及各省份分布情况。

---

〔1〕　广东省环境保护基金会与余某发、夏某林水污染责任纠纷一审民事判决书，（2017）粤 01 民初 220 号。

〔2〕　北京市朝阳区自然之友环境研究所、福建省绿家园环境友好中心与谢某锦、倪某香等侵权责任纠纷一审民事判决书，（2015）南民初字第 38 号。

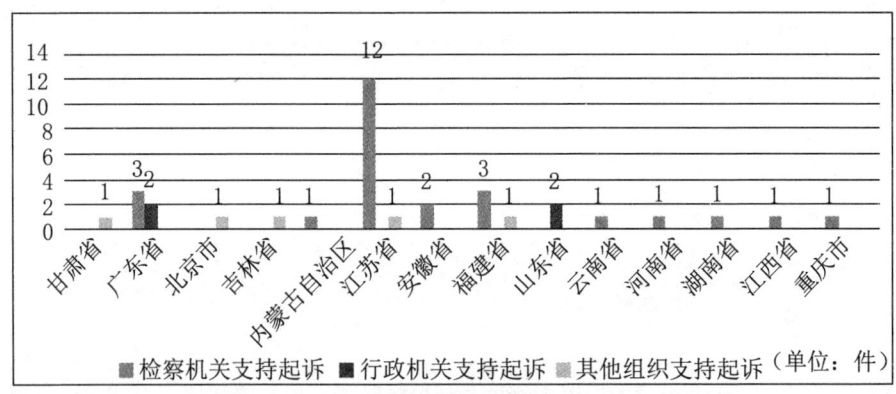

图4.2.3　支持起诉案件数量及各省份分布情况

支持起诉的案件中，支持起诉人均派人到庭参加诉讼。检察机关作为支持起诉机关的案件中，通常情况下支持起诉机关出庭发表支持起诉意见，向公益诉讼人发出《督促起诉决定书》，督促公益诉讼人提起诉讼。依据《环境民事公益诉讼解释》第11条的规定，支持起诉机关或组织通过提供法律咨询、提交书面意见、协助调查取证等方式支持社会组织依法提起环境民事公益诉讼。但笔者从整理的案件中发现，在北京市朝阳区自然之友环境研究所、福建省绿家园环境友好中心与谢某锦、倪某香等侵权责任纠纷一案[1]中，福建省南平市人民检察院与中国政法大学环境资源法研究和服务中心作为支持起诉人仅委托代理人到庭参加诉讼，并未发表支持起诉意见，也未提供证据。

二、非检察机关提起民事公益诉讼案件举证内容分析

《民事诉讼法》第55条第1款规定："对污染环境、侵害众多消费者合法权益等损害社会公共利益的行为，法律规定的机关和有关组织可以向人民法院提起诉讼。"本文基于非检察机关提起的民事公益诉讼举证实践进行研究，对不同主体的举证情况进行分析。作为原告在主体资格的证

---

〔1〕　北京市朝阳区自然之友环境研究所、福建省绿家园环境友好中心与谢某锦、倪某香等侵权责任纠纷一审民事判决书，（2015）南民初字第38号。

明、违法事实和损害后果及赔偿方面进行概括分析。违法事实和损害后果的证明上包含了对社会公共利益受损害要件的证明。针对被告举证情况主要是分析其是否举证以及举证的主要内容，针对涉及第三人的案件主要分析第三人是否举证及举证的内容。

（一）民事公益诉讼原告举证内容分析

全国非检察机关提起民事公益诉讼的数量共 121 件，其中判决数量有 69 件，裁定数量有 44 件，民事调解案件有 7 件，再审案件 1 件。二审判决中上诉人与被上诉人提交新证据的案件共有 3 件[1]。因裁定案件中举证的相关内容基本没有，因此针对这部分内容的分析以 69 份民事公益诉讼判决书作为研究对象。

1. 主体资格方面举证情况

在证明内容上，法律规定的机关和有关组织在主体资格的证明上明显不同于检察机关提起的民事公益诉讼。检察机关提起的民事公益诉讼中，检察机关主要是证明自己已履行诉前程序，即没有提起公益诉讼的适格主体或者没有法律规定的机关和组织提起诉讼为前置要件。针对非检察机关提起民事公益诉讼，在主体资格举证上将分情况进行分析。

行政机关提起的民事公益诉讼。行政机关提起的民事公益诉讼案件有 11 件，皆是污染环境类案件。

其中有 2 件案件行政机关对主体资格进行了举证，在云南省宜良县国土资源局起诉并由云南省宜良县人民检察院支持起诉被告×××环境污染责任纠纷案一审案件[2]中，公益诉讼人提交《督促起诉决定书》证明宜良县国土资源局作为本案公益诉讼人主体适格。在原告巴林左旗林

---

〔1〕 中华环保联合会、江西龙天勇有色金属公司环境污染责任纠纷二审民事判决书，（2018）赣民终 189 号；北京市朝阳区自然之友环境研究所、中国生物多样性保护与绿色发展基金会与江苏常隆化工公司、常州市常宇化工公司等二审民事判决书，（2017）苏民终 232 号；中国生物多样性保护与绿色发展基金会与马鞍山市玉江机械化工公司环境污染责任纠纷二审民事判决书，（2017）皖民终 679 号。

〔2〕 云南省宜良县国土资源局起诉并由云南省宜良县人民检察院支持起诉被告×××环境污染责任纠纷案一审判决书，（2012）昆环保民初字第 6 号。

业局与被告巴林左旗恒发矿业公司环境侵权责任纠纷案—审案件[1]中，公益诉讼人提交《检察建议书》，用以证明巴林左旗林业局起诉的理由及依据。

余下 9 件案件中，对于环保部门提起的公益诉讼案件，法院根据《民事诉讼法》第 55 条的规定，认为因环境污染损害社会公共利益引起的纠纷，环保部门基于自身法定职责，为了维护社会公共利益，可以作为原告参与公益诉讼。对于省人民政府提起的公益诉讼案件，法院根据中共中央办公厅、国务院办公厅 2015 年印发的《生态环境损害赔偿制度改革试点方案》（中办发〔2015〕57 号）的规定，试点地方省级政府经国务院授权后，作为本行政区域内生态环境损害赔偿权利人。法院认可省人民政府具备提起生态环境损害赔偿诉讼的原告资格。对于其他行政机关提起的案件，法院则根据具体情况来具体论证原告的主体资格问题。例如在中国某财产保险股份有限公司潍坊中心支公司与盱眙县马坝镇人民政府、朱某林等财产损害赔偿纠纷一案[2]中，法院认为马坝镇人民政府虽然不是直接的被侵权人，但其支付的费用系因交通事故导致的财产损失，与交通事故存在关联性，而且马坝镇人民政府作为原审原告提起诉讼，避免了诸多农户的讼累，故马坝镇人民政府具有原告主体资格。

社会组织提起的民事公益诉讼案件。社会组织提起的民事公益诉讼案件数量有 58 件，其中有 52 件属于污染环境类案件，6 件案件属于消费者权益保护案件。图 4.2.4 是各省份社会组织提起的民事公益诉讼案件类型分布情况。

---

[1] 原告巴林左旗林业局与被告巴林左旗恒发公司环境侵权责任纠纷案一审民事判决书，(2014) 巴民初字第 4182 号。

[2] (2018) 苏民终 1316 号。

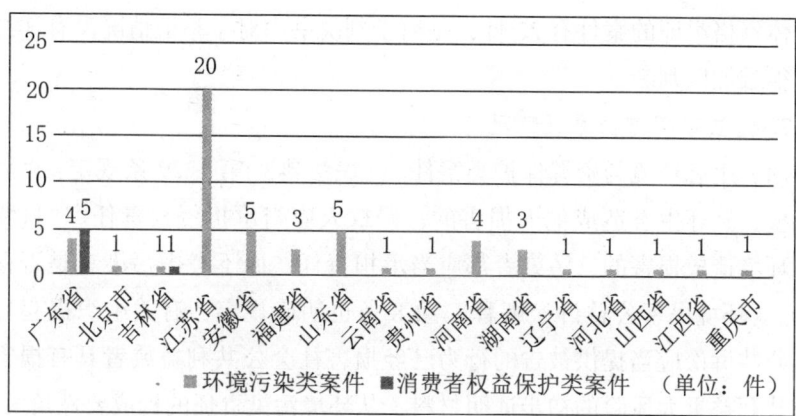

图 4.2.4　各省份社会组织提起的民事公益诉讼案件类型分布

在消费者权益保护类案件中，其中有 2 件消费者权益保护的案件，社会组织未按照《最高人民法院关于审理消费民事公益诉讼案件适用法律若干问题的解释》（以下简称《消费民事公益诉讼解释》）第 2 条第 2 项和《消费者权益保护法》第 37 条第 1 款第 4 项至第 5 项的规定提交证据。在广东省消费者委员会与李某文、陈某财、刘某锦、赖某成、李某成、叶某兵等侵权责任纠纷一审民事判决书[1]中，法院认为上述规定并没有将履行上述公益性职责作为所有提起消费民事公益诉讼的必要前置条件，并没有在民事诉讼法和消费者权益保护法规定的原告适格条件之外加设更多的条件。有 3 件案件消费者协会提交《检察建议书》作为证明履行公益诉讼诉前程序的有关材料。仅有 1 件[2]案件，法院在认定事实部分写明原告履行了公益性职责。

29 件污染环境类案件中公益诉讼人根据《环境民事公益诉讼解释》第 8 条第 3 项、《环境保护法》第 58 条的规定进行举证，提交法人登记证书、组织机构代码证、法定代表人身份证明书（或社会团体登记证书）、诉前连续 5 年的年度工作报告书以及 5 年内无违法记录证明等相关证据。没有

---

〔1〕　（2017）粤 03 民初 547 号。
〔2〕　广东省消费者委员会、省消委会诉陈等与广州悦骑公司一审民事判决书，（2017）粤 01 民初 445 号。

对主体资格举证的案件有 22 件，是由于判决书中对于举证情况没有详细写明，很难加以判断。

2. 违法事实方面举证情况

（1）生态环境与资源保护类案件。《民法典》第 1229 条规定："因污染环境、破坏生态造成他人损害的，侵权人应当承担侵权责任。"只要因污染环境造成损害的，污染者都应当承担责任，而不考虑污染者是否存在过错。《环境民事公益诉讼解释》第 8 条也明确规定，有关组织提起环境民事公共诉讼应当提供被告的行为已经损害社会公共利益或者具有损害社会公共利益重大风险的初步证明材料，从环境污染责任的构成要件角度讲，环境民事公益诉讼中原告需要证明污染者的环境污染行为以及损害事实。

生态环境与资源保护领域的民事公益诉讼案件，针对违法事实部分举证的主要内容有行政机关涉嫌危害环境犯罪案件移送书、调查报告、移交清单等相关材料、土地勘测界定技术报告、环境监测中心出具的监测报告等；证明污染物种类和浓度的检测报告、固体废物属性鉴别报告、技术咨询合同、环境损害鉴定评估报告等；涉刑案件材料包括对被告人的讯问笔录、公安局起诉意见书、刑事判决书等。

基于环境污染案件的复杂性、技术性以及污染者与受害者在能力上的不平衡性、在信息上的不对称性等现实情况，举证责任分配采用的是举证责任倒置的规则，由污染加害人承担其行为与损害结果之间不存在因果关系的举证责任。但笔者在整理过程中发现，在违法行为与损害结果之间存在因果关系的证明上，原告通过提交《鉴定报告》或者《鉴定评估意见书》进行举证。例如在贵州省中国生物多样性保护与绿色发展基金会与中国铝业股份有限公司、中国铝业股份有限公司贵州分公司侵权责任纠纷一案[1]中，原告向本院提供《清镇市站街镇中寨村 1、2、3 组村民房屋开裂、地面塌陷与中铝贵州分公司麦坝矿区龙滩坝矿段采矿活动关系技术鉴定报告》，证实房屋开裂、地面塌陷结果与中铝贵州分公司炮采行为的因

---

〔1〕 中国生物多样性保护与绿色发展基金会与中国铝业股份有限公司、中国铝业股份有限公司贵州分公司侵权责任纠纷一审民事判决书，（2016）黔 0181 民初 138 号。

果关系。在重庆市人民政府重庆两江志愿服务发展中心与首旭环保公司藏金阁公司环境污染责任纠纷一案[1]中，原告提交《鉴定评估报告书》及其所依据的证据材料，证明二被告偷排废水对受纳水体长江的生态环境造成了严重损害的后果，二被告偷排废水的行为与受纳水体长江的生态环境严重损害之间存在因果关系。

（2）食品药品安全领域的民事公益诉讼案件。针对违法事实部分举证的主要内容有：涉刑案件材料包括刑事判决书、被该刑事案件所采信的讯问笔录、检验报告、鉴别报告、鉴定结果报告、抽样单等证据材料；消费者投诉登记表、原告受理消费者投诉的系统截图等证据材料。

3. 赔偿数额方面举证情况

根据《环境民事公益诉讼解释》第24条第1款的规定："人民法院判决被告承担的生态环境修复费用、生态环境受到损害至修复完成期间服务功能丧失导致的损失、生态环境功能永久性损害造成的损失等款项，应当用于修复被损害的生态环境。"针对生态环境与资源保护类案件共有64件，各省份分布情况如图4.2.5所示。

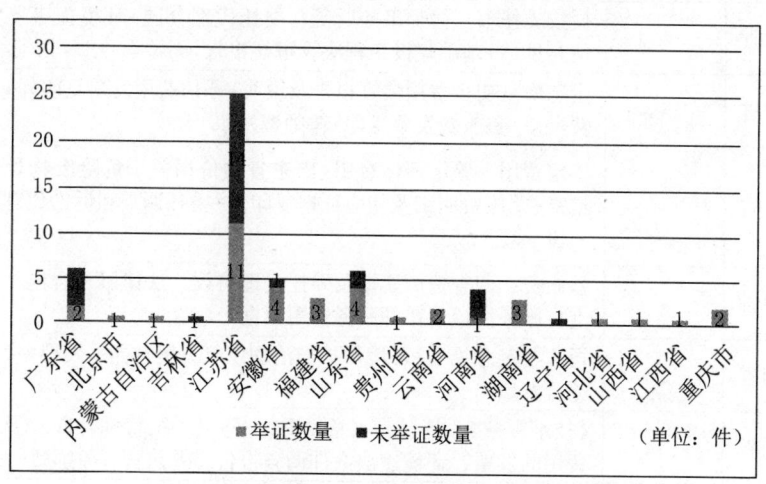

图 4.2.5　生态环境与资源保护类案件分布情况

---

〔1〕　重庆市人民政府重庆两江志愿服务发展中心与首旭环保公司藏金阁公司环境污染责任纠纷一审民事判决书，（2017）渝01民初773号。

64 件案件中，有 26 件案件看不出赔偿数额举证情况，原因如下：因诉讼请求未包含请求赔偿数额或者二审中未提及一审提交的证据情况。余下 38 份判决书中对赔偿数额部分举证情况大多数为：《环境损害鉴定评估报告书》的生态恢复费用、鉴定费用以及其他费用（律师费+差旅费等）。

表 4.2.1　生态环境与资源保护类案件赔偿数额举证情况

省份	数量（份）	赔偿数额举证情况
广东省	2	清污费用资料相关证明；《环境损害鉴定评估报告书》、监测费用、生态恢复费用评估、原告中山市环境科学学会提交委托代理人合同及广东省增值税普通发票
北京市	1	律师费+专家费支付标准说明+鉴定费支付协议和发票+海绵城市改造方案+专家服务费票据
内蒙古自治区	1	缴费单据 2 枚，用以证明恒发矿业公司缴纳罚款的数额
江苏省	11	道路危险货物承运人责任保险单+价格鉴证结论书+票据或评估报告+代理费发票或价格鉴证结论书及说明+技术专家咨询意见+律师代理合同+收费发票或专家意见+差旅费或评估技术报告
安徽省	4	授权委托书、律师事务所函、委托代理合同+环境损害鉴定评估意见书+基础建设工程决算审核报告
福建省	3	生态修复初步费用估算报告及说明+评估费用发票复印件+律师费发票+差旅费发票复印+律师费发票
山东省	4	鉴定费用、鉴定评估费用+山东省物价局关于危险废物处置的批复+差旅费明细及相应证据复印件+委托调查和诉讼代理协议一份
贵州省	1	差旅费、调查费用票据及委托代理协议、法律服务合同、技术支持服务协议、律师服务费用票据
云南省	2	司法鉴定意见书+环境保护与治理恢复方案合同、发票+律师服务费发票
湖南省	3	《技术服务合同》《专家意见委托书》《委托代理合同》及三项费用的发票；环境违法案件调查报告；差旅费、律师费
河南省	1	差旅费、调查费、案件受理费和律师费等必要的费用
山西省	1	生态损害赔偿费用+差旅费、调查费用票据及委托代理协议、律师服务费用票据

续表

省份	数量（份）	赔偿数额举证情况
江西省	1	委托合同中约定的律师费、差旅费（相关发票）、修复生态费用（《仙女湖水体污染事件环境损害鉴定与影响评估项目合同书》）
重庆市	2	鉴定评估费用

针对消费者权益保护类案件仅有 6 件，其中广东省 5 件，吉林省 1 件。对赔偿数额的认定多通过刑事判决书、被告讯问笔录等确定销售价款。

表 4.2.2　消费者权益保护类案件赔偿数额举证情况

案件名称	赔偿数额举证情况
广东省消费者委员会与李某文、陈某财、刘某锦、赖某成、李某成、叶某兵等侵权责任纠纷一审民事判决书［（2017）粤 03 民初 547 号］	被告叶某兵的讯问笔录、发票、律师费等合理费用
广东省消费者委员会、省消委会诉陈等与广州悦骑公司一审民事判决书［（2017）粤 01 民初 445 号］	调查取证的支付凭证
广东省消费者委员会与钟某锋、骆某健一审民事判决书［（2017）粤 01 民初 387 号］	两被告销售假冒伪劣食盐的数量经生效刑事判决认定为 316 箱，每箱 28 元，总计价款为 8848 元
广东省消费者委员会与史某清、洪某文一审民事判决书［（2017）粤 01 民初 386 号］	根据被告史某清的讯问笔录，被告史某清、洪某文销售假盐共 35 箱，每箱售价 38 元，二被告销售食盐价款达到人民币 1330 元
广东省消费者委员会与彭某胜、李某兰一审民事判决书［（2017）粤 01 民初 384 号］	广州市白云区人民法院（2015）穗云法刑初字第 2079 号刑事判决书认定七人生产假盐数量约 120 吨
吉林省消费者协会与光复路龙昌调料行等侵害消费者权益公益诉讼一审民事判决书［（2016）吉 01 民初 819 号］	仅请求被告在省级以上新闻媒体公开道歉，对赔偿数额方面未举证

(二) 被告举证情况分析

1. 被告举证案件数量

经过对 69 份判决书筛选整理,共有 22 件案件被告提交证据,其中一审案件有 18 件,二审案件有 4 件。被告提交证据的案件数占社会组织提起民事公益诉讼的判决数量的百分比为 31.88%。图 4.2.6 是各省份被告举证案件数量情况。

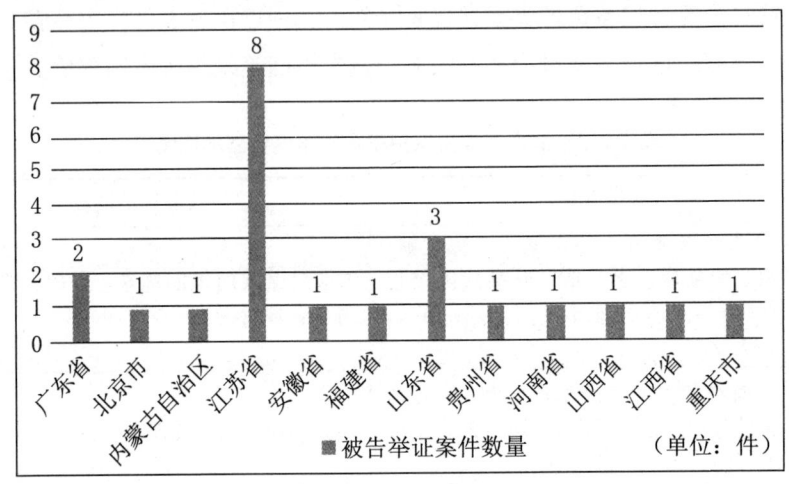

图 4.2.6 各省份被告举证案件数量情况

2. 被告举证案件类型分布及举证内容分析

被告提交证据的案件共有 22 件,案件类型全部为污染环境类案件。《民法典》第 1230 条规定,环境污染责任纠纷中实行因果关系的举证倒置原则。我国环境民事公益诉讼中实行举证责任倒置,被告要想免于承担侵权责任则要举证证明环境污染行为与损害事实之间不存在因果关系。对判决书进行实证分析后发现,除举证证明被告行为与社会公共利益损害之间不存在因果关系外,被告还通过提交家庭困难证明或者积极整改的证明材料来证明自己能力不足或改正态度良好以请求减轻赔偿数额。

表4.2.3　被告举证案件类型分布

举证情况	数量（份）	特别案件举证
提交家庭困难证明	1	连云港市赣榆区环境保护协会与顾某成环境污染责任纠纷一审民事判决书（2014）连环公民初字第1号
对赔偿数额（修复费用等）有异议，提交相关证明裁量	2	惠州市惠阳区环境保护局环境污染责任纠纷二审民事判决书（2015）惠中法民一终字第1021号
提交相关证据证明已全部或部分缴纳生态环境修复费用或者已受到处罚或者已履行部分诉求	9	原告北京市朝阳区自然之友环境研究所与被告泰州市沃爱特化工公司环境污染责任纠纷一审民事判决书（2015）泰中环公民初字第3号
提交相关材料证明违法行为与损害事实之间不存在因果关系	10	其中有两起二审案件中上诉人提交了新的证据：（2018）赣民终189号、（2017）皖民终679号

（三）第三人举证情况

经过数据整理，第三人举证的案件有2件。因案件数量少，无法形成群案分析，将其作为特殊案件进行分析。

贵州省中国生物多样性保护与绿色发展基金会与中国铝业股份有限公司、中国铝业股份有限公司贵州分公司侵权责任纠纷一案[1]。第三人清镇市站街镇人民政府参加诉讼并提交答辩意见，并进行举证。第三人向法院提供以下证据：（1）清镇市人民政府办公室关于印发清镇市站街镇荣和村危房搬迁安置补偿方案的通知；（2）清镇市站街镇人民政府委托贵州省建筑科学研究检测中心对清镇市站街镇中寨及龙滩21栋民房作安全性鉴定的鉴定报告；（3）清镇市站街镇人民政府委托贵州省建筑科学研究检测中

---

〔1〕　中国生物多样性保护与绿色发展基金会与中国铝业股份有限公司、中国铝业股份有限公司贵州分公司侵权责任纠纷一审民事判决书，（2016）黔0181民初138号。

心对站街镇龙滩 46 栋民房作安全性鉴定的鉴定报告；（4）清镇市站街镇人民政府委托贵州省建筑科学研究检测中心对站街镇中寨村 136 栋民房作安全性鉴定的鉴定报告上册、下册。上述证据证实通过第三人协助中国铝业股份有限公司贵州分公司对无争议的部分村民的房屋进行修复或搬迁，且第三人表明下一步会继续履行自己的工作职责。

北京市朝阳区自然之友环境研究所、福建省绿家园环境友好中心与谢某锦、倪某香等侵权责任纠纷一案[1]中，第三人分别为南平市国土资源局延平分局、南平市延平区林业局，二者未进行举证。

（四）小结

综合对社会组织、被告、第三人的举证情况的分析，在非检察机关提起的民事公益诉讼案件中，支持起诉的案件仅占 28.93%。构建支持起诉制度的目的，在于充分发挥支持起诉机关对提起诉讼的有关机关和组织的辅助作用，鼓励支持有关机关或组织积极维护社会公共利益。支持起诉机关应当从协助调查取证，发表支持起诉意见、提交补充证据等方面积极支持受损害的单位或有关机关（组织）向人民法院起诉。完善举证质证过程中支持起诉机关发表意见等制度，充分发挥支持起诉机关在公益诉讼中的作用。

在举证方面，在主体资格的证明上由于法律规定不同，基于不同起诉主体证明内容不一致。行政机关提起的民事公益诉讼案件中，行政机关具有原告资格的判断需要具体问题具体分析。社会组织根据提起的案件类型的不同，依据《消费民事公益诉讼解释》《环境民事公益诉讼解释》的相关规定进行举证。存在争议的地方是提起消费者权益保护类案件是否将履行上述公益性职责作为原告适格条件之外加设的条件。从现有的案件来看，法院并没有将履行上述公益性职责作为原告适格条件之外加设的条件，对该举证没有严格要求。针对违法事实和赔偿数额方面的举证皆根据《民事诉讼法》的相关规定提交证据，以达到高度盖然性的证明标准。

---

〔1〕 北京市朝阳区自然之友环境研究所、福建省绿家园环境友好中心与谢某锦、倪某香等侵权责任纠纷一案，（2015）南民初字第 38 号。

在环境侵权类公益诉讼案件中，针对实务中对因果关系由谁举证这一问题，法院观点基本一致：公益起诉人可以通过提交证据证明被告实施的违法行为与社会公共利益受损之间存在因果关系，但因果关系的举证责任依然是由被告承担。如果被告无法举证证明自己的行为与社会公共利益受损事实不存在因果关系，那么被告就要承担环境侵权责任。

第三节 刑事附带民事公益诉讼举证实践

《刑事诉讼法》第 101 条第 2 款规定："如果是国家财产、集体财产遭受损失的，人民检察院在提起公诉的时候，可以提起附带民事诉讼。"同时在该法第 103 条中规定了"人民法院审理附带民事诉讼案件，可以进行调解，或者根据物质损失情况作出判决、裁定"，第 104 条中则规定了附带民事公益诉讼的审理模式为"一并审判"，只有为了防止刑事案件审判的过分延迟，才可以在刑事案件审判后，由同一审判组织继续审理附带民事诉讼。

最高人民法院、最高人民检察院在 2018 年发布了《两高解释》，至此，检察公益诉讼制度进入快速发展阶段。《两高解释》第 14 条规定了检察机关提起公益诉讼过程中的举证责任分配问题，但是在刑事附带民事诉讼案件中，举证责任如何进行分配，特别是如何与刑事案件中的事实与证据进行有效衔接，以及是否完全按照行政公益诉讼中的举证责任分配规则等重要问题，仍存在较大疑问。毕竟在刑事附带民事公益诉讼中，案件本身就是复杂的，兼具刑事和民事属性，两者的证明责任当然不可等量齐观。此外，在刑事部分，检察机关举证证明嫌疑人构成犯罪是主要目的，而在附带的民事部分，不但需要证明嫌疑人的行为损害了国家利益、公共利益，还需证明嫌疑人需要赔偿的具体数额与赔偿方案。有学者认为，检察公益诉讼中应当采取举证责任倒置的方式明确责任承担，与此相反，有观点认为应参照民事诉讼的方式，采用"谁主张谁举证"，因为检察机关不同于行政诉讼原告，它拥有巨大的权限资源，就举证能力而言，它与行政机关处于同等水平。将《两高解释》与最高人民检察院颁布的《人民检察院实施办法》相比较可以发现，《两高解释》中重要的不同之处在于对检察机关举证责任的规定，即"诉前程序"的证明责任，《两高解释》中并无犯罪嫌疑人应承担怎样的举证责任之规定。如此产生的后果是，举证责任以一种飘忽不定的状态游离于检察机关与犯罪嫌疑人之间。

检察机关作为国家的法律监督机关，它的举证能力、举证水平肯定要强于民事诉讼当事人，但由于司法被动性特征，检察机关介入案件的处理往往是在损害发生之后，对于事实的掌握情况，与行政公益诉讼中行政机关掌握案件的程度形成了鲜明的对比。在此种情形下，可以适用"谁主张谁举证"的规则。例如在"山西省长治市长治县平红峰非法占用农用地罪"一审案件中，公诉人提供了长治市国土资源局耕地破坏鉴定书及情况说明证明、长治县国土资源局向长治县公安局移送的国土资源立案呈批表、接受调查通知书、平某峰询问笔录、方某海询问笔录、土地租赁协议等证明文件，来证明犯罪嫌疑人非法占用农用地的事实以及对耕地造成的破坏。此外，从刑事附带民事公益诉讼的司法实践来看，由于公安机关第一阶段的调查，已对相应的事实和证据有足够掌握，让检察机关另行对所附带的公益诉讼进行调查的空间并无实质性拓展。例如在"山西省长治市长治县刘某起非法占用农用地罪"一审案件中，公诉机关所提供的 14 份证据材料中，有 8 份证据是由公安局、国土局等行政机关提供的，检察机关并未对所附带的公益诉讼进行额外地调查。又如在"朱某升、吴某春非法采矿"一审案件中，公诉机关在提供的 28 份证据材料中，有 10 份重要证据由公安机关等行政机关提供，除此之外，公诉人还提交了河南省地质矿产勘查开发局测绘地理信息院关于罗山县尤店乡方湾村朱寨组某非法采砂点测量工作报告及附件、价格认证中心出具罗价认字［2018］057 号价格认定结论书等自主调取的证据材料。由于对违法行为和犯罪行为的处理机制并不一致，主体参与的情况也各不相同，检察机关在刑事附带民事案件中对公安机关等行政机关的依赖程度较高，加之机关工作人员由于取证思维的欠缺而导致很多关键损害证据无法及时地得到固定和保留，一定程度上消减了证据的调取能力。因此，建议赋予检察机关一定的证据调取权限，完善检察机关与其他机关之间在证据问题上的衔接沟通，特别是在刑事案件中，检察机关要注意做好公益诉讼相关证据调取上的指引与协调，实现证据的有效转接。

在具体案例中，也有一部分被告提出证据，但是被告往往认罪认罚或者表示"对指控事实及罪名均无异议，希望能从轻或者减轻处罚"等罪轻辩护，在诉讼过程中不提出其他证据。仅有小部分案例中被告对公益起诉人提供的鉴定意见产生异议，或提出一部分新证据，证明的内容主要为已部分履行诉讼请求、调解协议，或者家庭较困难，已积极按照要求完成整改等。

笔者通过检索裁判文书数据库，将案由限定为"刑事案由"检索刑事附带民事公益诉讼，除去我国香港、澳门、台湾地区，全国试点地区及非试点地区的具体案件数量如图4.3.1所示。

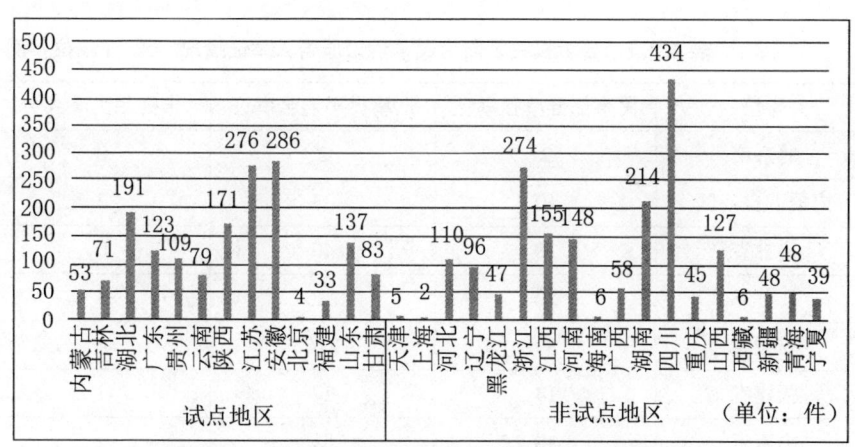

图4.3.1　刑事附带民事公益诉讼部分省份数量统计

全国范围内刑事附带民事公益诉讼案件共3478件，其中一审案件中除裁定与决定外，共计3157件，判决结案2738件，调解结案371件。各省份案件数量差距较大，其中四川省的案件数量最多，为434件，占案件总数的12.44%，上海市案件数量最少，仅2件，占案件总数的0.06%。

一、刑事附带民事公益诉讼举证实践概况

(一)公诉机关暨附带民事诉讼原告人举证情况概述

根据前文论证"谁主张谁举证"的举证责任分配规则，公诉机关暨附带民事诉讼原告人需要在刑事附带民事公益诉讼中积极举证，通过分析全部刑事附带民事判决书，均写明公诉机关提出的证据。通过分析全部判决书，将公诉机关暨附带民事诉讼原告的举证情况分为以下三种，一是对于刑事部分和附带民事诉讼部分单独列明举证情况，在判决书中区分表达；二是刑事部分与附带民事公益诉讼部分混合举证，二者不加以区分，将证据罗列在一起；三是仅列明刑事部分证据，针对附带民事公益诉讼部分证据写明与刑事指控部分证据一致或者不列明。

表 4.3.1　公诉机关暨附带民事诉讼原告人举证情况　　（单位：例）

省份	民事部分单独举证	刑事民事混合举证	未列明民事部分
北京市	2	2	0
内蒙古自治区	10	33	3
吉林省	18	40	0
江苏省	20	226	3
安徽省	39	216	4
福建省	14	17	1
山东省	48	81	2
湖北省	40	132	4
广东省	30	83	0
贵州省	34	12	58
云南省	20	52	2
陕西省	56	107	1
甘肃省	25	52	0
河北省	23	78	0

省份	民事部分单独举证	刑事民事混合举证	未列明民事部分
山西省	20	90	0
辽宁省	6	73	3
黑龙江省	12	30	1
浙江省	23	232	3
江西省	26	110	10
河南省	28	108	1
湖南省	56	133	1
海南省	1	3	0
四川省	86	327	2
青海省	9	11	0
广西壮族自治区	9	43	1
西藏自治区	1	5	0
宁夏回族自治区	4	30	1
新疆维吾尔自治区	1	19	0
天津市	3	2	0
上海市	1	0	1
重庆市	13	29	1

因四川省刑事附带民事公益诉讼的案件较多，故民事部分单独举证和刑事附带民事混合举证的案件最多。仅列明刑事部分或者在举证中强调附带民事公益诉讼部分证据与刑事指控部分证据一致或者不列明的，贵州省数量最多。

对于上述三种举证情况，将其分为试点地区和非试点地区进行单独分析，具体情况如下。

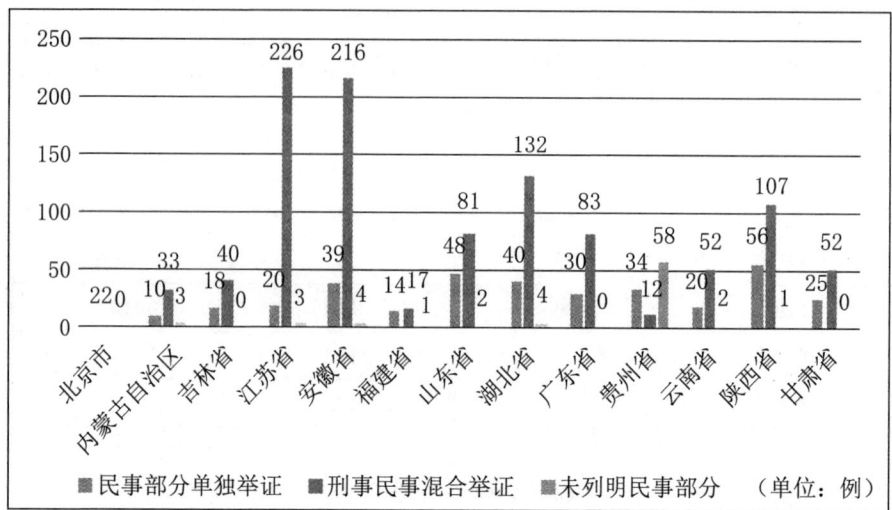

图 4.3.2　试点地区公诉机关暨附带民事诉讼原告人举证情况

其中陕西省民事部分单独举证最多，共 56 例，刑事民事混合举证最多的是江苏省，为 226 例，仅列明刑事部分或者在举证中强调附带民事公益诉讼部分证据与刑事指控部分证据一致或者不列明最多的为贵州省，共 58 例。

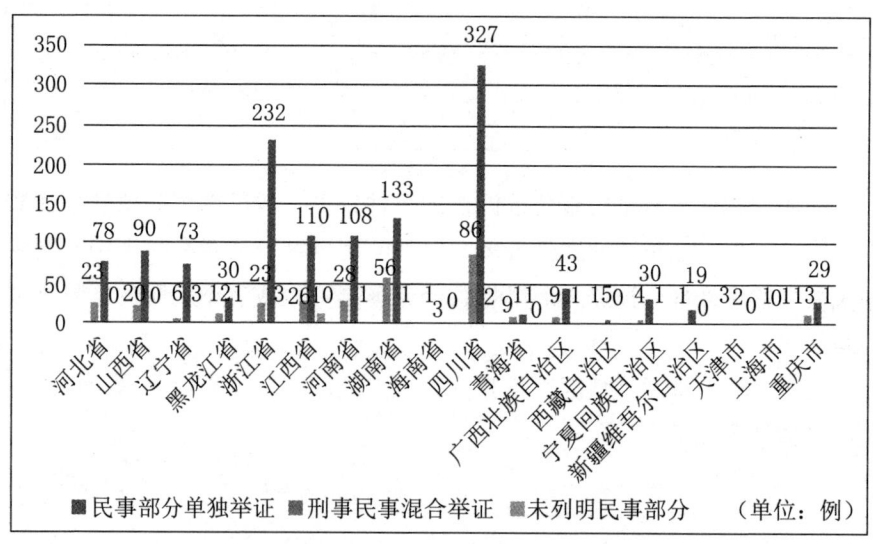

图 4.3.3　非试点地区公诉机关暨附带民事诉讼原告人举证情况

其中四川省民事部分单独举证及刑事附带民事混合举证的情况最多，分别为86例和327例，仅列明刑事部分或者在举证中强调附带民事公益诉讼部分证据与刑事指控部分证据一致或者不列明最多的为江西省，共10例。

（二）被告人举证情况概述

在刑事附带民事诉讼的案件中，被告往往认罪认罚或者表示"对指控事实及罪名均无异议，希望能从轻或者减轻处罚"等罪轻的口头辩护，在诉讼过程中被告"未作出举证或者在二审中未提交新证据"的情形较多，仅有少部分案件会提出证据，通过分析其目的以及判决书关于被告举证部分中，被告人及辩护人的诉求，将被告人举证情况按照目的划分为以下几种，分别为"证明已支付修复费用""证明已对破坏的植被、污染的水源、占用的土地恢复原状""证明主观恶性小，请求从轻处罚""证明经济困难""证明其行为非违法行为或其行为与损害结果没有因果关系""证明已和解或调解""证明有积极悔罪态度，请求从轻处罚""证明已公开发表道歉和召回公告""证明事件经过""证明已支付赔偿费用"。

区分试点地区及非试点地区，被告人举证情况如下。

表4.3.2　试点地区被告举证情况　　　　　　（单位：例）

试点地区	北京	内蒙古	吉林	江苏	安徽	福建	山东	湖北	广东	贵州	云南	陕西	甘肃
被告未作出举证或者在二审中未提交新证据	3	52	66	273	278	31	132	184	121	106	79	165	81
证明已支付修复费用		1		2	1					1		2	
证明已对破坏的植被、污染的水源、占用的土地恢复原状				4			2	2		2			2
证明主观恶性小，请求从轻处罚				4		1		2		1	1		

续表

试点地区	北京	内蒙古	吉林	江苏	安徽	福建	山东	湖北	广东	贵州	云南	陕西	甘肃
证明经济困难					3							1	
证明其行为非违法行为或其行为与损害结果没有因果关系					1	1	1	3					
证明已和解或调解					4								
证明有积极悔罪态度，请求从轻处罚					1								
证明已公开发表道歉和召回公告								1				1	
证明事件经过										1			
证明已支付赔偿费用										1		2	

如表 4.3.2 所示，在已检索的案件中，试点地区被告举证的案件共有 49 例，约占试点地区刑事附带民事案件总数的 3.02%。在试点地区的省份中，安徽省数目最多，有 11 例，约占试点地区被告举证案件总数的 22.45%。在具体事由中，"证明已对破坏的植被、污染的水源、占用的土地恢复原状"的案件数目最多，共 12 例，约占试点地区被告举证案件总数的 24.49%。

表 4.3.3　非试点地区被告举证情况　　　　　　（单位：例）

非试点地区	河北	山西	辽宁	黑龙江	浙江	江西	河南	湖南	海南	四川	青海	广西	西藏	宁夏	新疆	天津	上海	重庆
被告未作出举证或者在二审中未提交新证据	108	118	106	46	273	155	135	214	6	415	58	58	6	31	48	5	2	44

续表

非试点地区	河北	山西	辽宁	黑龙江	浙江	江西	河南	湖南	海南	四川	青海	广西	西藏	宁夏	新疆	天津	上海	重庆
证明已支付修复费用	1						1			3								
证明已对破坏的植被、污染的水源、占用的土地恢复原状	1																	1
证明主观恶性小，请求从轻处罚		1																
证明经济困难										4				1				
证明其行为非违法行为或其行为与损害结果没有因果关系					1	1				3	1							
证明已和解或调解		1												3				
证明有积极悔罪态度，请求从轻处罚										2								
证明事件经过			1															
证明已支付赔偿费用		1								2								

如表 4.3.3 所示，在已检索的案件中，非试点地区被告举证的案件共有 30 例，约占非试点地区刑事附带民事案件总数的 1.61%。在非试点地区的省份中，四川省数目最多，共有 14 例，约占非试点地区被告举证案件总数的 46.67%。在具体事由中，"证明其行为非违法行为或其行为与损害结果没有因果关系"的案件数目最多，共 17 例，占非试点地区被告举证案件总数的 23.33%。

二、试点地区：刑事附带民事公益诉讼举证实践

（一）北京市

1. 总体概况

笔者通过检索裁判文书数据库，将案由限定为"刑事案由"检索刑事附带民事公益诉讼，而后将地域限定为"北京市"，可以搜索到4份裁判文书，其中一审案件3件，均为判决书，二审案件1件，为判决书。

2. 公诉机关暨刑事附带民事诉讼原告人举证实践分析

因"谁主张谁举证"的举证责任分配规则，公诉机关暨刑事附带民事诉讼原告人往往在刑事附带民事公益诉讼中积极举证。在北京市的4份判决书中，均写明其提出的证据。公诉机关暨刑事附带民事诉讼原告人的举证情况分为三种：一是对于刑事部分和附带民事诉讼部分单独列明举证情况；二是刑事部分与附带民事公益诉讼部分混合举证，二者不加以区分，将证据罗列在一起；三是仅列明刑事部分证据，针对附带民事公益诉讼部分证据写明与刑事指控部分证据一致或者不列明。具体举证情况如图4.3.4所示。

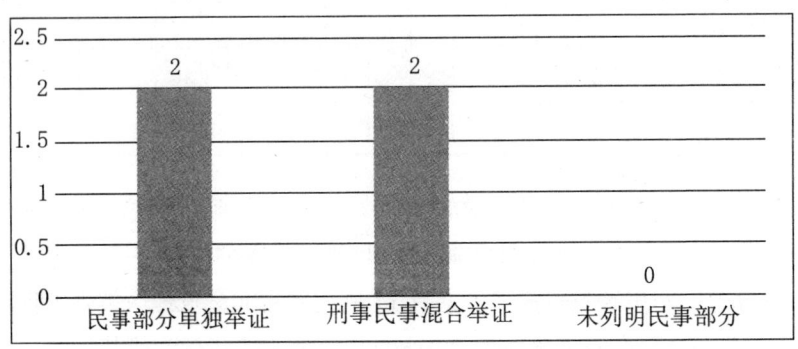

图4.3.4 北京市刑事附带民事公益诉讼原告举证情况 （单位：件）

北京市刑事附带民事公益诉讼原告针对民事部分举证情况如表4.3.4所示。

表 4.3.4　北京市刑事附带民事公益诉讼原告举证情况

罪名	案号	原告针对民事部分举证情况
非法狩猎罪（1 起）	（2018）京 0102 刑初 547 号	1. 原告资格证明：经法庭质证已确认的北京市西城区人民检察院督促适格主体提起民事公益诉讼的公告； 2. 专家鉴定意见：生态学专家张正旺出具的书证等证据
污染环境罪（2 起）	（2018）京 0107 刑初 126 号、（2019）京 0112 刑初 27 号	1. 付款通知单、发票证明：环保技术有限责任公司出具的废弃物处理费付款通知单； 2. 书证：检察机关工作人员的调查笔录、证人董某的出庭证言、土壤污染调查参与人出庭发表的意见、鉴定意见等； 3. 公安机关出具的户籍信息、户籍证明信、无犯罪记录证明、电话查询记录等
非法采矿罪（1 起）	（2019）京 03 刑终 613 号	二审中未提及新证据，原判认定上述事实的证据除公诉机关提供的证据外，还有公益诉讼起诉人提供的关于聘请水保评估单位的说明、水土流失报告、水土保持设计方案及投资估算表等

3. 被告举证实践分析

通过分析北京市一审的 3 份判决书和二审的 1 份判决书，被告往往认罪认罚或者表示"对指控事实及罪名均无异议，希望能从轻或者减轻处罚"等罪轻辩护，在诉讼过程中，被告均未作出举证。

4. 达成调解的案件举证实践分析

通过分析全部裁判文书，北京市的全部 4 件案件，均未就刑事附带民事部分达成调解协议，故无相关举证实践分析。

（二）内蒙古自治区

1. 总体概况

笔者通过检索裁判文书数据库，将案由限定为"刑事案由"检索刑事附带民事公益诉讼，而后将地域限定为"内蒙古自治区"，可以搜索到 53 份裁判文书，其中一审案件 46 件，均为判决书；二审案件 7 件，均为裁定书。

2. 公诉机关暨刑事附带民事诉讼原告人举证实践分析

因"谁主张谁举证"的举证责任分配规则，公诉机关暨刑事附带民事诉讼原告人往往在刑事附带民事公益诉讼中积极举证。除去二审的 7 份裁定书，内蒙古自治区 46 份判决书中，均写明其提出的证据。公诉机关暨刑事附带民事诉讼原告人的举证情况分为三种：一是对于刑事部分和附带民事诉讼部分单独列明举证情况，有 10 件；二是刑事部分与附带民事公益诉讼部分混合举证，二者不加以区分，将证据罗列在一起，有 33 件；三是裁判文书中未列明或者未提及民事部分证据的案件，有 3 件。具体举证情况如图 4.3.5 所示。

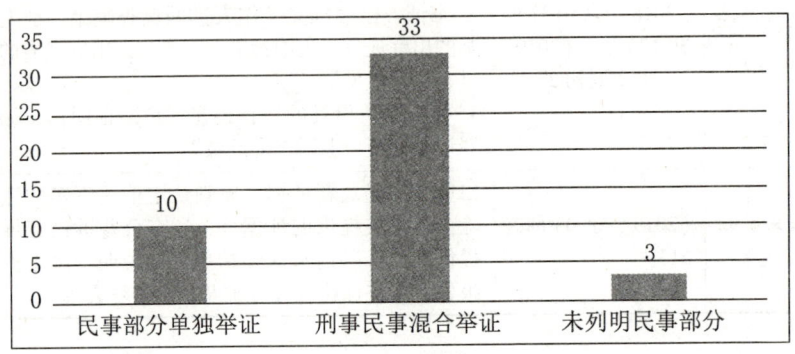

图 4.3.5 内蒙古自治区刑事附带民事公益诉讼原告举证情况 （单位：件）

内蒙古自治区刑事附带民事公益诉讼原告针对民事部分举证情况如表 4.3.5 所示。

表 4.3.5 内蒙古自治区刑事附带民事公益诉讼原告举证情况

罪名	原告针对民事部分举证情况
非法猎捕、杀害珍贵、濒危野生动物罪（5 起）	1. 物证：有 18 厘米长折叠匕首一把、24 厘米长塑料把手刀一把、黑色 OPPO 手机一部、组装的黑色摩托车一辆、黄羊死体三只、扣押物品清单、扣押决定书、扣押笔录； 2. 书证：收案登记表、立案决定书、抓获经过、被告人户籍证明、证人证言、被告人的供述； 3. 鉴定意见：内蒙古大兴安岭林业科学技术研究所司法鉴定所内大林科研所司法鉴定所 [2018] 林司鉴字第 031 号对动物的鉴定意见书、野生动物及其制品价值评估办法、内大林科研所司法鉴定所 [2019] 林司鉴字第 044 号鉴定意见书、机

续表

罪名	原告针对民事部分举证情况
	动车销售统一发票； 4. 勘验笔录、视听资料、国家林业局第 46 号令
非法狩猎罪（6 起）	1. 受案登记表、立案决定书、户籍信息、抓获经过、证人证言、搜查笔录、扣押决定书、扣押清单； 2. 作案工具及猎获物照片、作案现场照片、移送清单、情况说明、鉴定意见、被告人供述及讯问光盘； 3. 刑事判决书、办案机关出具的发破案经过、归案经过、野生动物处理笔录及补充情况说明
非法占用农用地罪（21 起）	1. 书证受案登记表、案件移送函、被告人身份信息材料、到案情况说明； 2. 草原家庭承包合同、草原承包勘测登记表、农牧户草原承包情况确认表、土地坐标点位图及开垦草原勘验图、涉案土地有关情况的报告、草原行政执法案件材料； 3. 鉴定意见、调解书：（2018）内 2923 刑初 28 号刑事附带民事公益诉讼调解书、额济纳旗草原监理所出具的植被毁坏程度鉴定以及说明、甘肃省地质矿产勘查开发局第四地质矿产勘查院测量结果报告、增值税发票； 4. 证人证言、被告人供述与辩解、行政执法部门现场勘验笔录及照片等证据
污染环境罪（3 起）	1. 书证：受案登记表、立案决定书、公安局拘留证、逮捕证各 4 份、寄押证明书 1 份、户籍信息、前科证明、抓获经过、中国农业银行股份有限公司呼和浩特金桥支行协助查询财产通知书（回执）及明细、农行乌兰察布西街分理处协助查询财产通知书（回执）； 2. 政府文件：市公安局向呼和浩特市赛罕区环境监察大队调取证据通知书及调取证据清单、城市管理局情况说明、市环境保护局证明，工商行政管理信息中心出具的蒙联公司工商登记信息及企业法人营业执照（企业类型为有限责任公司，法定代表人为徐某）、《关于车某凯岗位职责的说明》； 3. 航空电子客票复印件 2 张、考勤表、谅解建议书、证人证言、被告人的供述与辩解； 4. 鉴定意见：鉴定聘请类相关内容，市环境监测中心站监测报告（报告编号 170513）、科技事务司法鉴定中心沧科司鉴〔2017〕环字第 82 号《司法鉴定意见书》、勘验、检查、辨认笔录

3. 被告举证实践分析

通过分析内蒙古自治区一审的 46 份判决书，被告往往认罪认罚或者表示"对指控事实及罪名均无异议，希望能从轻或者减轻处罚"等罪轻辩护，诉讼过程中被告作出举证的仅有 1 件，举证率约为 2.17%。

二审共 7 份裁定书，被告也从未提出足以影响案件事实和判决的新证据，故举证率为 0。

表 4.3.6　内蒙古自治区刑事附带民事公益诉讼被告举证情况

案件名称	案号	罪名	被告举证情况
内蒙古某石油化工有限公司、徐某等污染环境罪一审刑事判决书	（2018）内 0926 刑初 2 号	污染环境罪	被告人徐某的辩护人向法庭提供下列证据：《内蒙古某石油化工有限公司、察哈尔右翼前旗环境保护局关于污染环境前期治理费用及后续环境修复费用的备忘录》、汇款票据、各倾倒点照片，拟证明被告单位已将环境污染前期治理费用 481 万元汇入指定账户，并承诺对污染区域进行后期治理

4. 达成调解的案件举证实践分析

通过分析全部裁判文书，一审案件中附带民事公益诉讼达成调解协议，并将其作为证据提交的案件数量有 11 件，调解率约为 23.91%，达成和解的有 3 件，和解率约为 6.52%。二审中无达成调解协议的案件。

（三）吉林省

1. 总体概况

笔者通过检索裁判文书数据库，将案由限定为"刑事案由"检索刑事附带民事公益诉讼，而后将地域限定为"吉林省"，可以搜索到 71 份裁判文书，其中一审案件 58 件，均为判决书；二审案件 13 件，含 1 份判决书和 12 份裁定书。

2. 公诉机关暨刑事附带民事诉讼原告人举证实践分析

因"谁主张谁举证"的举证责任分配规则，公诉机关暨刑事附带民事诉讼原告人往往在刑事附带民事公益诉讼中积极举证。除去二审的 13 份裁判文书，吉林省 58 份判决书中，均写明其提出的证据。公诉机关暨刑事附带民事诉讼原告人的举证情况分为三种：一是对于刑事部分和附带民事诉讼部分单独列明举证情况，共有 18 件；二是刑事部分与附带民事公益诉讼部分混合举证，二者不加以区分，将证据罗列在一起，共有 40 件；三是裁判文书中未列明或者未提及民事部分证据的案件，吉林省未检索到此类案件。具体举证情况如图 4.3.6 所示。

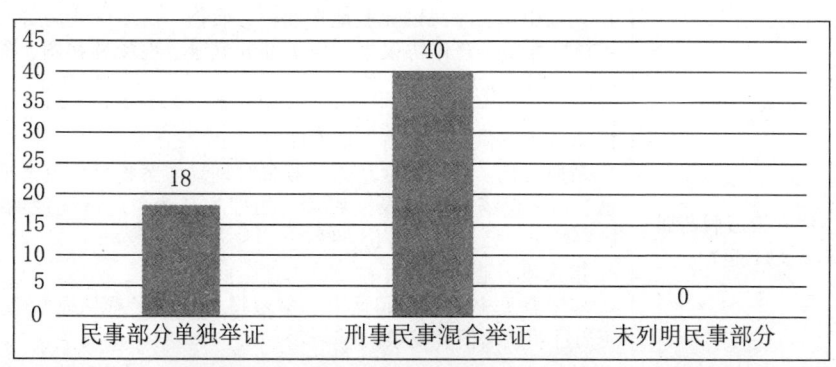

图 4.3.6　吉林省刑事附带民事公益诉讼原告举证情况　（单位：件）

吉林省刑事附带民事公益诉讼原告针对民事部分举证情况如表 4.3.7 所示。

表 4.3.7　吉林省刑事附带民事公益诉讼原告举证情况

罪名	原告针对民事部分举证情况
盗伐林木罪（5 起）	1. 受案登记表、案件来源、被告人归案情况、红松木段 33 根、作案工具； 2. 常住人口基本信息详情表、地区派出所出具的违法犯罪记录查询情况、林业局资源管理处出具的临江林业局桦树林场 56 林班 28 小班林相图、小班档案卡； 3. 林业权属证明、现场勘验笔录、检尺野账、现场照片、证人证言、被告人的供述与辩解； 4. 鉴定意见书［临森调鉴意字（2017）第（12）号］、鉴定人以及鉴定机构资质复印件、（2018）吉 7601 刑初 2 号吉林省临江林区基层法院发还财物清单

罪名	原告针对民事部分举证情况
非法占用农用地罪（19起）	1. 到案经过、户籍信息、林地承包合同、转包合同书、林场档案、还林通知书； 2. 证人证言、现场勘验笔录、现场照片、被告人的供述与辩解、情况说明； 3. 技术鉴定意见书、梨树县林业局对许某丽非法占用农用地一案对生态危害的情况说明； 4. 用地申请、全民创业基地平面图、收据、白河林业局合同审核批准书、合作协议书、现场勘验笔录、现场林相图、平面图、照片、增值税发票
生产、销售假药罪（11起）	1. 被告人的供述和辩解、证人证言； 2. 政府文件：延边州食品药品监督管理局涉案物品认定意见书、刑事现场指认笔录及照片、扣押物品清单、情况说明、破案经过以及被告人身份证明； 3. 指认现场笔录及照片； 4. 鉴定意见书、鉴定聘请书、鉴定报告、鉴定意见通知书、资质证明、增值税发票
生产、销售有毒、有害食品罪（5起）	1. 户籍证明、公告截图、证人证言、被告人供述与辩解、食品药品综合执法支队移送函、受案登记表、视听资料； 2. 食品药品监督管理局现场检查笔录、查封（扣押）决定书、扣押物品清单、食品药品监督管理局综合执法大队现场检查笔录及产品样品抽样记录、扣押决定书； 3. 鉴定意见：出入境检验检疫局综合实验室检验报告、鉴定意见通知书、产品质量检测有限公司检验报告、产品质量检测有限责任公司出具的说明； 4. 营业执照、食品药品生产经营许可证、个体工商户营业执照及食品卫生许可证
污染环境罪（4起）	1. 到案经过证明、户籍管理基本信息表及电话查询记录、扣押清单及指认照片、办案说明； 2. 证人证言、被告人的供述与辩解； 3. 辨认笔录及照片证明、林地经营权转让协议书、现场照片、占地图； 4. 鉴定意见：《关于假药认定意见的函》《关于"特效风湿骨刺王"和"咳喘净"中布洛芬检验结果的报告》、关于鉴定书的补充说明、增值税发票

3. 被告举证实践分析

通过分析吉林省一审的 58 份判决书，被告往往认罪认罚或者表示"对指控事实及罪名均无异议，希望能从轻或者减轻处罚"等罪轻辩护，或者在辩诉意见中提出在诉讼过程中履行部分诉讼请求，如（2018）吉0722 刑初 133 号。[1]被告作出举证的仅有 5 起，举证率约为 8.62%。

二审共 13 份裁判文书，其中 1 份判决书、12 份裁定书，被告也从未提出足以影响案件事实和判决的新证据，故举证率为 0。

表 4.3.8　吉林省刑事附带民事公益诉讼被告举证情况

案件名称	案号	罪名	被告举证情况
艾某非法占用农用地一案一审刑事判决书	（2018）吉0281 刑初 137 号	非法占用农用地罪	被告人艾某对公诉机关指控的犯罪事实及提供的证据均无异议。并当庭表示愿意植树，恢复原状。并提供蛟河市某林场出具的证明一份，证实其已还林 辩护人提出被告人艾某的行为构成自首，且主观恶性不大，认罪态度好，请求判处缓刑的辩护意见
李某非法占用农用地罪一审刑事判决书	（2018）吉0281 刑初 135 号	非法占用农用地罪	被告人李某对公诉机关指控的犯罪事实及提供的证据无异议。并提供证明一份，证实孙某龙借给李某 3000 元交罚款。辩护人提出李某自愿认罪、主观恶性小、系初犯，请求判处缓刑的辩护意见
王某吉非法占用农用地罪一审刑事附带民事判决书	（2018）吉0821 刑初 101 号	非法占用农用地罪	上述事实，被告人王某吉在开庭审理过程中亦无异议。被告人王某吉提供的证据为，镇赉县哈吐气林业站出具的证明一份

---

[1]　（2018）吉 0722 刑初 133 号中提到：被告人孙某军对罪名和事实没有异议，请求法庭从轻处罚。对附带民事公益诉讼部分的请求没有异议，并委托亲属交纳补种 70 棵树的费用 392 元。

案件名称	案号	罪名	被告举证情况
董某一审刑事判决书	（2019）吉0203刑初226号	污染环境罪	被告人董某的辩护人对公诉机关指控的事实及罪名均无异议。认为董某系自首，且董某自愿认罪认罚，具有法定从轻处罚情节。并向法庭提供了董某的供述与辩解、证人吴某、王某证言、无违法犯罪证明一份、鉴定意见及说明、民事部分评估报告一份等证据，证明董某主观恶性不强、社会危害性较小，可酌定对其从轻处罚
吴某战非法占用农用地罪一审刑事判决书	（2019）吉0821刑初120号	非法占用农用地罪	被告人吴某战对附带民事公益诉讼起诉人提供的证据无异议 被告人吴某战提供的证据为镇赉县黑鱼泡镇林业工作站出具的证明一份

4. 达成调解的案件举证实践分析

通过分析全部裁判文书，一审案件中附带民事公益诉讼达成调解协议，并将其作为证据提交的案件数量有 1 件，调解率约为 1.72%，二审中无达成调解协议的案件。

表 4.3.9　吉林省刑事附带民事公益诉讼调解情况

案件名称	案号	罪名	调解情况
白某虎非法占用农用地罪一审刑事判决书	（2019）吉0822刑初276号	非法占用农用地罪	（2019）吉0822刑初276号刑事附带民事公益诉讼调解书、第三方代为恢复林地植被保证金票据，证实刑事附带民事公益诉讼起诉人通榆县人民检察院已与被告人白某虎达成调解协议，白某虎承诺恢复被毁坏林地植被并提交了保证金

（四）江苏省

1. 总体概况

笔者通过检索裁判文书数据库，将案由限定为"刑事案由"检索刑事附带民事公益诉讼，而后将地域限定为"江苏省"，可以搜索到 276 份裁判文书，其中一审案件 249 件，含 247 份判决书和 2 份裁定书；二审案件

26件，含3份判决书和23份裁定书；再审案件1件。

2. 公诉机关暨刑事附带民事诉讼原告人举证实践分析

因"谁主张谁举证"的举证责任分配规则，公诉机关暨刑事附带民事诉讼原告人往往在刑事附带民事公益诉讼中积极举证。除去二审的26份裁判文书和再审的1份裁判文书，江苏省249份裁判文书中，均写明提出的证据。公诉机关暨刑事附带民事诉讼原告人的举证情况分为三种，一是对于刑事部分和附带民事诉讼部分单独列明举证情况，共20件；二是刑事部分与附带民事公益诉讼部分混合举证，二者不加以区分，将证据罗列在一起，共有226件；三是裁判文书中未列明或者未提及民事部分证据的案件，有3件。具体举证情况如图4.3.7所示。

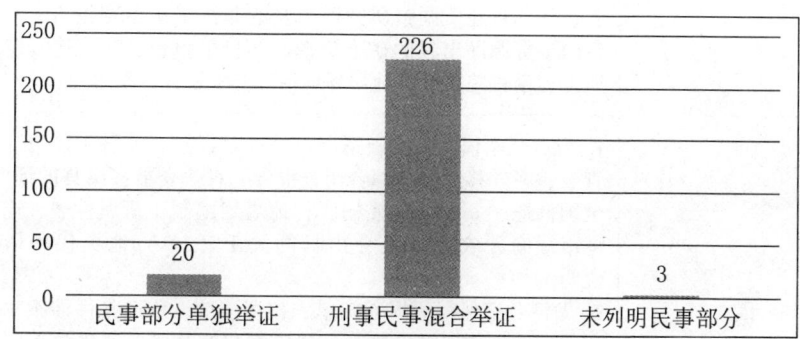

图4.3.7　江苏省刑事附带民事公益诉讼原告举证情况　（单位：件）

江苏省刑事附带民事公益诉讼原告针对民事部分举证情况如表4.3.10所示。

表4.3.10　江苏省刑事附带民事公益诉讼原告举证情况

罪名	原告针对民事部分举证情况
非法捕捞水产品罪 （16起）	1. 物证：捕捞工具、渔获物； 2. 辨认笔录、称重记录、长江航运公安局苏州分局制作的《扣押决定书》及扣押笔录、扣押清单、销毁清单、扣押的笔记本账册、证人证言、被告人陈述和辩解； 3. 鉴定意见：价格认定中心出具的《价格认定结论书》、市渔政监督大队出具的电捕器具情况说明；

罪名	原告针对民事部分举证情况
	4. 犯罪嫌疑人到案经过、被告人的供述和辩解、常住人口基本信息，《农业部关于调整长江流域禁渔期制度的通告》《国家重点保护经济水生动植物资源名录》
非法采矿罪（7起）	1. 户籍证明、东海县公安局出具的发破案经过及到案经过、情况说明、江苏省暂扣款专用收据； 2. 被告人非法开采量估算平面图、案发现场地貌图、责令停止违法行为通知书、连云港市民政局复函； 3. 证人证言笔录、被告人供述、提取的手机微信转账记录及《法制日报》上刊载的公告、调解笔录、调解协议； 4. 鉴定意见：江苏省地质矿产局第六地质大队出具的监理报告、江苏省地质调查研究院出具的非法采矿鉴定报告、江苏省国土资源厅出具的矿产资源破坏价值报告、江苏连云港地质工程勘察院出具的地质环境治理修复设计方案等
滥伐林木罪（9起）	1. 户口基本信息、发破案经过及抓获经过、前科劣迹情况调查表、案件移送书、综合调查报告、农业委员会出具的证明、全国林地"一张图"赣榆区林地规划编制小班属性表、连云港市赣榆区农业委员会出具的关于（141）地类代码情况说明； 2. 先行登记保存证据通知单、扣押清单、移送案件涉案物品清单、连云港市赣榆区公安局随案移交物品、文件清单附照片、排查情况统计表附现场示意图、照片、连云港市赣榆区林业执法大队出具的证明； 3. 证人证言、被告人供述和辩解、勘验、检查笔录； 4. 政府文件：连云港市连云区人民检察院关于询问本市区域内有无提起公益诉讼适格组织的函及连云港市民政局社会组织处复函、江苏省人民检察院《关于对于某某滥伐林木案提起刑事附带民事诉讼的请示》的批复； 5. 鉴定意见：《杨树纯林生态效益评估报告》及《关于于某某滥伐林木行为造成生态损害评估》、林业局出具的《关于被告人于某某滥伐林木一案的生态修复方案》及《情况说明》《关于生态修复地点选取的情况说明》

续表

罪名	原告针对民事部分举证情况
生产、销售不符合安全标准的食品罪（72起）	1. 证人证言、市场监督管理局制作的现场检查笔录、餐饮食品加工行业告知书、公安局制作的扣押物品清单及照片、被告人陈述和辩解； 2. 到案经过、现场检查录像及照片、扣押决定书、笔录及清单、接处警工作登记表、受案登记表； 3. 鉴定意见：专家意见书、谱尼测试集团上海有限公司出具的检测报告、营业执照、发破案经过
生产、销售假药罪（32起）	1. 涉案假药照片证、扣押决定书、扣押清单、被告人供述、证人王某证言、辨认笔录及照片、接受证据清单、扣押决定书、扣押清单及被扣押的假药、假药说明书； 2. 鉴定意见：药品检验检测研究中心出具的检验报告书、食品药品监督管理局关于对产品认定的函、《复函》； 3. 电子物证检查工作笔录、微信聊天记录截图、账单确认表、记账本、淘宝交易记录、银行账户交易明细、发破案经过和抓获经过、户籍资料、证人证言
生产、销售有毒、有害食品罪（57起）	1. 户籍证明、公安局制作的搜查笔录、扣押清单、调取的淘宝网购买记录截屏等书证； 2. 相关文书：人民法院刑事判决书、公安局行政处罚决定书、本院刑事判决书； 3. 鉴定意见：苏州市药品检验检测研究中心检验报告书、南通市食品药品监督检验中心检验报告、华测检测认证集团股份有限公司检测报告等鉴定意见，南通市食品药品监督管理局关于"黑色胶囊"等产品定性问题的说明、公安局出具的情况说明、鉴定聘请书、司法鉴定委托书、鉴定意见通知书、苏州大学司法鉴定中心出具的司法鉴定意见书； 4. 被害人的陈述、未到庭证人的证言笔录、被告人的供述与辩解、微信交易记录截图、支付宝交易记录、聊天记录、公安局出具的抓获经过、公安局出具的归案情况说明及发破案经过等

罪名	原告针对民事部分举证情况
污染环境罪（44起）	1. 常住人口基本信息、案件移送书、受案登记表、立案决定书、接处警登记表、查获经过、抓获经过、公司资料、公司简介、企业法人营业执照、税务登记证、中华人民共和国组织机构代码证、再生资源回收经营备案登记证明、开户许可证； 2. 情况说明、某某公司案件调查报告、送达回执、协议书、收据、租赁协议、调取证据通知书、银行账号信息、交易明细、情况说明、营业执照，检查笔录、搜查笔录、辨认笔录、扣押清单、称重记录； 3. 鉴定意见：南京市栖霞区环境保护局出具的关于张某甲等人非法收集、贮存医疗废弃物的认定意见，环境保护部南京环境科学研究所出具的司法鉴定评估报告，《医疗废物管理条例》《最高人民法院、最高人民检察院〈关于办理环境污染刑事案件适用法律若干问题的解释〉》《关于处置医疗危险废物价格的说明》、南京市物价局宁价费〔2012〕357号《关于医疗废物集中处置收费标准的批复》； 4. 证人证言、被告人的供述和辩解

3. 被告举证实践分析

通过分析江苏省一审的249份裁判文书，被告往往认罪认罚或者表示"对指控事实及罪名均无异议，希望能从轻或者减轻处罚"或者履行部分原告诉讼请求等罪轻的辩护，诉讼过程中被告作出举证的仅有2件，举证率约为0.80%。

二审共26份裁判文书，被告也从未提出足以影响案件事实和判决的新证据，故举证率为0。

表4.3.11　江苏省刑事附带民事公益诉讼被告举证情况表

案件名称	案号	罪名	被告举证情况
赵某污染环境罪一审刑事判决书	（2018）苏8601刑初102号	污染环境罪	向法庭提交了徐州市危险废物转移申请表、危险废物转移联单、被告人赵某缴纳代处置费用的现金存款凭证和结算票据等证据

续表

案件名称	案号	罪名	被告举证情况
常州市武进某电镀有限公司、许某等污染环境罪一审刑事判决书	（2019）苏0412刑初122号	污染环境罪	被告单位在庭审中提交以下证据： 进账单复印件、一般缴款书复印件、专用发票复印件、称重计量单复印件、危险废物转移联单复印件，证明分别支付污泥处置费264 500元、329 700元的事实 被告人许某在庭审中提交以下证据： 1. 情况说明、请愿书，证明被告人许某一贯表现良好； 2. 收款收据，证明被告人许某已预缴罚金； 被告人施某在庭审中提交以下证据： 刑事附带民事公益诉讼调解书，证明被告人施某已支付赔偿10万元

4. 达成调解的案件举证实践分析

通过分析全部裁判文书，一审案件中附带民事公益诉讼达成调解协议，并将其作为证据提交的案件数量有39件，调解率约为15.66%，其中"陆某荣、王某卫等生产、销售有毒、有害食品罪再审案"（2019）苏12刑再2号在再审中达成调解。[1]

一审案件中达成和解的有4件，分别为（2018）苏0102刑初15号、（2019）苏0682刑初607号、（2019）苏0682刑初605号、（2018）苏0111刑初923号，和解率约为1.61%。

（五）安徽省

1. 总体概况

笔者通过检索裁判文书数据库，将案由限定为"刑事案由"检索刑事附带民事公益诉讼，而后将地域限定为"安徽省"，可以搜索到289份裁

---

〔1〕 判决书中写到，一审判决书：指向案件168。经法院主持调解，刑事附带民事公益诉讼双方当事人自愿达成一致协议。由各被告人在各自侵权范围内承担了支付生产、销售有毒、有害食品价款十倍赔偿金计45 018元的赔偿责任（已经履行）。各被告人均已退赔违法所得。

判文书，其中一审案件 249 件，含 247 份判决书，1 份裁定书和 1 份调解书；二审案件 40 件，含 12 份判决书和 28 份裁定书。

2. 公诉机关暨刑事附带民事诉讼原告人举证实践分析

因"谁主张谁举证"的举证责任分配规则，公诉机关暨刑事附带民事诉讼原告人往往在刑事附带民事公益诉讼中积极举证。除去一审二审的 29 份裁定书，安徽省 259 份判决书中，均写明其提出的证据。公诉机关暨刑事附带民事诉讼原告人的举证情况分为三种：一是对于刑事部分和附带民事诉讼部分单独列明举证情况，共有 39 件；二是刑事部分与附带民事公益诉讼部分混合举证，二者不加以区分，将证据罗列在一起，共有 216 件；三是有 1 份[1]判决书中附带民事部分另行处理，有 3 份[2]判决书为防止刑事案件过分迟延，法院就刑事部分先行审理。具体举证情况如图 4.3.8 所示。

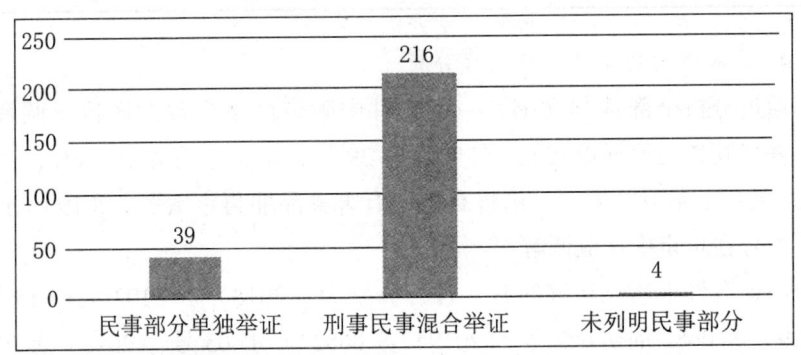

图 4.3.8　安徽省刑事附带民事公益诉讼原告举证情况　（单位：件）

安徽省刑事附带民事公益诉讼原告针对民事部分举证情况如表 4.3.12 所示。

---

[1] （2018）皖 1203 刑初 236 号。

[2] 分别为（2019）皖 1122 刑初 111 号、（2019）皖 1122 刑初 138 号、（2019）皖 1122 刑初 126 号。

表 4.3.12 安徽省刑事附带民事公益诉讼原告举证情况

罪名	原告针对民事部分举证情况
盗伐林木罪（7 起）	1. 证明、情况说明、督促起诉意见书、回函，证实人民检察院在提起附带民事公益诉讼前已函询相关环保公益组织； 2. 鉴定意见、价格意见认定书、歙县林业局出具的盗伐林木对生态环境影响鉴定意见书、歙县价格认证中心出具的价格认定意见书
非法捕捞水产品罪（33 起）	1. 人民检察院委托鉴定函、司法鉴定中心司法鉴定意见书、司法鉴定质证证书、增值税普通发票、司法鉴定意见书送达回证等证据、委托书、《江某甲、江某乙、朱某妹非法捕捞水产品案环境损害鉴定评估报告》《环境损害鉴定评估报告》； 2. 生态修复增殖放流实施方案，认罪认罚具结书，增殖放流协议、请示、批复等证据； 3. 鉴定意见：《非法电捕鱼生态环境损害鉴定评估专家意见书》（附专家组成员资质证书）、评估费发票
非法采矿罪（18 起）	1. 鉴定意见：地质鉴定报告＋价格鉴定意见、《潜山市黄柏镇袁桂村大湾组非法采矿生态环境损害鉴定评估意见书》； 2. 公告、《法制日报》公告； 3. 现场位置图、情况说明、称重记录、价格认定结论书、扣押决定书及清单、登记保存清单、银行转账记录、微信聊天记录、技术服务合同及发票、生态环境损害评估报告、现场笔录、辨认笔录、物证检验报告、刑事照片； 4. 书证、证人证言、被告人涂某供述、现场勘验笔录、现场图及现场照片、视听资料光盘一张
非法猎捕、杀害珍贵、濒危野生动物罪（6 起）	1. 野生动物救护中心价格意见书、鉴定意见通知书； 2. 受案登记表、到案经过、户籍证明； 3. 物证照片、书证受案登记表、立案决定书、户籍证明、抓获经过、情况说明、安徽获测中心检测报告、临泉县环保局出具的情况说明、证人证言、辨认笔录、鉴定意见
非法狩猎罪（12 起）	1. 《关于野生蛇类的经济价值和生态价值的说明》等证据； 2. 鉴定意见、《关于对江忠州涉案野生动物的价值评估意见》； 3. 公告、《亳州晚报》、调解协议、人口信息，现场检查笔录、照片、证据保全、收缴清单、证人证言、被告人供述与辩解、到案经过、行政处罚决定书

罪名	原告针对民事部分举证情况
非法占用 农用地罪（14起）	1. 设计书、《仙源镇龙山村林场河边山场国家公益林植被恢复设计书》、黟县林业调查规划设计院规划设计、《黄山市海龙石材有限公司非法占用农用地（林地）复绿方案》； 2. 鉴定意见、专家评估意见、《安徽省宁国市仙霞镇王某飞非法挖砂生态环境损害评估专家意见书》； 3. 和解协议、《法制日报》公告
滥伐林木罪（40起）	1. 安徽省人民检察院批复、北市烈山区人民检察院讯问笔录、淮北市林业工作站出具的《关于"9·22"滥伐林木一案杨树被砍伐后所引起的环境和生态问题》及情况说明； 2. 鉴定意见、《岳西县田头乡泥潭村新屋组平石排山场滥伐林木生态环境影响鉴定评估专家意见书》、树木补植费用测算、《岳西县店前镇徐良村赵某泳等滥伐林木生态环境影响鉴定评估专家意见书》； 3. 讯问笔录、证人证言、勘验检查笔录及照片、鉴定意见、户籍证明、林权证、《检察日报》公告； 4. 调解协议、和解协议、黟县林业调查规划设计院植被恢复作业设计
生产、销售不符合 安全标准的 食品罪（17起）	1. 调解协议、和解协议； 2. 户籍证明、犯罪嫌疑人员前科情况核实证明，淮北市相山区市场监督管理局涉嫌犯罪案件移送书； 3. 调查笔录、现场检查笔录、查封（扣押）决定书、涉案物品清单、扣押物品移交通知书、现场勘验笔录及照片、指认现场照片、扣押决定书、扣押清单、协助调查函、认定报告书、到案经过； 4. 公告、请示、批复等，证人证言、被告人的供述和辩解
生产、销售假药罪 （15起）	1. 书证、证人证言、被告人供述和辩解等证据； 2. 户籍证明、抓获经过、扣押决定书、扣押清单、照片、公告、批复等书证，鉴定意见，现场勘查笔录、图、照片，证人证言； 3. 鉴定意见、评估报告

续表

罪名	原告针对民事部分举证情况
生产、销售有毒、有害食品罪（26 起）	1. 刑事附带民事公益诉讼起诉书、刑事附带民事调解书、和解书； 2. 户籍证明、到案经过、无为县食品药品监督管理局涉嫌犯罪案件移送材料、无为县公安局接受证据清单等书证、证人梁某的证言、被告人徐某风的供述与辩解、河南广电计量检测有限公司出具的检验报告、无为县公安局制作的勘验笔录； 3. 户籍证明、到案经过、前科证明、无为县扣押笔录、扣押清单、营业执照； 4. 鉴定意见：食品安全抽样检验抽样单、河南广电计量检测有限公司出具的检验报告
污染环境罪（44 起）	1. 公安局出具的现场勘验笔录、草图及照片、新闻报道及网页截图、公益诉讼请求及反映材料等证据； 2. 价格鉴定意见书及通知书、情况说明、威宁自治县中水镇花园村村民委员会证明、户籍信息、《专家意见书》； 3. 附带民事公益诉讼人提供的人民检察院的公告及请求批复，《两高解释》及立案决定书、公告

3. 被告举证实践分析

通过分析安徽省一审的 249 份判决和裁定书，被告往往认罪认罚或者表示"对指控事实及罪名均无异议，希望能从轻或者减轻处罚"等罪轻辩护，也有判决书中提到类似满足部分诉讼请求，如"对起诉书指控的犯罪事实和罪名均无异议。对附带民事公益诉讼人的诉讼请求称愿意登报道歉"[1]或者针对部分证据提出异议，如"辩护人认为应对其造成的直接经济损失予以赔偿，《专家评估意见书》不是直接的经济损失，建议驳回"。[2]在诉讼过程中，被告作出举证的仅有 11 件案例，举证率约为 4.42%。

二审案件 40 件，含 12 份判决书和 28 份裁定书，被告均未提出足以影

---

[1]　（2018）皖 0602 刑初 73 号。

[2]　（2018）皖 0422 刑初 334 号。

响案件事实和判决的新证据，故举证率为 0。

表 4.3.13　安徽省刑事附带民事公益诉讼被告举证情况

案件名称	案号	罪名	被告举证情况
汪某祥、程某晶故意伤害一审刑事判决书	（2017）皖1022 刑初123 号	故意伤害罪	辩护人为支持其辩护观点向法庭提交相应的证据材料
詹某权、汪某顺滥伐林木一审刑事判决书	（2018）皖0825 刑初58 号	滥伐林木罪	1. 詹某、吴某等农户出具的谅解书、城西乡大龙村证明； 2. 安徽省林业厅行政许可决定书，证实九井溪省级森林公园至今尚未正式设立，被告人滥伐林木的行为未对该公园的生态环境造成损害； 3. 詹某权的扶贫手册，证实被告人属贫困户，尚未脱贫
王某琼盗伐林木一审刑事判决书	（2018）皖1504 刑初93 号	滥伐林木罪	缴费回单一份、罚没款票据两张，证实王某琼已于 2018 年 10 月 22 日将林木修复费用 4130 元交于法院账户
张某平、张某丰污染环境一审刑事判决书	（2018）皖0711 刑初55 号	污染环境罪	1. 浙江省兰溪市某工艺品有限公司包装袋照片一张：浙江省兰溪市某工艺品有限公司使用的吨袋与本案所涉吨袋不同，指控的环保泥并非出自浙江省兰溪市某工艺品有限公司； 2. 浙江环益资源利用有限公司出具的浙江省兰溪市某工艺品有限公司污泥分析报告中含量，无本案鉴定报告中载明的汞、砷等危险元素
李某盟污染环境一审刑事判决书	（2019）皖0506 刑初6 号	污染环境罪	被告人李某盟向本院提交调解协议一份，用以证实其认罪认罚，已与附带民事公益诉讼原告人马鞍山市博望区人民检察院就附带民事公益诉讼部分达成调解协议并部分履行

续表

案件名称	案号	罪名	被告举证情况
潘某污染环境罪一案一审刑事判决书	（2018）皖1881刑初267号	污染环境罪	1. 被告人兰某有与被告人余某微信聊天记录、环翔公司《危险废物经营许可证》，上有水印、公章； 2. 被告人兰某有与公司原员工唐某微信聊天记录、员工履历表、离职交接清单； 3. 唐某与被告人兰某有微信聊天记录； 4. 川特公司及被告人兰某有个人历年获得荣誉情况； 5. 汇款凭证； 6. 诊断证明书一份； 7. 证人证言； 8. 本案审理过程中形成的证据：社区调查评估意见书、刑事附带民事公益诉讼调解协议、公告、刑事附带民事公益诉讼调解书
周某凤生产、销售不符合安全标准的食品罪一案一审刑事判决书	（2019）皖1502刑初42号	生产、销售不符合安全标准的食品罪	当庭提交刑事附带民事公益诉讼和解协议
占某荣滥伐林木一审刑事判决书	（2019）皖1023刑初26号	滥伐林木罪	辩护人当庭提供证据一份，即黟县柯村镇湖田村村委会出具的证明，拟证实占某荣系贫困户，家庭经济困难等事实
李某非法狩猎罪一案一审刑事判决书	（2019）皖1622刑初114号	非法狩猎罪	各辩护人提供的证据有刑事附带民事调解书和悔过书
刁某焰、卫某平一审刑事判决书	（2019）皖1502刑初88号	非法占用农用地罪	为证明其观点，当庭提交施政（2017）144号金安区施桥镇"关于要求给予七十铺建材加工厂项目立项"的报告文件

续表

案件名称	案号	罪名	被告举证情况
孙某寿盗伐林木一审刑事判决书	（2019）皖1023刑初33号	滥伐林木罪	提交了新证据：1. 最低生活保障证，意在证实被告人孙某寿家庭经济困难，系农村低保户、贫困户等事实；2. 残疾人证，意在证实孙某寿的妻子系肢体残疾等事实

综上来看，被告人举证证明的内容主要围绕已部分履行判决内容、积极按要求整改或者家中有病人、残疾人，家庭条件较差等几个方面，以求得在量刑上的减轻处理。

4. 达成调解的案件举证实践分析

通过分析全部裁判文书，一审案件中附带民事公益诉讼达成调解协议，并将其作为证据提交的案件数量有56件，调解率为22.49%，其中盗伐林木罪2起，非法捕捞水产品罪8起，非法采矿罪3起，非法收购、运输、出售珍贵、濒危野生动物、珍贵、濒危野生动物制品罪2起，非法狩猎罪3起，非法占用农用地罪1起，假冒注册商标罪2起，滥伐林木罪12起，生产、销售不符合安全标准的食品罪5起，生产、销售假药罪1起，生产、销售有毒、有害食品罪3起，污染环境罪14起。

刑事附带民事部分作和解处理的案件共6件，和解率约为2.41%。

（六）福建省

1. 总体概况

笔者通过检索裁判文书数据库，将案由限定为"刑事案由"检索刑事附带民事公益诉讼，而后将地域限定为"福建省"，可以搜索到33份裁判文书，其中一审案件31件，均为判决书；二审案件2件，含1份判决书和1份裁定书。

2. 公诉机关暨刑事附带民事诉讼原告人举证实践分析

因"谁主张谁举证"的举证责任分配规则，公诉机关暨刑事附带民事诉讼原告人往往在刑事附带民事公益诉讼中积极举证。除去二审的1份裁定书，福建省32份判决书中，均写明其提出的证据。公诉机关暨刑事附带民事诉讼原告人的举证情况分为三种：一是对于刑事部分和附带民事诉讼部分单独列明举证情况，共有14件；二是刑事部分与附带民事公益诉讼部分混合举证，二者不加以区分，将证据罗列在一起，共有17件；三是裁判文书中未列明或者未提及民事部分证据的案件，有1件。具体举证情况如图4.3.9。

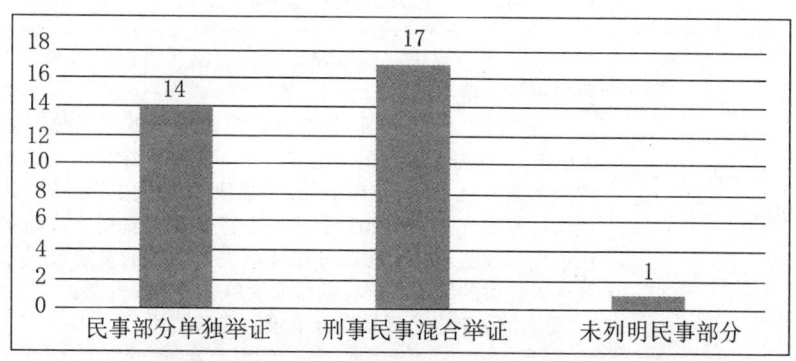

图4.3.9　福建省刑事附带民事公益诉讼原告举证情况　（单位：件）

福建省刑事附带民事公益诉讼原告针对民事部分举证情况如表4.3.14所示。

表4.3.14　福建省刑事附带民事公益诉讼原告举证情况

罪名	原告针对民事部分举证情况
盗伐林木罪（2起）	1. 受案登记表、立案决定书、户籍证明、到案经过、指认笔录、指认照片、扣押物品清单； 2. 社会调查评估报告、增值税普通发票、现场勘验笔录、现场勘验照片、指认笔录、现场指认照片、司法鉴定意见书
非法采矿罪（2起）	1. 受案登记表、立案决定书、户籍证明、扣押决定书、登记保存清单、扣押清单、工具照片、调取证据清单、购买砂石料的记录及收据； 2. 鉴定报告、价格认定结论书、刑事判决书、植被毁坏情况评估报告书、非法采砂点采坑测量说明报告、勘测定界技术报告、价格认定结论书； 3. 龙岩市新罗区人民检察院刑事附带民事公益起诉书及撤回刑事附带民事公益诉讼起诉决定书、《承包合同》及缴款凭证

续表

罪名	原告针对民事部分举证情况
非法猎捕、杀害珍贵、濒危野生动物罪（4起）	1. 受案登记表、立案决定书、抓获经过、现场勘验检查工作记录及照片、户籍证明； 2. 扣押在案的捕猎工具、野生动物照片、鉴定意见、勘验、检查、辨认笔录、照片、工作情况说明、协议书、到案经过、户籍证明以及被告人的供述与辩解等证据
非法占用农用地罪（6起）	1. 督促起诉意见书、检察建议书、回函、线索移送函、立案决定书、户籍信息； 2. 鉴定意见：司法鉴定中心出具的闽鼎［2017］林鉴字第056号、347号《司法鉴定意见书》，将乐县万安林业站出具的《鉴定意见书》《权属证明》，福建闽林司法鉴定中心出具的闽林鉴字［2018］203号《关于将乐县万安镇寺许村被非法占用林地造成的生态服务功能损失等问题的鉴定意见书》，被告人提供的结算票据、银行缴款单、增值税发票； 3. 现场辨认笔录、现场勘查笔录、现场照片
故意毁坏财物罪（4起）	1. 户籍证明、证明、《检察日报》； 2. 《刑事受案登记表》《立案决定书》《提请批准逮捕意见书》《批准逮捕决定书》《起诉意见书》《起诉书》； 3. 鉴定意见、鉴定费用发票、武夷山市检察院《委托鉴定书》《司法鉴定许可证》《鉴定资质证明》等
生产、销售假药罪（4起）	1. 户籍证明、公告截图、证人证言、被告人供述与辩解； 2. 搜查笔录、扣押清单、翻译材料； 3. 泉州市食品药品监督管理局《关于消渴降糖丸等5种产品是否按假药论处的复函》《关于消渴降糖丸是否按假药论处的认定意见》、提取笔录； 4. 淘宝页面截图、电子数据
污染环境罪（10起）	1. 环境损害鉴定评估报告、技术服务合同、钻探工程施工合同书、福建增值税普通发票、网上付款回单、增值税发票； 2. 被告人询问笔录、晋江市民委员会出具的情况说明、晋江市深沪国土资源管理所出具的情况说明、证人证言； 3. 公告截图、《福建法制报》

3. 被告举证实践分析

通过分析福建省一审的 31 份判决和裁定书，被告往往认罪认罚或者表示"对指控事实及罪名均无异议，希望能从轻或者减轻处罚"等罪轻辩护，或者在辩诉意见中提出"在公诉机关提起的刑事附带民事公益诉讼中已经向法院交纳地表水环境损害费用人民币 5.445 万元及评估鉴定费 1 万元，认罪态度好；已经预缴罚金 2 万元，具有悔罪表现，可以从轻处罚"。[1] 在诉讼过程中，被告作出举证的仅有 1 起，举证率约为 3.23%。

二审共 2 份裁判文书，其中 1 份判决书、1 份裁定书，被告也从未提出足以影响案件事实和判决的新证据，故举证率为 0。

福建省刑事附带民事公益诉讼被告举证情况如表 4.3.15 所示。

表 4.3.15　福建省刑事附带民事公益诉讼被告举证情况

案件名称	案号	罪名	被告举证情况
官某铭非法占用农用地罪一审刑事判决书	（2019）闽 0723 刑初 87 号	非法占用农用地罪	被告人官某铭提供的下列证据： 1.《山地承包合同》，证实被告人官某铭与武林村于 1996 年 11 月 30 日签订《山地承包合同》，约定将坐落在武林村镇岭村民小组的孔明坑杉树窠 20 林班 10-2 小班 36 亩（东至山脊、南至山岗、西至山脊、北至 10-1 小班界）承包给官某铭造果，承包期限 30 年的事实 2. 武林村出具的《关于官某铭山地承包合同土名的情况》，证实被告人官某铭自《山地承包合同》签订后即在案发林地种植管理等的事实

4. 达成调解的案件举证实践分析

通过分析全部裁判文书，一审案件中附带民事公益诉讼达成调解协议，并将其作为证据提交的案件数量有 8 件，二审中无达成调解协议的案件。

---

〔1〕　（2018）闽 0627 刑初 314 号。

表 4.3.16　福建省刑事附带民事公益诉讼调解情况

案件名称	案号	调解情况
单某某非法占用农用地罪一审刑事判决书	（2014）光刑初字第 110 号	在案件审理过程中，光泽县林业局作为公益诉讼原告人提起刑事附带民事诉讼，被告人自愿承担停止侵害、恢复原状的民事责任，并与刑事附带民事诉讼原告人达成民事调解协议
范某晶、陈某花生产、销售不符合安全标准的食品一审刑事判决书	（2018）闽 0425 刑初 48 号	本案在审理期间，经本院主持调解，本案刑事附带民事公益诉讼部分已达成调解协议，被告人范某晶同意向大田县人民检察院交付赔偿款计人民币 19 078 元，该款已缴入大田县人民检察院指定的账户即大田县消费者权益保护委员会在中国工商银行开立的专户中；且被告人范某晶、陈某花、范某鼓、陈某文、陈某余、陈某明、钟某凤均已在《三明新周刊》上刊登道歉公告
许某煌（曾用名许某东）污染环境罪一案一审刑事判决书	（2018）闽 0681 刑初 588 号	2014 年 12 月 17 日，龙海市人民检察院与洪某、姚某就民事公益诉讼达成调解协议，洪某、姚某共同赔偿治理环境污染所需的费用 20 万元
张某舜非法占用农用地罪一审刑事判决书	（2018）闽 0182 刑初 476 号	本案审理中，被告人张某舜、福建省某机械工程有限公司、福州某码头有限公司与刑事附带民事公益诉讼起诉人长乐市人民检察院已就修复被毁坏的林地生态功能、造林绿化补偿等达成调解协议
林某华滥伐林木一审刑事判决书	（2018）闽 0303 刑初 318 号	2018 年 11 月 30 日，公益诉讼起诉人涵江区人民检察院与被告人林某华就本案刑事附带民事部分达成调解协议

案件名称	案号	调解情况
周某升、将乐县人民检察院非法占用农用地罪一审刑事判决书	（2018）闽 0428 刑初 112 号	在本案审理过程中，刑事附带民事公益诉讼经本院主持调解，达成调解协议，2019 年 1 月 22 日，本院对刑事附带民事公益诉讼调解协议进行公告，该调解协议已于 2019 年 2 月 22 日生效。被告人周某升及附带民事公益诉讼被告人将乐某矿业有限公司交纳了生态环境修复费用人民币 115 173 元及鉴定费 9000 元
欧阳某、陈某柳、郑某省等污染环境罪二审刑事判决书	（2019）闽 04 刑终 19 号	2018 年 9 月 26 日，本院对附带民事公益诉讼调解协议进行公告，该调解协议已于 2018 年 10 月 26 日生效

（七）山东省

1. 总体概况

笔者通过检索裁判文书数据库，将案由限定为"刑事案由"检索刑事附带民事公益诉讼，而后将地域限定为"山东省"，可以搜索到 137 份裁判文书，其中一审案件 129 件，含 128 份判决书和 1 份裁定书；二审案件 8件，含 2 份判决书和 6 份裁定书。

2. 公诉机关暨刑事附带民事诉讼原告人举证实践分析

因"谁主张谁举证"的举证责任分配规则，公诉机关暨刑事附带民事诉讼原告人往往在刑事附带民事公益诉讼中积极举证。除去一审二审的 7份裁定书，山东省 131 份判决书中，均写明其提出的证据。公诉机关暨刑事附带民事诉讼原告人的举证情况分为三种：一是对于刑事部分和附带民事诉讼部分单独列明举证情况，共有 48 件；二是刑事部分与附带民事公益诉讼部分混合举证，二者不加以区分，将证据罗列在一起，共有 81 件；三是仅列明刑事部分证据，针对附带民事公益诉讼部分证据写明与刑事指控部分证据一致或者不列明共有 2 例[1]，且均为附带民事公益诉讼部分证据与刑事指控部分证据一致。具体举证情况如图 4.3.10 所示。

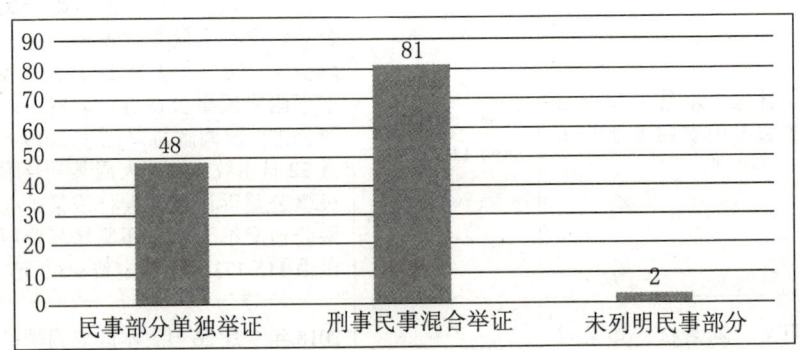

图 4.3.10　山东省刑事附带民事公益诉讼原告举证情况　（单位：件）

山东省刑事附带民事公益诉讼原告针对民事部分举证情况如表 4.3.17 所示。

表 4.3.17　山东省刑事附带民事公益诉讼原告举证情况

罪名	原告针对民事部分举证情况
盗伐林木罪（4 起）	1. 证明、情况说明、督促起诉意见书、回函，证实人民检察院在提起附带民事公益诉讼前已函询相关环保公益组织； 2. 情况说明，证实被害单位表示不提起民事诉讼
非法捕捞水产品罪（5 起）	1. 人民检察院委托鉴定函、司法鉴定中心司法鉴定意见书、司法鉴定质证证书、增值税普通发票、司法鉴定意见书送达回证等证据； 2. 生态修复增殖放流实施方案、认罪认罚具结书； 3. 增殖放流协议、请示、批复、鉴定意见等证据； 4. 国务院关于渤海、黄海及东海机轮拖网渔业禁渔区的命令、调取证据通知书、调取证据清单、轨迹图、现场勘验检查笔录、现场示意图、案件现场照片

---

[1]　分别为 2018 鲁 0705 刑初 316 号、（2019）鲁 0321 刑初 102 号。

续表

罪名	原告针对民事部分举证情况
非法采矿罪（14起）	1. 立案决定书、案件移送书、会议纪要、公告情况、请示、批复； 2. 证人证言、被告人供述。《山东法制报》等公告证明； 3. 《民事诉讼法》《两高解释》的相关规定证明； 4. 户籍证明、犯罪记录证明、办案说明、刑事判决书； 5. 证人证言、被告人供述、现场勘验笔录、辨认笔录； 6. 鉴定意见：山东海事司法鉴定中心出具的鲁海司鉴字〔2019〕第20号司法鉴定意见书、鉴定费用发票
非法狩猎罪（6起）	1. 鉴定意见：野生动物救护中心价格意见书、鉴定意见通知书、山东省森林公安司法鉴定中心鲁森司鉴字〔2017〕D010号鉴定书、东营国林森林资源资产价格评估有限公司出具的环境生态影响评价报告书； 2. 国家林业局第46号令《野生动物及其制品价值评估方法》； 3. 受案登记表、立案决定书、山东省人民政府鲁政字〔1996〕160号文件、办案说明、扣押清单、收到条； 4. 被告人供述、证人证言、检察院诉前公告刊发复印件
非法占用农用地罪（12起）	1. 督促起诉意见书、检察建议书、回函、线索移送函、立案决定书； 2. 证人证言、勘查笔录等现场勘验检查工作记录、现场图、照片、被告人以及证人指认现场照片； 3. 鉴定意见：山东润达工程设计有限公司出具的《泰安宁阳县磁窑镇李家院村等2村受损土地复垦方案鉴定报告》及其费用发票； 4. 鉴定意见、土地复垦意见书、复垦方案
滥伐林木罪（6起）	1. 民事公益诉讼公告、淄博市博山区自然资源局出具的关于对商某滥伐林木案的生态修复方案； 2. 办案说明一份、办案证明一份、广饶县林业局出具的证明、证人证言、鉴定意见、评估报告； 3. 现场勘验笔录、补植复绿证明、照片、公益诉讼方拍摄的补植树苗现状照片

罪名	原告针对民事部分举证情况
生产、销售不符合安全标准的食品罪（7 起）	1. 鉴定意见、发票； 2. 证人证言、被告人陈述； 3. 现场勘验、检查笔录、户籍证明、破案经过
生产、销售假药罪（14 起）	1. 鉴定意见、发票； 2. 调解协议及其证明、调解笔录、调解书、交款收据； 3. 询问笔录、调取证据清单、个体户信息、经营者信息、扣押决定书、扣押清单
生产、销售有毒、有害食品罪（20 起）	1. 鉴定意见：青岛海润农大检测有限公司检验检测报告等鉴定意见； 2. 调解协议及道歉信、公告、讯问笔录、询问笔录； 3. 市场监督管理局证明、人民检察院调查笔录、市场监督管理局案件分析报告等证据材料； 4. 检察建议书及送达回证、市场监督管理局复函及送达回证、人民检察院公告
污染环境罪（40 起）	1. 户籍信息、破案经过、技术服务合同复印件一份、发票复印件二份等书证； 2. 现场勘查笔录、照片、讯问笔录、提交危险废物处置报价单、现场照片、恢复方案； 3. 监测报告书；检测报告、鉴定意见、情况说明； 4. 被告人的供述与辩解、证人证言等

3. 被告举证实践分析

通过分析山东省一审的 129 份判决和裁定书，被告往往认罪认罚或者表示"对指控事实及罪名均无异议，希望能从轻或者减轻处罚""愿意积极承担公益诉讼的惩罚性赔偿金"[1]等罪轻辩护，在诉讼过程中，被告作出举证的仅有 5 件，举证率约为 3.88%。

二审共 8 份裁判文书，其中 2 份判决书、6 份裁定书，被告也从未提出足以影响案件事实和判决的新证据，故举证率为 0。

---

〔1〕 （2018）鲁 0881 刑初 126 号等案件。

表 4.3.18　山东省刑事附带民事公益诉讼被告举证情况

案件名称	案号	罪名	被告举证情况
李甲、苗甲污染环境一审刑事判决书	（2018）鲁1325刑初82号	污染环境罪	1. 临沂市环境保护局2014年7月14日临环评函〔2014〕165号关于临沂市义堂污水处理厂建设项环境影响报告表的批复； 2. 荣城环境工程有限公司于2018年5月7日出具的兰山区苗甲大理石胶产生的废水化验结果报告单 3. 荣城环境工程有限公司营业执照
张某某、尹某某生产、销售有毒有害食品一审刑事判决书	（2018）鲁0827刑初56号	生产、销售有毒有害食品罪	被告人张某某当庭提供的制作油饼的视听资料
李某喜污染环境一审刑事判决书	（2018）鲁1326刑初413号	污染环境罪	向法庭提交了平邑县环保局出具的说明，证实李某喜家人已对污染的土地进行了恢复，请求对被告人从轻处罚
李某强生产、销售假药罪一案一审刑事判决书	（2018）鲁1424刑初172号	生产、销售假药罪	1. 退伍军人证明书，用以证明李某强于1979年1月1日至1985年1月1日入伍服役； 2. 残疾军人证，用以证明李某强服役期间因公致残，伤残等级八级； 3. 李某强入伍期间参加第一次对越自卫反击战纪念奖牌两枚、李某强服役期间受到嘉奖的登记卡片复印件，说明其历史表现良好，社会危害性非常低
张某全失火罪一案一审刑事判决书	（2019）鲁0683刑初468号	失火罪	被告人提交本村村民出具的联名信一份，证明被告人平时尊老爱幼，曾经抢救过一名煤气中毒的村民，请求对其从轻处罚

综上来看，被告人举证证明的内容主要围绕已积极按要求整改、个人.

品德较好、历史表现良好等几个方面，以求得在量刑上的减轻处理。

4. 达成调解的案件举证实践分析

通过分析全部裁判文书，一审案件中附带民事公益诉讼达成调解协议，并将其为证据提交的案件数量有 15 件，调解率为 11.63%，和解案件数量有 3 件，和解率约为 2.33%。

表 4.3.19　山东省刑事附带民事公益诉讼和解情况

罪名	案号	和解情况
失火罪	（2019）鲁 0681 刑初 259 号	审理中，被告人王某杰与公益诉讼起诉人达成和解协议并已赔偿因其行为造成的经济损失
污染环境罪	（2018）鲁 1428 刑初 123 号	《刑事附带民事公益诉讼和解协议》一份，证实在沧州市环境保护局泊头分局在地监督下，杨某廷、崔某军等人对倾倒在泊头市文庙镇郭杠子东村的危险废物进行了清理，清除的危险废物已由沧州冀环威立雅环境有限公司作无害化处理，经村两委研究，不再追究杨某廷、王某全、崔某军、李某等人的侵权责任

（八）湖北省

1. 总体概况

笔者通过检索裁判文书数据库，将案由限定为"刑事案由"检索刑事附带民事公益诉讼，而后将地域限定为"湖北省"，可以搜索到 191 份裁判文书，其中一审案件 178 件，含 176 份判决书和 2 份裁定书；二审案件 13 件，含 1 份判决书和 12 份裁定书。

2. 公诉机关暨刑事附带民事诉讼原告人举证实践分析

因"谁主张谁举证"的举证责任分配规则，公诉机关暨刑事附带民事诉讼原告人往往在刑事附带民事公益诉讼中积极举证。除去二审的 13 份裁判文书，湖北省 176 份判决书中，均写明其提出的证据。公诉机关暨刑事附带民事诉讼原告人的举证情况分为三种：一是对于刑事部分和附带民事诉讼部分单独列明举证情况，共有 40 件；二是刑事部分与附带民事公益诉讼部分混合举证，二者不加以区分，将证据罗列在一起，共有 132 件；三是裁判文书中未列明或者未提及民事部分证据的案件，有 4 件。具体举证情况如图 4.3.11 所示。

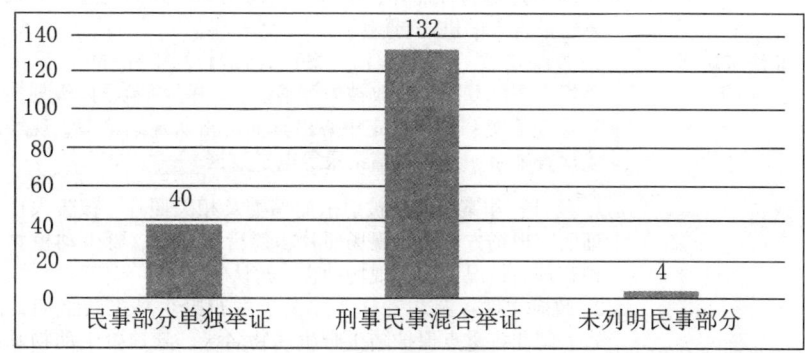

图 4.3.11　湖北省刑事附带民事公益诉讼原告举证情况　（单位：件）

湖北省刑事附带民事公益诉讼原告针对民事部分举证情况如表 4.3.20 所示。

表 4.3.20　湖北省刑事附带民事公益诉讼原告举证情况

罪名	原告针对民事部分举证情况
盗伐林木罪（9 起）	1. 受案登记表、采伐树木现场堆放照片、被告人户籍信息表、扣押决定书、木材检尺码单； 2. 自然保护区总体规划、林业局关于盗伐林木案的答复、被告人的供述、证人证言、勘验及检查笔录、辨认笔录、森林公安补植复绿证明、林业局补植复绿证明； 3. 鉴定意见：鉴定机构资质、《评估报告》、增值税发票
非法捕捞水产品罪（53 起）	1. 政府文件：《关于在××国家级自然保护区实行封湖蓄禁的通告》《关于实施禁渔期制度的批复》、人民检察院提出的申请及批复； 2. 现场勘查笔录及抓获现场照片、鉴定意见：鉴定意见书、资源损失的评估意见书（附专家资质材料）、中国水产科学研究院长江水产研究所《关于禁渔期间进行电力捕鱼导致生态损失的评估报告》

续表

罪名	原告针对民事部分举证情况
非法采矿罪 （19起）	1. 采砂船等物证照片、银行卡交易明细、到案经过、证人证言、被告人的供述与辩解； 2. 整改方案：《砂场整治方案》、河道修复工程清单、两河口砂场生态修复工程验收被告等书证、《中小河流采砂规划》； 3. 鉴定意见：价格认定中心出具的价格认定结论书、现场勘验检查笔录、手机短信记录等电子数据
非法狩猎罪（18起）	1. 物证：作案工具、被射杀的鸟类及相关照片、被告人户籍证明、现场方位图、现场照片、禁猎期通告、野生动植物保护管理站情况说明，现场勘查、辨认笔录； 2. 政府文件：湖北省林业厅关于发布野生鸟类禁猎期的通告、湖北省重点保护陆生野生动物名录、陆地野生动物基准价值标准目录； 3. 鉴定意见：国家林业局森林公安司法鉴定中心物证鉴定书； 4. 办案机关出具的发破案经过、归案经过、野生动物处理笔录及补充情况说明
非法占用农用地罪 （24起）	1. 报案材料、立案决定书、抓获及破案经过、证人证言、被告人陈述与辩解、工时单、现金流水凭证、刑事现场勘查笔录、现场平面示意图、辨认作案现场笔录、证明材料证实、生态公益林图、毁林现场示意图； 2. 鉴定意见：森林鉴定委员会出具的鉴定意见书、司法所鉴定意见书、鉴定费发票及证明、山体受损证明、毁林现场示意图、鉴定意见书、林业司法鉴定意见书； 3. "山体复绿工程"、《恢复方案》
生产、销售不符合安全标准的食品罪 （20起）	1. 被告人的供述与辩解、证人证言、现场勘验笔录及照片、视听资料； 2. 中国人民财产保险股份有限公司农业保险赔偿卷宗、照片及被告人黄某宽的原始流水账； 3. 营业执照、餐饮服务许可证； 4. 鉴定意见：湖北崇新司法鉴定中心司法鉴定意见书、鉴定费用发票、鉴定机构资质证明

续表

罪名	原告针对民事部分举证情况
生产、销售有毒、有害食品罪（14起）	1. 户籍证明、公告截图、证人证言、被告人供述与辩解、食品药品综合执法支队移送函、受案登记表、视听资料； 2. 食品药品监督管理局现场检查笔录、查封（扣押）决定书、扣押物品清单、食品药品监督管理局综合执法大队现场检查笔录及产品样品抽样记录、扣押决定书； 3. 鉴定意见：出入境检验检疫局综合实验室检验报告、鉴定意见通知书、质量检测有限公司检验报告、质量检测有限责任公司出具的危害说明； 4. 营业执照、食品药品生产经营许可证、个体工商户营业执照及食品卫生许可证
污染环境罪（15起）	1. 受案登记表、立案决定书、《涉嫌环境污染犯罪案件移送书》《关于移交污染环境案线索的通知》、被告人的身份证明； 2. 勘验笔录、调查询问笔录、送货单、生产车间及采样照片、环境保护监测站废水采样原始记录、《（监督性）监测结果报告》《检验检测机构资质认定证书》及《环境监测人员技术考核合格证》； 3. 环境保护局《查封决定书》《查封物品清单》、查封照片、干渠线路图、《行政处罚事先告知书》《责令改正违法行为决定书》； 4. 证人证言：证人证词、被告人供述材料及讯问过程同步视频监控刻录光盘一张、社会组织管理局出具的《关于全市社会组织中环保公益类社会组织登记情况的说明》、人民检察院《关于××的批复》； 5. 鉴定意见：价格认定中心出具的《价格认定结论书》《环境污染损害咨询意见》、专家人员资质证明文件、专家意见咨询费领款单

3. 被告举证实践分析

通过分析湖北省一审的 178 份判决和裁定书，被告往往认罪认罚或者表示"对指控事实及罪名均无异议，希望能从轻或者减轻处罚"等罪轻辩护，诉讼过程中被告作出举证的仅有 7 起，举证率约为 3.93%。

二审共 13 份裁判文书，其中 1 份判决书、12 份裁定书，被告也从未提出足以影响案件事实和判决的新证据，故举证率为 0。

表 4. 3. 21　湖北省刑事附带民事公益诉讼被告举证情况

案件名称	案号	罪名	被告举证情况
赵某菊非法占用农用地一审刑事判决书	（2018）鄂0381 刑初 96 号	非法占用农用地罪	被告人赵某菊的辩护律师向法庭提交了下列证据： 1. 采矿权拍卖出让公告，拟证明：丹江口市国土资源局拍卖了多处采矿权，涉及被告人经营的采矿权进行了公开拍卖的事实，被告人通过合法竞拍取得了采矿权； 2. 国土资源局出具的关于为服务全市重点工程项目办理采石场手续的情况说明，拟证明：被告人的采伐行为，取得了丹江口市国土资源局的许可； 3. 复绿情况说明，拟证明：被告人的复绿情况
金某非法占用农用地一审刑事判决书	（2018）鄂0381 刑初 92 号	非法占用农用地罪	被告人金某的辩护人为支持其抗辩理由，向本院提交了如下证据： 第一组证据：1. 关于临时使用林地的批复；2. 缴纳森林植被恢复费用单据；3. 申请书；4. 关于为服务全市重点工程项目办理采石场手续的情况说明；5. 采矿许可证；6. 关于丹江口市某砂石有限公司蒿坪镇卢营沟建筑石料用灰岩矿初步设计及安全设施设计专篇的批复；7. 营业执照；8. 关于丹江口市蒿坪镇卢营沟灰岩矿区水土保持方案的批复；9. 丹江口市环境保护局关于蒿坪镇卢营沟灰岩矿区项目阶段性环境保护验收意见的函 第二组证据：蒿坪镇林业站、蒿坪镇黑垭村证明，拟证明金某对开采地进行了复绿行为

续表

案件名称	案号	罪名	被告举证情况
刘某、李某生非法占用农用地一审刑事判决书	(2018)鄂0528刑初58号	非法占用农用地罪	被告人张某钦的辩护人向本院提交了五组证据： 1. 南京某市政工程有限公司的授权委托书、营业执照等13页； 2. 南京某市政工程有限公司的申请书、通知书、承诺书、国土局的函等5份； 3. 县国土局的收文处理签、县人民政府请求报告处理签； 4. 张某钦参加安全生产会议签到表、安全管理合同； 5. 现场照片6张
张某生产、销售伪劣产品一审刑事判决书	(2018)鄂1122刑初133号	生产、销售伪劣产品罪	被告人的辩护人当庭提交了2018年8月22日的《中国商报》，证实被告人张某在《中国商报》发表"销售有毒有害伪劣食品致歉声明"和"销售有毒有害伪劣食品召回公告"
夏某非法占用农用地一审刑事判决书	(2019)鄂0625刑初11号	非法占用农用地罪	1. 证明人邹某学、邹某清、张某国的证明材料及身份证复印件； 2. 谷城县石花镇界牌垭村村民委员会证明； 3. 谷城县林源种植专业合作社关于湖北某商贸有限公司陈湾采石场复绿的情况及绿化照片5张
张某某非法占用农用地一审刑事判决书	(2019)鄂0114刑初193号	非法占用农用地罪	刑事附带民事公益诉讼被告人张某1义提供的证据有：现场照片，证明被告人张某某已拆除对其非法占用的武汉市蔡甸区多山街凡里村耕地上的建筑物
吕某、张某强生产、销售有毒、有害食品一审刑事判决书	(2019)鄂0881刑初235号	生产、销售有毒、有害食品罪	被告人田某彪的辩护人提供的张某出具的证明及其拍摄的视频U盘

4. 达成调解的案件举证实践分析

通过分析全部裁判文书，一审案件中附带民事公益诉讼达成调解协议，并将其作为证据提交的案件数量有 17 件，调解率约为 9.55%，二审中无达成调解协议的案件。

（九）广东省

1. 总体概况

笔者通过检索裁判文书数据库，将案由限定为"刑事案由"检索刑事附带民事公益诉讼，而后将地域限定为"广东省"，可以搜索到 123 份裁判文书，其中一审案件 113 件，均为判决书；二审案件 10 件，含 1 份判决书和 9 份裁定书。

2. 公诉机关暨刑事附带民事诉讼原告人举证实践分析

因"谁主张谁举证"的举证责任分配规则，公诉机关暨刑事附带民事诉讼原告人往往在刑事附带民事公益诉讼中积极举证。除去二审的 10 份裁判文书，广东省 113 份一审判决书中，均写明其提出的证据。公诉机关暨刑事附带民事诉讼原告人的举证情况分为三种：一是对于刑事部分和附带民事诉讼部分单独列明举证情况，共有 30 件；二是刑事部分与附带民事公益诉讼部分混合举证，二者不加以区分，将证据罗列在一起，共有 83 件；三是裁判文书中未列明或者未提及民事部分证据的案件，未检索到此类案件。具体举证情况如图 4.3.12 所示。

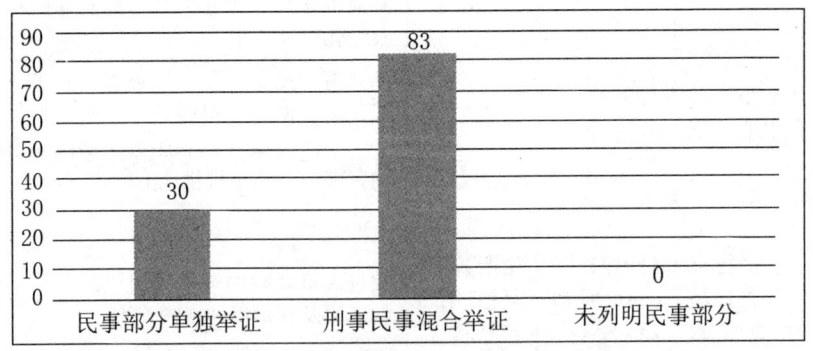

图 4.3.12　广东省刑事附带民事公益诉讼原告举证情况　（单位：件）

广东省刑事附带民事公益诉讼原告针对民事部分举证情况如表4.3.22所示。

表4.3.22 广东省刑事附带民事公益诉讼原告举证情况

罪名	原告针对民事部分举证情况
非法捕捞水产品罪（11起）	1. 政府文件：提起刑事附带民事公益诉讼的函、关于黄某权电鱼案赔偿渔业资源损失的说明； 2. 讯问犯罪嫌疑人笔录、被告人供述、辨认笔录、接受证据材料清单、广东省渔政总队番禺大队提供的询问笔录、现场照片、证据先行登记保存清单、现场检查笔录、案件移送函、情况说明； 3. 鉴定意见：中国水产科学研究院珠江水产研究所《关于谭某峰等四人非法捕捞水产品一案生态资源损害评估及补偿修复的参考意见》、发票
非法采矿罪（8起）	1. 《受案登记表》、证人证言、勘测人证言、辨认笔录、现场勘验笔录、方位图及照片、廉江市国土资源局出具的案件现场勘测笔录、土地利用总体规划图及照片； 2. 《转让石场协议书》、被告人照片指认材料、被告人供述、被告人到案经过及户籍资料； 3. 政府文件：国土资源局出具的《关于……为禁采区的说明》《关于我局对×××证据先行登记保存的情况说明》； 4. 鉴定意见书、情况鉴定及补充说明、《严某某等人非法采矿（河矿）案环境损害评估专家咨询意见》及咨询费发票
非法收购、运输、出售珍贵、濒危野生动物、珍贵、濒危野生动物制品罪（5起）	1. 证人证言、被告人的供述、辨认笔录、食药监局犯罪线索移交函、公安局受案登记表、立案决定书、营业执照、搜查笔录、检查笔录、扣押决定书、扣押物品清单； 2. 鉴定意见：华南野生动物物种鉴定中心鉴定报告、现场勘查笔录、增值税发票； 3. 附带民事公益诉讼起诉人就其提起的附带民事诉讼除向本院提交了刑事部分的证据外，还提交了线索移交函、立案决定书、照片材料、查获经过、破案经过、《检察日报》、野生动物鉴定报告、野生动物价值评估方法

续表

罪名	原告针对民事部分举证情况
非法占用农用地罪 （9 起）	1. 书证：受案登记表、立案决定书、常住人口信息表、查询证明、龙川县人民政府关于查处非法占用林地案件的通知、到案经过、荒山使用权转让合同、临时用地申请书、临时使用土地呈批表、调解协议书、收据、会议记录、证明、情况说明、悔过书、情况反映、领取学车补助表、票据、收据、主任证； 2. 证人证言、被告人的供述与辩解； 3. 鉴定意见：关于老隆镇某汽车训练场占用林地现场鉴定结果、关于老隆镇某汽车训练场占用林地的植被恢复费的意见、增值税发票； 4. 现场勘验笔录、平面示意图、现场照片
生产、销售不符合安全标准的食品罪 （17 起）	1. 涉案现场勘验笔录及照片、侦查机关出具的搜查笔录及扣押清单、被告人的笔记本、账本、被告人的辨认笔录； 2. 政府文件：农业局出具无害化处理的复函、公安局出具的鉴定聘请书、食品药品监督管理局出具的食品安全抽样检验抽样单； 3. 鉴定意见：广东省农业科学院动物卫生研究所动物疫病诊断中心出具的《检测报告》、资质证明文件、增值税发票、鉴定意见书、中国居民膳食铝暴露风险评估； 4. 证人证言、笔录、存放地辨认笔录、公安侦查机关出具的破案说明材料
生产、销售假药罪 （14 起）	1. 侦查机关的供述、证人证言、户籍证明、抓获经过、认定意见书、检测结果复函、调取证据通知书、调取证据清单、银行流水、通话记录、违法犯罪嫌疑人信息登记表、毒品尿液取样清单、现场检测报告书及照片、接受证据清单、扣押清单； 2. 鉴定文书及意见、药品鉴定意见书、云浮市翻译工作者协会翻译文书；发货单、发货记录、考勤记录、侦查协助情况、毒品取样笔录、鉴定文书； 3. 指认照片、电子证物勘验检查工作记录、现场勘验检查笔录、现场图及现场照片、发货记录、票据统计表、销售统计表、微信出单、发货单、网上销售价格表、复函证明、价格不予受理通知书、情况说明、扣押的生产原料及成品

续表

罪名	原告针对民事部分举证情况
生产、销售有毒、有害食品罪（14起）	1. 受案登记表、立案决定书、食品药品行政处罚文书、涉嫌犯罪案件移送书及相关内部审批和合议材料、食品药品监督管理局案件调查终结报告、食品药品监督管理局的调查材料、食品药品行政处罚文书、现场检查笔录； 2. 海鲜批发行营业执照复印件、身份信息； 3. 搜查证、搜查笔录、提取笔录、食品安全协议书、关于印发水产品检出违禁药物案件处理指导意见的通知； 4. 证人证言、抓获经过、被告人的供述和辩解、勘验和检查笔录、现场勘查笔录、现场图和现场照片； 5. 鉴定意见：深圳出入境检验检疫局食品检验检疫技术中心监督抽验检验报告、《检测检查报告》增值税发票信息
失火罪（10起）	1. 报警、受案登记表、立案决定书、现场勘验笔录、辨认笔录、公告信息； 2. 证人证言、移交物品清单、现场勘查笔录、抓获经过、户籍证明、现场照片； 3. 鉴定文书、复绿方案、复绿鉴定意见、复绿方案、公诉机关出具的被告家属已代交复绿费用的函
污染环境罪（25起）	1. 《立案决定书》；惠东县人民检察院在《检察日报》刊登的公告（2018年3月31日），证实惠东县人民检察院履行诉前程序； 2. 被告人陈述和辩解、证人证言及辨认笔录、行政处罚决定书、现场照片； 3. 《合同书》及租金收据，签订的《污泥填埋协议》《补充协议》《惠东县公安局涉案车辆入库审批表》、涉案车辆出车记录及高速公路行驶信息； 4. 现场材料：环境保护局现场取样照片、现场检查笔录、污泥取样原始记录表、勘查现场及提取污泥现场拍摄录像及其说明、惠东县环保局工作人员的自述证言、行政执法证及环境监测人员技术考核合格证、惠州市环境保护监测站的《监测报告》； 5. 鉴定意见：《鉴定报告》《关于白某非法倾倒污泥涉嫌犯罪案件有关情况的说明》、环境保护部华南环境科学研究所出具的《环境损害鉴定评估报告》； 6. 政府文件：《关于妥善处置安墩镇宝安村白石岗非法倾倒污泥的函》《应急处置外地偷倒污泥合同书》《应急处置外地偷倒污泥估算表》《应急处置外地偷倒污泥验收表》《应急处置外地偷倒污泥结算表》及应急处置的现场照片

3. 被告举证实践分析

通过分析广东省一审的 113 份判决书，被告往往认罪认罚或者表示"对指控事实及罪名均无异议，希望能从轻或者减轻处罚"等罪轻辩护，在诉讼过程中，被告作出举证的仅有 2 件，举证率约为 1.77%。

二审共 10 份裁判文书，其中 1 份判决书、9 份裁定书，被告也从未提出足以影响案件事实和判决的新证据，故举证率为 0。

表 4.3.23　广东省刑事附带民事公益诉讼被告举证情况

案件名称	案号	罪名	被告举证情况
黎某耀、肇庆市某物流有限公司交通肇事一审刑事判决书	（2017）粤 1204 刑初 115 号	交通肇事罪	附带民事诉讼被告某保险公司肇庆市分公司向法庭提交了网上银行电子回单、机动车辆强制保险投保单、商业保险投保单、商业保险条款等书证，证实粤 H××××号机动车辆的交强险和商业第三者责任险投保情况及支付赔偿金的情况
梁某南生产、销售不符合安全标准的食品一审刑事判决书	（2018）粤 0606 刑初 2839 号	生产、销售不符合安全标准的食品罪	辩护人向法庭提交了下列证据：送货单

4. 达成调解的案件举证实践分析

通过分析全部裁判文书，一审案件中附带民事公益诉讼达成调解协议，并将其作为证据提交的案件数量有 8 件，调解率约为 7.08%，其中盗伐林木罪为 1 件，非法占用农用地罪 1 件，生产、销售假药罪 2 件，生产、销售有毒、有害食品罪 1 件，污染环境罪 3 件，二审中无达成调解协议的案件。

（十）贵州省

1. 总体概况

笔者通过检索裁判文书数据库，将案由限定为"刑事案由"检索刑事附带民事公益诉讼，而后将地域限定为"贵州省"，可以搜索到 109 份裁判文书，其中一审案件 105 件，含 104 份判决书和 1 份裁定书；二审案件 4 件，均为裁定书。

2. 公诉机关暨刑事附带民事诉讼原告人举证实践分析

因"谁主张谁举证"的举证责任分配规则，公诉机关暨刑事附带民事诉讼原告人往往在刑事附带民事公益诉讼中积极举证。除去一审二审的 5 份裁定书，贵州省 104 份判决书中，均写明其提出的证据。公诉机关暨刑事附带民事诉讼原告人的举证情况分为三种：一是对于刑事部分和附带民事诉讼部分单独列明举证情况，有 34 件；二是刑事部分与附带民事公益诉讼部分混合举证，二者不加以区分，将证据罗列在一起，有 12 件；三是仅列明刑事部分证据，针对附带民事公益诉讼部分证据写明与刑事指控部分证据一致或者不列明，有 58 件。具体举证情况图 4.3.13。

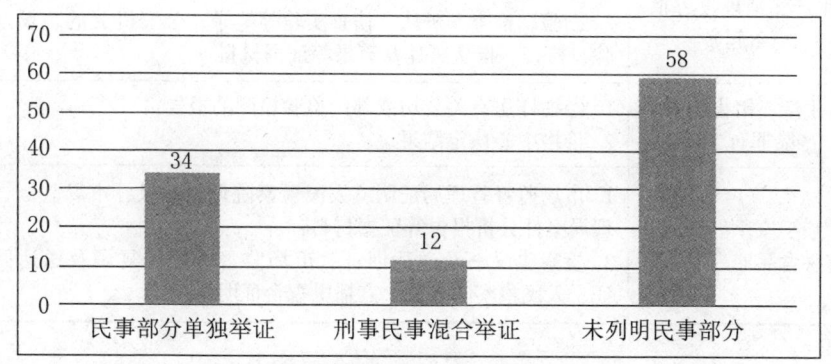

图 4.3.13　贵州省刑事附带民事公益诉讼原告举证情况　（单位：件）

贵州省刑事附带民事公益诉讼原告针对民事部分举证情况如表 4.3.24 所示。

表 4.3.24　贵州省刑事附带民事公益诉讼原告举证情况

罪名	原告针对民事部分举证情况
盗伐林木罪（3 起）	1. 证明、情况说明、督促起诉意见书、回函，证实人民检察院在提起附带民事公益诉讼前已函询相关环保公益组织； 2. 情况说明，证实被害单位表示不提起民事诉讼

罪名	原告针对民事部分举证情况
非法采伐、毁坏国家重点保护植物罪（2起）	1. 重点植物保护技术方案； 2. 补植复绿实施方案
非法占用农用地罪（20起）	1. 督促起诉意见书、检察建议书、回函、线索移送函、立案决定书； 2. 贵州省林业厅批复、贵阳市2014年森林植被恢复费建设项目总投资预算表、《贵州省土地管理条例》； 3. 现场勘验检查工作记录、现场图、照片、被告人以及证人指认现场照片； 4. 人民检察院针对公益诉讼案件的请示与批复、补植复绿方案、公告等
生产、销售假药罪（4起）	1. 鉴定意见：药品真假的鉴定意见； 2. 勘验、检查、辨认、侦查实验等笔录，公安机关的现场勘验、检查、指认照片及笔录等证据材料
生产、销售伪劣产品罪（2起）	1. 经抽样送有关公司或部门检验检测的报告； 2. 价格中心认定结果
生产、销售有毒、有害食品罪（15起）	1. 市场监督管理局证明、人民检察院调查笔录、市场监督管理局案件分析报告等证据材料； 2. 检察建议书及送达回证、市场监督管理局复函及送达回证、人民检察院公告、广播电视台证明

3. 被告举证实践分析

通过分析贵州省一审的105份判决和裁定书，被告往往认罪认罚或者表示"对指控事实及罪名均无异议，希望能从轻或者减轻处罚"等罪轻的辩护，在诉讼过程中，被告作出举证的仅有4件，举证率约为3.81%。

二审无判决书，仅有4份裁定书，被告也从未提出足以影响案件事实和判决的新证据，故举证率为0。

表 4.3.25　贵州省刑事附带民事公益诉讼被告举证情况

案件名称	案号	罪名	被告举证情况
郭某生产、销售有毒、有害食品一审刑事判决书	（2018）黔2701刑初273号	生产、销售有毒、有害食品罪	都匀市个体劳动者协会证明，证实2008年汶川地震时，被告人郭某通过都匀市个体劳动者协会向灾区人民捐助人民币10 000元，并亲自赶赴灾区参加救灾
渡马乡某建材公司、罗某南非法占用农用地一审刑事判决书	（2018）黔2627刑初122号	非法占用农用地罪	被告人向法庭提交了如下证据：陕西省政府非税收入缴款书，证明被告人已将恢复费用13 000元缴入林业局开设的生态植被恢复专户中
车某某非法占用农用地一审刑事判决书	（2019）黔0522刑初6号	非法占用农用地罪	1. 黔西县水西街道办事处情况说明； 2. 关于黔西县水西街道办事处石园社区板凳坡砂石场非法占用农用地（林地）植被恢复项目实施方案的批复申请、关于黔西县水西街道办事处石园社区板凳坡砂石场非法占用农用地（林地）植被恢复项目实施方案的批复、土地复绿施工合同书、黔西县水西街道办事处石园社区板凳坡砂石场非法占用农用地（林地）植被恢复项目实施方案、收款收据、现场恢复照片； 3. 缴纳罚金收据； 4. 黔西县采矿权设置部门会审表
贵州省铜仁市石阡县应某军滥伐林木一审刑事判决书	（2019）黔0626刑初65号	滥伐林木罪	鉴定意见（勘验/检查笔录、辨认笔录、照片、现场平面图、现场检尺记录表、调查报告）被告人妻子的身份证复印件、残疾人证、家庭常住人口登记表、村委会证明、林业环保站证明、羁押表现鉴定表、补植树木光盘等

综上来看，被告人举证证明的内容主要围绕已缴纳罚款、已积极按要求整改或者家中有病人、残疾人，家庭条件较差等几个方面，以求得在量

刑上的减轻处理。

4. 达成调解的案件举证实践分析

通过分析全部裁判文书,一审案件中附带民事公益诉讼达成调解协议,并将其作为证据提交的案件数量有 5 件,二审中无达成调解协议的案件。刑事附带民事部分作和解处理的案件共 4 件[1]。

表 4. 3. 26　贵州省刑事附带民事公益诉讼调解情况

罪名	案号	调解情况
生产、销售伪劣产品罪（2 起）	（2019）黔 0627 刑初 106 号、（2019）黔 0627 刑初 105 号	检验检测报告、价格认定中心报告
滥伐林木罪（1 起）	（2019）黔 2722 刑初 201 号	调查报告、现场辨认笔录等，证据未单独列明刑事附带民事部分
非法采矿罪（1 起）	（2019）黔 2632 刑初 100 号	鉴定意见等，证据未单独列明刑事附带民事部分
非法捕捞水产品罪（1 起）	（2019）黔 2326 刑初 105 号	河道承包协议书、望谟县人民政府文件、情况说明等书证，证据未单独列明刑事附带民事部分

（十一）云南省

1. 总体概况

笔者通过检索裁判文书数据库,将案由限定为"刑事案由"检索刑事附带民事公益诉讼,而后将地域限定为"云南省",可以搜索到 79 份裁判文书,其中一审案件 71 件,均为判决书;二审案件 8 件,含 3 份判决书和 5 份裁定书。

2. 公诉机关暨刑事附带民事诉讼原告人举证实践分析

因"谁主张谁举证"的举证责任分配规则,公诉机关暨刑事附带民事诉讼原告人往往在刑事附带民事公益诉讼中积极举证。除去二审的 5 份裁

---

〔1〕　分别为（2019）黔 2722 刑初 124 号、（2019）黔 2702 刑初 84 号、（2019）黔 0181 刑初 547 号、（2019）黔 0181 刑初 548 号。

定书，云南省74份判决书中，均写明其提出的证据。公诉机关暨刑事附带民事诉讼原告人的举证情况分为三种：一是对于刑事部分和附带民事诉讼部分单独列明举证情况，共20件；二是刑事部分与附带民事公益诉讼部分混合举证，二者不加以区分，将证据罗列在一起，共52件；三是裁判文书中未列明或者未提及民事部分证据的案件，有2件。具体举证情况如图4.3.14所示。

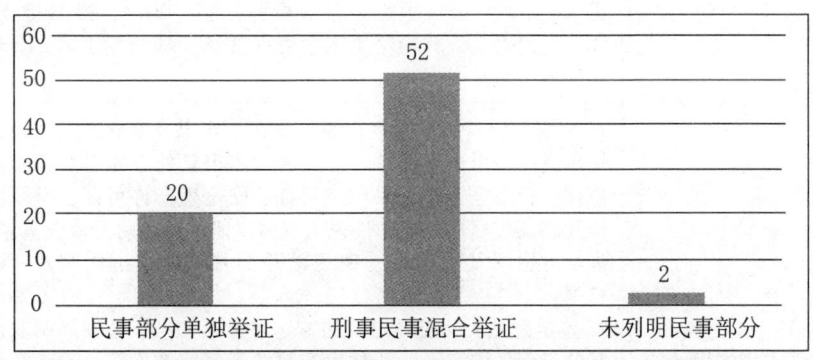

图4.3.14 云南省刑事附带民事公益诉讼原告举证情况 （单位：件）

云南省刑事附带民事公益诉讼原告针对民事部分举证情况如表4.3.27所示。

表4.3.27 云南省刑事附带民事公益诉讼原告举证情况

罪名	原告针对民事部分举证情况
盗伐林木罪 （17起）	1. 公益诉讼案件线索审批表、《德钦县人民检察院关于格茸某盗伐林木提起刑事附带民事诉讼的函》《复函》； 2. 《德钦县林业局关于格茸某盗伐林木补植复绿的实施方案》、公告、鉴定聘请书、鉴定意见书、鉴定人员资质证复印件、鉴定复核意见； 3. 调查笔录、户口证明、讯问笔录、询问笔录、辨认笔录、辨认照、现场勘验笔录、现场示意图、现场照片

罪名	原告针对民事部分举证情况
非法猎捕、杀害珍贵、濒危野生动物罪（10 起）	1. 受案登记表及立案决定书、抓获经过、归案经过、户口证明及照片、《野生动物驯养繁殖证》、情况说明、电话记录、证人证言、报告人的陈述与辩解； 2. 现场勘验检查笔录及现场照片、辨认笔录及照片、扣押决定书、扣押清单、物证照片、提取笔录及照片； 3. 鉴定意见：丽林司法鉴定中心［2018］动鉴字 4 号鉴定意见书、（大）公（痕迹）鉴（枪弹）字［2018］33 号枪支、弹药鉴定书、云林司法鉴定中心［2018］动司鉴字第 012 号司法鉴定意见书
非法占用农用地罪（32 起）	1. 公安局出具的受案登记表、立案决定书及查获经过、公安局出具的身份证复印件、公安局调取出具的个体工商户营业执照、税务登记证、采矿许可证、安全生产许可证、组织机构代码证、林权证复印件说明、林权证、现场勘验检查笔录、现场方位图及平面图、现场勘验照片、现场指认照片、勘检书； 2. 鉴定意见：公安局出具的鉴定意见通知书、公安局调取出具的云南省国家级公益林生态效益补偿实施方案、云南省孟连县国家级公益林分级区划报告、娜允镇国家重点公益林补偿金兑现表、云南省孟连县国家级重点公益林补偿实施方案、孟连县森林分类经营区划报告、孟连县公益林区划界定过程情况说明、生态公益林现场界定书； 3. 非法占用农用地补充侦查材料的说明、林业局出具的证明、森林公安局调取出具的补充协议、省级公益林限制采伐协议书、政办发（2000）第 08 号孟连县人民政府关于严禁在孟连县城周围采石的通知、证人证言、被告人的供述及辩解
滥伐林木罪（13 起）	1. 举报信、接处警登记表、受案登记表、立案决定书、传唤证、取保候审决定书、户口证明、违法犯罪记录查询情况说明、到案经过、证人证言、被告人的陈述和辩解； 2. 林业服务中心出具的证明、档案馆出具的档案查询情况说明、居民委员会出具的关于××芳砍伐林木地块权属的情况说明、现场勘验笔录、现场平面示意图及照片、现场辨认笔录及照片； 3. 鉴定意见：鉴定聘请书、林业调查规划设计队出具的关于××芳滥伐林木的调查报告、鉴定意见通知书； 4. 刑事附带民事公益诉讼调解笔录、调解书

3. 被告举证实践分析

通过分析云南省全部 79 份裁判文书，被告往往认罪认罚或者表示"对指控事实及罪名均无异议，希望能从轻或者减轻处罚"或者履行部分原告诉讼请求等罪轻辩护。一审、二审诉讼过程中被告均未作出举证，举证率为 0。

4. 达成调解的案件举证实践分析

通过分析全部一审裁判文书，一审案件中附带民事公益诉讼达成调解协议，并将其作为证据提交的案件数量有 34 件，调解率约为 47.89%，一审中达成和解的案件仅有 1 件，和解率约为 1.41%。

（十二）陕西省

1. 总体概况

笔者通过检索裁判文书数据库，将案由限定为"刑事案由"检索刑事附带民事公益诉讼，而后将地域限定为"陕西省"，可以搜索到 171 份裁判文书，其中一审案件 164 件，含 163 份判决书和 1 份裁定书；二审案件 7 起，含 2 份判决书和 5 份裁定书。

2. 公诉机关暨刑事附带民事诉讼原告人举证实践分析

因"谁主张谁举证"的举证责任分配规则，公诉机关暨刑事附带民事诉讼原告人往往在刑事附带民事公益诉讼中积极举证。除去二审的 7 份裁判文书，陕西省 164 份裁判文书中，均写明其提出的证据。公诉机关暨刑事附带民事诉讼原告人的举证情况分为三种：一是对于刑事部分和附带民事诉讼部分单独列明举证情况，共 56 件；二是刑事部分与附带民事公益诉讼部分混合举证，二者不加以区分，将证据罗列在一起，共有 107 件；三是裁判文书中未列明或者未提及民事部分证据的案件，有 1 件[1]。具体举证情况如图 4.3.15 所示。

---

〔1〕　（2018）陕 0428 刑初 44 号中举证部分提到：附带民事公益诉讼部分与刑事指控部分证据一致。

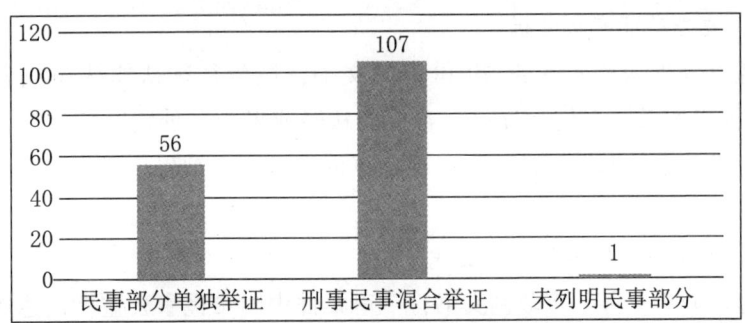

图 4.3.15　陕西省刑事附带民事公益诉讼原告举证情况　（单位：件）

陕西省刑事附带民事公益诉讼原告针对民事部分举证情况如表 4.3.28 所示。

表 4.3.28　陕西省刑事附带民事公益诉讼原告举证情况

罪名	原告针对民事部分举证情况
盗伐林木罪 （9 起）	1. 户籍证明、被告人到案情况、证人证言、被告人供述和辩解、指认照片、现场照片十二张、作案工具照片十二张、指认笔录十三份、扣押清单一份、笔录一份、返还清单一张、现场勘验笔录一份、平面示意图一份； 2. 鉴定意见、生态损害修复方案、《宜川县林业局关于康某宁团伙盗伐林木案件财产及生态损害评估报告》《宜川县林业局关于关于康某宁团伙盗伐林木案生态损害修复方案》《白水县张某红滥伐林木案生态修复方案》及宜川县价格认证中心价格认定结论书一份、林地林木鉴定意见书一份； 3. 志丹县林业局关于侯某贵盗伐林木生态损害说明证明，被告人盗伐林木 44 根对生态造成的损害； 4. 督促起诉书及答复函、归案情况说明
非法捕捞 水产品罪（15 起）	1. 接处警登记表、受案登记表、现场勘验检查笔录及照片、无违法犯罪记录； 2. 政府文件：商洛市人民政府商政发〔2014〕31 号文件、商洛市水务局商政水发〔2016〕100 号文件、水务局 2018 年禁渔公告、水务局通告； 3. 户籍证明、扣押决定书、扣押清单、随案移送清单及物证锂电池一个、逆变器一个证实被告人非法捕鱼使用的作案工具、被告人的供述与辩解； 4. 鉴定意见：渔政站评估意见、鉴定意见书、鉴定资质证明、鉴定费用发票

续表

罪名	原告针对民事部分举证情况
非法猎捕、杀害珍贵、濒危野生动物罪（15 起）	1. 当事人陈述、证人证言、提取笔录、扣押清单、辨认笔录、照片等； 2. 鉴定报告：国家林业局森林公安司法鉴定中心物证森公司鉴（动物）字［2019］461 号鉴定书、《野生动物及其制品价值评估方法》、《陆生野生动物基准价值标准目录》； 3. 立案决定书、公告、书证抓获经过、刑事判决书、户籍证明信、无违法犯罪记录证明、视听资料手机视频
非法狩猎罪（30 起）	1. 证人证言、市场监督管理局制作的现场检查笔录、餐饮食品加工行业告知书、公安局制作的扣押物品清单及照片、被告人陈述和辩解、会议记录； 2. 到案经过、现场检查录像及照片、扣押决定书、笔录及清单、接处警工作登记表、受案登记表； 3. 鉴定意见：专家意见书、谱尼测试集团上海有限公司出具的检测报告、营业执照、发破案经过、国家林业局森林公安司法鉴定中心物证森公司鉴（动物）字［2019］461 号鉴定书
生产、销售假药罪（32 起）	1. 涉案假药照片证、扣押决定书、扣押清单、被告人供述、证人王某证言、辨认笔录及照片、接受证据清单、扣押决定书、扣押清单及被扣押的假药、假药说明书； 2. 鉴定意见：药品检验检测研究中心出具的检验报告书、食品药品监督管理局关于对产品认定的函、《复函》； 3. 电子物证检查工作笔录、微信聊天记录截图、账单确认表、记账本、淘宝交易记录、银行账户交易明细、发破案经过和抓获经过、户籍资料、证人证言
非法占用农用地罪（12 起）	1. 户籍证明、公安局制作的搜查笔录、扣押清单、调取的购买记录截屏等书证； 2. 相关文书：人民法院刑事判决书、公安局行政处罚决定书、本院刑事判决书； 3. 鉴定意见：林业工作站鉴定意见、林业局关于农田毁坏林地案件生态损害评估报告、陕西省林业调查规划院《占用林地调查评估报告》、生态损害情况说明及《关于朱某忠非法占用农用地毁坏林地案件生态损害修复方案》； 4. 被害人的陈述、未到庭证人的证言笔录、被告人的供述与辩解、微信交易记录截图、支付宝交易记录、聊天记录、公安局出具的抓获经过、公安局出具的归案情况说明及发破案经过等

罪名	原告针对民事部分举证情况
滥伐林木罪（17起）	1. 常住人口基本信息、案件移送书、受案登记表、立案决定书、接处警登记表、查获经过、抓获经过、公司资料、公司简介、企业法人营业执照、税务登记证、中华人民共和国组织机构代码证、再生资源回收经营备案登记证明、开户许可证； 2. 鉴定意见、民事公益侵权证据有洛南县价格认证中心结论书、被告刘某彦的陈述、补种树木植被恢复方案、林业技术检验报告、鉴定资质证明； 3. 户籍证明、《关于确定盗伐、滥伐林木、毁坏幼树数量计算方法的意见》的通知、林木采伐许可证、林权证、现场勘查笔录及照片、证人证言、保存及解除涉案物品证据表单、变卖笔录及缴款书、秦某国供述、平利县林业局出具的《平利县××镇秦某国滥伐林木破坏森林植被修复方案》、公告、情况说明
生产、销售不符合安全标准的食品罪（15起）	1. 受案登记表、立案决定书及归案情况说明、被告人张某的供述等、证人证言及食品小作坊生产许可证、取样笔录及照片； 2. 鉴定意见：检测报告、洛阳黎明检测服务有限公司LMS20170691-3A检测报告、湖北崇新司法鉴定中心司法鉴定意见书、编号LMS20170691-3A检验报告； 3. 账目清单证、咸阳市营养学会报告书证、到案经过、行政处罚决定书、微信截图、包装确认函证明
生产、销售有毒、有害食品罪（18起）	1. 物证：依法扣押的保健品一箱； 2. 书证：受案登记表、立案决定书、移送物品清单、被告人户籍证明及照片、营业执照； 3. 公安局情况说明、起诉意见书、立案登记表、证人证言、被告人的供述和辩解、户籍证明； 4. 鉴定意见：广州金域医学检验中心鉴定意见书、现场检查笔录及照片、抽样笔录及照片、检查笔录及电子数据

3. 被告举证实践分析

通过分析陕西省一审的164份裁判文书，被告往往认罪认罚或者表示"对指控事实及罪名均无异议，希望能从轻或者减轻处罚"或者履行部分原告诉讼请求等罪轻辩护，诉讼过程中被告作出举证的仅有 6 起案件，举证率约为 3.66%。

二审共 7 份裁判文书，被告也从未提出足以影响案件事实和判决的新证据，故举证率为 0。

表 4.3.29　陕西省刑事附带民事公益诉讼被告举证情况

案件名称	案号	罪名	被告举证情况
被告人郭某非法占用农用地一案 317 号刑事判决书	（2018）陕 0822 刑初 317 号	非法占用农用地	被告人郭某向法庭提交了如下证据：陕西省政府非税收入缴款书证明，2018 年 9 月 10 日，被告人郭某已将恢复费用 26 170 元缴入林业局开设的生态植被恢复专户中
王某奇污染环境罪一审刑事判决书	（2018）陕 0822 刑初 478 号	污染环境罪	被告人王某奇向法庭提交了如下证据：陕西省行政事业单位资金往来结算票据证明，2018 年 12 月 24 日，被告人王某奇家属将污染土壤修复费用人民币 13 000 元缴入府谷县财政局专户中
武某红销售假冒注册商标的商品罪一审刑事判决书	（2019）陕 0822 刑初 201 号	销售假冒注册商标的商品罪	1. 辩护人提交的户口簿复印件、太原某实验学校在校证明、山西省中医院诊断证明书、太原市太航医院诊断证明书证明，被告人丈夫因病去世。被告人武某红女儿郝某帆出生于 2005 年××月××日，在太原某实验学校就读初中。被告人武某红患有冠状动脉性心脏病、不稳定型心绞痛、高血压 3 级； 2. 辩护人提交的调解协议书、领条、谅解书证明，在审理期间，武某红赔偿赵某某经济损失 18 万元，并取得赵某某的谅解

案件名称	案号	罪名	被告举证情况
王某某失火罪一审刑事判决书	（2019）陕0627刑初51号	失火罪	被告人王某某及辩护人提供证据如下： 1. 谅解书一份证实，被告人王某某失火毁坏贺某春林地9亩，双方达成协议，由王某某赔偿贺某春9000元，贺某春出具谅解书； 2. 收条一份证实，贺某春收到被告人王某某赔偿款9000元
徐某昌非法狩猎罪一审刑事判决书	（2019）陕0424刑初111号	非法狩猎罪	被告人向法庭提交其于2019年10月23日在《三秦都市报》刊登的道歉信一份，证明自己积极的悔罪态度
宋某楠生产、销售不符合安全标准的食品罪一审刑事判决书	（2019）陕0430刑初57号	生产、销售不符合安全标准的食品罪	被告人所举证据： 第一组证据：淳化县润镇五爱村委会证明，家庭火灾照片，救助申请，救助审批表，拟证明被告人家中失火后造成经济损失，家庭困难； 第二组证据：咸阳市第一人民医院MRI影像检查报告单，拟证明被告人患有腰椎疾病

4. 达成调解的案件举证实践分析

通过分析全部裁判文书，一审案件中附带民事公益诉讼达成调解协议，并将其作为证据提交的案件数量有12件，调解率约为7.32%，一审中达成和解的案件仅有1件，和解率约为0.61%。

二审的7份裁判文书中，仅有1起明确提出达成调解，即（2019）陕07刑终17号。

表4.3.30　陕西省刑事附带民事公益诉讼调解情况

案件名称	案号	罪名	调解情况
张某全盗伐林木罪二审刑事判决书	（2019）陕07刑终17号	盗伐林木罪	本案在诉讼过程中，镇巴县人民检察院提起了附带民事公益诉讼，经过镇巴县人民法院调解，张某全已按照公益诉讼人的诉讼请求承担了林地修复费用5410.5元（已履行）

（十三）甘肃省

1. 总体概况

笔者通过检索裁判文书数据库，将案由限定为"刑事案由"检索刑事附带民事公益诉讼，而后将地域限定为"甘肃省"，可以搜索到 83 份裁判文书，其中一审案件 80 件，含 76 份判决书和 4 份裁定书；二审案件 3 件，含 1 份判决书和 2 份裁定书。

2. 公诉机关暨刑事附带民事诉讼原告人举证实践分析

因"谁主张谁举证"的举证责任分配规则，公诉机关暨刑事附带民事诉讼原告人往往在刑事附带民事公益诉讼中积极举证。除去一审二审的 6 份裁定书，甘肃省 77 份判决书中，均写明其提出的证据。公诉机关暨刑事附带民事诉讼原告人的举证情况分为三种：一是对于刑事部分和附带民事诉讼部分单独列明举证情况，共有 25 件；二是刑事部分与附带民事公益诉讼部分混合举证，二者不加以区分，将证据罗列在一起，共有 52 件；三是裁判文书中未列明或者未提及民事部分证据的案件，未检索到此类案件。具体举证情况如图 4.3.16 所示。

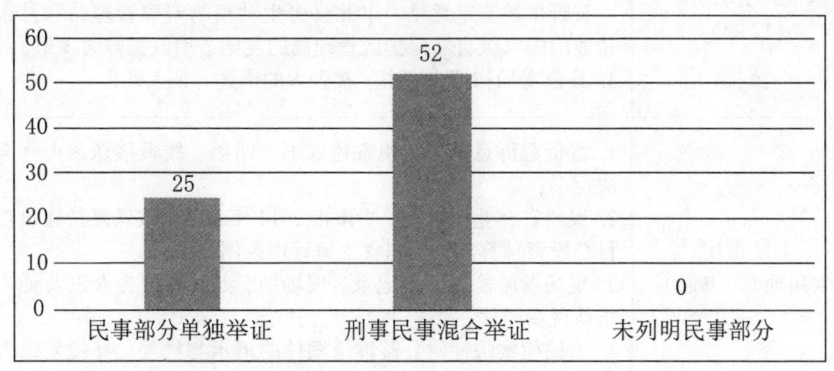

图 4.3.16 甘肃省刑事附带民事公益诉讼原告举证情况 （单位：件）

甘肃省刑事附带民事公益诉讼原告针对民事部分举证情况如表 4.3.31 所示。

表 4.3.31　甘肃省刑事附带民事公益诉讼原告举证情况

罪名	原告针对民事部分举证情况
盗伐林木罪（15起）	1. 受案登记表、立案决定书、户籍证明、到案经过、指认笔录、指认照片、扣押物品清单； 2. 证人证言、现场勘验笔录、提取笔录、指认笔录、扣押清单、照片、视听资料； 3. 鉴定意见、被告人供述与辩解
非法采矿罪（15起）	1. 受案登记表、立案决定书、户籍证明、扣押决定书、登记保存清单、扣押清单、工具照片、调取证据清单、购买砂石料的记录及收据； 2. 鉴定报告、价格认定结论书、刑事判决书、植被毁坏情况评估报告书、非法采砂点采坑测量说明报告、勘测定界技术报告、价格认定结论书； 3. 证人证言、被告人供述与辩解、勘验笔录、现场照片、调取证据清单、购买砂石料的记录及收据
非法猎捕、杀害珍贵、濒危野生动物罪（12起）	1. 受案登记表、立案决定书、抓获经过、现场勘验检查工作记录及照片、户籍证明； 2. 鉴定意见：阿克塞公安局委托司法鉴定所鉴定两头野驴，一头野牛的鉴定意见、肃北县野生动植物资源管理站和甘肃盐池湾国家级自然保护区管理局的复函、增值税普通发票； 3. 县公安局扣押决定书、被告人的供述、证人证言
非法占用农用地罪（9起）	1. 督促起诉意见书、检察建议书、回函、线索移送函、立案决定书； 2. 贵州省林业厅批复、贵阳市2014年森林植被恢复费建设项目总投资预算表、贵州省土地管理条例； 3. 现场勘验检查工作记录、现场图、照片、被告人以及证人指认现场照片； 4. 人民检察院针对公益诉讼案件的请示与批复、补植复绿方案、公告等

续表

罪名	原告针对民事部分举证情况
非法狩猎罪（10起）	1. 林业局证明、先行保存证据通知单及检尺码单、价格认定中心价格认定结论书、林业调查规划设计队调查报告、鉴定结论通知书； 2. 鉴定报告及勘验测算结果、调查报告、司法鉴定书、鉴定资质鉴定书、情况说明； 3. 补植复绿证明、照片、新景镇居委会证明、房屋受损照片、公益诉讼方拍摄的补植树苗现状照片
滥伐林木罪（5起）	1. 受案登记表、立案决定书、证人证言、现场勘验笔录及照片、指认笔录及照片、伐放树木的照片、木材检尺测算情况表、蓄积鉴定意见、退耕还林示意图及现场调查照片； 2. 金塔县历年退耕还林检查验收表、退耕还林合同、国家重点公益林管护大队重大事项报告表、国家林业局关于未申请林木采伐许可证采伐"火烧枯死木"行为定性的复函、抓获经过； 3. 鉴定意见：生态修复方案评估意见、常住人口基本信息、情况说明、景泰县林业勘察设计队调查报告
失火罪（11起）	1. 鉴定意见：甘州区林堪队［2018］林鉴字地022号鉴定意见书及补充鉴定意见书、林业调查规划设计资质证书，证明鉴定机构具有鉴定资质； 2. 甘肃省人民检察院关于《关于对刘某1破坏林业资源一案提起刑事附带民事公益诉讼的请示》的批复、村委会证明、甘州区人民检察院证明； 3. 受案登记表、户籍证明、取保候审决定书、归案情况说明、违法犯罪记录证明、调取证据通知书及清单、现场照片、受灾林地照片，证实案发现场情况； 4. 鉴定意见、评估报告：清水县林业勘察设计队评估报告及恢复方案各一份

3. 被告举证实践分析

通过分析甘肃省一审的80份判决书和裁定书，被告往往认罪认罚或者表示"对指控事实及罪名均无异议，希望能从轻或者减轻处罚"等罪轻辩护，在诉讼过程中，被告作出举证的仅有2件，举证率为2.50%。

二审共3份裁判文书，其中1份判决书、2份裁定书，被告也从未提出足以影响案件事实和判决的新证据，故举证率为0。

表 4.3.32 甘肃省刑事附带民事公益诉讼被告举证情况

案件名称	案号	罪名	被告举证情况
被告人徐某某犯失火罪一案一审刑事判决书	（2019）甘7505刑初10号	失火罪	被告人徐某某向法庭提交，并经法庭质证、认证的下列证据证实： 刘某某、刘某甲、赵某丙出具的谅解书及被告人徐某某出具的承诺书 公益诉讼人向法庭提交了下列证据： 1. 告知书，证实庆阳市森林公安局已向五里坡村民委员会告知有权提起附带民事诉讼的事实； 2. 庆城县林业和草原局《庆城县庆城镇五里坡村七里湾自然村大洼山林地植被恢复实施方案》
杨某亚非法占用农用地罪一审刑事判决书	（2019）甘0402刑初179号	非法占用农用地罪	被告人杨某亚提交的恢复涉案土地现状照片三张

综上来看，被告人举证证明的内容主要围绕已取得谅解或作出某种承诺以及已经制订了相应补偿方案并开始履行等几方面，以求得在量刑上的减轻处理。

4. 达成调解的案件举证实践分析

通过分析全部裁判文书，一审二审案件中附带民事公益诉讼达成调解协议，并将其作为证据提交的案件数量有2件，二审中无达成调解协议的案件。

表 4.3.33 甘肃省刑事附带民事公益诉讼调解情况

罪名	案号	调解情况
非法猎捕、杀害珍贵、濒危野生动物罪	（2017）甘0924刑初14号	在审理过程中，经本院主持调解，赵某某等七名刑事附带民事公益诉讼被告人对公益诉讼人提出的诉讼请求全部予以认可，七名刑事附带民事公益诉讼被告人共同承担被猎杀保护动物价值200 000元及鉴定费4000元并已赔偿到位

罪名	案号	调解情况
滥伐林木罪	（2019）甘 0402 刑初 169 号	经本院主持调解，被告人安某龙自愿个人承担全部补植复绿费用 1305 元（已支付），不再要求李某承担相关费用；公益诉讼起诉人当庭同意由被告人安某龙个人承担全部补植复绿费用 1305 元的意见

二、非试点地区：刑事附带民事公益诉讼举证实践

（一）河北省

1. 总体概况

笔者通过检索裁判文书数据库，将案由限定为"刑事案由"检索刑事附带民事公益诉讼，而后将地域限定为"河北省"，可以搜索到 110 份裁判文书，其中一审案件 101 件，均为判决书；二审案件 9 件，均为裁定书。

2. 公诉机关暨刑事附带民事诉讼原告人举证实践分析

因"谁主张谁举证"的举证责任分配规则，公诉机关暨刑事附带民事诉讼原告人往往在刑事附带民事公益诉讼中积极举证。除去二审的 9 份裁定书，河北省 101 份判决书中，均写明其提出的证据。公诉机关暨刑事附带民事诉讼原告人的举证情况分为三种：一是对于刑事部分和附带民事诉讼部分单独列明举证情况，共有 23 件；二是刑事部分与附带民事公益诉讼部分混合举证，二者不加以区分，将证据罗列在一起，共有 78 件；三是仅列明刑事部分证据，针对附带民事公益诉讼部分证据写明与刑事指控部分证据一致或者不列明，河北省未检索到此类案例。具体举证情况如图 4.3.17 所示。

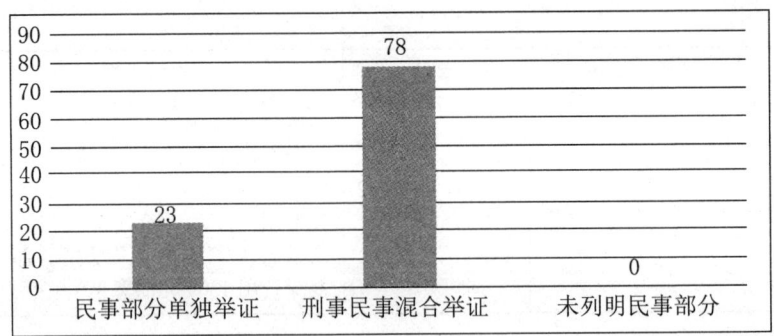

图 4.3.17　河北省刑事附带民事公益诉讼原告举证情况　（单位：件）

河北省刑事附带民事公益诉讼原告针对民事部分举证情况如表 4.3.34 所示。

表 4.3.34　河北省刑事附带民事公益诉讼原告举证情况

罪名	原告针对民事部分举证情况
非法采矿罪（28 起）	1. 证明、情况说明、督促起诉意见书、回函、受案登记表、立案决定书、户籍证明、前科证明； 2. 证人证言、被告人供述与辩解； 3. 鉴定意见：鉴定意见书、增值税发票、开采建筑用砂矿产资源储量核查报告、价格认证中心价格认定结论书； 4. 检查笔录及现场照片、非法采矿案造成生态环境价值损失评估的意见、专家意见（专家张某宝关于河北省行唐县故郡村西南开采建筑用砂非法采矿案矿山生态环境恢复治理方案的说明）、专家的证件复印件、技术服务协议、支付凭证
非法占用农用地罪（31 起）	1. 鉴定意见：林业调查规划设计队林业技术鉴定报告书、未批先占用林地情况说明、《复绿方案》； 2. 照片、林业局出具的《关于张某某非法占用农用地案现场林地恢复植被费用的概算》、林业局证明、人民检察院民事行政检查科出具的情况说明； 3. 国土资源局行政处罚决定书、房地产有限公司工商档案证明、证人证言、被告人供述和辩解、勘验报告、视听资料、现场照片、户籍信息

罪名	原告针对民事部分举证情况
生产、销售假药罪（26起）	1. 鉴定意见：药品真假的鉴定意见、河北省食品药品监督管理局产品认定意见； 2. 勘验、检查、辨认、侦查实验等笔录、公安机关的现场勘验、检查、指认照片及笔录； 3. 情况说明、到案经过、户籍证明、《检察日报》
失火罪（16起）	1. 公安局出具的现场勘验笔录、草图及照片、新闻报道及网页截图、公益诉讼请求及反映材料等证据； 2. 价格鉴定意见书及通知书、情况说明、村民委员会证明、户籍信息、灾后造林实施方案； 3. 附带民事公益诉讼人提供的人民检察院的公告及请求批复，《两高解释》及立案决定书，公告，被告人的供述和辩解，证人证言，现场照片

3. 被告举证实践分析

通过分析河北省一审的 101 份判决书，被告往往认罪认罚或者表示"对指控事实及罪名均无异议，希望能从轻或者减轻处罚"等罪轻辩护，在诉讼过程中，被告作出举证的仅有 2 件，举证率约为 1.98%。

二审无判决书，仅有 9 份裁定书，被告也从未提出足以影响案件事实和判决的新证据，故举证率为 0。

表4.3.35　河北省刑事附带民事公益诉讼被告举证情况

案件名称	案号	罪名	被告举证情况
河北省石家庄市裕华区范某某非法采矿一审刑事判决书	（2018）冀0108 刑初336 号	非法采矿罪	辩护人提交某县水务局出具的情况说明，证明河床已经平整恢复

案件名称	案号	罪名	被告举证情况
河北省保定市徐水区牛某茂、马某污染环境一审刑事判决书	（2019）冀0609刑初2号	污染环境罪	被告人牛某茂的辩护人当庭出示了河北省行政事业单位资金往来结算票据二张证实，同创公司交纳公益诉讼生态环境损害修复赔偿金19 593元，交纳公益诉讼司法鉴定评估费20 000元。以上款项均由保定市徐水区人民检察院暂收

综上来看，被告人举证证明的内容主要围绕已积极按要求整改或者已缴纳赔偿金、评估费等，以求得在量刑上的减轻处理。

4. 达成调解的案件举证实践分析

通过分析全部裁判文书，一审案件中附带民事公益诉讼达成调解协议的共有7件，调解率约为6.93%。全部判决书中，无相关案件达成和解，故和解率为0。

表4.3.36　河北省刑事附带民事公益诉讼调解情况

罪名	案号	调解情况
河北省石家庄市栾城区李某亮非法占用农用地一审刑事判决书	（2018）冀0111刑初97号	庭前本院组织双方就刑事附带民事公益诉讼部分进行调解并达成协议，本院已另行制作刑事附带民事公益诉讼调解书
河北省石家庄市新华区李某周生产、销售有毒、有害食品一审刑事判决书	（2018）冀0105刑初221号	停止侵害，消除危险并在石家庄市市级电台、报刊公开赔礼道歉的责任，对李某某判处惩罚性赔偿金85万元。2018年9月11日，经本院主持调解，公益诉讼人与被告人就公益诉讼部分达成调解协议，由被告人提交惩罚性赔偿金8000元上缴国库，被告人于调解书送达之日起五日内在市级以上媒体公开赔礼道歉，其他过节双方互不追究，调解书已生效

罪名	案号	调解情况
河北省邢台市邢台经济开发区陈某社污染环境一审刑事判决书	（2018）冀 0591 刑初 108 号	庭审后，公益诉讼起诉人邢台经济开发区人民检察院与被告人陈某社就附带民事诉讼达成了调解协议，现已审理终结
河北省保定市保定高新技术产业开发区刘某钊、韩某销售假冒注册商标的商品一审刑事判决书	（2018）冀 0691 刑初 99 号	经本院主持调解，附带民事公益诉讼人与被告方就附带民事公益诉讼部分达成调解协议，本院制作刑事附带民事公益诉讼调解书予以确认
河北省石家庄市行唐县贾某凯、施某行污染环境一审刑事判决书	（2018）冀 0125 刑初 183 号	赔偿石家庄市环境保护局行唐县分局为本案废物处置垫付的资金 234 210 元。附带民事公益诉讼部分已经调解，且款项已支付完毕
河北省保定市竞秀区宋某强非法收购、运输、出售珍贵、濒危野生动物、珍贵、濒危野生动物制品一审刑事判决书	（2019）冀 0602 刑初 109 号	通过地市级以电台或新闻媒体向社会公众公开赔礼道歉；判令被告人承担公益诉讼公告费 1000 元。后经调解，双方已达成协议，且被告人宋某强已实际履行
河北省保定市竞秀区王某非法收购、运输、出售珍贵、濒危野生动物、珍贵、濒危野生动物制品一审刑事判决书	（2019）冀 0602 刑初 141 号	赔偿因非法收购、运输、出售珍贵、濒危野生动物行为，造成的野生动物生态价值损失 5000 元；判令被告人通过地市级以上电台或新闻媒体向社会公众公开赔礼道歉；判令被告人承担公益诉讼公告费 1000 元。后经调解，双方已达成协议，且被告人王某已实际履行

（二）山西省

1. 总体概况

笔者通过检索裁判文书数据库，将案由限定为"刑事案由"检索刑事附带民事公益诉讼，而后将地域限定为"山西省"，可以搜索到共 127 份裁判文书，其中一审案件 110 件，含 107 份判决书和 3 份裁定书；二审案件 17 件，含 4 份判决书和 13 份裁定书。

2. 公诉机关暨刑事附带民事诉讼原告人举证实践分析

因"谁主张谁举证"的举证责任分配规则，公诉机关暨刑事附带民事诉讼原告人往往在刑事附带民事公益诉讼中积极举证。除去二审的17份裁判文书，山西省110份一审裁判文书中，均写明其提出的证据。公诉机关暨刑事附带民事诉讼原告人的举证情况分为三种：一是对于刑事部分和附带民事诉讼部分单独列明举证情况，共有20件；二是刑事部分与附带民事公益诉讼部分混合举证，二者不加以区分，将证据罗列在一起，共有90件；三是裁判文书中未列明或者未提及民事部分证据的案件，山西省未检索到此类案件。具体举证情况如图4.3.18所示。

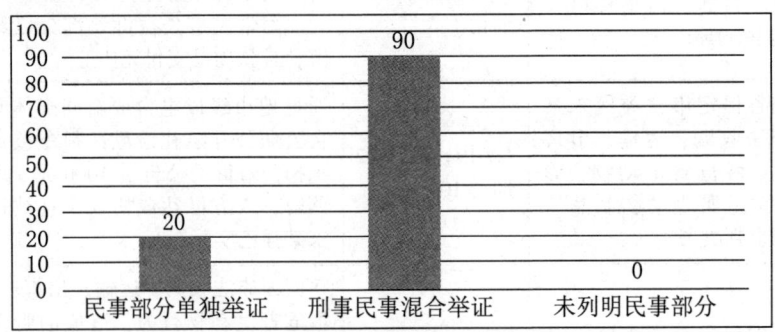

图4.3.18 山西省刑事附带民事公益诉讼原告举证情况 （单位：件）

山西省刑事附带民事公益诉讼原告针对民事部分举证情况如表4.3.37所示。

表4.3.37 山西省刑事附带民事公益诉讼原告举证情况

罪名	原告针对民事部分举证情况
非法采矿罪（16起）	1. 受案登记表及案件来源、抓捕经过、常住人口基本详细、证人证言、被告人的供述及辩解； 2. 鉴定意见：司法鉴定中心司法鉴定意见书及附件、鉴定资质证明、晋中市昌兴地质测绘工程有限公司出具的非法开采河卵石破坏资源价值勘测核算报告、测绘合同、当事人陈述、委托鉴定发票、收据信息，山西绿博林业规划设计咨询有限公司、陵川县林业局承诺书

续表

罪名	原告针对民事部分举证情况
非法占用农用地罪（26起）	1. 到案经过、户籍信息、林地承包合同、转包合同书、林场档案，还林通知书、现场勘验笔录及现场图； 2. 证人证言、现场勘验笔录、现场照片、被告人的供述与辩解、情况说明、用地申请、收据、合同审核批准书、合作协议书、现场勘验笔录、现场林相图、平面图、照片； 3. 鉴定意见：技术鉴定意见书、增值税发票、鉴定资质证明、《复绿方案》、林权证、停工通知书、国土局长国土资鉴字（2017）41号耕地破坏鉴定书以及补充说明
生产、销售不符合安全标准的食品罪（31起）	1. 常住人口基本信息、扣押决定书、扣押清单、随案移送赃证款物品清单、材料清单、照相记录； 2. 政府文件：盐业手册、盐务局的函（晋卫疾控函〔2013〕11号）、情况说明、山西省地方病防治研究所回函；证人证言、被告人供述和辩解、勘验、检查笔录、询问调查笔录、CTI食品安全抽样检验抽样单、抽样照片、中华人民共和国食品安全国家标准、食品添加剂使用标准； 3. 鉴定意见：山西省盐务管理局阳泉盐务分局将查扣的假冒食盐取样送天津市"国家盐产品质量监督检验中心"进行检验、检验报告结论判定不合格、江苏省中谱检测有限公司检验检测报告、鉴定费用发票、河南华测检测技术有限公司检验报告
生产、销售假药罪（24起）	1. 户籍证明、山西省公安厅传真电报、到案经过、送货单、扣押清单、照片、前科劣迹调查表、物流货物托运单、销售记录复印件、收据清单； 2. 证人证言、被告人供述与辩解、营业执照、药品生产许可证、开户许可证等复印件、调查笔录； 3. 鉴定意见、政府文件：吕梁市食品药品监督管理局吕食药监稽查函〔2017〕145号产品认定函、晋中市食品药品监督管理局关于对"延时王""蚁力神"等24种产品的认定意见

罪名	原告针对民事部分举证情况
失火罪（13起）	1. 受案登记表、立案决定书、询问笔录、被告人的供述笔录及当庭供述、现场勘验检查笔录、现场照片、失火案现场平面图、《国家级公益林区划界定办法》、归案情况说明、违法犯罪查询记录、户籍证明； 2. 鉴定意见、价格认定书：林业鉴定书（灵林鉴字［2017］第1号）、灵石县价格认证中心价格鉴定结论书（灵价认鉴字［2017］第30号）、鉴定费用发票等； 3. 调查评估报告、调查表明细、会议记录、山西绿水蓝天林业有限公司出具的阳泉市××乡森林火灾调查评估报告及所附过火生态林地及疏林地估值明细等

3. 被告举证实践分析

通过分析山西省一审的110份裁判文书，被告往往认罪认罚或者表示"对指控事实及罪名均无异议，希望能从轻或者减轻处罚"等罪轻辩护，或者在辩诉意见中提出在诉讼过程中履行部分诉讼请求。被告作出举证的仅有3件，举证率约为2.73%。

二审共17份裁判文书，被告也从未提出足以影响案件事实和判决的新证据，故举证率为0。

表4.3.38　山西省刑事附带民事公益诉讼被告举证情况

案件名称	案号	罪名	被告举证情况
山西省晋城市高平市赵某庆非法占用农用地罪一审刑事判决书	（2018）晋0581刑初382号	非法占用农用地罪	辩护人提交的赵某庆身体诊断证明书
山西省运城市平陆县周某麦生产销售有毒有害食品、伪造国家机关公文证件罪一审刑事附带公益诉讼判决书	（2019）晋0829刑初1号	生产、销售有毒、有害食品罪	被告人的辩护人向本院提交证据如下： 1. 调解协议书； 2. 2018年7月28日关家窝村民委员会证明； 3. 2019年1月22日关家窝村民委员会证明

续表

案件名称	案号	罪名	被告举证情况
山西省晋中市榆社县王某、郝某东非法采矿一审刑事判决书	（2019）晋0721刑初5号	非法采矿罪	被告人王某及辩护人举证： 1. 结算票据一份； 2. 扣押财产清单； 3. 结算票据，证明王某缴纳退赔款518 487.62元。 被告人郝某东辩护人举证： 结算票据，证明郝某东家属缴纳退赔款23 000元； 被告人原某军举证： 结算票据，证明原某军缴纳退赔款3000元

4. 达成调解的案件举证实践分析

通过分析全部裁判文书，一审案件中附带民事公益诉讼达成调解协议，并将其作为证据提交的案件数量有4件，调解率约为3.64%，二审中无达成调解协议的案件。

表4.3.39　山西省刑事附带民事公益诉讼调解情况

案件名称	案号	罪名	达成调解情况
山西省长治市壶关县人民检察院与王某某生产、销售不符合安全标准的食品罪一审刑事判决书	（2018）晋0427刑初130号	生产、销售不符合安全标准的食品罪	庭审前，被告人王某某与附带民事公益诉讼起诉人壶关县人民检察院达成和解协议，积极赔偿因其犯罪行为给不特定多数被害人造成的各种经济损失，并取得了附带民事公益诉讼起诉人的谅解，可对其从轻处罚
山西省长治市长治县平某峰非法占用农用地罪一审刑事判决书	（2018）晋0421刑初82号	非法占用农用地罪	被告人平某峰将非法占用的耕地复垦后于2018年11月22日与附带民事公益诉讼起诉人长治县人民检察院达成调解协议
山西省长治市长治县刘某起非法占用农用地罪一审刑事判决书	（2018）晋0421刑初101号	非法占用农用地罪	长治县人民法院（2018）晋0421刑初101号刑事附带民事调解书证明：被告人刘某起将非法占用的耕地复垦后于2018年12月21日与附带民事公益诉讼起诉人长治县人民检察院达成调解协议

案件名称	案号	罪名	达成调解情况
山西省运城市永济市被告人高某、李某等十二人犯污染环境案一审刑事判决书	(2019) 晋0881刑初105号	污染环境罪	刑事附带民事公益诉讼协议书，证明在诉讼过程中，经调解，公益诉讼起诉人永济市人民检察院与被告人就赔偿达成调解协议： 1. 刑事附带民事公益诉讼被告高某、李某、罗某、王某支付环境损害修复费用750 000元、查扣的2车危险废物处置费1168元、司法鉴定费98 000元，以上共计849 168元； 2. 双方对刑事附带民事公益诉讼赔偿部分无争议

（三）辽宁省

1. 总体概况

笔者通过检索裁判文书数据库，将案由限定为"刑事案由"检索刑事附带民事公益诉讼，而后将地域限定为"辽宁省"，可以搜索到96份裁判文书，其中一审案件85件，均为判决书；二审案件11件，含3份判决书和8份裁定书。

2. 公诉机关暨刑事附带民事诉讼原告人举证实践分析

因"谁主张谁举证"的举证责任分配规则，公诉机关暨刑事附带民事诉讼原告人往往在刑事附带民事公益诉讼中积极举证。除去二审的11份裁判文书，辽宁省85份判决书中，均写明其提出的证据。公诉机关暨刑事附带民事诉讼原告人的举证情况分为三种：一是对于刑事部分和附带民事诉讼部分单独列明举证情况，共有6件；二是刑事部分与附带民事公益诉讼部分混合举证，二者不加以区分，将证据罗列在一起，共有73件；三是裁判文书中未列明或者未提及民事部分证据的案件，有3件。具体举证情况如图4.3.19所示。

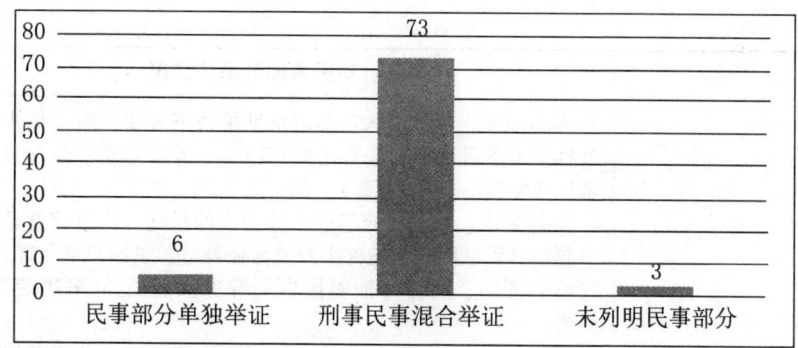

图4.3.19 辽宁省刑事附带民事公益诉讼原告举证情况 （单位：件）

辽宁省刑事附带民事公益诉讼原告针对民事部分举证情况如表4.3.40。

表4.3.40 辽宁省刑事附带民事公益诉讼原告举证情况

罪名	原告针对民事部分举证情况
盗伐林木罪（12起）	1. 受案登记表及案件来源、抓捕经过、常住人口基本详细、森林、林木、林地状况登记表、买卖合同、扣押清单、情况说明、林权登记台账、证人证言、被告人的供述及辩解； 2. 鉴定意见：锦州辽希司法鉴定中心司法鉴定意见书及附件、鉴定资质证明； 3. 勘验、检查、辨认、侦查实验等笔录、罚金交款据、评估意见书、村委会证明及照片、植被恢复费用的初步核算、变更起诉请求函、谅解书、收据、证明、户籍证明
非法占用农用地罪（13起）	1. 到案经过、户籍信息、林地承包合同、转包合同书、林场档案、还林通知书； 2. 证人证言、现场勘验笔录，现场照片、被告人的供述与辩解、情况说明、用地申请、收据、合同审核批准书、合作协议书、现场勘验笔录、现场林相图、平面图、照片； 3. 鉴定意见：技术鉴定意见书、增值税发票、鉴定资质证明、《复绿方案》
滥伐林木罪（15起）	1. 证人证言；现场勘验笔录6份、现场照片及示意图、彰武县平安镇林果站出具的证明6份、林权证； 2. 政府文件：《辽宁省人民政府办公厅关于切实做好"十三五"期间年森林采伐限额管理工作的通知》；

续表

罪名	原告针对民事部分举证情况
	3. 鉴定意见、评估报告：鉴定意见报告书 6 份、滥伐林木案补种树木项目直接工程费用概算报告、专家意见、公告费及鉴定费发票、《恢复方案》； 4. 案件来源、归案抓捕经过、被告人的供述、户籍信息及刑事制裁检索证明书、案件来源及抓捕经过、贫困户卡复印件、村委会证明、病历（证明被告人身患疾病）、立案决定书、公告
生产、销售有毒、有害食品罪（23 起）	1. 涉案饮料照片、扣押决定书、扣押清单、案件来源、抓捕经过、侦破报告； 2. 鉴定意见：中国医科大学法医司法鉴定意见及情况说明、精神药品品种目录、公安机关情况说明； 3. 支付宝交易截图、手机微信截图、对账单、微信转账记录、证人证言、辨认笔录、被告人的供述和辩解
污染环境罪（16 起）	1. 案件来源、归案经过、证人证言； 2. 鉴定意见：辽环监测字（2018）第 120 号监测报告、辽阳市环境保护局认定意见； 3. 现场检查笔录、调查报告、勘验笔录及照片、指认照片、刑事判决书及释放证明、证人证言、被告人的供述、户籍证明、无刑事犯罪记录检索证明

3. 被告举证实践分析

通过分析辽宁省一审的 85 份裁判文书，被告往往认罪认罚或者表示"对指控事实及罪名均无异议，希望能从轻或者减轻处罚"等罪轻辩护，或者在辩诉意见中提出在诉讼过程中履行部分诉讼请求。被告作出举证的仅有 1 件，举证率约为 1.18%。

二审共 11 份裁判文书，被告也从未提出足以影响案件事实和判决的新证据，故举证率为 0。

表4.3.41 辽宁省刑事附带民事公益诉讼被告举证情况

案件名称	案号	罪名	被告举证情况
被告夏某成交通肇事一案一审刑事判决书	（2018）辽1282刑初1号	交通肇事罪	有公诉机关、附带民事诉讼被告人路通达运输公司、太平洋财险大庆中心支公司向本院提供的证据：证人李某某、朱某的证言，在侦查卷宗路通达运输公司法定代表人孙某及肇事车辆车主张某的陈述，道路交通事故现场勘查笔录、照片及现场图，道路交通事故认定书，交通事故驾驶人及车辆信息，司法鉴定意见书，环境损害评估报告，交强险保单，车辆买卖合同、旧机动车交易协议书、车辆买卖协议，被告人夏某成供述及其户籍证明、无违法犯罪记录、被抓获经过等证据

4. 达成调解的案件举证实践分析

通过分析全部裁判文书，一审案件中附带民事公益诉讼达成调解协议，并将其作为证据提交的案件数量有3件，调解率约为3.53%，其中非法狩猎罪2件，污染环境罪1件，二审中无达成调解协议的案件。

表4.3.42 辽宁省刑事附带民事公益诉讼调解情况

案件名称	案号	罪名	达成调解情况
范某国污染环境一审刑事判决书	（2018）辽1382刑初172号	污染环境罪	要求被告人范某国支付清除环境污染费用和生态修复费用4000元人民币。庭审后，被告人范某国与附带民事原告人自行达成赔偿调解协议，被告人赔偿污染物处理和环境修复费用4000元，并已履行完毕
孙某某非法狩猎一审刑事判决书	（2018）辽0404刑初153号	非法狩猎罪	诉讼过程中，孙某某与公益诉讼机关自愿达成协议，并履行完毕
李某某非法狩猎罪一审刑事判决书	（2018）辽0681刑初377号	非法狩猎罪	公益诉讼起诉人东港市人民检察院与被告人李某某就赔偿部分达成调解

（四）黑龙江省

1. 总体概况

笔者通过检索裁判文书数据库，将案由限定为"刑事案由"检索刑事附带民事公益诉讼，而后将地域限定为"黑龙江省"，可以搜索到47份裁判文书，其中一审案件43起，均为判决书；二审案件4起，均为裁定书。

2. 公诉机关暨刑事附带民事诉讼原告人举证实践分析

因"谁主张谁举证"的举证责任分配规则，公诉机关暨刑事附带民事诉讼原告人往往在刑事附带民事公益诉讼中积极举证。除去二审的4份裁定书，黑龙江省43份判决书中，均写明其提出的证据。公诉机关暨刑事附带民事诉讼原告人的举证情况分为三种：一是对于刑事部分和附带民事诉讼部分单独列明举证情况，共有12件；二是刑事部分与附带民事公益诉讼部分混合举证，二者不加以区分，将证据罗列在一起，共有30件；三是仅列明刑事部分证据，针对附带民事公益诉讼部分证据写明与刑事指控部分证据一致或者不列明，仅1件。具体举证情况如图4.3.20所示。

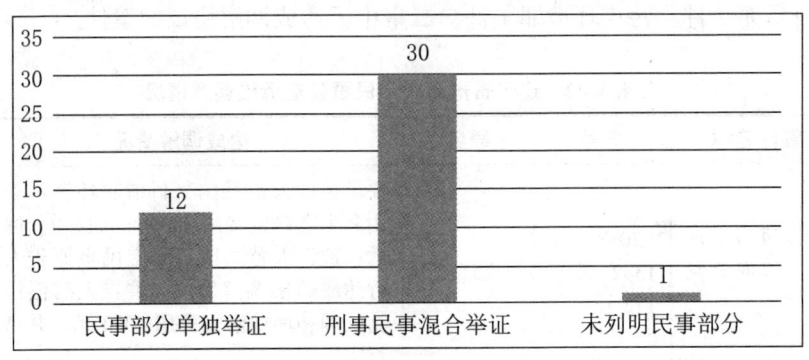

图 4.3.20 黑龙江省刑事附带民事公益诉讼原告举证情况 （单位：件）

黑龙江省刑事附带民事公益诉讼原告针对民事部分举证情况如表4.3.43所示。

表4.3.43 黑龙江省刑事附带民事公益诉讼原告举证情况

罪名	原告针对民事部分举证情况
盗伐林木罪（8起）	1. 证明、情况说明、督促起诉意见书、回函、受案登记表、立案决定书、户籍证明、前科证明、案件侦破经过、扣押决定书、扣押物品清单及照片、扣押笔录、林业局采伐木调查表、测树野帐、林班更正说明； 2. 证人证言、被告人供述与辩解、检查笔录及现场照片、造成生态环境价值损失评估的意见、专家意见； 3. 鉴定意见：鉴定意见书、增值税发票、佳木斯市兴盛林业科学技术咨询有限公司司法鉴定意见书以及现场勘验笔录、价格认证中心价格认定结论书
非法捕捞水产品罪（9起）	1. 到案经过、户籍证明、农业局证明、黑龙江省农业委员会黑农委规（2018）6号文件、黑龙江省实施《渔业捕捞许可管理规定》办法； 2. 鉴定意见、评估报告：中国水产科学研究院黑龙江水产研究所《乌裕尔河国家级自然保护区富裕县友谊乡中和段韩某东等4人非法捕捞水产品生态损失评估报告》等； 3. 扣押决定书及扣押物品清单、派出所出具的现实表现证明、被告人的供述和辩解、勘验检查笔录及照片
非法狩猎罪（9起）	1. 户籍证明、发破案报告及到案经过、林业集团公司文件、林业局文件、林业局森林资源林政管理科说明、证人证言、被告人的供述与辩解； 2. 鉴定意见、专家意见：国家林业局野生动植物检测中心鉴定意见书、鉴定资质证明等； 3. 现场勘查笔录、扣押清单、调解协议、考勤表、现场照片、讯问笔录、询问笔录
非法占用农用地罪（10起）	1. 户籍证明、到案经过、林地产权与林地植被遭到毁坏证明、证人证言、物证四轮农用拖拉机和圆盘耙照片； 2. 鉴定意见：非法占用林地鉴定书、林业科学研究所司法鉴定所司法鉴定意见书佳林司所［2015］林技鉴字33号、林业科学研究所司法鉴定所司法鉴定意见书佳林司所［2015］林技鉴字33号补字1号、关于鉴定张某全占用地块中不包含2012年张某全抠挖排水沟占用湿地范围的说明、关于案件鉴定意见的补充说明、关于占用湿地鉴定的补正说明； 3. 现场勘验检查笔录、现场照片、询问笔录、被告人的供述和辩解、保证书； 4. 政府文件：林业局出具的《关于对非法占用农用地案建议

罪名	原告针对民事部分举证情况
	××县人民检察院提起刑事附带民事公益诉讼的证明》《关于……非法占用林地恢复植被造林方案》、逊克县人民检察院对郭××的询问笔录、村民委员会出具的证明
生产销售假药罪 （6起）	1. 扣押假药及车辆等物品的照片、指定管辖决定书、齐齐哈尔市人民检察院指定管辖批复； 2. 户籍证明2份、抓获经过、搜查笔录、扣押决定书、扣押清单、扣押笔录、物流票据照片及发货明细、银行流水、在逃人员登记表、送检产品登记表及照片、物流客户联、假药来源的情况说明、微信聊天记录； 3. 证人证言、被告人供述和辩解、现场勘验检查笔录及照片、辨认笔录、指认笔录； 4. 鉴定意见：齐齐哈尔市市场监督管理局齐市监函（2018）14号、68号关于界定"山药葛根片""定喘如意胶囊"等药品的函，齐齐哈尔市食品药品检验检测中心检验报告

3. 被告举证实践分析

通过分析黑龙江省一审的43份判决书，被告往往认罪认罚或者表示"对指控事实及罪名均无异议，希望能从轻或者减轻处罚"等罪轻的辩护，在诉讼过程中，被告作出举证的仅有1件，举证率约为2.33%。

二审无判决书，仅有4份裁定书，被告也从未提出足以影响案件事实和判决的新证据，故举证率为0。

表4.3.44　黑龙江省刑事附带民事公益诉讼被告举证情况

案件名称	案号	罪名	被告情况
林某仁故意伤害罪一案一审刑事判决书	（2018）黑0881刑初39号	故意伤害罪	附带民事诉讼原告人李某诉称：追究被告人林某仁故意伤害罪刑事责任；依法要求被告人林某仁赔偿各项经济损失人民币680 000元。并提供如下证据支持其主张：李某住院病例一份（19页）及住院费票据七张、同江市公安局同公（繁）鉴通字（2017）37号鉴定意见通知书

4. 达成调解的案件举证实践分析

通过分析全部裁判文书，一审、二审案件中附带民事公益诉讼达成调解协议的仅有 1 件，调解率约为 2.13%。全部判决书中，无相关案件达成和解，故和解率为 0。

表 4.3.45　黑龙江省刑事附带民事公益诉讼调解情况

案件名称	案号	调解情况
关于费某某非法狩猎罪一案刑事判决书	（2019）黑 2704 刑初 5 号	公益诉讼起诉人与被告人自愿达成了调解协议，被告人费某某先行赔偿经济损失 30 000 元，剩余部分逐月赔付

（五）浙江省

1. 总体概况

笔者通过检索裁判文书数据库，将案由限定为"刑事案由"检索刑事附带民事公益诉讼，而后将地域限定为"浙江省"，可以搜索到共 274 份裁判文书，其中一审案件 258 件，含 257 份判决书和 1 份裁定书；二审案件 16 件，含 3 份判决书和 13 份裁定书。

2. 公诉机关暨刑事附带民事诉讼原告人举证实践分析

因"谁主张谁举证"的举证责任分配规则，公诉机关暨刑事附带民事诉讼原告人往往在刑事附带民事公益诉讼中积极举证。除去二审的 16 份裁判文书，浙江省 258 份一审裁判文书中，均写明其提出的证据。公诉机关暨刑事附带民事诉讼原告人的举证情况分为三种：一是对于刑事部分和附带民事诉讼部分单独列明举证情况，共有 23 件；二是刑事部分与附带民事公益诉讼部分混合举证，二者不加以区分，将证据罗列在一起，共有 232 件；三是裁判文书中未列明或者未提及民事部分证据的案件，或表述其为与刑事部分证据一致，有 3 件。具体举证情况如图 4.3.21 所示。

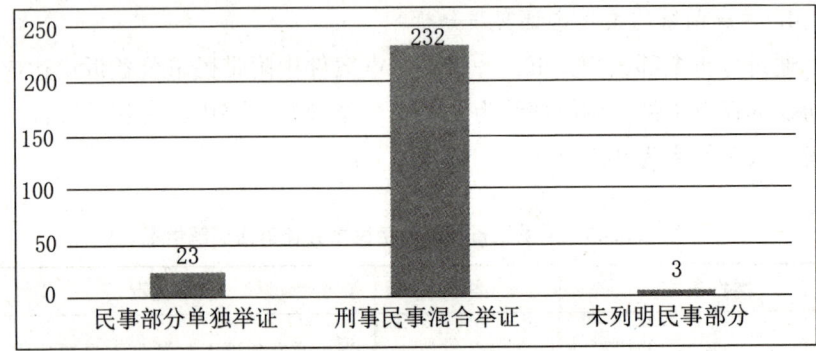

图 4.3.21　浙江省刑事附带民事公益诉讼原告举证情况　（单位：件）

浙江省刑事附带民事公益诉讼原告针对民事部分举证情况如表 4.3.46 所示。

表 4.3.46　浙江省刑事附带民事公益诉讼原告举证情况

罪名	原告针对民事部分举证情况
盗伐林木罪 （15 起）	1. 物证手工锯一把、柴刀一把、杉木 64 段（照片）； 2. 受案登记表、山林所有权证、刑事判决书、户籍证明、归案经过、木材采伐验收码单、收条、证人证言、被告人供述与辩解、现场勘验、辨认笔录、扣押笔录及清单、《检察日报》公告、户籍信息、村委会证明； 3. 鉴定意见、修复方案、评估报告、林木数量鉴定意见及生态修复方案意见书、丽水小康农林技术服务有限公司鉴定意见书、龙泉市林业局生态功能修复评估意见书
非法捕捞水产品罪 （68 起）	1. 到案经过、同案人的供述及辩解、证人证言、调查报告、询问笔录、现场检查笔录、现场照片、证据登记保存清单、工作证复印件； 2. 政府文件：淳安县人民政府通告、浙江省海洋与渔业局文件、关于要求在黄岩区公共淡水水域设立禁渔区和禁渔期的请示、公告材料、会议记录； 3. 辨认笔录、现场示意图、图片说明、情况说明、抓获经过、户籍证明以及《渔政渔港监督管理局关于电鱼捕捞方式危害性的说明》《渔政渔港监督管理局关于非法捕捞渔业资源中资源修复及补偿性放流的建议》、人民检察院在《检察日报》刊登的依法起诉公告、法院案款收据； 4. 鉴定意见：人民检察院委托鉴定评估函、专家评估意见、评估费用付款凭证

罪名	原告针对民事部分举证情况
非法狩猎罪 （31 起）	1. 受案登记表、立案决定书、询问笔录、被告人的供述笔录及当庭供述、情况说明、价值说明； 2. 搜查笔录、扣押决定书及照片、接受证据清单、扣押决定书、视听资料说明及视频、照片； 3. 鉴定意见书及《野生动物及其制品价值评估方法》、枪支、弹药鉴定书，涉案鸟类价值意见； 4. 刑事判决书、身份信息、抓获经过
滥伐林木罪 （31 起）	1. 被告人的供述与辩解、证人证言、受案登记表、立案决定书、归案经过、林权证、协议书、林木采伐许可证、扣押决定书、公告、户籍信息； 2. 鉴定意见：丽水富民林业规划设计有限公司鉴定报告，龙泉市林业局生态功能修复评估意见书，浙茂鉴字［2018］第10049、10056 号鉴定意见书，松价认（2018）68 号涉案物品价格认定结论书，浙江茂源评报字［2019］第 13 号评估咨询报告； 3. 现场勘验笔录、现场方位图、现场照片、承包合同、林木采伐许可证、林权证、《检察日报》公告、现场勘查笔录及现场照片
生产、销售不符合安全标准的食品罪 （27 起）	1. 被告人的供述、证人证言、市场监督管理局食品安全抽样单、现场笔录、实施行政强制措施决定书、涉嫌犯罪案件移送书、营业执照复印件； 2. 食品安全委员会通知、行政处罚决定书、受案登记表、立案决定书、拘留证、农产品质量保证协议书、情况说明、扣押清单复印件、到案经过、现场笔录及照片、检查笔录及照片、检验报告、退款凭证； 3. 鉴定意见：检测报告、情况说明、鉴定意见通知书、《检验检测报告》、食品安全危害认定专家意见书、《检验报告》； 4. 营业执照复印件、食品生产经营登记证复印件、现场勘验笔录、现场图、《检察日报》上的公告、《缙云报》的公开道歉信、抓获经过、户籍信息及照片
生产、销售假药罪 （23 起）	1. 被告人笔录、被告人的供述和辩解、证人证言； 2. 政府文件：杭州市市场监督管理局出具的《关于"疼痛膏药"等产品定性的函》、人民检察院在《检察日报》上的公告； 3. 扣押物品清单、电子数据聊天交易记录、销售记录清单、

罪名	原告针对民事部分举证情况
	证人证言、被告人的供述、市场监督管理局假药认定书、到案经过、身份证明、药品销售价格明细、电子数据提取笔录、公告、接受证据清单； 4. 鉴定意见：国家企业信用信息公示系统查询记录、市场监督管理局假药认定意见书、专家意见书、鉴定意见通知书、鉴定资质证明
生产、销售有毒、有害食品罪 （41 起）	1. 物证飞镖针筒（136 个）、弩、电瓶车（照片）； 2. 受案登记表、案件侦破经过、案件调查报告、现场笔录、微信交易记录截图、微信红包记录截图、行政处罚决定书、户籍证明、收条、通话记录、营业执照、情况说明等； 3. 证人证言、被告人陈述和辩解、被害人的陈述、价格认定结论书、检测报告、微谱技术报告、检查笔录、辨认笔录、洪家大坝监控录像、视频、现场检查视频、《检察日报》； 4. 鉴定意见：台州市食品药品检验研究院检验报告、专家鉴定意见书
污染环境罪 （18 起）	1. 营业执照、抓获经过、身份信息、说明文件； 2. 政府文件：环境保护局文件、关于危险废物的认定意见、国家环境保护部办公厅复函、国家危险废物名录； 3. 危险废物转移清单、转移联单、处置合同、发票、桶数统计单、记录单、现场称重实验照片、情况说明、现场勘查笔录及照片、证人证言、被告人供述及辩解、说明、身份证明； 4. 鉴定意见：评估、检测报告，环境评估报告、鉴定合同、监测报告、补充说明、归案经过、增值税发票

3. 被告举证实践分析

通过分析浙江省一审的 258 份裁判文书，被告往往认罪认罚或者表示"对指控事实及罪名均无异议，希望能从轻或者减轻处罚"等罪轻的辩护，或者在辩诉意见中提出在诉讼过程中履行部分诉讼请求，被告作出举证的仅有 1 件，举证率约为 0.39%。

二审共 16 份裁判文书，被告也从未提出足以影响案件事实和判决的新证据，故举证率为 0。

表 4.3.47　浙江省刑事附带民事公益诉讼被告举证情况

案件名称	案号	罪名	被告举证情况
附带民事公益诉讼被告张某江、附带民事公益诉讼被告顾某良、附带民事公益诉讼被告韩某军等污染环境罪一审刑事判决书	（2018）浙0624 刑初430 号	污染环境罪	被告人顾某良的辩护人当庭提交相关病历资料、杭州市下城区城市管理局证明，证实顾某良的健康状况及某环境建设集团有限公司所处置的垃圾均为无毒、无公害类型；被告人韩某军的辩护人在庭前会议时提交长兴某环保科技有限公司接收证明、长兴县小浦镇人民政府和长兴县小浦镇高地村村民委员会证明复印件各一份，证实顾某良告知韩某军有垃圾处置资质；被告人张某沛的辩护人当庭提交新昌县居民委员会证明及照片三张，证实因垫地基道路需要曾叫张某江拉建筑垃圾垫路

4. 达成调解的案件举证实践分析

通过分析全部裁判文书，一审案件中附带民事公益诉讼达成调解协议，并将其作为证据提交的案件数量有 26 件，调解率约为 10.08%，二审中无达成调解协议的案件。

（六）江西省

1. 总体概况

笔者通过检索裁判文书数据库，将案由限定为"刑事案由"检索刑事附带民事公益诉讼，而后将地域限定为"江西省"，可以搜索到 155 份裁判文书，其中一审案件 146 件，含 145 份判决书和 1 份裁定书；二审案件 9 件，均为裁定书。

2. 公诉机关暨刑事附带民事诉讼原告人举证实践分析

因"谁主张谁举证"的举证责任分配规则，公诉机关暨刑事附带民事诉讼原告人往往在刑事附带民事公益诉讼中积极举证。除去二审的 9 份裁定书，江西省一审的 146 份裁判文书中，均写明其提出的证据。公诉机关暨刑事附带民事诉讼原告人的举证情况分为三种：一是对于刑事部分和附带民事诉讼部分单独列明举证情况，共有 26 件；二是刑事部分与附带民事公益诉讼部分混合举证，二者不加以区分，将证据罗列在一起，共有 110 件；三是附带民事部分未举证、另行处理或者是举证内容与刑事部分一致，共有 10 件。具体举证情况如图 4.3.22 所示。

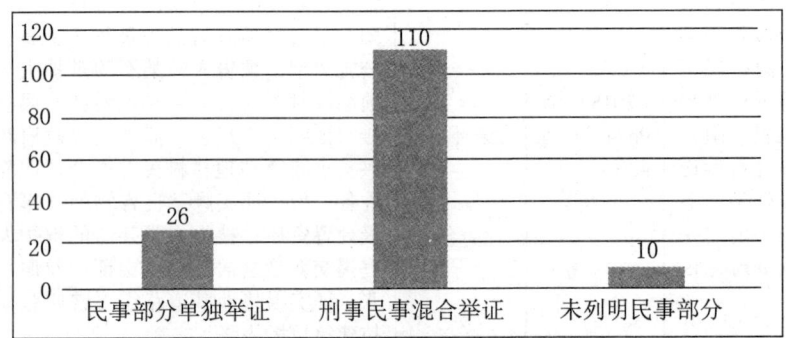

图 4.3.22　江西省刑事附带民事公益诉讼原告举证情况　（单位：件）

江西省刑事附带民事公益诉讼原告针对民事部分举证情况如表 4.3.48 所示。

表 4.3.48　江西省刑事附带民事公益诉讼原告举证情况

罪名	原告针对民事部分举证情况
非法捕捞水产品罪（8 起）	1. 户籍及前科劣迹证明、抓获经过情况说明、辨认笔录、提取笔录及照片、石城县人民政府通告； 2. 证人证言、被告人的供述和辩解、生态补偿评估报告、评估费用证明、受案登记表、立案决定书、处警经过、归案情况说明、调取证据材料通知书、调取证据材料清单、江西省农业农村厅关于在鄱阳湖及长江珠江江西段实行禁渔期制度的通告、鱼类鉴别报告； 3. 鉴定意见：《非法电捕鱼生态环境损害鉴定评估专家意见书》（附专家组成员资质证书）、评估费发票、寻乌县价格认证中心文件、关于一起林某云、张某等人非法捕捞水产品案的价格认定结论书、鉴定意见通知书

续表

罪名	原告针对民事部分举证情况
非法采伐、毁坏国家重点保护植物罪（20 起）	1. 被告人的供述和辩解、证人的证言、林权证、扣押决定书、照片、扣押的物证； 2. 鉴定意见：高安市林业调查设计队调查报告及鉴定意见通知书、现场勘验笔录、现场照片、林业局的生态修复意见、《国家重点保护野生植物名录（第一批）》、证明、县林业局《上饶县尊桥乡周坞村复绿经费概算报告》、司法鉴定； 3. 户籍和违法犯罪记录证明、归案情况说明、购买发票、照片、林业局的证明
非法采矿罪（9 起）	1. 被告人的供述和辩解、证人证言、辩诉笔录、搜查笔录、查封笔录；作案工具吸砂船、接驳船各一艘、被告人归案经过证明、屯砂点方位图、屯砂点图片、现场方位图、被告人指认照片、鹰潭市水利局手写纸记录、12345 政务热线交办呈批单； 2. 政府文件：《关于请求加大对××流域非法采砂行为打击力度的报告》、电话记录、鹰潭市人民政府［2016］4 号文件、扣押决定书、扣押清单、查封决定书、查封通知书、查封清单、车辆信息查询记录、对应照片及监控视频截图、被告人的户籍证明材料、记账笔记本、扣押的采石料场协议及承包合同、德兴市公安局调取证据通知书、调取证据清单
非法占用农用地罪（27 起）	1. 受案登记表、立案决定书、证人证言、现场勘场笔录、现场示意图、现场照片； 2. 鉴定意见：林业工程师的鉴定意见及相关附件、林业局林业调查设计队的鉴定意见及相关附件； 3. 政府文件：林业局出具的证明、县林改办出具的山场所有权登记情况、东山镇林某站出具的证明、土地房产所有权证、收条、山林所有权执照、山地开发联合审批表、国家级生态公益林补偿面积小班区划图，国家林业局、财政部关于印发《国家级公益林管理办法》的通知、赣州市人民政府办公厅《关于进一步规范山地开发加强水土保持工作的通知》； 4. 缴款单、被告人李某财的归案情况说明、被告人的身份信息、被告人的供述、庭审笔录

罪名	原告针对民事部分举证情况
滥伐林木罪（18起）	1. 被告人供述和辩解，证人证言、现场勘验笔录、现场指认笔录、扣押决定书、扣押物品清单、接受证据材料清单、林权证、物证照片； 2. 鉴定意见：鉴定意见书、缴款凭证、资质证明文件； 3. 受案登记表、立案决定书、归案情况说明、常住人登记表等证据，防护林工程作业设计书、补植复绿费用计算清单
生产、销售有毒、有害食品罪（12起）	1. 调解协议、和解协议、扣押的宏基笔记本电脑1台、印码器1套、封口机1台、快递单据、电话卡、药品广告标签、药品； 2. 归案情况说明2份、市场和质量监督管理局出具的证明、公安局出具的情况说明、人口信息全项查询表2份、中通快递公司提取的快递单据191份、缴款单及银行凭证、交易记录； 3. 公安局治安大队出具的情况说明3份、调查评估意见书1份、证人证言、被告人的供述与辩解，勘验、检查、辨认笔录，电子数据、情况说明； 4. 鉴定意见、公司营业执照、安全生产许可证、安徽省食品药品检验研究所检验报告书、食品药品检验检测研究院检验报告
生产、销售假药罪（15起）	1. 书证、证人证言、被告人供述和辩解等证据； 2. 户籍证明、抓获经过、扣押决定书、扣押清单、照片、公告、批复等书证，鉴定意见、现场勘查笔录、图、照片、证人证言； 3. 鉴定意见、评估报告
生产、销售有毒、有害食品罪（12起）	1. 刑事附带民事公益诉讼起诉书、刑事附带民事调解书、和解书； 2. 户籍证明、到案经过、无为县食品药品监督管理局涉嫌犯罪案件移送材料、无为县公安局接受证据清单等书证、证人证言、被告人的供述与辩解、河南广电计量检测有限公司出具的检验报告、无为县公安局制作的勘验笔录； 3. 户籍证明、到案经过、前科证明、无为县扣押笔录、扣押清单、营业执照； 4. 鉴定意见：鉴定意见书、食品安全抽样检验抽样单、检验报告

续表

罪名	原告针对民事部分举证情况
失火罪（9起）	1. 森林、林木、林地状况登记表及证明、指认现场笔录、证人证言、被告人的供述与辩解； 2. 勘验笔录、接处警登记表、归案情况说明、调取证据清单及材料复印件、常住人口信息、火情说明、情况说明、收据、说明、证人证言、被告人的供述与辩解； 3. 鉴定意见、勘验检查笔录、提取痕迹物证登记照片、现场图、现场照片
污染环境罪（16起）	1，环保局案件移送书及材料清单、行政执法案卷、侦查机关受案登记表及回执，环境保护局出具的关于危险废物的认定意见、危险废物处置授权委托书、危险废物运输协议、江西泰运物流有限公司的营业执照及道路运输经营许可证、江西益敏电子科技有限公司出具的证明及其营业执照等相关材料、电子汽车衡计量单； 2. 被告人供述、证人证言、辨认笔录、现场勘验笔录、示意图和照片、抓获经过、环保局出具的《关于胡某牙和梁某华破坏生态环境要求其承担修复费用的函》、行政事业单位资金往来结算票据、人口信息全项查询及证明； 3. 鉴定意见：监测报告、发票

3. 被告举证实践分析

通过分析江西省一审的 146 份判决和裁定书，被告往往认罪认罚或者表示"对指控事实及罪名均无异议，希望能从轻或者减轻处罚"等罪轻辩护，也有判决书中提到类似满足部分诉讼请求，或者 2018 年 7 月 25 日，被告人占某林主动到森林公安机关投案，如实供述了上述事实，并向森林公安机关缴纳了人民币 10 000 元。[1] 一审案件无具体举证，故举证率为 0。

二审案件 9 件，也无举证内容，故举证率为 0。

4. 达成调解的案件举证实践分析

通过分析全部裁判文书，一审案件中附带民事公益诉讼达成调解协议，并将其作为证据提交的案件数量有 23 件，调解率约为 15.75%，刑事附带民事部分无作出和解处理的案件，和解率为 0。

---

〔1〕　占某林非法占用农用地一审刑事判决书，（2018）赣 0602 刑初 451 号。

(七) 河南省

1. 总体概况

笔者通过检索裁判文书数据库，将案由限定为"刑事案由"检索刑事附带民事公益诉讼，而后将地域限定为"河南省"，可以搜索到 148 份裁判文书，其中一审案件 137 件，均为判决书；二审案件 11 件，含 2 份判决书和 9 份裁定书。

2. 公诉机关暨刑事附带民事诉讼原告人举证实践分析

因"谁主张谁举证"的举证责任分配规则，公诉机关暨刑事附带民事诉讼原告人往往在刑事附带民事公益诉讼中积极举证。除去二审的 11 份裁判文书，河南省 137 份判决书中，均写明其提出的证据。公诉机关暨刑事附带民事诉讼原告人的举证情况分为三种：一是对于刑事部分和附带民事诉讼部分单独列明举证情况，共有 28 件；二是刑事部分与附带民事公益诉讼部分混合举证，二者不加以区分，将证据罗列在一起，共有 108 件；三是仅列明刑事部分证据，针对附带民事公益诉讼部分证据写明与刑事指控部分证据一致或者不列明，仅有 1 件此类案例。[1] 具体举证情况如图 4.3.23 所示。

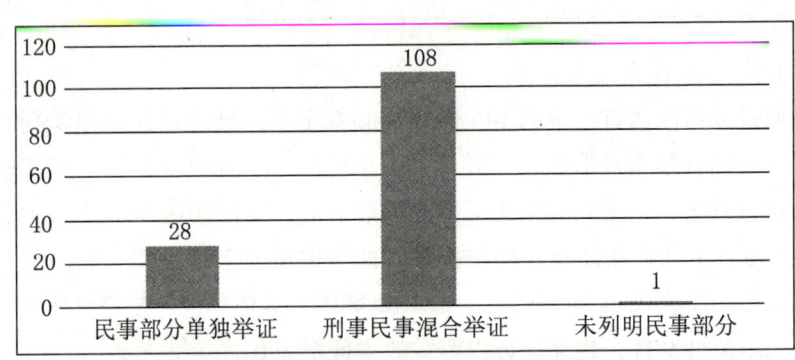

图 4.3.23　河南省刑事附带民事公益诉讼原告举证情况　（单位：件）

河南省刑事附带民事公益诉讼原告针对民事部分举证情况如表 4.3.49 所示。

---

[1] (2019) 豫 0703 刑初 58 号判决书指出："二、民事公益诉讼部分证据同刑事部分的证据一致。"

表 4.3.49　河南省刑事附带民事公益诉讼原告举证情况

罪名	原告针对民事部分举证情况
非法采矿罪 （12 起）	1. 公安局出具的受案登记表、户籍证明、到案经过、前科证明，证实被告人无犯罪前科； 2. 鉴定意见：地质矿产局提供的非法采矿挖砂卷宗、地质矿产勘察开发局测绘地理信息院制作的《杨某荣非法采砂造成矿产资源破坏价值技术鉴定报告》及河南省国土资源厅豫国土资矿鉴（2017）20 号文件； 3. 证人证言、村委会的证明和委托书、社区矫正领导小组办公室的调查评估意见书、被告人的供述
非法狩猎罪 （24 起）	1. 户籍证明、受案登记表、立案决定书、户籍证明、无前科证明、到案经过、证人证言、被告人供述与辩解、野生动物照片、猎捕工具照片； 2. 鉴定意见：物证鉴定书、河南省林业厅豫林保（2014）24 号文件、价格认证中心价格认定结论书、商丘师范学院生命科学学院鉴定意见书、价格中心认定书、鉴定资质证明、濮阳市公安局物证鉴定室检验报告、国家林业局森林公安司法鉴定中心物证鉴定书； 3. 评估调查意见书、现场图片、勘验笔录
非法占用农用地罪 （24 起）	1. 户籍证明、现场勘验笔录、现场照片、林业行政处罚决定书、林业局公益林办公室证明、到案经过、证人证言、被告人的供述与辩解； 2. 鉴定意见：桐柏县林业调查规划设计队评估报告、国家林业局森林公安司法鉴定中心出具的《物证鉴定书》、河南省煤炭地质勘察研究总院出具的《李某国非法采矿造成矿产资源破坏价值技术鉴定报告》； 3. 承包合同、现场勘查报告、刑事照片、户籍证明、前科证明、到案经过、破案经过
滥伐林木罪（33 起）	1. 证人证言、被告人投案的证明，现场勘验、检查笔录，照片，立木材积测算报告、被告人户籍证明、调查笔录、种树照片； 2. 被告人供述与辩解、勘验笔录、关于杨树苗市场价格、栽植、后期养护费用的证明； 3. 鉴定意见：技术鉴定意见书、河南省木材经营加工许可证（副本）复印件及证明、退耕还林山林承包管理合同、森林公安局刑侦队情况说明、退耕还林办证明及分布图、村委会证明、罚没收入票据及扣押文件清单、调查评估意见书；

罪名	原告针对民事部分举证情况
	4. 鹤壁市鹤山区林业局复函、关于对赵庄镇任寨村伐树现场情况的勘查报告、关于对赵庄镇任寨村有争议伐树情况的勘查鉴定报告
生产、销售不符合安全标准的食品罪（16起）	1. 被告人的供述与辩解、证人证言、现场检查笔录、产品采样记录、扣押决定书、扣押物品清单； 2. 鉴定意见：河南广电计量检测有限公司检测报告、"某泡打粉"包装袋照片、《国家卫生计生委等5部门关于调整含铝食品添加剂使用规定的公告》及送达回执、检验报告、郑州市食品安全抽样检验抽样单、郑州市某食品药品监督管理局检验结果告知书、送达回执； 3. 餐饮服务许可证、归案情况说明、受案登记表、立案决定书、调解协议、固始县食品药品监督管理局［2017］98号文件（关于对李某秀经营的油条的认定意见）、专家研讨会会议记录
生产、销售有毒、有害食品罪（9起）	1. 被告人的供述与辩解、证人证言、勘验笔录、扣押清单、讯问笔录、照片、《商水县公安局提请批准逮捕书》《商水县人民检察院犯罪线索移送函》《商水县人民检察院立案决定书》； 2. 政府文件：工商行政管理局出具的营业单位基本情况、行政处罚决定书、新昌县公安局搜查笔录、扣押清单及照片、新昌县人民法院（2015）绍新刑初字第456号刑事判决书； 鉴定意见：新昌县食品药品检验检测中心检验报告、国家食品安全抽样检验抽样单、情况说明、营业执照、到案经过、前科情况查询证明
污染环境罪（18起）	1. 身份证明文件、询问笔录、照片一组、国家环境保护部于2016年6月14日修订的《国家危险废物名录》、现场采样图片一组； 2. 评估报告、鉴定意见：商水县价格认证中心评估报告、河南博晨检验技术有限公司检测报告、报价单、检测费用发票、县国营农场证明文件、损害社会公共利益情况及犯罪现场情况、鉴定意见通知书、环保局情况说明

3. 被告举证实践分析

通过分析河南省一审的137份裁判文书，被告往往认罪认罚或者表示"对指控事实及罪名均无异议，希望能从轻或者减轻处罚"等罪轻辩护，在诉讼过程中，一审被告作出举证的仅 2 件，举证率约为 1.46%。

二审被告举证率为 0。

表 4.3.50　河南省刑事附带民事公益诉讼被告举证情况

案件名称	案号	罪名	被告举证情况
张某松非法占用农用地一审刑事判决书	（2018）豫 1521 刑初 210 号	非法占用农用地罪	辩护人提交了以下证据： 1. 证明一份在卷、照片四张在卷，以证明该林地不是被告人一人毁坏； 2. 暂存款票据及罚金票据
朱某升、吴某春非法采矿一审刑事判决书	（2018）豫 1521 刑初 193 号	非法采矿罪	1. 中国邮政储蓄银行结算账户收款凭证； 2. 被告人朱某升向罗山县财政支付中心交纳修复费用人民币 53 324 元的现金交款单在卷； 3. 被告人徐某辩护人当庭提交被告人徐某（亲属代缴）向罗山县财政支付中心交纳修复费用人民币 12 339.44 元的现金交款单在卷

4. 达成调解的案件举证实践分析

通过分析一审裁判文书，一审案件中附带民事公益诉讼达成调解的共有 18 件，调解率约为 13.14%。无达成和解的案件，故和解率为 0。

（八）湖南省

1. 总体概况

笔者通过检索裁判文书数据库，将案由限定为"刑事案由"检索刑事附带民事公益诉讼，而后将地域限定为"湖南省"，可以搜索到 214 份裁判文书，其中一审案件 190 件，含 188 份判决书、1 份裁定书和 1 份决定书[1]；二审案件 24 件，含 2 份判决书和 22 份裁定书。

---

〔1〕　刘某红非法捕捞水产品一审刑事决定书（2019）湘 0621 刑初 161 号中，对岳阳县人民检察院岳县检公一刑诉〔2019〕148 号起诉书起诉的被告人刘某红犯非法捕捞水产品罪及岳阳县人民检察院提起的诉被告人刘某红附带民事公益诉讼一案，本院予以退回。

2. 公诉机关暨刑事附带民事诉讼原告人举证实践分析

因"谁主张谁举证"的举证责任分配规则，公诉机关暨刑事附带民事诉讼原告人往往在刑事附带民事公益诉讼中积极举证。在湖南省的 190 份判决书中，均写明其提出的证据。公诉机关暨刑事附带民事诉讼原告人的举证情况分为三种：一是对于刑事部分和附带民事诉讼部分单独列明举证情况，共有 56 件；二是刑事部分与附带民事公益诉讼部分混合举证，二者不加以区分，将证据罗列在一起，共有 133 件；三是仅列明刑事部分证据，针对附带民事公益诉讼部分证据写明与刑事指控部分证据一致或者不列明，共有 1 件此类案例。具体举证情况如图 4.3.24 所示。

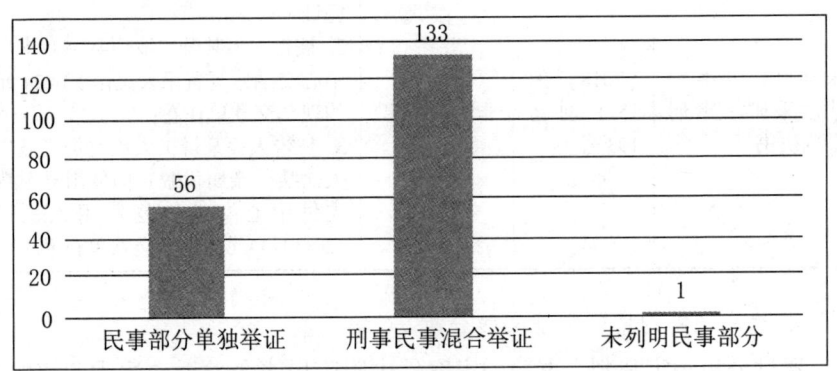

图 4.3.24　湖南省刑事附带民事公益诉讼原告举证情况　（单位：件）

湖南省刑事附带民事公益诉讼原告针对民事部分举证情况如表 4.3.51 所示。

表 4.3.51　湖南省刑事附带民事公益诉讼原告举证情况

罪名	原告针对民事部分举证情况
非法捕捞水产品罪 （89 起）	1. 证明、情况说明、督促起诉意见书、回函、受案登记表、立案决定书、户籍证明、前科证明； 2. 证人证言、被告人供述与辩解、物证照片、抓获经过、户籍证明、扣押决定书以及扣押清单、委托书、情况说明、刑事判决书、执行通知书、释放通知书、释放证明书； 3. 政府文件：长沙市人民政府长政发〔2015〕33 号《关于湘江长沙段及其支流部分水域实施常年禁渔的通告》，农业委员

罪名	原告针对民事部分举证情况
非法捕捞水产品罪 （89 起）	会、湖南省水产科学研究所、湖南省畜牧水产局《关于×××非法捕捞水产品案件所涉水域的相关证明》，畜牧兽医水产局《情况说明》； 4. 鉴定意见、评估报告：湖南省水产科学研究所和湖南省渔业环境监测站（具备渔业污染事故调查鉴定乙级执业资格）出具的《熊某、王某非法捕捞水产品案渔业资源损失评估咨询报告》、委托鉴定函与湖南省水产科学所出具的咨询报告；现场勘验、指认笔录及照片、现场指认笔录及照片、称量笔录及照片
非法狩猎罪 （18 起）	1. 户籍证明、现实表现证明、到案经过、扣押决定书、扣押物品文件清单、说明材料、证明材料、微信截图、快递单登记表、通话详单等； 2. 证人证言、被告人的供述与辩解，勘验、辨认、检查等笔录，辨认笔录、现场勘验笔录、扣押笔录、视听资料、执法记录仪扣押视频； 3. 鉴定意见：湖南省野生动物专家鉴定意见书、湖南省野生动植物司法鉴定中心湘野动植司鉴中心［2017］动鉴字第111号司法鉴定意见书
非法占用农用地罪 （28 起）	1. 户籍证明、归案情况说明、山场租赁合同、公司内部股份协议、带家村三组道路硬化协议、带家村三组水泥路硬化合同、湖南省非税收入专用收据、关于处罚李某无证运输松木的情况说明、山场转让协议、湖南省非税收入一般缴款书、领款凭证； 2. 林权证存根、公益林分布图、非法改变林地用途处理罚款的说明、回执、证明、谅解书、证人证言、被告人的供述与辩解，勘验、检查等笔录，现场勘验笔录、平面示意图、现场照片及航拍视频； 3. 鉴定意见：东安县林业调查规划设计队的鉴定意见书、异地复绿费用测算专家意见
滥伐林木罪（17 起）	1. 证人证言、询问笔录、湖南白云山国家级自然保护区管理局于2018年4月8日出具的白云山保护区功能区划图、现场照片、到案说明、现场勘验笔录； 2. 鉴定意见：补充鉴定、补植补造作业设计说明书、鉴定意见书、李某所有林地状况登记表林权证、耒阳市林业调查规划设计队关于对本案恢复造林所需成本的意见、司鉴所（2017）

续表

罪名	原告针对民事部分举证情况
	林鉴字第 84 号司法鉴定意见书及现场技术鉴定意见书； 3. 林业局出具的方位图纸、在现场拍摄的照片、搜查笔录、被告人的供述和辩解
生产、销售有毒、有害食品罪 （27 起）	1. 被告人的供述与辩解、证人证言、食品药品工商质量监督管理局现场检查笔录、公安局的搜查笔录、扣押清单、照片、食品药品工商质量监督管理局行政执法材料、公安局制作的炎陵县力威酒厂现场照片； 2. 鉴定意见、检验报告：湖南省食品质量监督检验研究院的检验报告、食品药品工商质量监督管理局出具的《关于炎陵县力威酒厂生产、销售有毒有害食品案的认定意见书》、食品药品监督管理局出具的《关于西地那非添加在食品中对人体损害说明》； 3. 工商登记材料、自首材料、户籍证明及前科材料、人口信息资料、抓获经过、证明
失火罪 （10 起）	1. 鉴定意见：火灾损失评估咨询报告书、宁远县文庙街道福源村"向石岭"山场火灾损失计算表、永州市林业局永发改农（2017）238 号文件、生态公益林管护补助标准一览表、林业鉴定意见书、鉴定资质证明、增值税发票； 2. 林业局证明、被害人的林权证、公益管理站出具的证明材料、火烧迹地照片、证人证言、被告人的供述和辩解、常住人口信息登记表、立案决定书、抓获经过、取保候审决定书

3. 被告举证实践分析

通过分析湖南省的 214 份裁判文书，被告往往认罪认罚或者表示"对指控事实及罪名均无异议，希望能从轻或者减轻处罚"等罪轻辩护，在诉讼过程中，一审、二审被告均未作出举证，举证率为 0。

4. 达成调解的案件举证实践分析

通过分析一审裁判文书，一审案件中附带民事公益诉讼达成调解的共有 2 件，调解率约为 1.05%。达成和解的案件共有 10 件[1]，和解率约为 5.26%。

---

[1] 10 件达成和解的案件分别为：（2019）湘 0822 刑初 217 号、（2019）湘 0822 刑初 218 号、（2019）湘 0822 刑初 219 号、（2019）湘 0822 刑初 220 号、（2019）湘 0822 刑初 221 号、（2019）湘 0822 刑初 222 号、（2019）湘 0822 刑初 223 号、（2019）湘 0822 刑初 224 号、（2019）湘 0822 刑初 226 号、（2019）湘 0822 刑初 227 号。

表 4.3.52　湖南省刑事附带民事公益诉讼达成调解情况

案件名称	案号	调解情况
陈某滥伐林木一审刑事判决书	（2019）湘 0302 刑初 27 号	本案附带民事公益诉讼部分，经本院主持调解，公益诉讼起诉机关与被告人陈某达成协议
被告人李永某、赵民某、王良某犯非法占用农用地罪一案一审刑事判决书	（2019）湘 0502 刑初 237 号	在本院主持调解下，本案公益诉讼起诉人和各刑事附带民事诉讼被告人达成调解，调解协议约定的事项已全部履行完毕

（九）海南省

1. 总体概况

笔者通过检索裁判文书数据库，将案由限定为"刑事案由"检索刑事附带民事公益诉讼，而后将地域限定为"海南省"，可以搜索到共 6 份裁判文书，其中一审案件 4 件，均为判决书；二审案件 2 件，均为裁定书。

2. 公诉机关暨刑事附带民事诉讼原告人举证实践分析

因"谁主张谁举证"的举证责任分配规则，公诉机关暨刑事附带民事诉讼原告人往往在刑事附带民事公益诉讼中积极举证。除去二审的 2 份裁定书，海南省 4 份判决书中，均写明其提出的证据。[1]一般而言，公诉机关暨刑事附带民事诉讼原告人的举证情况分为三种：一是对于刑事部分和附带民事诉讼部分单独列明举证情况，共有 1 件；二是刑事部分与附带民事公益诉讼部分混合举证，二者不加以区分，将证据罗列在一起，共有 3 件；三是裁判文书中未列明或者未提及民事部分证据的案件，仅仅有 0 件。具体举证情况如图 4.3.25 所示。

---

〔1〕（2019）琼 9025 刑初 67 号原告举证内容为：附带民事公益诉讼起诉人提供的本院（2019）琼 9025 刑初 15 号刑事附带民事判决书，海南省第二中级人民法院（2019）琼 97 刑终 196 号刑事附带民事裁定书、公告、白沙县人民检察院《关于委托出具专家意见的函》、海南省林业科学研究所《符某彤在白沙黎族自治县打安镇合水村委会无证采伐橡胶林对生态损害评估的专家意见》《符某彤在白沙黎族自治县打安镇合水村委会无证采伐橡胶林造成生态损害补偿措施的专家意见》及本院依职权调取的被滥伐橡胶林地现场照片、马某蒙出具的申请书等证据。

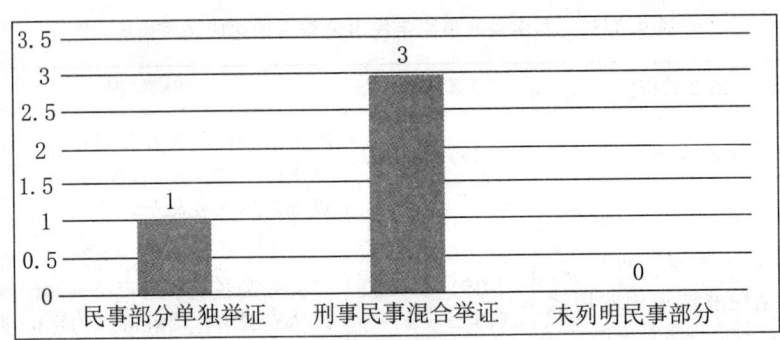

图 4.3.25　海南省刑事附带民事公益诉讼原告举证情况　（单位：件）

海南省刑事附带民事公益诉讼原告针对民事部分举证情况如表 4.3.53所示。

表 4.3.53　海南省刑事附带民事公益诉讼原告举证情况

罪名	原告针对民事部分举证情况
滥伐林木罪（2 起）	1. 鉴定意见：附带民事公益诉讼起诉人提供关于出具专家意见的函，附带民事公益诉讼起诉人提供以海南省林业科学研究所为名出具的生态服务功能价值损失评估专家意见、证书、组织机构代码证，附带民事公益诉讼起诉人提供海南省林业厅关于省林业科学研究所机构性质的说明； 2. 林业案件评估协议书，白沙县人民检察院委托评估时，评估费 15 000 元； 3. 裁判文书：（2019）琼 9025 刑初 15 号刑事附带民事判决书，（2019）琼 97 刑终 196 号刑事附带民事裁定书、公告
故意毁坏财物罪（2 起）	1. 常住人口信息表、证明和办案说明； 2. 承包协议书、关于定南线护路树遭毁坏举报信息报送的函、购买被毁坏公路林养护物品发票清单及明细； 3. 证人证言，被告人的供述与辩解，定安县森林公安局现场勘验、辨认等笔录； 4. 鉴定意见：海南林业科学研究所林业专家出具的生态服务功能价值评估专家意见等、海南省林业科学研究所通什分所出具的《造林作业初步设计》《价值评估报告等》

3. 被告举证实践分析

通过分析海南省一审二审的 6 份裁判文书，被告往往认罪认罚或者表示"对指控事实及罪名均无异议，希望能从轻或者减轻处罚"等罪轻辩护，均未提出证据或者足以影响一审认定事实的新证据，故举证率为 0。

4. 达成调解的案件举证实践分析

通过分析一审二审的 6 份裁判文书，均未涉及调解或者和解协议，故无相关举证分析。

（十）四川省

1. 总体概况

笔者通过检索裁判文书数据库，将案由限定为"刑事案由"检索刑事附带民事公益诉讼，而后将地域限定为"四川省"，可以搜索到 434 份裁判文书，其中一审案件 415 件，含 409 份判决书，6 份裁定书；二审案件 18 件，含 5 份判决书和 13 份裁定书，再审判决书 1 份。

2. 公诉机关暨刑事附带民事诉讼原告人举证实践分析

因"谁主张谁举证"的举证责任分配规则，公诉机关暨刑事附带民事诉讼原告人往往在刑事附带民事公益诉讼中积极举证。除去一审二审的 19 份裁定书，四川省 415 份判决书中，均写明其提出的证据。公诉机关暨刑事附带民事诉讼原告人的举证情况分为三种：一是对于刑事部分和附带民事诉讼部分单独列明举证情况，共有 86 件；二是刑事部分与附带民事公益诉讼部分混合举证，二者不加以区分，将证据罗列在一起，共有 327 件；三是裁判文书中未列明证据的案件共有 2 件〔1〕。具体举证情况如图 4.3.26 所示。

---

〔1〕　分别为（2019）川 1011 刑初 145 号、（2019）川 0821 刑初 110 号。

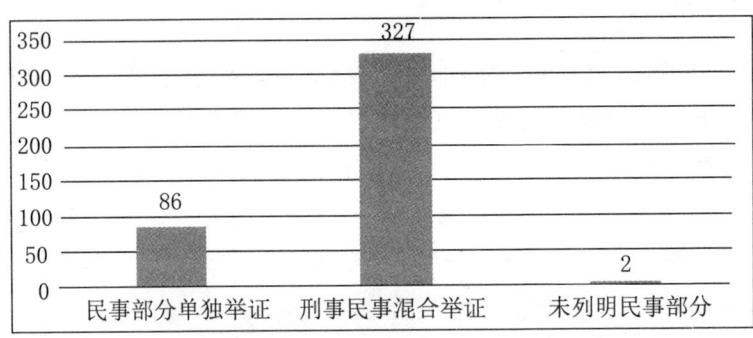

图 4.3.26　四川省刑事附带民事公益诉讼原告举证情况　（单位：件）

四川省刑事附带民事公益诉讼原告针对民事部分举证情况如表 4.3.54 所示。

表 4.3.54　四川省刑事附带民事公益诉讼原告举证情况

罪名	原告针对民事部分举证情况
盗伐林木罪（84 起）	1. 受案登记表、抓获经过、被告人的供述材料及视听光盘、证人证言； 2 搜查笔录、现场勘验笔录、木材检尺单、现场示意图、村委会证明、户籍证明； 3. 林权证、鉴定意见：金阳县林业局技术鉴定金林技鉴（2014）4 号意见书、情况说明、金阳县森林公安局关于盗伐林木价格认证的情况说明、凉山州价格认证中心文件凉价认鉴（2015）5 号关于林木的价格鉴定意见书、收条、鉴定意见书发票
非法捕捞水产品罪（105 起）	1. 受案登记表、立案决定书、传唤证、取保候审决定书、取保候审保证书、传讯通知书、被告人基本信息、青川县人民检察院建议移送涉嫌犯罪案件函、青川县农业局涉嫌犯罪案件移送函； 2. 政府文件：水产渔政管理司的情况说明、农业局关于案件现场死鱼情况说明、事故调查与损失评价报告、青川鱼立〔2017〕2 号文件、渔业水域污染事故调查处理程序规定、青川府办函〔2017〕15 号文件； 3. 证据登记保存清单，抽样取证凭证，查封、扣押清单；物证药瓶、死鱼；证人证言、通告、公告信息； 4. 鉴定委托书、鉴定文书及资质复印件、现场勘验笔录及照片、现场图等证据、农业局关于禁渔期电捕鱼对渔业资源损失的修复方案

罪名	原告针对民事部分举证情况
非法采伐、毁坏国家重点保护植物罪（46起）	1. 受案登记表、立案决定书、立案告知书、公安局调取证据通知书、公安局拘留证、公安局拘留通知书、传唤证、变更羁押期限通知书、取保候审决定书、公安局被取保候审人义务告知书、公安局传讯通知书、扣押决定书、人民检察院接收案件通知书、人民检察院批准逮捕决定书、公安局逮捕证、逮捕通知书、村委会证明、情况说明、保证人身份； 2. 讯问笔录、询问笔录、证人证言、现场勘验笔录、照片、公安局调取证据清单及证据、扣押清单及扣押物照片、辨认笔录、归案说明、户籍证明； 3. 鉴定文书及报告、鉴定书发票、收条； 4. 林权股说明、生态修复方案、绿植恢复方案
非法采矿罪（32起）	1. 受案登记表、立案决定书、立案告知书、记录本等书证、证人证言、现场勘查笔录、到案经过； 2. 鉴定意见、票据、鉴定意见通知书； 3. 人口信息表及前科查证、搜查证、搜查笔录、扣押决定书、扣押清单、发还清单、调取证据通知书、调取证据清单、接受证据材料清单、现场勘验检查工作记录、四川汇策测绘有限公司测绘报告、自贡泓峻岩土工程技术有限责任公司砂检测报告、四川燊海司法鉴定所司法鉴定书； 4. 微信截图、询问笔录、现场勘查笔录、现场照片、非法采砂堆砂点情况说明、行政处罚决定书、情况说明、无证采砂证明、人民政府证明
非法狩猎罪（29起）	1. 书证受案登记表、立案决定书、户籍信息、拘留证、逮捕证、取保候审决定书、犯罪嫌疑人归案情况说明、扣押决定书等，证人证言、被告人的供述与辩解； 2. 鉴定意见、案涉野生动物鉴定报告、涉案枪支鉴定报告； 3. 勘验、检查、辨认等笔录，《野生动物及其制品价值评估方法》（〔2017〕第46号令）等证据，人民政府通〔2017〕9号关于划定野生动物禁猎期、禁猎区、禁用捕猎工具和方法的通告
非法占用农用地罪（24起）	1. 关于仁和区务本乡村民在大黑山毁林修建道路的报告、受案登记表、立案决定书、被告人归案情况、户籍信息； 2. 证人证言、被告人付的供述、现场勘验笔录及照片、辨认现场笔录及照片、公告及情况说明、现场检测报告； 3. 森林植被恢复方案、承诺书、和解协议； 4. 鉴定意见、鉴定聘请书、发票

续表

罪名	原告针对民事部分举证情况
滥伐林木罪（21起）	1. 林业局证明、先行保存证据通知单及检尺码单、价格认定中心价格认定结论书、林业调查规划设计队调查报告、鉴定结论通知书； 2. 鉴定报告及勘验测算结果、调查报告； 3. 补植复绿证明、照片、新景镇居委会证明、房屋受损照片、公益诉讼方拍摄的补植树苗现状照片
生产、销售假药罪（14起）	1. 受案登记表、立案决定书、抓获经过、取保候审决定书、扣押笔录、扣押决定书； 2. 营业执照复印件、身份证复印件、情况说明； 3. 现场检查笔录、讯问笔录、证人证言、被告人的供述和辩解、现场照片； 4. 鉴定意见、关于鉴定的批复、关于鉴定的请示、鉴定函的复函、攀食药监法（2016）5号文件、会议记录、四川省食品药品检验检测院 YP2018B10845、YP2018B10846、YP2018B10847 号检验报告
生产、销售有毒、有害食品罪（29起）	1. 受案登记表、立案决定书； 2. 营业执照复印件1张、《食品经营许可证》、合伙协议； 3. 公安机关关于×××涉案金额的情况说明、岳池县国税局的情况说明； 4. 户籍证明、到案经过证实、证人证言、被告人供述，检查、辨认笔录，现场检查笔录及照片10张； 其他证据：情况说明、报纸（公告）、银行转账回执及检察院的情况说明、企业信用信息公示报告
失火罪（29起）	1. 接受刑事案件登记表、拘留证、逮捕证、户籍证明、归案情况说明、证人证言、被告人的供述与辩解； 2. 鉴定意见、通知书、调查计划、环境保护和林业局专业意见复函、调查报告； 3. 火烧迹地植被恢复方案、调查设计费、林地恢复方案、《修复方案及说明》； 4. 勘验、检查笔录，现场方位示意图证实案发现场具体方位及情况，现场图片

3. 被告举证实践分析

通过分析四川省一审的 415 份判决和裁定书，被告往往认罪认罚或者表示"对指控事实及罪名均无异议，希望能从轻或者减轻处罚"等罪轻辩护，在诉讼过程中，被告作出举证的有 14 件，举证率约为 3.37%。

二审共 18 份裁判文书，被告也从未提出足以影响案件事实和判决的新证据，故举证率为 0。

表 4.3.55　四川省刑事附带民事公益诉讼被告举证情况

案件名称	案号	罪名	被告举证情况
殷某能犯生产、销售有毒有害食品罪一案一审刑事判决书	（2018）川0683刑初116号	生产、销售有毒、有害食品罪	辩护人当庭出示了绵竹市孝德镇年画村村委会的证明以及缴纳赔偿金的收据
陈某英、张某学、张某英、姚某均生产、销售有毒有害食品一审刑事附带民事判决书	（2018）川2021刑初236号	生产、销售有毒、有害食品罪	陈某英的辩护人提供了四川省行政事业单位资金往来结算票据，安岳县村卫生站、个体诊所处方复印件，张某学的辩护人提供了岳阳镇王家坝社区证明、不动产权证书
高某犯非法占用农用地罪一审刑事判决书	（2018）川0422刑初109号	非法占用农用地罪	辩护人所出示的证明一份，与本案无直接关联，不予采信
谭某、彭某国生产、销售有毒、有害食品罪一审刑事判决书	（2018）川1622刑初129号	生产、销售有毒、有害食品罪	被告人谭某、彭某国未向本院举出证据；被告人谭某的辩护人向本院提供一份证据，缴款回单证实被告人谭某通过其亲戚曹某向武胜县财政国库支付中心转入9万元的事实
罗某乾滥伐林木罪一案一审刑事判决书	（2018）川1528刑初167号	滥伐林木罪	辩护人兼委托诉讼代理人出示了收据两张，证实罗某乾有悔罪表现，已经缴纳了生态修复金 19 740.5 元
孙某彬滥伐林木罪一审刑事判决书	（2018）川1181刑初227号	滥伐林木罪	被告人孙某彬当庭出示了《四川省刑事处罚罚没票据》《四川省行政事业单位资金往来结算票据》各一份，以证明其辩称意见

案件名称	案号	罪名	被告举证情况
冯某亮滥伐林木罪一案一审刑事判决书	（2018）川0923刑初183号	滥伐林木罪	被告人冯某亮出示村委会证明，证实被告人家庭情况困难
黄某刚非法占用农用地罪一审刑事判决书	（2018）川0923刑初204号	非法占用农用地罪	辩护人出示的证据： 1. 关于×坝自留山租赁协议； 2. 刑事谅解书； 3. 社区矫正证明书； 4. 发票、现金缴款单
曹某其滥伐林木一审刑事判决书	（2018）川18刑初28号	滥伐林木罪	被告人曹某其向本院提交了《证明》一份，拟证明本人家庭生活困难
彭某业滥伐林木一审刑事判决书	（2019）川1524刑初24号	滥伐林木罪	被告人彭某业举证： 1.《四川省林木采伐许可证》四份复印件，与公诉人举证的《四川省林木采伐许可证》一致； 2. 1981年长宁县人民政府《林权证》，证实被告人彭某业保存了1981年长宁县人民政府《林权证》
周某均、邓某华、泸州市龙马潭区人民检察院非法捕捞水产品罪一审刑事判决书	（2019）川0504刑初60号	非法捕捞水产品罪	被告人周某均的指定辩护人当庭出示了本院出具的案款收据，证明周某均的亲属在我院审理期间缴纳渔业资源修复费18 576元
罗某海、会东县人民检察院非法占用农用地罪一审刑事判决书	（2019）川3426刑初42号	非法占用农用地罪	被告人罗某海的辩护人为证实其主张，举出以下证据： 1. 收条6张、证明1份、照片14张； 2. 村民联名请求书1份，拟证实村民均要求对被告人罗某海从轻处罚； 3. 会东县姜州镇人民政府、新民村村民委员会证明1份
卢某东、会东县人民检察院非法占用农用地罪一审刑事判决书	（2019）川3426刑初53号	非法占用农用地罪	1. 姜州镇人民政府及新民村村委会证明1份； 2. 村民联名请求书1份； 3. 姜州镇人民政府及新民村村委会证明1份，照片10张；

续表

案件名称	案号	罪名	被告举证情况
			4. 证明 2 份，收条 4 份； 5. 姜州镇人民政府及新民村村委会谅解书 1 份
李某明非法采伐、毁坏国家重点保护植物罪一案一审刑事判决书	（2019）川 1527 刑初 122 号	非法采伐、毁坏国家重点保护植物罪	庭审时，指定辩护人出示的徐某《病情证明书》、李某明《入院记录》《出院记录》《出院证明书》，均与本案不具有关联性，本院不予采用

综上来看，被告人举证证明的内容主要围绕已积极按要求整改、村民联合证明个人品德较好或要求从轻处罚、家有病人或贫困等几方面，以求得在量刑上的减轻处理。

4. 达成调解的案件举证实践分析

通过分析全部裁判文书，一审案件中附带民事公益诉讼达成调解协议，并将其作为证据提交的案件数量有 22 件，调解率约为 5.30%。刑事附带民事部分作和解处理的案件共 5 件。[1]

（十一）青海省

1. 总体概况

笔者通过检索裁判文书数据库，将案由限定为"刑事案由"检索刑事附带民事公益诉讼，而后将地域限定为"青海省"，可以搜索到 48 份裁判文书，一审案件 42 件，其中共有 19 份判决书和 23 份裁定书；二审案件 6 件，其中 1 份判决书，5 份裁定书。

2. 公诉机关暨刑事附带民事诉讼原告人举证实践分析

因"谁主张谁举证"的举证责任分配规则，公诉机关暨刑事附带民事诉讼原告人往往在刑事附带民事公益诉讼中积极举证。在青海省的 20 份判决书中，均写明其提出的证据。公诉机关暨刑事附带民事诉讼原告人的举

---

〔1〕　分别为 2018 川 1602 刑初 189 号、2018 川 1603 刑初 90 号、2018 川 3232 刑初 25 号、2018 川 0802 刑初 154 号、（2019）川 0812 刑初 24 号。

证情况分为三种:一是对于刑事部分和附带民事诉讼部分单独列明举证情况,共有9件;二是刑事部分与附带民事公益诉讼部分混合举证,二者不加以区分,将证据罗列在一起,共有11件;三是仅列明刑事部分证据,针对附带民事公益诉讼部分证据写明与刑事指控部分证据一致或者不列明,青海省未检索到此类案例。具体举证情况如图4.3.27所示。

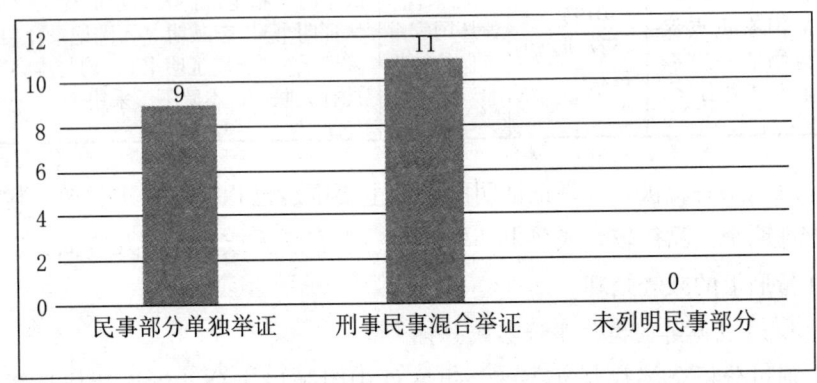

图4.3.27 青海省刑事附带民事公益诉讼原告举证情况 (单位:件)

48份裁判文书中原告针对民事部分举证主要情况如表4.3.56所示。

表4.3.56 青海省刑事附带民事公益诉讼原告举证情况

罪名	原告针对民事部分举证情况
盗掘古墓葬罪[1] (1起)	1. 鉴定意见:公安局鉴定聘请书、鉴定意见通知书、涉案文物鉴定评估报告; 2. 政府文书:《国务院关于公布第四批全国重点文物保护单位的通知》、青海省文物考古研究所于2018年8月29日出具的证明、青海省文物管理局关于转发《国家文物局关于指定第二批涉案文物鉴定评估机构的通知》; 3. 现场勘验笔录、现场指认笔录、辨认笔录、证人证言、被告人陈述、户籍证明、无犯罪记录证明、量刑情节申报表、预交罚款收条

---

[1] 案号为(2019)青2822刑初20号。

续表

罪名	原告针对民事部分举证情况
非法采矿罪（4 起）	1. 政府文件：环境污染治理应急项目专题人民政府会议纪要、办公厅文件、关于报请审批《民和中川现代农林休闲园景观规划》的报告、批复及情况说明、环境整治矿山检查工作记录； 2. 鉴定意见：环境保护部环境规划院环境污染事件环境损害评估报告、鉴定意见、鉴定意见通知书； 3. 受案登记表、立案决定书
非法猎捕、杀害珍贵、濒危野生动物罪（5 起）	1. 物证：猎杀工具、动物尸体； 2. 立案决定书、证人证言、被告人的供述与辩解、扣押清单、上缴物品清单、现场勘验图； 3. 鉴定意见：宁绿森司鉴字（2018）第 098 号鉴定书证明、宁夏绿森源森林资源司法鉴定中心宁绿森司鉴字（2018）第 003 号司法鉴定意见、鉴定费发票
非法收购、运输、出售珍贵、濒危野生动物、珍贵、濒危野生动物制品罪（2 起）	1. 受案登记表、到案经过、物证照片、证人证言及辨认笔录、被告人及指认现场照片； 2. 司法鉴定书、鉴定资质证明、鉴定费用发票； 3. 辨认笔录、人员基本信息、格尔木市森林公安局情况说明、武汉市江夏区人民法院回函、湖北省未成年犯管教所狱政管理科罪犯档案资料
非法占用农用地罪（8 起）	1. 现场勘验、检查笔录及照片、证人证言、被告人陈述、物证、户籍证明； 2. 调查意见、鉴定意见：非法开垦草原调查报告、草原违法处理意见书、行政处罚立案审批表；地籍调查表；鉴定意见书； 3. 政府文件：关于协助核算涉案植被恢复费用的复函、开垦土地生态恢复方案、草原管理站和国土资源局及林业调查规划设计队出具的证明、地籍调查表、宗地图
生产、销售假药罪（7 起）	1. 被告人供述与辩解、勘验、检查、辨认、侦查实验等笔录、扣押物品清单及照片、办案说明、到案经过、户籍证明、常住人口基本信息、扣押物品清单、情况说明； 2. 政府文件：市场监督管理局证明、食品药品监督管理局产品定性意见； 3. 鉴定意见：市场监督管理局西市监函［2019］2 号产品定性意见书

罪名	原告针对民事部分举证情况
失火罪（7起）	1. 营业执照、仓储服务协议、消防安全管理协议、扣押清单、外运司仓库试剂分拣统计、危险废物转移联单及收据、危险化学品目录、情况说明； 2. 被告人人口信息：证实了被告人的身份情况及主体资格； 3. 归案经过、营业执照、仓储服务协议、消防安全管理协议、扣押清单、外运司仓库试剂分拣统计、危险废物转移联单及收据、危险化学品目录、情况说明等； 4. 鉴定意见、勘验笔录、现场照片及视频

3. 被告举证实践分析

通过分析青海省的全部 48 份裁判文书，被告往往认罪认罚或者表示"对指控事实及罪名均无异议，希望能从轻或者减轻处罚"等罪轻辩护，也有一部分判决显示被告愿意履行诉讼请求内容，但是在诉讼过程中，仅有 1 起（2019）青 0222 刑初 10 号，被告作出举证，举证率约为 2.08%。

表 4.3.57　青海省刑事附带民事公益诉讼被告举证情况

罪名	案号	被告举证情况
非法采矿罪	（2019）青 0222 刑初 10 号	被告青海茂源公司委托诉讼代理人丛某祥向本院提交了：民和县农业和科学技术局民农（2015）123 号关于民和县中川乡现代农业休闲园建设项目申请立项的报告、民和县环保局民环（2017）5 关于民和县中川乡现代农业休闲园建设项目环境影响报告表的批复、建设项目选址意见书、建设工程规划许可证、中川乡人民政府出具的证明、民和县农业和科学技术局出具的关于青海茂源公司在中川乡发展设施农业的情况说明等证据

4. 达成调解的案件举证实践分析

通过分析青海省的全部 48 份裁判文书，其中就刑事附带民事部分达成调解协议或者达成和解的共有 30 份，分别为：9 起非法捕捞水产品罪、1 起非法采矿罪，1 起非法持有、私藏枪支、弹药罪，1 起非法猎捕、杀害珍贵、濒危野生动物罪，3 起非法占用农用地罪，1 起生产、销售有毒、有害食品罪，11 起失火罪，其中在举证中未提及调解协议的共有 12 起。

　　另有 3 份一审案件以调解书结案，分别为：（2018）青 0121 刑初 117 号、（2018）青 0104 刑初 310 号、（2019）青 0102 刑初 148 号，3 份调解书均无原被告举证相关信息。

（十二）广西壮族自治区

1. 总体概况

　　笔者通过检索裁判文书数据库，将案由限定为"刑事案由"检索刑事附带民事公益诉讼，而后将地域限定为"广西壮族自治区"，可以搜索到 58 份裁判文书，其中一审案件 53 件，均为判决书；二审案件 5 件，均为裁定书。

2. 公诉机关暨刑事附带民事诉讼原告人举证实践分析

　　因"谁主张谁举证"的举证责任分配规则，公诉机关暨刑事附带民事诉讼原告人往往在刑事附带民事公益诉讼中积极举证。除去二审的 5 份裁定书，广西壮族自治区 53 份判决书中，均写明其提出的证据。公诉机关暨刑事附带民事诉讼原告人的举证情况分为三种：一是对于刑事部分和附带民事诉讼部分单独列明举证情况，共有 9 件；二是刑事部分与附带民事公益诉讼部分混合举证，二者不加以区分，将证据罗列在一起，共有 43 件；三是仅列明刑事部分证据，针对附带民事公益诉讼部分证据写明与刑事指控部分证据一致或者不列明，仅 1 件。具体举证情况如图 4.3.28 所示。

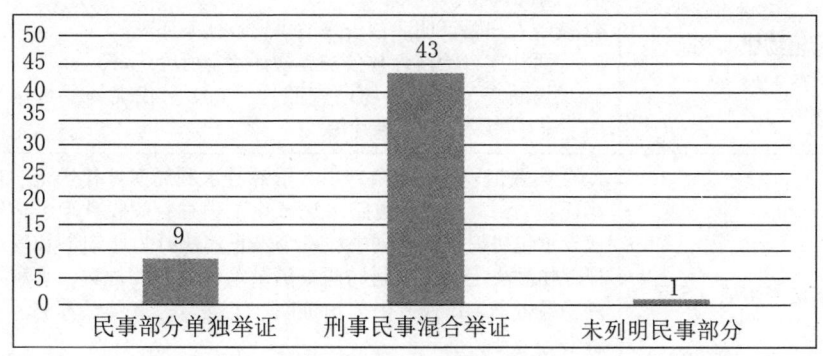

图 4.3.28　广西壮族自治区刑事附带民事公益诉讼原告举证情况　（单位：件）

广西壮族自治区刑事附带民事公益诉讼原告针对民事部分举证部分如表4.3.58所示。

表 4.3.58　广西壮族自治区刑事附带民事公益诉讼原告举证情况

罪名	原告针对民事部分举证情况
盗伐林木罪（1起）	1. 大新县林业局 2016 年林地变更调查成果数据库关于农某安盗伐林地相关数据、大新县 2016 年林地变更成果图（某某乡某某村 5 林班）等书证； 2. 证人证言、被侵权人的陈述、鉴定意见、森林植被原地恢复方案，勘验、辨认笔录，被告农某安的供述和辩解及照片等证据
非法捕捞水产品罪（10起）	1. 证人证言、现场勘验笔录、现场方位图及现场照片、木船、柴油机、发电机、带电竹竿、鲤鱼、翘嘴鱼等物证照片； 2. 昭平县水产畜牧兽医局案件移送函、关于涉嫌违法电鱼情况的说明、广西壮族自治区海洋和渔业厅关于内陆水域实施禁渔制度的通告、水产畜牧兽医局关于实施 2018 年 "珠江禁渔期制度" 宣传工作的说明； 3. 关于被告人使用非法渔具捕捞导致渔业生态损失的评估意见、抓获经过、户籍证明及被告人的供述和辩解等证据，增殖放流协议、请示、批复等证据
非法采伐、毁坏国家重点保护植物罪（1起）	1. 物证：扣押笔录、扣押清单； 2. 受案登记表、立案决定书、抓获经过； 3. 国家重点保护野生植物名录（第一批）、木材检寸单、证明、情况说明； 4. 被告人户籍证明、被告人的供述、证人证言； 5. 广西壮族自治区森林公安局物证鉴定所鉴定书； 6. 现场勘查笔录、现场勘查照片、非法采伐现场手机定位图、辨认笔录、指认照片等
非法采矿罪（5起）	1. 受案登记表、立案决定书、资源县水利局案件移送函、户籍证明、到案经过、道路水泥硬化工程材料款收款单、道路建设承包协议书及合同书、责令停止违法行为通知书和登记保存物品决定书及水利局调查笔录等行政案件材料、水利局勘验报告书、矿业有限公司证明、工程量计算及预算书、谅解书等书证； 2. 证人证言、被告人供述与辩解； 3. 价格认定结论书及鉴定意见、现场勘验、辨认笔录

续表

罪名	原告针对民事部分举证情况
非法狩猎罪（1起）	1. 书证：户籍证明、受案登记表及立案决定书、抓获经过、森林公安局出具的"情况说明"国家林业局7号令《国家保护的有益的或者有重要经济、科学研究价值的陆生野生动物名录》《陆生野生动物基准价值标准目录》； 2. 调查评估意见书、现金交款单； 3. 证人证言、鉴定意见，勘验、检查、辨认笔录，被告人的供述与辩解
非法占用农用地罪（16起）	1. 受案登记表、立案决定书、到案说明； 2. 自然保护区管理局和村民委员会出具的《情况汇报》； 3. 《关于非法占用自然保护区林地恢复绿化种植的造林预算意见书》； 4. 户籍证明、证人证言、被告人供述、损失鉴定意见书、现场勘验笔录、现场图、现场照片、指认笔录、指认照片
滥伐林木罪（3起）	1. 受案登记表及立案决定书、证人证言； 2. 抓获经过、林木采伐许可证； 3. 刑事附带民事公益诉讼立案审批表、立案决定书、公告； 4. 林地更新造林情况调查、林地更新造林整改建议、户籍证明、现场勘查笔录、现场照片、现场图，辨认笔录及照片、被告人供述
生产、销售不符合安全标准的食品罪（3起）	1. 受案登记表、立案决定书、抓获经过、户籍证明； 2. 搜查笔录、扣押决定书、扣押清单、扣押笔录、公告、《食用明矾的危害》； 3. 证人证言、被告人的供述和辩解、广西壮族自治区产品质量检验研究院检验报告及鉴定意见通知书、司法会计鉴定意见书及鉴定意见通知书； 4. 勘验、检查、辨认笔录、视听资料、执法视频
生产、销售假药罪（5起）	1. 证人证言、食品药品监督管理局出具的举报登记表、立案审批表、调查报告、淘宝店信息截图、药品作用与用途标识照片、交易明细、交易截图及快递记录； 2. 工商行政管理局出具的证明、食品药品监督管理局出具的复函、批复； 3. 现场勘验笔录、现场示意图、现场照片、抓获经过、户籍证明、前科说明； 4. 人民检察院出具的公告、《检察日报》公告照片、被告人供述

罪名	原告针对民事部分举证情况
生产、销售有毒、有害食品罪（1起）	1. 受案登记表、户籍证明、抓获经过、扣押清单、食品安全宣传与培训材料； 2. 证人证言、被告人供述与辩解、广西壮族自治区产品质量检验研究院检验报告、广西民生中检联检测有限公司检测报告、现场检查笔录、现场辨认笔录等证据
污染环境罪（6起）	1. 环境保护局移送函、公安局受案登记表、到案经过、环境保护局责令改正违法行为决定书； 2. 广西增值税普通发票、应急处置委托合同及补充协议、应急转移危险废物记录单、过磅单； 3. 公安局情况说明、户籍证明、证人证言、现场勘验笔录、物证、被告人的供述和辩解； 4. 鉴定意见、采样记录表、广西壮族自治区分析测试研究中心检验报告、广西壮族自治区环境监测中心站监测报告、检验报告说明，检查、辨认笔录

3. 被告举证实践分析

通过分析广西壮族自治区一审的 53 份判决书，被告往往认罪认罚或者表示"对指控事实及罪名均无异议，希望能从轻或者减轻处罚"等罪轻辩护，在诉讼过程中，无被告作出举证的案例，故举证率为 0。

二审无判决书，仅有 5 份裁定书，被告也从未提出足以影响案件事实和判决的新证据，故举证率也为 0。

4. 达成调解的案件举证实践分析

通过分析全部裁判文书，一审案件中附带民事公益诉讼达成调解协议，并将其作为证据提交的案件数量有 9 件，二审中无达成调解协议的案件。

表 4.3.59　广西壮族自治区刑事附带民事公益诉讼调解情况

罪名	案号	调解情况
非法占用农用地罪（5起）	(2018) 桂 0326 刑初 77 号、(2018) 桂 0326 刑初 78 号、(2019) 桂	林业设计院鉴定意见及通知书、生态功能评估意见书、占用林地采石调查意见书、林业调查规划设计资

罪名	案号	调解情况
	1323 刑初 360 号、（2019）桂 1323 刑初 371 号、（2019）桂 0331 刑初 172 号	质证书、鉴定意见通知书、鉴定意见等，证据未单独列明刑事附带民事部分
生产销售假药罪（2起）	（2018）桂 0321 刑初 64 号、（2019）桂 0303 刑初 27 号	药品抽样记录及凭证、检验检测机构资质认定证书及附表、药品检验所检验报告、鉴定结论通知书、《生产、销售假药的分析评价报告》、罚没款收据等，证据未单独列明刑事附带民事部分
污染环境罪（2起）	（2018）桂 0804 刑初 170 号、（2018）桂 0403 刑初 210 号	网上银行明细查询结果单、中国农业银行回执、检测报告、鉴定意见、事件相关认定意见的复函、承包合同、赔偿协议及谅解书等，证据未单独列明刑事附带民事部分

（十三）西藏自治区

1. 总体概况

笔者通过检索裁判文书数据库，将案由限定为"刑事案由"检索刑事附带民事公益诉讼，而后将地域限定为"西藏自治区"，可以搜索到 6 份裁判文书，其中一审案件 5 件，均为判决书；二审判决书 1 份。

2. 公诉机关暨刑事附带民事诉讼原告人举证实践分析

因"谁主张谁举证"的举证责任分配规则，公诉机关暨刑事附带民事诉讼原告人往往在刑事附带民事公益诉讼中积极举证。在西藏自治区的 6 份判决书中，均写明其提出的证据。公诉机关暨刑事附带民事诉讼原告人的举证情况分为三种：一是对于刑事部分和附带民事诉讼部分单独列明举证情况，共 1 件；二是刑事部分与附带民事公益诉讼部分混合举证，二者不加以区分，将证据罗列在一起，共 5 件；三是仅列明刑事部分证据，针对附带民事公益诉讼部分证据写明与刑事指控部分证据一致或者不列明，西藏自治区未检索到此类案件。具体举证情况如图 4.3.29 所示。

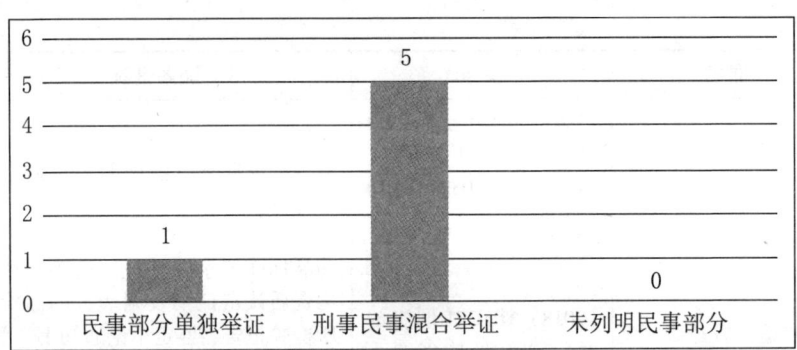

图 4.3.29 西藏自治区刑事附带民事公益诉讼原告举证情况 （单位：件）

西藏自治区刑事附带民事公益诉讼原告针对民事部分举证情况如表 4.3.60 所示。

表 4.3.60 西藏自治区刑事附带民事公益诉讼原告举证情况

罪名	原告针对民事部分举证情况
盗伐林木罪（2 起）	1. 检察建议、回函：巴宜区人民检察院检察建议书一份、巴宜区林业局关于《巴宜区人民检察院检察建议书》的回函一份； 2. 鉴定意见：鉴定聘请书、司法鉴定许可证、司法鉴定意见书各一份； 3. 物证、书证、证人证言、当事人陈述、鉴定意见，辨认、指认、勘验、检查笔录及照片
非法猎捕、杀害珍贵、濒危野生动物罪（3 起，含二审判决书 1 份[1]）	1. 鉴定意见：西藏自治区林业调查规划研究院司法鉴定中心司法鉴定意见书、提取笔录及拉萨市公安局刑事科学技术研究所的鉴定文书、鉴定机构资格证书、鉴定人员资格证书； 2. 现场勘验笔录、辨认笔录、指认笔录； 3. 证人仁某某的证言、申供信； 4. 二审提交和补充的证据：村委会的证明、县公安局交警大队行政处罚决定书、行政强制措施凭证等及到案经过（补充）

---

〔1〕 （2019）藏 05 刑终 9 号。

罪名	原告针对民事部分举证情况
生产、销售有毒、有害食品罪（1 起）	1. 公告：人民检察院公告、检察日报社广告部圆通快递单、2018 年 7 月 27 日《检察日报》、西藏自治区消费者协会邮寄刊登有公告的《检察日报》存根； 2. 政府文件：《食品中可能违法添加的非食用物质和易滥用的食品添加剂名单》等； 3. 租房协议书、证人证言、鉴定意见； 4. 原告资格证明：关于征求消费者协会意见函、林芝市消费者协会的回复

3. 被告举证实践分析

通过分析西藏自治区的 6 份判决书，被告往往认罪认罚或者表示"对指控事实及罪名均无异议，希望能从轻或者减轻处罚"等罪轻辩护，也有一部分判决显示被告愿意履行诉讼请求内容：愿意赔偿损失、补种树苗并赔礼道歉，请求从轻处罚。[1]在诉讼过程中，被告均未作出举证，举证率为 0。

4. 达成调解的案件举证实践分析

通过分析西藏自治区的全部 6 份裁判文书，均未就刑事附带民事部分达成调解协议，故无相关举证实践分析。

（十四）宁夏回族自治区

1. 总体概况

笔者通过检索裁判文书数据库，将案由限定为"刑事案由"检索刑事附带民事公益诉讼，而后将地域限定为"宁夏回族自治区"，可以搜索到 39 份裁判文书，其中一审案件共 35 件，有 34 份判决书和 1 份调解书[2]；二审案件 4 件，其中 1 份判决书，3 份裁定书。

2. 公诉机关暨刑事附带民事诉讼原告人举证实践分析

因"谁主张谁举证"的举证责任分配规则，公诉机关暨刑事附带民事诉讼原告人往往在刑事附带民事公益诉讼中积极举证。在宁夏回族自治区

---

〔1〕 （2018）藏 0402 刑初 26 号。

〔2〕 （2018）宁 0122 刑初 114 号。

的 35 份判决书中，均写明其提出的证据。公诉机关暨刑事附带民事诉讼原告人的举证情况分为三种：一是对于刑事部分和附带民事诉讼部分单独列明举证情况，共有 4 件；二是刑事部分与附带民事公益诉讼部分混合举证，二者不加以区分，将证据罗列在一起，共有 30 件；三是仅列明刑事部分证据，针对附带民事公益诉讼部分证据写明与刑事指控部分证据一致或者不列明，仅检索到 1 件。具体举证情况如图 4.3.30 所示。

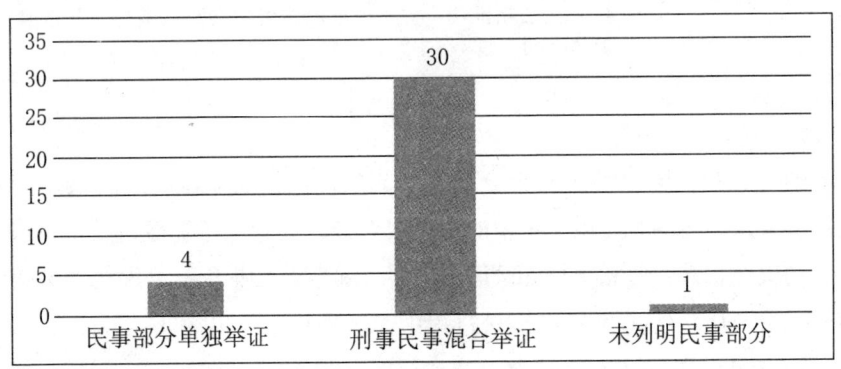

图 4.3.30　宁夏回族自治区刑事附带民事公益诉讼原告举证情况　　（单位：件）

宁夏回族自治区刑事附带民事公益诉讼原告针对民事部分举证主要情况如表 4.3.61 所示。

表 4.3.61　宁夏回族自治区刑事附带民事公益诉讼原告举证情况

罪名	原告针对民事部分举证情况
非法采矿罪 （3 起）	1. 政府文件：贺兰县国土资源局出具的《关于暖泉农场两处盗采点位于矿产资源禁采区域的证明》、地类统计表 3 份、规划图等、国土资源局关于邓某某无证盗采的证明、贺兰县公安局接受证据材料清单、宁夏回族自治区国营暖泉农场《关于国营暖泉农场界内近期盗采砂石有关情况报告的函》、照片； 2. 现场勘测照片、贺兰县国土资源局《关于对 4 宗非法采矿造成矿产资源破坏价值进行鉴定的请示》、宁夏回族自治区国土资源厅《关于贺兰县洪广镇金山村 1 号等 4 宗非法采矿价值鉴定的批复》；

罪名	原告针对民事部分举证情况
非法采矿罪 （3起）	3. 鉴定意见、中国建筑材料工业地质勘查中心宁夏总队实验室检测报告、中国建筑材料工业地质勘查中心宁夏总队宁夏某县金山村2号非法采矿造成建筑用砂矿资源破坏勘测报告； 4. 违法犯罪记录查询情况说明、贺兰县国土资源局出具的《贺兰县国土资源局关于邓某某盗采坑点生态恢复治理的情况说明》1份、贺兰县人民检察院出具的谅解书1份、贺兰县公安局现场勘验检查笔录、现场方位图、现场照片、证人证言、辨认笔录
非法行医罪 （2起）	1. 常住人口信息、受案登记表、立案决定书、到案经过； 2. 行政处罚决定书、证人证言、被告人的供述、辨认笔录、违法犯罪记录查询情况说明等； 3. 答复函、证明、行政处罚决定书、门诊处方、卫生监督意见书、宣传单照片、悔过书
非法占用农用地罪 （7起）	1. 关于涉嫌非法开垦草原案件移送函，受案登记表、立案决定书； 2. 现场勘验笔录、山地测绘工程咨询有限公司测绘成果报告、国土资源局关于非法压砂占用土地现状地类有关情况的说明、关于慈善大道东侧非法压砂占用土地现状地类有关情况的复函，吴忠市红寺堡区农牧和科学技术局关于红寺堡区有关土地的属性说明； 3. 宁夏回族自治区农牧厅关于严禁开垦草原和非法占用草原以及草原地界纠纷处理意见的紧急通知、吴忠市红寺堡区人民政府通告等； 4. 被告人供述及辨认笔录、户籍证明、违法犯罪情况查证工作记录、证人证言； 5. 吴忠市红寺堡区人民法院（2018）宁0303刑初57号刑事附带民事调解书、现金缴款单
滥伐林木罪 （12起）	1. 未办理林木采伐证证明、林木确权证明； 2. 现场勘验笔录及照片、公安局森林派出所情况说明1份、证人证言、被告人供述与辩解； 3. 宁绿森司鉴聘字〔2017〕第164号司法鉴定书附照片、中国银行客户回单凭证、证人提供的短信截图、微信截图、吴忠市公安局森林分局现场勘验检查工作记录及照片、提取痕迹、物证登记表，宁夏绿森源森林资源司法鉴定中心宁绿森司鉴字〔2018〕第050号司法鉴定意见书、吴忠市价格认证

续表

罪名	原告针对民事部分举证情况
	中心吴价认字 [2018] 67 号价格认定结论书； 4. 扣押决定书、扣押笔录
失火罪 （10 起）	1. 受案登记表、立案决定书、户籍证明、违法犯罪记录证明； 2. 证人证言、被告人的供述和辩解； 3. 鉴定意见：宁夏绿森源森林资源司法鉴定中心司法鉴定书、辨认笔录及照片，勘验、检查笔录，现场方位示意图及照片

除去这 35 份判决书，宁夏回族自治区另有 3 份裁定书，均为二审裁定书，因裁定书内针对举证部分表述不足，或无举证部分，此处不加以赘述。

3. 被告举证实践分析

通过分析宁夏回族自治区的全部 39 份裁判文书，被告往往认罪认罚或者表示"对指控事实及罪名均无异议，希望能从轻或者减轻处罚"等罪轻辩护，也有一部分判决显示被告愿意履行诉讼请求内容，但是在诉讼过程中，共有 4 份裁判文书中涉及被告举证事项。

表 4.3.62　宁夏回族自治区刑事附带民事公益诉讼被告举证情况

罪名	案号	被告举证情况
非法采矿罪 （1 起）	（2018）宁 0323 刑初 64 号	1. 宁夏×××工贸有限公司营业执照及公司章程； 2. 采矿许可证正本、副本； 3. 宁夏盐池县五宗建筑用砂矿采矿权挂牌出让公告； 4. 高沙窝镇施记圈村建筑用砂五矿项目环境影响报告； 5. 村委会证明一份、请愿书一份，证明被告人患有多种疾病，家庭经济困难，请求从轻处罚
滥发林木罪 （1 起）	（2019）宁 0502 刑初 267 号	中国农业银行业务凭证 1 份，证明被告人已履行调解协议中提到的义务

罪名	案号	被告举证情况
失火罪（2起）	（2019）宁0425刑初93号、（2019）宁0402刑初563号	1. 刑事附带民事诉讼调解书； 2. 视频资料及照片（不予采纳）[1]

4. 达成调解的案件举证实践分析

通过分析宁夏回族自治区的全部39份裁判文书，就刑事附带民事部分达成调解协议，或者达成和解的共有19份裁判文书。其中（2018）宁0122刑初114号以调解书结案，无原被告相应举证情况。

（十五）新疆维吾尔自治区

1. 总体概况

笔者通过检索裁判文书数据库，将案由限定为"刑事案由"检索刑事附带民事公益诉讼，而后将地域限定为"新疆维吾尔自治区"，可以搜索到48份裁判文书，其中一审案件42起，共有19份判决书和23份裁定书，二审案件6起，其中1份判决书，5份裁定书。

2. 公诉机关暨刑事附带民事诉讼原告人举证实践分析

因"谁主张谁举证"的举证责任分配规则，公诉机关暨刑事附带民事诉讼原告人往往在刑事附带民事公益诉讼中积极举证。在20份判决书中，均写明其提出的证据。公诉机关暨刑事附带民事诉讼原告人的举证情况分为三种：一是对于刑事部分和附带民事诉讼部分单独列明举证情况，共1件；二是刑事部分与附带民事公益诉讼部分混合举证，二者不加以区分，将证据罗列在一起，共19件；三是仅列明刑事部分证据，针对附带民事公益诉讼部分证据写明与刑事指控部分证据一致或者不列明，新疆维吾尔自治区未检索到此类案例。具体举证情况如图4.3.31所示。

---

[1]（2019）宁0402刑初563号中，被告人提出证据，但经交公诉人质证后认为来源不合法，经审查，上述证据客观真实，但与该案缺乏关联性，不符合证据的相关属性，对其证明效力不予确认。

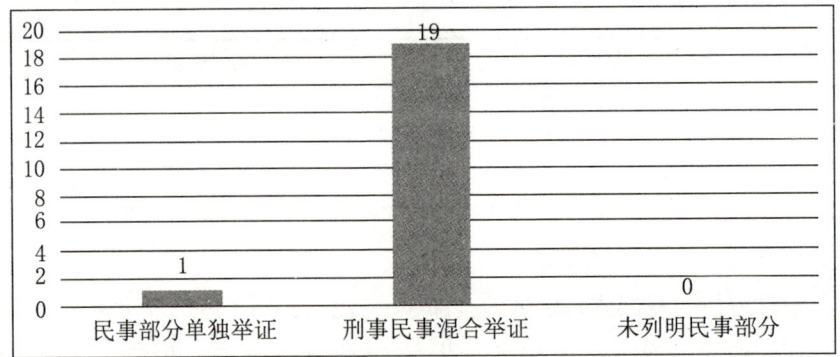

图 4.3.31　新疆维吾尔自治区刑事附带民事公益诉讼原告举证情况　（单位：件）

20 份判决书原告针对民事部分举证情况如表 4.3.63 所示。

表 4.3.63　新疆维吾尔自治区刑事附带民事公益诉讼原告举证情况

罪名	原告针对民事部分举证情况
非法猎捕、杀害珍贵、濒危野生动物罪（3 起）	1. 林业行政处罚决定书。国家林业局第 46 号令《野生动物及其制品价值评估方法》第 4 条、陆生野生动物基准价值标准目录； 2. 鉴定意见、户籍证明、归案说明； 3. 公告信息：证实公诉机关在提起附带民事公益诉讼之前，已履行公告程序
非法狩猎罪（1 起）	1. 户籍证明、归案情况说明、被告人库某的通话记录、勘验检查笔录及辨认笔录； 2. 鉴定意见：新疆臻冠达农业科技有限公司技术鉴定意见书； 3. 证人证言、被告人的供述与辩解等证据
非法占用农用地罪（6 起）	1. 物证：红色东方红 LR-6B5-25 牌推土机一辆，旧铁犁伐一个； 2. 书证：案件移送函、草原登记鉴定书、现场照片、责令停止违法行为通知书、关于对王某涉嫌非法开荒的调查报告、受案登记表、受案回执、立案决定书等； 3. 证人证言、被告人供述与辩解； 4. 鉴定意见书，勘验、检查、辨认、侦查实验等笔录
滥伐林木罪（1 起）	1. 鉴定意见：新疆生产建设兵团林园新技术开发中心司法鉴定所鉴定意见书一份； 2. 勘验、检查、辨认、侦查实验等笔录； 3. 被告人的供述和辩解

续表

罪名	原告针对民事部分举证情况
生产、销售不符合安全标准的食品罪（6 起）	1. 现场勘验笔录、现场图、现场照片； 2. 鉴定报告：新疆出入境检验检疫局检验检疫技术中心检验报告； 3.《严厉打击餐饮服务业违法使用含"铝"食品添加剂行为　保障消费者饮食安全》宣传单； 4. 证人证言、被告人供述及辩解
生产、销售假药罪（1 起）	1. 被告人户籍证明； 2. 提取物品清单、相关机构检验鉴定报告、价格认定结论书、证人证言、现场勘查笔录及视频等证据
生产、销售有毒、有害食品罪（1 起）	1. 受案登记表、立案决定书； 2. 常住人口信息表、被告人的供述、现场勘查笔录及图片、鉴定意见、公告、告知书、检测报告书等证据
污染环境罪（1 起）	1. 营业执照、仓储服务协议、消防安全管理协议、扣押清单、外运司仓库试剂分拣统计、危险废物转移联单及收据、危险化学品目录、情况说明； 2. 被告人人口信息：证实了被告人的身份情况及主体资格； 3. 归案经过、营业执照、仓储服务协议、消防安全管理协议、扣押清单、外运司仓库试剂分拣统计、危险废物转移联单及收据、危险化学品目录、情况说明等； 4. 鉴定意见、勘验笔录、现场照片及视频

除去这 20 份判决书，新疆维吾尔自治区另有 28 份裁定书，其中一审裁定书 23 份，二审裁定书 5 份，因裁定书内针对举证部分表述不足，或无举证部分，此处不加以赘述。

3. 被告举证实践分析

通过分析新疆维吾尔自治区的全部 48 份裁判文书，被告往往认罪认罚或者表示"对指控事实及罪名均无异议，希望能从轻或者减轻处罚"等罪轻辩护，也有一部分判决显示被告愿意履行诉讼请求内容，但是在诉讼过程中，被告均未作出举证，举证率为 0。

4. 达成调解的案件举证实践分析

通过分析新疆维吾尔自治区的全部 48 份裁判文书，均未就刑事附带民事部分达成调解协议，或者达成和解，故无相关举证实践分析。

（十六）天津市

1. 总体概况

笔者通过检索裁判文书数据库，将案由限定为"刑事案由"检索刑事附带民事公益诉讼，而后将地域限定为"天津市"，可以搜索到5份裁判文书，其中一审案件5件，均为判决书，二审案件0件。

2. 公诉机关暨刑事附带民事诉讼原告人举证实践分析

因"谁主张谁举证"的举证责任分配规则，公诉机关暨刑事附带民事诉讼原告人往往在刑事附带民事公益诉讼中积极举证。在天津市的5份判决书中，均写明其提出的证据。公诉机关暨刑事附带民事诉讼原告人的举证情况分为三种：一是对于刑事部分和附带民事诉讼部分单独列明举证情况，共有3件；二是刑事部分与附带民事公益诉讼部分混合举证，二者不加以区分，将证据罗列在一起，共有2件；三是仅列明刑事部分证据，针对附带民事公益诉讼部分证据写明与刑事指控部分证据一致或者不列明，天津市未检索到此类案例。具体举证情况如图4.3.32所示。

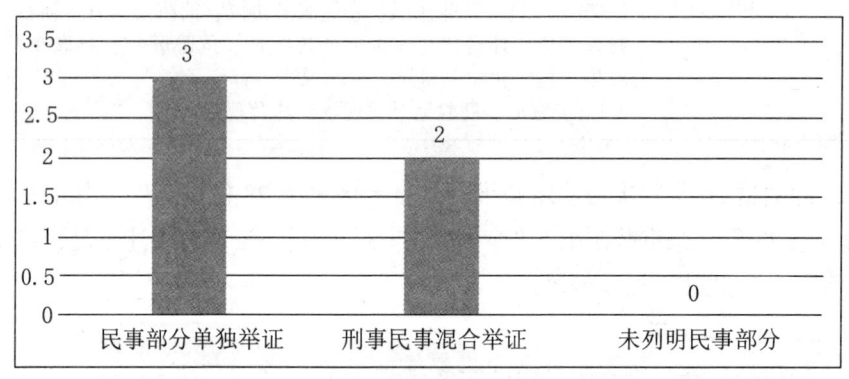

图4.3.32　天津市刑事附带民事公益诉讼原告举证情况　（单位：件）

天津市刑事附带民事公益诉讼原告针对民事部分举证情况如表4.3.64所示。

表 4.3.64 天津市刑事附带民事公益诉讼原告举证情况

罪名	案号	原告针对民事部分举证情况
非法经营罪（1 起）	（2018）津 0112 刑初 317 号	1. 情况说明：八里台镇政府情况说明、治理污染说明； 2. 费用凭证、污染点处理费用、费用凭证、废物处理劳务合同、支出审批表、发票、结算单、营业执照、公司财务凭证； 3. 鉴定报告
污染环境罪（2 起）	（2018）津 0112 刑初 441 号、（2019）津 0113 刑初 360 号	1. 费用凭证、废物处理合同、发票、结算费用统计、处理污染现场费用明细等证据； 2. 资质证明、公司资质、情况说明、营业执照、服务合同； 3. 鉴定意见、监测报告
生产、销售假药罪（1 起）	（2018）津 0103 刑初 587 号	1. 鉴定意见； 2. 书证：天津市河西区市场和质量监督管理局关于鉴定天津市松某某药店出售假药案有关情况的复函、微信交易记录； 3. 销售资质及记录：药品销售凭证、松某某药店营业执照、药品经营许可证、工商登记信息、案件来源及到案经过
非法狩猎罪（1 起）	（2019）津 0113 刑初 183 号	1. 政府文件：野生动物物种保护级别证明、天津市林业局关于发布陆生野生动物禁猎区、禁猎期的通告等； 2. 价格认定结论书； 3. 常住人口信息、情况说明

3. 被告举证实践分析

通过分析天津市一审的 5 份判决书，被告往往认罪认罚或者表示"对指控事实及罪名均无异议，希望能从轻或者减轻处罚"等罪轻辩护，在诉讼过程中，被告均未作出举证。

4. 达成调解的案件举证实践分析

通过分析全部裁判文书，天津市的全部 5 件案件，均未就刑事附带民事部分达成调解协议，故无相关举证实践分析。

（十七）上海市

1. 总体概况

笔者通过检索裁判文书数据库，将案由限定为"刑事案由"检索刑事附带民事公益诉讼，而后将地域限定为"上海市"，可以搜索到 2 份裁判文书，其中一审案件 2 件，均为判决书，二审案件 0 件。

2. 公诉机关暨刑事附带民事诉讼原告人举证实践分析

因"谁主张谁举证"的举证责任分配规则，公诉机关暨刑事附带民事诉讼原告人往往在刑事附带民事公益诉讼中积极举证。在上海市的 2 份判决书中，均写明其提出的证据。公诉机关暨刑事附带民事诉讼原告人的举证情况分为三种：一是对于刑事部分和附带民事诉讼部分单独列明举证情况，共 1 件；二是刑事部分与附带民事公益诉讼部分混合举证，二者不加以区分，将证据罗列在一起，上海市未检索到此类案件；三是仅列明刑事部分证据，针对附带民事公益诉讼部分证据写明与刑事指控部分证据一致或者不列明，仅 1 件。具体举证情况如图 4.3.33 所示。

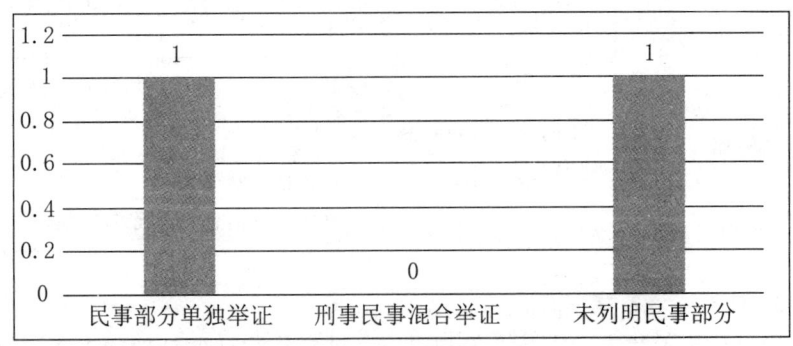

图 4.3.33　上海市刑事附带民事公益诉讼原告举证情况　（单位：件）

两份判决书中原告针对民事部分举证情况如表 4.3.65 所示。

表 4.3.65　上海市刑事附带民事公益诉讼原告举证情况

罪名	案号	原告针对民事部分举证情况
故意毁坏财物罪（1 起）	（2018）沪 0118 刑初 523 号	1. 设计预算：上海勘测设计研究院有限公司出具的施工图预算、设计概算； 2. 工程概况：上海青浦水利建筑工程有限公司工程概况； 3. 审价报告：上海云间建设工程咨询有限公司关于《青浦区 2017 年度市区管河道长效管理工作——西片工程结算审价报告》
生产、销售假药罪（1 起）	（2019）沪 0109 刑初 302 号	因诉讼请求中，仅要求被告在省级以上新闻媒体发布警示公告并赔礼道歉，故未提及民事部分证据

3. 被告举证实践分析

通过分析上海市一审的 2 份判决书，被告往往认罪认罚或者表示"对指控事实及罪名均无异议，希望能从轻或者减轻处罚"等罪轻辩护，在诉讼过程中，被告均未作出举证。

二审无判决、裁定书，所以举证率也为 0。

4. 达成调解的案件举证实践分析

通过分析全部裁判文书，上海市的全部两起案件，均未就刑事附带民事部分达成调解协议，故无相关举证实践分析。

（十八）重庆市

1. 总体概况

笔者通过检索裁判文书数据库，将案由限定为"刑事案由"检索刑事附带民事公益诉讼，而后将地域限定为"重庆市"，可以搜索到 45 份裁判文书，一审案件 44 件，其中 43 份判决书和 1 份裁定书，二审案件 1 件，为裁定书。

2. 公诉机关暨刑事附带民事诉讼原告人举证实践分析

因"谁主张谁举证"的举证责任分配规则，公诉机关暨刑事附带民事诉讼原告人往往在刑事附带民事公益诉讼中积极举证。在重庆市的43份判决书中，均写明其提出的证据。公诉机关暨刑事附带民事诉讼原告人的举证情况分为三种：一是对于刑事部分和附带民事诉讼部分单独列明举证情况，共有13件；二是刑事部分与附带民事公益诉讼部分混合举证，二者不加以区分，将证据罗列在一起，共有29件；三是仅列明刑事部分证据，针对附带民事公益诉讼部分证据写明与刑事指控部分证据一致或者不列明，仅1件。具体举证情况如图4.3.34所示。

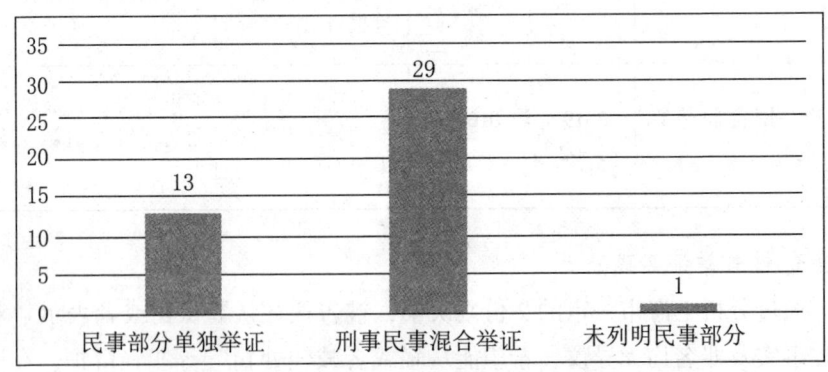

图4.3.34 重庆市刑事附带民事公益诉讼原告举证情况 （单位：件）

43份判决书中原告针对民事部分举证情况如表4.3.66所示。

表4.3.66 重庆市刑事附带民事公益诉讼原告举证情况

罪名	原告针对民事部分举证情况
非法捕捞 水产品罪（16起）	1. 鉴定意见：委托鉴定函、鉴定报告、公告材料； 2. 《检察日报》中刊登的公告、公告材料； 3. 测算费用：该次生态修复鱼类放流费用测算表及其需要费用； 4. 家庭情况说明、户籍信息
滥伐林木罪（5起）	1. 公告材料； 2. 家庭情况说明、社区调查评估报告； 3. 被告人退赃缴费收据； 4. 证人证言、被告人的供述及辩解

罪名	原告针对民事部分举证情况
生产、销售假药罪（15起）	1. 公告：通过省级以上新闻媒体发布了公告，告知了有关机关或者组织可以提起民事公益诉讼、人民法院公告； 2. 鉴定意见：鉴定意见、食品药品检验检测研究院检验报告； 3. 销售资质及记录、药品销售凭证、药店营业执照、药品经营许可证、工商登记信息、案件来源及到案经过
生产、销售有毒、有害食品罪（2起）	1. 公告：法院公告材料； 2. 政府文件：《食品中可能违法添加的非食用物质和易滥用的食品添加剂名单》等； 3. 租房协议书、证人证言、鉴定意见
失火罪（2起）	1. 勘验笔录、现场照片、证人证言、被告人供述与辩解； 2. 植被恢复方案
污染环境罪（2起）	1. 书证：扣押决定书、查封决定书、询问笔录、函； 2. 专家鉴定意见：环境损害专家咨询意见、重庆市环境保护局关于重庆市生态环境损害咨询服务专家名单的函、专家名单； 3. 公告材料：报纸、法院公告材料、发票、收据

3. 被告举证实践分析

通过分析重庆市的 45 份裁判文书，被告往往认罪认罚或者表示"对指控事实及罪名均无异议，希望能从轻或者减轻处罚"等罪轻辩护，也有一部分判决指出："家庭经济困难，暂时无赔偿能力。"在诉讼过程中，有 1 份判决书中被告作出举证，即在（2018）渝 0112 刑初 1458 号中，被告人郑某的辩护人举示了君织都公司的情况说明，证明公司的排污设备已经过整改，且达到标准可以进行生产。

4. 达成调解的案件举证实践分析

通过分析全部裁判文书，重庆市的全部 45 件案件，均未就刑事附带民事部分达成调解协议，故无相关举证实践分析。

编后记

"行政公益诉讼举证规则研究"是我主持的 2018 年司法部"国家法治和法学理论研究"（18SFB2009）一般课题，2020 年 12 月按时完成并通过了专家鉴定。在此基础上，对其做了一定的修改，形成了书稿，以求教于方家。

本书是华东政法大学的硕士、博士研究生共同合作完成的成果，各章节的具体分工如下：

岳鹏龙：第一章第一节

程琪：第一章第二节

丁磊：第一章第三节

张帆：第二章第一节

俞四海：第二章第二节

经亚龙：第二章第三节

张阳：第二章第四节

张猛：第三章第一节

颜璐：第三章第二节

李超：第三章第三节

张忠平：第三章第四节

皮晓雨：第三章第五节

王牧风：第四章第一节

谢莹：第四章第二节

程东林：第四章第三节

其中丁磊是公共管理（行政管理方向）的博士研究生，俞四海、张阳和皮晓雨是宪法学与行政法学专业的博士研究生，其余作者都是宪法学与行政法学专业的硕士研究生。练育强和林仪明、陈振宇负责本书的构思以及序言、后记、各章节衔接的写作，其中林仪明是上海市人民检察院第八检察部副主任、法学博士，陈振宇是上海市高级人民法院高级法官、上海市行政法学研究会副秘书长、法学博士。

本书的出版得到了华东政法大学"依法行政与公正司法的中国进路研究"创新团队的支持，在此表示衷心的感谢。感谢中国政法大学出版社张琮军先生以及编辑，衷心谢谢他们的辛勤劳动让本书能够得以公开出版。

此外，本书在编写过程中，王越凡、聂政、严美琪、张猛等同学作出了许多贡献，一并表示感谢。

由于本书是多位作者合作完成，无论是语言表达，还是内容等方面都有许多不尽如人意之处，甚至错误，还望各位读者不吝赐教，以便我们精益求精。

练育强

2021 年 1 月于华政园